当代西方社会心理学
名著译丛
方文 主编

SOCIAL IDENTIFICATIONS
A Social Psychology of Intergroup
Relations and Group Processes

社会认同过程

[澳] 迈克尔·A·豪格（Michael A. Hogg）
[英] 多米尼克·阿布拉姆斯（Dominic Abrams） /著

高明华 /译

中国人民大学出版社
·北京·

当代西方社会心理学名著译丛编委会

学术顾问

康萤仪教授（Hong Ying-yi）（美国伊利诺伊大学香槟分校心理学系和新加坡南洋理工大学商学院）

王登峰教授（北京大学心理学系）

乐国安教授（南开大学社会心理学系）

赵志裕教授（Chiu Chi-yue）（美国伊利诺伊大学香槟分校心理学系和新加坡南洋理工大学商学院）

周晓虹教授（南京大学社会学院）

编委会

戴健林教授（华南师范大学公共管理学院）

邓治文副教授（长沙理工大学文法学院）

管健副教授（南开大学社会心理学系）

侯玉波副教授（北京大学心理学系）

金盛华教授（北京师范大学心理学院）

寇彧教授（北京师范大学心理学院）

李丹教授（上海师范大学心理学系）

李强教授（南开大学社会心理学系）

刘力教授（北京师范大学心理学院）

马华维副教授（天津师范大学心理学系）

潘宇编审（中国人民大学出版社）

汪新建教授（南开大学社会心理学系）

杨宜音教授（中国社会科学院社会学研究所）

张建新教授（中国科学院心理学研究所）

赵旭东教授（中国农业大学社会学系）

佐斌教授（华中师范大学心理学院）

方文教授（北京大学社会学系）

"文化自觉"的阶梯

——"当代西方社会心理学名著译丛"总序

方 文

只有一门社会心理学。它关注人之认知、情感和行为潜能的展现，如何受他人在场（presence of others）的影响；其使命就是激励每个活生生的个体去超越约拿情结（Jonah Complex）的羁绊，以缔造其动态、特异而完整的丰腴生命。但他人在场，已脱离奥尔波特（G. W. Allport）原初的实际在场（actual presence）、想象在场（imagined presence）和隐含在场（implied presence）的微观含义，可从共时—历时和宏观—微观两个维度进行重构，以含括长青的研究实践和不断拓展的学科符号边界（方文，2008a：137）。社会心理学绝不是哪个学科的附属亚学科，它以从容开放的胸怀，持续融会心理学、社会学、人类学、进化生物学和认知神经科学的智慧，逐渐建构和重构自主独立的学科认同和概念框架，岸然成为人文社会科学的一门基础学问。

在不断建构和重构的学科历史话语体系中，社会心理学有不同版本的诞生神话（myth of origin），如1897年特里普里特（Triplett）有关社会促进/社会助长（social facilitation）的实验研究，1908年两本偶然以社会心理学为题的教科书，或1924年大奥尔波特（F. H. Allport）的权威教材。这些诞生神话，蕴涵可被解构的意识形态偏好和书写策略。援引学科制度视角（方文，2001），这门新生的社会/行为科学的学科合法性和学科认同，在20世纪30年代中期于北美得以完成。而北美社会心理学，在第二次世界大战及战后年代声望日盛，成就其独断的符号霸权。当代社会心理学的学科图景和演进画卷，展开在此脉络中。

1967 年：透视当代社会心理学的时间线索

黑格尔说过，一切哲学也就是哲学史。哲人道破学科史研究的秘密：滋养学术品位。但在社会科学/行为科学的谱系中，学科史研究一直地位尴尬，远不及人文学科。研究学科史的学者，或者被污名化：自身没有原创力，只能去总结梳理他人的英雄故事；或者是学问大家研究之余的闲暇如成长过程的记录。而在大学的课程设计中，学科史也成为二等课程，大多数被简化为具体课程中的枝节，在导论里一笔带过。

学科史研究，对品位的滋养，从几方面展开。第一，它在无情的时间之流中确立学科演化路标：学科的英雄谱系和经典谱系。面对纷繁杂乱的研究时尚或招摇撞骗的学界名流，它是最简洁而高效的解毒剂。第二，它作为学科集体记忆档案，是学科认同建构的基本资源。当学子领悟到自身正置身于那些非凡而勤奋的天才所献身的理智事业时，自豪和承诺油然而生。而学科脉络中后继的天才，就从中破茧而出。第三，它也是高效的学习捷径。尽管可向失败和愚昧学习，但太浪费了；而向天才及其经典学习，是最佳的学习策略。第四，它还可能为抽象的天才形象注入温暖的感性内容。而这感性，也正是后继者求知的信心和努力的动力。

已有四种通常线索、视角或策略，被用来观照当代社会心理学的演化。学科编年史，或者学科通史是最为常用的策略；学派的更替是第二种策略；不同年代研究主题的变换是第三种策略；而不同年代权威教科书的内容变迁，则是第四种策略。

还有一些新颖的策略在被尝试。支撑学科理智大厦的核心概念或范畴在不同时期杰出学者视域中的意义演化，即概念史或范畴史，是一种新颖独特但极富难度的视角；而学科制度视角，以学科发展的制度建设为核心，也被构造出来（方文，2001）。这些视角或策略为洞悉学科的理智进展提供了丰厚洞识。

而历史学者黄仁宇先生则以核心事件和核心人物的活动为主线，贡献了其大历史的观念。黄先生聚焦在"无关紧要的一年"（A Year of

3 "文化自觉"的阶梯

No Significance)——1587年，或万历十五年（黄仁宇，2007）。黄先生条分缕析，洞悉当时最强大的帝国大明王朝若干年后崩溃的所有线索，在这一年都可以找寻踪迹。

剥离其悲哀意味，类似地，当代社会心理学的命运，也可标定一个"无关紧要的一年"：1967年。它关联两个基本事件和三个英雄人物。

两个基本事件。第一是1967年前后"社会心理学危机话语"的兴起，第二是1967年前后开始的欧洲社会心理学的理智复兴。危机话语的兴起及其应对，终结了方法学的实验霸权，方法多元和方法宽容逐渐成为共识。而欧洲社会心理学的理智复兴，则终结了北美主流"非社会的"社会心理学（asocial social psychology），"社会关怀"成为标尺。这两个事件之间亦相互纠缠，共同型塑了其当代理论形貌和概念框架（Moscovici and Marková，2006）。

三个英雄人物。主流社会心理学的象征，"社会心理学的教皇"（the Pope of Social Psychology）费斯廷格（Leon Festinger，1919—1989），在1967年开始对社会心理学萌生厌倦，正准备离开斯坦福大学和社会心理学。一年后，费斯廷格终于成行，从斯坦福大学来到纽约的新社会研究学院（New School for Social Research），主持有关运动视觉的项目。费斯廷格对社会心理学的离弃，是北美独断的符号霸权终结的先兆。

而在同一年，主流社会心理学界还不熟悉的泰弗尔（Henri Tajfel，1919—1982），这位和费斯廷格同年出生的天才，从牛津大学来到布里斯托大学（The University of Bristol，UK）。他从牛津大学的讲师变成布里斯托大学社会心理学的讲席教授（Chair Professor of Social Psychology）。

而在巴黎，和泰弗尔同样默默无闻的另一位天才莫斯科维奇（Serge Moscovici，1925—）正在孕育少数人影响（minority influence）和社会表征（social representation）的思想和研究。

从1967年开始，泰弗尔小组和莫斯科维奇小组，作为欧洲社会心理学理智复兴的动力源和创新中心，在"社会关怀"的旗帜下，开始一系列独创性的研究。

　　社会心理学的当代历史编纂家，会铭记这一历史时刻。当代社会心理学的世界图景从那时起开始慢慢重构，北美社会心理学独断的符号霸权开始慢慢解体，而我们置身于其中的学科成就，在新的水准上也开始孕育和完善（方文，2008a：3）。

统一的学科概念框架的建构：解释水平

　　教科书的结构，是学科概念框架的范例表征。在研究基础上获得广泛共识的学科结构、方法体系和经典研究案例，作为学科内核，构成教科书的主体内容。教科书，作为学科发展成熟程度的重要指标，是学科知识传承、学术社会化和学科认同建构的基本资源和主要媒介。特定学科的学子和潜在研究者，首先是通过教科书获得有关学科的直观感受和基础知识的。而不同年代权威教科书的内容变迁，实质上负载特定学科理智演化的基本线索。

　　在杂多的教科书当中，有几条标准可帮助辨析和鉴别其优劣。第一，教科书的编/作者是否是第一流的研究者。随着学科的成熟，中国学界以往盛行的"教材学者"，已经淡出；而使他们获得声望的所编教材，也逐渐丧失价值。第二，教科书的编/作者是否禀赋理论关怀。没有深厚的理论关怀，即使是第一流的研究者，他/她也只会专注于自己所感兴趣的狭隘领域，没有能力公正而完备地展现和评论学科发展的整体面貌。第三，教科书的作者是否有"文化自觉"的心态。如果负荷文化中心主义的傲慢，编/作者就无法均衡公正地选择研究资料，而呈现出对自身文化共同体的"单纯暴露效应"（mere exposure effect），缺失文化多样性的感悟。

　　直至今日，打开绝大多数中英文社会心理学教科书的目录，只见不同研究主题杂乱无章的并置，而无法明了其逻辑连贯的结构。学生和教师大都无法领悟不同主题之间的逻辑关联，也无法把所学所教内容图式化，使之成为自身特异的知识体系中可随时启动的知识组块和创造性资源。这种混乱，是对社会心理学学科身份的误识，也是对学科概念框架的漠视。

如何统合纷繁杂乱但生机活泼的研究实践、理论模式和多元的方法偏好，使之归于逻辑统一而连贯的学科概念框架？有深刻理论关怀的社会心理学大家，都曾致力于这些难题。荣誉最终归于比利时出生的瑞士学者杜瓦斯。

在杜瓦斯之前，美国社会心理学者，2007年库利—米德奖（Cooley-Mead Prize）得主豪斯也曾试图描绘社会心理学的整体形貌（House，1977）。豪斯所勾画的社会心理学是三头怪物：社会学的社会心理学（sociological social psychology，SSP）、实验社会心理学（experimental social psychology，ESP）和语境社会心理学或社会结构和人格研究（contextual social psychology，CSP；social structure and personality）。曾经被误解为两头怪物的社会心理学，因为豪斯更加让人厌烦和畏惧。

但如果承认行动者的能动性，即使是在既定的社会历史语境中的能动性，在行动中对社会过程和社会实在进行情景界定和社会建构的社会心理过程的首要性，就凸显出来。换言之，社会心理过程在主观建构的意义上对应于社会过程。

杜瓦斯在《社会心理学的解释水平》这部名著中，以解释水平为核心，成功重构了社会心理学统一的学科概念框架。杜瓦斯细致而合理地概括了社会心理学解释的4种理想型或4种解释水平，而每种解释水平分别对应不同的社会心理过程，生发相对应的研究主题（Doise，1986：10-17）。

(1) 水平1——个体内水平（intra-personal or intra-individual level）。它是最为微观也最为心理学化的解释水平。个体内分析水平，主要关注个体在社会情境中组织其社会认知、社会情感和社会经验的机制，并不直接处理个体和社会环境之间的互动。

以个体内解释水平为核心的个体内过程，可含括基本研究主题：具身性（embodiment）、自我、社会知觉和归因、社会认知和文化认知、社会情感、社会态度等。

在这一解释水平上，社会心理学者已经构造一些典范的理论模型，如费斯廷格的认知失调论，态度形成和改变的双过程模型，如精致化可能性模型（elaboration likelihood model，ELM）与启发式加工—系统加工模型（heuristic-systematic model，HSM），和希金斯的知识启动和激活模型（Higgins，1997）。

（2）水平 2——人际和情景水平（interpersonal and situational level）。它主要关注在给定的情景中所发生的人际过程，而并不考虑在这特定的情景之外个体所占据的不同的社会位置（social positions）。

以人际水平为核心的人际过程，可含括基本研究主题：亲社会行为、攻击行为、亲和与亲密关系、竞争与合作等。其典范理论模型是费斯廷格的社会比较论。

（3）水平 3——社会位置水平（social positional level）或群体内水平。它关注社会行动者在社会位置中的跨情景差异（inter-situational differences），如社会互动中的参与者特定的群体资格或类别资格（different group or categorical membership）。

以群体水平为核心的群体过程，可含括基本研究主题：大众心理、群体形成、多数人的影响和少数人的影响、权威服从、群体绩效、领导—部属关系等。

其典范理论模型是莫斯科维奇有关少数人影响的众从模型（conversion theory），多数人和少数人影响的双过程模型和社会表征论（Moscovici，2000）。

（4）水平 4——意识形态水平（ideological level）或群际水平。它是最为宏观也最为社会学化的解释水平。它在实验或其他研究情景中，关注或考虑研究参与者所携带的信念、表征、评价和规范系统。

以群际水平为核心的群际过程，可含括基本研究主题：群际认知如刻板印象、群际情感如偏见、群际行为如歧视及其应对。

在过去的30年中，群际水平的研究有突破性的进展。主宰性的理论范式由泰弗尔的社会认同论所启动，并深化到文化认同的文化动态建构论（dynamic constructivism）（Chiu & Hong，2006；Hong et al.，

2000；Wyer, Chiu & Hong, 2009）和偏差地图模型（bias map）（Cuddy et al., 2007; Fiske et al., 2002）中。

社会理论大家布迪厄曾经讥讽某些社会学者的社会巫术或社会炼金术，他们把自身的理论图式等同于社会实在本身。英雄所见！杜瓦斯尤其强调的是，社会实在在任何时空场景下都是整体呈现的，而不依从于解释水平。社会心理学的4种解释或分析水平只是逻辑工具，绝不是社会实在的4种不同水平；而每种分析水平，都有其存在的合理性，它们都只是对于整体的社会实在某种面向的研究；对于整体的社会实在的整体把握和解释，有赖于4种不同的分析水平在同一水平或不同水平上的联合（articulation）（Doise, 1986: 11 - 16）。

这4种不同面向和不同层次的社会心理过程，从最为微观也最为心理学化的个体内过程到最为宏观也最为社会学化的群际过程，是对整体的社会过程不同面向和不同层次的相应表征。

以基本社会心理过程为内核，就可以勾画社会心理学逻辑连贯的概念框架，它由5部分所组成：

1. 社会心理学的历史演化、世界图景和符号分层。
2. 社会心理学的方法体系。
3. 不断凸显的新路径。它为生机勃勃的学科符号边界的拓展预留空间。
4. 基本社会心理过程。
5. 社会心理学在行动中：应用实践的拓展。

社会心理学的基础研究，从二战开始，就从两个方面向应用领域拓展。第一，在学科内部，应用社会心理学作为现实问题定向的研究分支，正逐渐地把基础研究的成果用来直面和应对更为宏大的社会问题，如健康、法律、政治、环境和组织行为。

第二，社会心理学有关人性、心理和行为的研究，正对其他学科产生影响。认知社会心理学家卡尼曼（Kahneman, D.）因为有关行动者在不确定境况中的判断启发式及其偏差的研究，而与另一位学者分享2002年诺贝尔经济学奖。这是社会心理学家在近40年中第3次获此殊荣。在此之前，社会心理学家洛伦茨（Lorenz, K.）、廷伯根（Tinbergen, N.）和冯·弗里契（von Frisch, K.）有关动物社会行为的开创性研究于1973年分享诺贝尔医学或生理学奖。西蒙（H. Simon 自取中文名为司马贺，以向司马迁致敬）因有关有限理性（bounded rationality）和次优决策或满意决策（sub-optimum decision-making or satisficing）的研究而获得1977年诺贝尔经济学奖。

在诺贝尔奖项中，并没有社会心理学奖。值得强调的是，这些荣膺大奖的社会心理学家，也许只是十年一遇的杰出学者，还不是百年一遇的天才。天才社会心理学家如费斯廷格、泰弗尔、莫斯科维奇和特里弗斯（Trivers, R.）等，他们的理论，在不断地触摸人类物种智慧、情感和欲望的限度。在这个意义上，也许任何大奖包括诺贝尔奖都无法度量他们持久的贡献。但无论如何，不断获奖的事实，从一个侧面明证了社会心理学家群体的卓越成就，以及社会心理学的卓越研究对于其他人文社会科学研究的典范意义。

杜瓦斯的阐释，是对社会心理学统一概念框架的典范说明。纷繁杂乱的研究实践和理论模式，从此可以被纳入逻辑统一而连贯的体系之中。社会心理学直面社会现实的理论雄心由此得以释放，它不再是心理学、社会学或其他什么学科的亚学科，而是融会相关理智资源的自主学科。

当代社会心理学的主宰范式

已有社会心理学大家来系统梳理当代社会心理学的理智进展（如乐国安，2009；周晓虹，1993；Burke，2006；Kruglanski & Higgins，2007）。以杜瓦斯所勾画的社会心理学的概念框架为心智地图，也可尝试粗略概括支配当代社会心理学的主宰范式，这些主宰范式主要体现在方法创新和理论构造上，而不关涉具体的学科史研究、实证研究和应用研究。

1. 方法学领域：社会建构论和话语社会心理学的兴起

作为学科内外因素剧烈互动的结果，"社会心理学危机话语"在20

9 "文化自觉"的阶梯

世纪 60 年代末期开始登场，到 20 世纪 80 年代初尘埃落定（方文，1997）。在这段时间，社会心理学教科书、杂志和论坛中充塞着种种危机论的悲观论调，甚至有的更为激进——"解构社会心理学"（Parker & Shotter，1990）。"危机话语"实质上是社会心理学家群体自我批判意识的兴起。这种自我批判意识的核心主题，就是彻底审查社会心理学赖以发展的方法学基础即实验程序。

危机之后，社会心理学已经迈入方法多元和方法宽容的时代。实验的独断主宰地位已经消解，方法体系中的所有资源，正日益受到均衡的重视。不同理智传统和方法偏好的社会心理学者，通过理智接触，正消解相互的刻板印象、偏见甚至是歧视，逐渐趋于友善对话甚至是合作。同时，新的研究程序和文献评论技术被构造出来，并逐渐产生重要影响。

其主宰性的理论视角就是社会建构论（如 Gergen，2001），主宰性的研究路径就是话语社会心理学（Potter & Wetherell，2006；1987；Von Dijk，1993）和修辞学（rhetoric）（Billig，1996），而新的研究技术则是元分析（meta-analysis）（Rosenthal & DiMatteo，2001）。

2. 不断凸显的新路径：进化路径、文化路径和社会认知神经科学

社会心理学一直不断地自我超越，以开放的心态融会其他学科的资源，持续拓展学科符号边界。换言之，社会心理学家群体不断地实践新的研究路径（approaches or orientations）。进化路径、文化路径和认知神经科学是其中的典范路径。

进化路径和文化路径的导入，关联持续困扰的基本理论论争：是否存在统一而普遍的规律和机制以支配人类物种的社会心理和社会行为？人类物种的社会心理和社会行为是否依其发生的社会文化语境的差异而呈现出特异性和多样性？这个基本理论论争，又可称之为普遍论—特异论（universalism vs. particularism）之论争。

依据回答这个论争的不同立场和态度的差异，作为整体的社会心理学家群体可被纳入三个不同的类别或范畴之中。第一个类别是以实验定向为代表的主流社会心理学家群体。他们基本的立场和态度是漠视这个

问题的存在，或视之为假问题。他们以发现普遍规律为己任，并把这一崇高职责视为社会心理学的学科合法性和学科认同的安身立命之所。因为他们持续不懈的努力，社会心理学的学子们在其学科社会化过程中，不断地遭遇跨时空的典范研究和英雄系谱。

第二个类别是以文化比较研究为定向的社会心理学家群体。不同文化语境中社会心理和社会行为的特异性和多样性，使他们刻骨铭心。他们坚定地主张特异论的一极，并坚定地质疑普遍论的诉求。因为他们同样持续不懈的努力，社会心理和社会行为的文化嵌入性（cultural embeddedness）的概念开始深入人心，并且不断激发文化比较研究和本土化研究的热潮。奇妙的是，文化社会心理学的特异性路径，从本世纪开始逐渐解体，而迈向文化动态建构论（Chiu & Hong, 2006; Hong et al., 2000）。

文化动态建构论路径，关涉每个个体的文化命运，如文化认知和知识激活、文化认同和文化融合等重大主题。我们每个个体宿命地生在某种在地的文化脉络而不是某种文化实体中。经过生命历程的试错，在文化认知的基础上，我们开心眼，滋心灵，育德行。但文化认知的能力，是人类物种的禀赋，具有普世性。假借地方性的文化资源，我们成长为人，并不断地修补和提升认知力。我们首先成人，然后才是中国人或外国人，黄皮肤或黑白皮肤。

依靠不断修补和提升的认知力，我们逐渐穿越地方性的文化场景，加工异文化的体系，建构生动而动态的"多元文化的心智"（multicultural mind）（Hong et al., 2000）。异质的"文化病毒"，或多元的文化"神灵"，都"栖居"在我们的心智中，而表现出领域——特异性。几乎没有"诸神之争"，她们在我们的心灵中，都各就其位。

这些异质的"文化病毒"，或多元的文化"神灵"，她们不是暴君，也做不成暴君，绝对主宰不了我们的行为。因为先于她们，从出生时起，我们就被植入了自由意志的天赋。我们所终身刻苦的文化修行，只是手头待命的符号资源或"工具箱"（Swidler, 1986）。并且在行动中，我们练习"文化开关"的转换技能和策略，并能累积性地创造新工具或

11 "文化自觉"的阶梯

新的"文化病毒"(Sperber,1996)。

第三个类别是在当代进化生物学的理智土壤中生长而壮大的群体,即进化社会心理学家群体。他们蔑视特异论者的"喧嚣",而把统一理论建构的雄心拓展至包括人类物种的整个动物界,以求揭示支配整个动物界的(社会心理)和社会行为的秩序和机制。以进化历程中的利他难题和性选择难题为核心,以有机体遗传品质的适应性(fitness)为逻辑起点,从1964年哈密尔顿开始,不同的宏大理论(grand theories)如亲属选择论(kin selection/ inclusive fitness)、直接互惠论(direct reciprocal altruism)和间接互惠论(indirect reciprocal altruism)在利他难题上,亲本投资论(theory of parental investment)(Trivers,2001)在性选择难题上被构造出来。而进化定向的社会心理学者把进化生物学遗传品质的适应性转化为行为和心智的适应性,进化社会心理学作为新路径和新领域得以成就(如Buss,2007;1994)。

认知神经科学和社会认知的融合,催生了社会认知神经科学。以神经科学的新技术如功能性磁共振成像技术(fMRI)和正电子发射断层扫描技术(PET)为利器,社会认知的不同阶段、不同任务以及认知缺陷背后的大脑对应活动,正是最热点前沿(如Eisenberger et al.,2003;Greene et al.,2001;Ochsner,2007)。

3. 个体内过程:社会认知范式

在个体内水平上,从20世纪80年代以来,以"暖认知"(warm cognition)或"具身认知"(embodied cognition)为核心的"社会认知革命"(李其维,2008;赵蜜,2010;Barsalou,1999;2005),有重要进展。其典范的启动程序(priming procedure)为洞悉人类心智的"黑箱"贡献了简洁武器,并且渗透在其他水平和其他主题的研究中,如文化认知、群体认知(Yzerbyt et al.,2004)和偏差地图(高明华,2010;佐斌等,2006;Fiske et al.,2002;Cuddy et al.,2007)。

和特沃斯基合作,卡尼曼因为有关行动者在不确定境况中的判断启发式及其偏差的研究(Kahneman et al.,2008;1982),而与另一位学者分享2002年诺贝尔经济学奖。卡尼曼的研究使社会认知的路径贯注在经济判断和决策领域中，行为经济学开始凸显。

4. 群体过程：社会表征范式

人际过程的研究，充塞着杂多的中层理论模型和小理论，并受个体内过程和群体过程研究的挤压。最有理论综合潜能的可能是以实验博弈论为工具的有关竞争和合作的研究。

当代群体过程的革新者是莫斯科维奇。在北美有关群体规范形成、从众以及权威服从的研究传统中，莫斯科维奇洞悉了群体秩序和群体创新的辩证法。莫斯科维奇的团队从 1969 年开始，在多数人的影响之外，专注少数人影响的机制。他以少数人行为风格的一致性为基础的众从模型（conversion theory）以及在此基础上所不断完善的多数人和少数人影响的双过程模型（如 De Deru et al., 2001），重构了群体过程研究的形貌。莫斯科维奇有关少数人影响的研究经历，佐证了其理论的有效性（Moscovici, 1996）。

而社会表征论（social representation）则是莫斯科维奇对当代社会心理学的另一重大贡献（Moscovici, 2000）。他试图超越北美不同版本内隐论（implicit theories）的还原主义逻辑，解释和说明常识在社会沟通实践中的生产和再生产过程。社会表征论从 20 世纪 90 年代开始，激发了丰富的理论探索和实证研究（如管健，2009；杨宜音，张曙光，2008；Doise et al., 1993；Liu, 2004；Marková, 2003），并熔铸在当代社会理论中（梅勒，2009）。

5. 群际过程：社会认同范式

泰弗尔的社会认同论（social identity theory, SIT）革新了当代群际过程的研究。泰弗尔首先奠定了群际过程崭新的知识基础和典范程序：建构主义的群体观、对人际—群际行为差异的精妙辨析，以及"最简群体范式"（minimal group paradigm）的实验程序。从 1967 年开始，经过十多年持续不懈的艰苦努力，泰弗尔和他的团队构造了以社会范畴化、社会比较、认同建构和认同解构/重构为核心的社会认同论。社会认同论，超越了前泰弗尔时代北美盛行的还原主义和个体主义的微观—利益解释路径，基于行动者的多元群体资格来研究群体过程和群际关系

(Brown, 2007; Tajfel, 1970; 1981; Tajfel & Turner, 1986)。

在泰弗尔于 1982 年辞世之后，社会认同论在其学生特纳的领导下，有不同版本的修正模型，如主观不确定性降低模型（subjective uncertainty reduction model）和最优特异性模型（optimal distinctiveness model）。其中最有影响的是特纳等人的"自我归类论"（self-categorization theory）(Turner et al., 1987)。在自我归类论中，特纳构造了一个精妙构念——元对比原则（meta-contrast principle），它是行为连续体中范畴激活的基本原则（Turner et al., 1987: 51 - 52）。所谓元对比原则，是指在群体中，如果群体成员之间在特定品质上的相似性小于差异性时，群体中沿着这个品质或维度就分化为两个群体，群际关系因此从群体过程中凸显。特纳的元对比原则，有两方面的重要贡献。其一，它完善了其恩师的人际—群际行为差别的观念，使之转换为人际—群际行为连续体；其二，它卓有成效地解决了内群行为和群际行为的转化问题。

但社会认同论仍存在基本理论困扰：内群偏好（ingroup favoritism）和外群敌意（outgroup hostility）难题。不同的修正版本都没有解决这个基本问题。倒是当代社会认知的大家费斯克团队从群体认知出发，在刻板印象内容模型（stereotype content model，SCM）(Fiske et al., 2002) 中巧妙解决了这个难题，并在偏差地图（bias map）(Cuddy et al., 2007) 中把刻板印象（群际认知）、偏见（群际情感）和歧视（群际行为）融为一体。

典范意味着符号霸权，但同时也是超越的目标和击打的靶心。在社会认同范式的笼罩下，以自尊假设和死亡显著性（mortality salience）为核心的恐惧管理理论（terror management theory，TMT）(张阳阳，佐斌，2006; Greenberg et al., 1997) 以及社会支配论（social dominance theory）(Sidanius & Pratto, 1999) 被北美学者构造出来，尝试替代解释群际现象。它有两方面的意涵。其一，它意味着人格心理学对北美社会心理学的强大影响力；其二则意味着北美个体主义和还原主义的精神气质期望在当代宏观社会心理过程中的借尸还魂，而这尸体就是腐败达半世纪的权威人格论及其变式。

文化自觉的阶梯

中国社会"千年未有之变局",或社会转型,已经并正在型塑整体中国人的历史命运。如何从结构层面深入到人心层面来系统描述、理解和解释中国人的所知、所感及所行?如何把社会转型的现实灌注到中国社会心理学的研究场景中,以缔造中国社会心理学的独特品格?如何培育中国社会心理学者对持久的人类困扰和紧迫的社会议题的深沉关注和敏感?所有这些难题,是中国社会心理学者不得不直面的挑战和理智复兴的机遇。

中国社会转型,给中国社会心理学者提供了独特的社会实验室。为了描述、理解和解释社会转型中的中国人心理和行为逻辑,应该呼唤直面社会转型的社会心理学的研究,或转型心理学的研究。转型心理学的路径,期望能够把握和捕捉社会巨变的脉络和质地,以超越文化特异性路径和稳态社会路径,以求实现中国社会心理学的理智复兴(方文,2008b;Fang,2009)。

中国社会心理学的理智复兴,需要在直面中国社会转型的境况下,挖掘本土资源和西方资源,进行脚踏实地的努力。追踪、学习、梳理及借鉴西方社会心理学的新进展,就成为无法绕开的基础性的理论工作,也是最有挑战性和艰巨性的理论工作之一。

从前辈学者开始,对西方社会心理学的翻译、介绍和评论,从来没有停止过。这些无价的努力,已经熔铸在中国社会心理学研究者和年轻学子的心智中,滋养学术品位,培育"文化自觉"的信心。但翻译工作还主要集中于西方尤其是北美的社会心理学教科书。

教科书作为学术社会化的基本资源,只能择要选择相对成熟的研究发现和理论模型。整体研究过程和理论建构过程中的鲜活逻辑,都被忽略或遗弃了。学生面对的不是原初的完整研究,而是由教科书的编写者所筛选过的第二手资料。期望学生甚至是研究者直接亲近当代社会心理学的典范研究,就是《当代西方社会心理学名著译丛》的初衷。

本译丛10本名著的选择，期望能近乎覆盖当代西方社会心理学的主宰范式。在书目权衡过程中，尽力咨询了国内外一些社会心理学大家，国内如乐国安先生、王登峰先生和周晓虹先生，国外如赵志裕先生和康萤仪先生。本译丛主要侧重当代西方社会心理学主宰范式的代表专著，而不是烦琐具体的经验研究报告、论文或文集。本名著译丛的作者，或者是特定研究范式的奠基者和开拓者，或者是特定研究范式的当代旗手。

期望本译丛的出版，能成为中国社会心理学"文化自觉"的阶梯。

鸣谢

从2000年开始，我的研究幸运地持续获得国家社会科学基金（2000；2003；2008）和教育部基金（2002；2006；2008）资助。最近获得资助的项目是2008年度教育部新世纪优秀人才支持计划《转型心理学的基本议题：理论和实证研究》（NCET-08-0025），2008年度国家社会科学基金项目《中国社会转型：转型心理学的路径》（08BSH063）和2006年度教育部人文社会科学重点研究基地重大研究项目《行动者群体资格研究：转型社会的实践和理论》（06JJD840001）。"当代西方社会心理学名著译丛"，是这些资助项目的主要成果之一。

而10年前有幸结识潘宇博士，开始了和中国人民大学出版社的良好合作。潘宇博士，沙莲香先生的高徒，以对社会心理学学科制度建设的激情、承诺和敏锐洞察力，给我持续的信赖和激励。本译丛从最初的构想、书目选择到版权事宜，她都持续地极力推动。而中国人民大学出版社的龚洪训先生和陈红艳女士在译丛出版过程中则持续地贡献了他们的智慧和耐心。

最后衷心感谢所有翻译者的创造性工作和编辑委员会所有师友的鼎力支持、批评和建议。

参考文献

[美] 巴斯著，熊哲宏译. 进化心理学. 上海：华东师范大学出版社，2007

[英] 布朗著，胡鑫，庆小飞译，方文审校. 群体过程. 北京：中国轻工业出版社，

2007

方文. 社会心理学百年进程. 社会科学战线, 1997 (2): 240~249

方文. 社会心理学的演化: 一种学科制度视角. 中国社会科学, 2001 (6): 126~136

方文. 学科制度和社会认同. 北京: 中国人民大学出版社, 2008

方文. 转型心理学: 以群体资格为中心. 中国社会科学, 2008b (4): 137~147

高明华. 刻板印象内容模型 (SCM) 的修正与发展: 源于大学生群体样本的调查结果. 社会, 2010 (3): 193~216

管健. 社会表征理论的起源与发展——对莫斯科维奇《社会表征: 社会心理学探索》的解读. 社会学研究, 2009 (4)

[美] 黄仁宇. 万历十五年. 北京: 中华书局, 2007

[美] 卡尼曼等编, 方文等译. 不确定状况下的判断: 启发式和偏差. 北京: 中国人民大学出版社, 2008

李其维. "认知革命"与"第二代认知科学"刍议. 心理学报, 2008 (40): 1306~1327

[英] 菲利普·梅勒著, 赵亮员等译. 社会理论新视角——理解社会. 北京: 北京大学出版社, 2009

[英] 波特, [英] 韦斯雷尔著, 肖文明等译, 方文审校. 话语和社会心理学——超越态度和行为. 北京: 中国人民大学出版社, 2009

杨宜音, 张曙光. 理想社区的社会表征: 北京市居民的社区观念研究. 中国农业大学学报 (社会科学版), 2008 (1): 109~123

乐国安主编. 社会心理学理论新编. 天津: 天津人民出版社, 2009

张阳阳, 佐斌. 自尊的恐惧管理理论研究述评. 心理科学进展, 2006 (2): 273~280

赵蜜. 以身行事. 开放时代, 2010 (1): 150~158

周晓虹. 现代社会心理学史. 北京: 中国人民大学出版社, 1993

佐斌等. 刻板印象内容模型: 理论假设及研究. 心理科学进展, 2006 (1): 138~145

Barsalou, L. W. Perceptual Symbol Systems. *Behavioral and Brain Science*, 1999, Vol. 22: 577~660

Barsalou, L. W. et al. Embodiment in Religious Knowledge. *Journal of Cognition and Culture*, 2005, Vol. 5: 14~57

Billig, M. *Arguing and Thinking: A Rhetorical Approach to Social Psychology* (2nd edition). Cambridge: Cambridge Univeristy Press, 1996

Burke, P. J. (ed.) *Contemporary Social Psychological Theories*. Stanford: Stanford

University Press, 2006

Chiu, C. -y. and Hong, Y-y. *Social Psychology of Culture*. New York: Psychology Press, 2006

Buss, D. *The Evolution of Desire: Strategies of Human Mating*. Basic Books, 1994

Cuddy, A. J. C. The Bias Map: Behaviors From Intergroup Affect and Stereotype. *Journal of Personality and Social Psychology*, 2007, Vol. 92, No. 4: 631~648

De Deru, C. K. W. et al. (eds.) *Group Consensus and Minority Influence*. Oxford: Blackwell, 2001

Doise, W. *Levels of Explanation in Social Psychology*. Cambridge: Cambridge Univeristy Press, 1986

Doise, W. et al. *The Quantitative Analysis of Social Representation*. Harvester Wheatsheaf, 1993

Eisenberger, N. I. et al. Does Rejection Hurt? An fMRI Study of Social Exclusion. *Science*, 2003, Vol. 302: 290~292

Fang, Wen. Transition Psychology: The Membership Approach. *Social Sciences in China*, 2009, No. 2: 35~48

Fiske, S. T. et al. A Model of Stereotype Content: Competence and Warmth Respectively Follow From Perceived Status and Competition. *Journal of Personality and Social Psychology*, 2002, Vol. 82, No. 6: 878~902

Gergen, K. *Social Construction in Context*. Sage, 2001

Greenberg, J. et al. Terror management theory of self-esteem and cultural worldviews: Empirical assessments and conceptual refinements. In P. M. Zanna (Eds.), *Advances in experimental social psychology*. San Diego, CA: Academic Press, 1997, Vol. 29, 61~139

Greene, J. D. et al. An fMRI Investigation of Emotional Engagement in Moral Judgment. *Science*, 2001, Vol. 293, No. 14 (September): 2105~2108

Higgins, E. T. Knowledge Activation: Accessibility, Applicability and Salience. In E. T. Higgins and A. E. Kruglanski (Eds.) *Social Psychology: Handbook of Basic Principles*. New York: Guilford Press, 1996, 133~168

Hogg. M. and Abrams. *Social Identifications*. Routledge, 1998

Hong, Ying-yi, et al. Multicultural Minds. *American Psychologist*, 2000, Vol. 55, No. 7: 709~720

House, J. S. The Three Faces of Social Psychology. *Sociometry*, 1977. Vol. 40. No. 2: 161~177

Kahneman, D. et al. eds. *Judgment Under Uncertainty: Heuristics and Biases*. Cambridge: Cambridge Univeristy Press.

Kruglanski, A. E. and Higgins E. T. (Eds.) *Social Psychology: Handbook of Basic Principles* (2nd edition). New York: Guilford Press. 2007

Liu, L. Sensitising Concept, Themata and Shareness: A Dialogical Perspective of Social Representations. *Journal for the Theory of Social Behaviour*, 2004 (34), 249 - 264

Marková, I. *Dialogicality and Social Representations*. Cambridge: Cambridge University Press, 2003

Moscovici, S. Just Remembering. *British Journal of Social Psychology*, 1996, Vol. 35: 5~14

Moscovici, S. *Social Representations: Explorations in Social Psychology*. Cambridge: Polity, 2000

Moscovici, S. and Marková, I. *The Making of Modern Social Psychology: The Hidden Story of How An International Social Science Was Created*. Cambridge: Polity, 2006

Parker, I., Shotter, J. (eds.) *Deconstructing Social Psychology*. Routledge, 1990

Ochsner, K. Social Cognitive Neuroscience: Historical Development, Core Principles and Future Promise. In A. E. Kruglanski and E. T. Higgins (Eds.) *Social Psychology: Handbook of Basic Principles*. New York: Guilford Press, 2007, 39~66

Potter, J. and Wetherell, M. *Discourse and Social psychology*. Sage, 1987

Rosenthal, R. and DiMatteo, M. R. Meta Analysis: Recent Developments in Quantitative Methods for Literature Review. *Annual Review of Psychology*, 2001, Vol. 52

Sidanius, J. and Pratto, F. *Social Dominance: An Intergroup Theory of Social Hierarchy and Oppression*. Cambridge: Cambridge Univeristy Press, 1999

Sperber, D. *Explaining Culture: An Naturalistic Approach*. Blackwell, 1996

Swidler, A. Culture in Action: Symbols and Strategies. *American Sociological Review*, 1986, Vol. 51 April: 273~286

Tajfel, H. "Experiments in Intergroup Discrimination." *Scientific American*, 1970 (223): 96~102

Tajfel, H. *Human Groups and Social Categories: Studies in Social Psychology*. Cambridge: Cambridge University Press. 1981

Tajfel, H. and Turner, J. C. The Social Identity Theory of Intergroup Behavior. In S. Worchel et al. (Eds.) *Psychology of Intergroup Relations* (2nd ed.). Chicago: Nelson-Hall, 1986, 7~24

Trivers, R. *Natural Selection and Social Theory: Selected Papers of Robert Trivers*. Oxford: Oxford University Press, 2002

Turner, J. C. et al. *Rediscovering the Social Group: A Self-Categorization Theory*, Oxford: Blackwell, 1987

Van Dijk, T. A. *Elite Discourse and Racism*. Sage, 1993

Wyer, R. S., Chiu, C-y. and Hong, Y-y. *Understanding Culture: Theory, Research and Application*. New York: Psychology Press, 2009

Yzerbyt, V. et al. *The Psychology of Group Perception*. New York and Hove: Psychology Press, 2004

中文版前言

《社会认同过程》一书出版于大约 20 年前的 1988 年,至今它仍旧是唯一一本由作者撰写(而非编写)的社会认同论教科书。最初写这本书的想法诞生于 1983 年末,那时迈克尔·豪格(Micheal Hogg)和多米尼克·阿布拉姆斯(Dominic Abrams)作为刚毕业的博士,新任布里斯托大学心理系的助理教授。从 1967 年亨利·泰弗尔(Henry Taifel)自牛津大学来到布里斯托,到 1982 年他在牛津去世,大约有 15 年的时间,布里斯托大学都是社会认同论无可争议的中心,这里汇聚了亨利·泰弗尔、约翰·特纳(John Turner),以及他们的合作者与学生。因为他们的开创性工作,这一理论逐渐流行起来,其影响力也日益扩大,但是该理论的观点散布在大量的期刊、章节和未出版的手稿中。我们感到亟须写一本全面的教科书,以一种让即使不熟悉该理论的人也能够理解的方式将这些观点整合在一个统一的框架内。我们想要写的正是这样一本书,当时我们全然没有意识到这将是一项多么艰巨的任务。

1985 年初,豪格转到澳大利亚工作,与此同时,阿布拉姆斯到苏拉兰就职,也就是说,撰写这本书的 1985—1986 年间,两位作者身居这个地球的两端。好在电子邮件刚刚兴起，虽然它还不如现在这么精致，操作起来也很烦琐，并且速度很慢，但是毕竟它让我们之间的密切交流成为可能。1987年年初，阿布拉姆斯来到澳大利亚探访豪格，正是在这两个月的时间内，这本书得以最终完稿。

在《社会认同过程》这本书中，我们有自身独特的关注重点，该书描述了社会认同论主要的概念基础：其一，对群际关系和积极特异性的关注，这一点被称为群际关系的社会认同论（social identity theory of intergroup relations）（Tajfel 和 Turner，1979）；其二，对作为整体的群体和范畴化认知过程的关注，这一点被称为群体的社会认同论（social identity theory of the group）或自我范畴化理论（self-categorization theory）（Turner、Hogg、Oakes、Reicher 和 Wetherell，1987）。

社会认同在社会影响、语言和沟通中的作用也都被包含在本书中。随着时光的流逝，社会认同论的权能与吸引力，加上我们的这本著作，已经吸引并激发了世界各地的大批学者。20年来，社会认同论对社会心理学产生了巨大影响，它彻底改变了社会心理学家思考群体和群际关系的方式（Randsley de Moura、Leader、Pelletier 和 Abrams，2008）。

这期间涌现了大量的经验研究，基于这些发现，许多原初的理论观点被重新调整。不仅如此，一些重要且影响深远的发现也推进了该理论的发展。学者们提出了自我范畴化理论，它对于刻板化过程和社会感知的研究（如 Oakes、Haslam 和 Turner，1994）以及对于群体内部和群体之间社会影响的相关研究都产生了令人瞩目的影响（如 Abrams 和 Hogg，1990；Turner，1991）。

除了关注社会影响，社会认同研究还探讨态度、规范以及态度与行为间的关系（如 Hogg 和 Smith，2007），领导社会认同论（social identity theory of leadership）的发展，不仅在社会心理学领域，而且对组织科学都产生了重要影响（如 Hogg，2001；Hogg 和 van Knippenberg，2003）。事实上，社会认同论与组织研究之间的广泛关联，早些时候就已经被意识到（如 Ashforth 和 Mael，1989）并获得了重要进展（如 Hogg 和 Terry，2000；Haslam，2004）。其他研究还探讨了社会认同论与那些更具有社会学特色或更加植根于社会学的观点之间的关系（如Hogg、Terry和White，1995）。

虽然追求积极特异性（positive distinctiveness）在社会认同过程中是重要动机，但是近年来不确定性—认同论（uncertainty-identity theory）在极端主义那里扮演了重要角色（如Hogg，2007）。另一种动机分析关注的是人们对"保持特异性"与"湮没于群体"两者之间平衡性的需要，这一观点体现在最优特异性理论（optimal distinctiveness theory）当中（如Brewer，1991）。而偏离群体规范的人所受到的对待以及他们所扮演的角色在害群之马效应（如Marques和Paez，1994）和主观群体动力学（如Marques、Abrams和Serôdio，2001）中也被探讨。最后，去个体化的社会认同模型（social identity model of deindividuation，SIDE模型）讨论的是群体中认同转变的动力机制（如Reicher、Spears和Postmes，1995；Klein、Spears和Reicher，2007）。

更新的进展已经被写入新近有关当代社会认同论的整合性表述和全面的评述之中（如阿布拉姆斯和豪格即将出版的书；Hogg，2006）。但是，《社会认同过程》这本书目前仍旧是唯一一本由作者撰写的社会认同教科书。

迈克尔·A·豪格于美国洛杉矶
多米尼克·阿布拉姆斯于英国坎特伯雷
2009 年 7 月 9 日

前　言

社会认同论起源于20世纪70年代初期，并一直处于持续而快速的发展进程中。虽然第一篇介绍社会认同论的文章发表于1972年（Tajfel，1972a），但是与之相关的传统却可以追溯到由泰弗尔和他的同事合作完成的一项开创性研究——它探求的是社会范畴化对群际行为的影响（Tajfel等，1971）。其研究结果出人意料，并且无法用传统理论来解释。正如泰弗尔所说，它们是"在追寻理论过程中出现的事实"（data in search of a theory）。社会认同论正是为了理解这些事实而发展起来的。此后，世界范围内的许多学者都受到了这种与社会范畴化有关的研究发现的影响。由泰弗尔及其合作者创造的"最简群体范式"（minimal group paradigm）现在已经成为对群际行为进行实验研究的标准程序性工具。社会认同论是在这些研究工作的基础之上兴起的一个重要的理论传统，该理论的与众不同之处就在于此。

1971年，当我来到布里斯托与泰弗尔共事时，他有关社会认同论的最初观点已经成型（出现在1972年的那篇论文的最后几页当中）。他主张，为了赋予群体成员积极的社会认同，社会群体需要建立起一种不同于其他群体的积极特异性。他是通过引用最简群体实验的研究发现来阐明这一假设的（在1971年，作为他的研究助手，我的第一项工作是，使用这种假设对社会范畴化的影响和与之相关的群际歧视的形式提出一种系统化的解释；Turner，1975）。大约在1978年，"社会认同"一词被确定下来，而没有选用当时通用的其他词语（开始时泰弗尔很少使用这一词语，但后来用得多了）。最初，社会认同论被用来具体分析群际歧视的基本过程，同时也用它来解释现实生活中的社会冲突与社会变迁。但是，现在的情形有了不同，其他观点开始崭露头角，这些观点的发展既依赖于前面的思考，又发展和改变了前面的思考，虽然如此，它们之间还是有着某种程度的关联。严格地说，现在有两种社会认同论：一是最早的群际理论，这种理论致力于分析群体冲突和社会变迁，它关注个体的如下需求，即维持或提升内群相对于外群的积极特异性，以便获得积极的社会认同（Tajfel，1972a，1981a；Tajfel和Turner，1979，1986；Turner，1975）。二是近期发展起来的社会范畴化理论（Tuener，1982，1984，1985；Turner等，1987），这种理论代表一种有关群体过程的更加具有普遍性的理论，它以共享的社会认同对于个体的自我感知和行为具有去个人化（de-personalize）的作用的观点为基础。相应地，现在"社会认同论"这个术语有时被用来指群际理论，有时被用来指前面提到的两种理论，有时还指社会认同论研究者所共享的家族相似性观点。这两种理论背后共有的基本假设是：个体以他们的社会群体资格（social group memberships）来定义自身，依群体而界定的自我感知会对社会行为产生独特的心理影响。

因而，认为这种理论仅仅关注群际关系，或者认为该理论的研究只是局限在某个经验范式当中的看法都是错误的。相反，社会认同论的特征之一是它有能力将自身扩展到社会心理学的诸多领域。如果对所有应用该理论的研究进行一个总结，那将是冗长而惹人厌的，因为这方面的成果数量非常庞大。但如果有选择性地概括的话，那么它应该包括：社会范畴化对群体关系的影响、群际冲突与我群中心主义（包括种族歧视和种族间的联结）、社会变迁、话语社会心理学、认同和自我概念、心理群体形成、人际行为和群际行为的区分、群体凝聚力、社会吸引、社会影响与遵从、社会合作（比如说，"社会困境"和混合动机场景下的社会互动）、群众行为、群体极化、社会刻板印象、归因理论、公正论和社会心理学的元理论等。近期，该理论的一些重大影响都与社会感知/认知（perception/cognition）有关。从欧洲社会心理学强调社会心理学的"社会维度"（Tajfel，1984）、拒斥个体主义倾向开始，就暗示了社会认同论出现的可能，因而社会认同论是欧洲社会心理学理智发展的一部分。许多研究者之所以被这一理论所吸引，是因为它总是不遗余力地支持一种反个体主义的元理论。例如，Jaspars（1986）在讨论欧洲社会心理学是否真的为这门学科提供了某种不同的理智关注点时，就将社会认同论作为欧洲研究工作中强调"社会"维度的关键主力，他在这里提到的社会认同论是指"个体经常作为一个范畴的代表而行为，个体从这个范畴中获得社会认同和自我评价"（Jaspars，1986：11）。

这一理论令人惊奇，因为它对于许多问题、在诸多领域都有着广泛的适用性。社会认同过程正作为社会心理学的一个主要的并且是无处不在的面向开始出现，它的意义在于，它超越了传统上对群际行为或群体互动划定的一些人为界限。这本书的出现正当其时。很明显，我们正需要这样一种学术资源：它全面介绍了社会认同论的主要观点、发现和应用。迈克尔·豪格和多米尼克·阿布拉姆斯从事的是一项艰苦的工作。他们审慎地采用了一种不偏不倚的，同时也是唯一切实可行的方法：将社会认同论作为该领域的一个可以依据的视角呈现在读者面前，同时他们也提出了自己的观点。社会认同论不是一种正统共识或教条（这也是在18年后的今天它比以往更具活力，并且继续发展，影响也与日俱增的原因），而以教条的方式呈现理论是荒谬的。对于该理论所取得的成果，两位作者进行了全面的概述，在这方面他们两人的工作深入细致，令人称道。

约翰·C·特纳（John C. Turner）
1987年10月于悉尼

序　言

　　这本书是有关社会群体的：社会群体之间发生了什么，社会群体内部又发生了什么；群际行为和群体过程是怎样的；成为一名群体成员（即"归属"某个群体）的心理基础是什么。在处理这些问题时，我们讨论了传统的社会心理学方法，因而可以说这是一本教科书。但我们是社会认同论的坚定拥护者，所以我们讨论传统社会心理学的方法只是为了指出这些方法的局限和缺点，并进而提出代替它们的社会认同路径。这一路径发端于20世纪60年代末和20世纪70年代初，那时泰弗尔和他的同事正在布里斯托大学主持一项关于群际关系的研究。这本书对于社会心理学当中的社会认同路径提供了一种导论性和概览性的介绍。

　　我们这本书主要是写给社会心理学家、他们的学生和评论家的。我们头脑当中所设想的读者群是社会心理学专业的研究生和本科高年级学生，再宽泛一点说，还包括那些对群际关系、偏见、歧视和群体过程等问题的社会心理学解释感兴趣的科学家。

　　这本书也是为了要填补一个空白。以社会认同视角为出发点的研究已经有很多，但是没有一本书将不同的洞察力（insights）和进展（advances）整合成一种完善的理论主张。这些理论有高度技术化和细节化的（比如，Doise，1978；Tajfel，1978a；Turner 等，1987），有的在关注点上有很强的局限性（比如，Hewstone，1983；St Clair 和 Giles，1980；Turner 和 Giles，1981），还有的仅仅是对不同作者篇章的汇总，而没有将他们的观点融合起来（比如，Tajfel，1984）。也有的教科书报告了一些这方面的研究，但是没有将激发这些研究的理论批评纳入进去。还有一些书仅仅呈现了与社会认同有关的现象，比如说群际歧视（例如，Deaux 和 Wrightsman，1984），而另一些书只专注于几个话题，它们更像是为普通的社会心理学教科书而设计的（比如，Brown，1986；Eiser，1986）。在上述种种既有成果中，缺少一种对社会认同路径综合而全面的阐述，而对于那些对这一路径感兴趣，但又对其不熟悉、不精通或者并不致力于该路径研究的人来说，只有综合而全面的阐述才是容易理解的。我们希望我们提供的就是这样一本书。

对于该书，我们建议大家从头至尾将其作为一个完整的故事来阅读。但是，因为其结构安排上的特点，那些想"浅尝辄止"（dip）的人也可以这样做：第一章和第二章是本书的核心部分，它们可以和后面的任何一章结合起来阅读，因为核心的理论观点在这两章中已经得到反复的阐述。我们有意避免在书中包含例子栏、卡通、趣闻轶事、自我测试的问卷和其他一些经常被用来吸引读者通读全书的"伎俩"。对于每一个使用社会认同视角的实验，我们不拘泥于它微小的细节，而是关注主题、方向和它的发现。为了让读者能够理解我们的理论主张，在必要的时候我们会描述一些实验和范式，但也只是几个而已。我们的意图是要呈现理论方法的效用，而达到这一目的的最佳途径是对来自社会心理学的既有证据进行重新解释和分析。我们有选择性地参考了大量的原始资料和文本，主要是为了阐述和支持我们的观点，同时也为了给那些想更深入地探究相关文献的读者提供方便。因而这本书也是介绍群际行为和群体过程的导论性和概览性的书籍。

总之，本书是第一个关于社会认同的文本（social identity text）：这本书第一次整合了与社会认同路径有关的各种应用和研究方法。当然，要在这样一个有限的空间内将每一次转变、理论上的每一个细微差别和经验上的每一个不确定性都传递给读者是不可能的。因此，本书仅是提供了一个论点（argument），并且阐明了该论点以怎样的方式得到了支持。对于更多细节性的描述，读者可参照其他资源（详见每章末）。

阅读过本书之后，读者应该可以并且有能力作进一步的探究。我们提供了框架结构，提出了问题，并且鼓励在回答这些问题时使用社会认同路径。

那是1984年的一个雨后的下午，在布里斯托大学心理系办公室，本书最初的构想诞生了。从那天起，本书的写作就在不断地进行，虽然速度不快，但进展有序。有无数朋友、亲属、同事曾经为本书的完成贡献过力量。首先，要感谢那些最初给我们鼓励和支持的人，没有他们，就不会有写作本书的想法，没有他们的敦促、激励和质疑，这部书就不可能付梓，尽管著书的需要早就清晰地摆在我们面前。尤其是，John Edwards和Sonia Jackson，前者有着斯多葛式冷静的头脑，而和Sonia Jackson在Henleaze公园的交谈，则让我们非常振奋。我们也感谢Tory Higgins，他在我们工作的后期给了很多鼓励。其次，要感谢我们的学生，从他们身上我们学到了许多。他们对于社会认同视角的兴趣以及他们热切的讨论与争论，使我们越来越意识到，将这个主题落实到文字是非常必要的。再次，要感谢我们的老师——那些最初引导我们通晓社会认同路径的人，他们的热情点燃了我们，他们的灵感激发了我们。他们是特纳、Rupert Brown、Howard Giles、Mick Billig和晚年的泰弗尔。我们的同辈人也是我们的老师，所以也同样感谢他们：John Colvin、Susan Condor、Karen Henwood、Penny Oakes、Nick Pidgeon、Steve Reicher、Phi Smith、Margaret Wetherell、Jennie Williams和其他所有与群际关系研究的"布里斯托学派"（Bristol School）有关联的人。在布里斯托和坎特伯雷，那些持续到深夜的探讨和争论将会永远留在我们的记忆深处。

在决定写作本书之后不久，迈克尔·豪格去了位于澳大利亚悉尼的麦考瑞大学从事博士后研究，师从约翰·特纳。一年以后他到了墨尔本大学，在心理系任讲师。与此同时，多米尼克·阿布拉姆斯到了苏格兰的邓迪大学，成为那里讲师队伍中的"新生力量"。因此，本书的撰写工作被迫搁置。我们感谢英国文化委员会的资助，他们拨给多米尼克·阿布拉姆斯一笔学术交流款项，于是他在 1986 年来到墨尔本大学，进行为期三个月的访问，同时迈克尔·豪格也得到了文科院系特殊研究资金的资助来到了墨尔本，正是在这段时间我们完成了本书。

另外，我们也感谢那些为本书的几版初稿做过准备工作的人：邓迪大学的 Anna Shewan、Mair Rowan 和 Margaret Grubb，墨尔本大学的 Trish Cochrane、Gabby Lyon 和 Sylvia Negro。尤其要感谢 Susan Condor、Sylvia Negro、Tim McNamara 和 Kevin Grady，他们花时间仔细阅读了本书的初稿或其中的某些章节，提出了许多具体的评论，并给准备主题索引的 Diane Houston 提了一些建议。也特别感谢 Mary Ann Kernan，她是我们的编辑，她给我们持续的鼓励、务实的指导和无数的容忍。当然，最后著作的责任由我们自己承担。

最后，本书的完成还要感谢我们的朋友和家人 Eve Hogg、Marion Meade、Sonia Jackson、Tilli Edelman、Angie 和 Nick Emler，特别是 Bridget Hogg 和 Diane Houston 给予的支持。在此谨对他们致以诚挚的谢意。

迈克尔·A·豪格与多米尼克·阿布拉姆斯
1987 年 7 月于墨尔本

目　录

第一章　导　论 …………………………………………（1）
第二章　社会认同路径：背景与内容 ……………………（8）
　　导　言 …………………………………………………（9）
　　社会心理学 …………………………………………（10）
　　社会认同：主题、问题和背景 ……………………（18）
　　社会认同：理论 ……………………………………（25）
　　结　语 ………………………………………………（37）
　　推荐阅读 ……………………………………………（38）
第三章　群际行为 ………………………………………（39）
　　导　言 ………………………………………………（40）
　　心理动力学路径 ……………………………………（41）
　　相对剥夺 ……………………………………………（47）
　　最简群体范式 ………………………………………（60）
　　社会认同论 …………………………………………（64）
　　结　语 ………………………………………………（76）
　　推荐阅读 ……………………………………………（78）

第四章　从刻板化到意识形态 (79)

  导　言 (81)
  描述性路径 (82)
  范畴化和刻板化 (85)
  社会认同与刻板化 (91)
  归因、社会表征和意识形态 (97)
  消除刻板印象和偏见 (105)
  社会认知与刻板化 (108)
  结　语 (112)
  推荐阅读 (113)

第五章　内群行为：群体内过程 (114)

  导　言 (115)
  群体动力学 (116)
  群体凝聚力 (117)
  社会认同 (130)
  进一步的扩展 (139)
  结　语 (142)
  推荐阅读 (142)

第六章　社会在场和社会表现 (144)

  导　言 (144)
  社会在场 (145)
  社会表现 (155)
  社会认同与社会表演者 (160)
  结　语 (166)
  推荐阅读 (167)

第七章　集体行为 (169)

  导　言 (170)
  有关聚众的早期理论 (171)
  去个体化 (176)

作为规范行为的集体行动…………………………………（185）
　　社会认同与集体行为……………………………………（188）
　　结　语……………………………………………………（196）
　　推荐阅读…………………………………………………（196）

第八章　从众与社会影响……………………………………（197）
　　导　言……………………………………………………（198）
　　从众——一种规范行为…………………………………（199）
　　传统的从众研究和理论…………………………………（202）
　　从众的传统研究路径的局限……………………………（211）
　　社会认同与从众…………………………………………（216）
　　结　语……………………………………………………（232）
　　推荐阅读…………………………………………………（233）

第九章　语言、言语和沟通…………………………………（234）
　　导　言……………………………………………………（235）
　　社会心理学中的语言、言语和沟通……………………（236）
　　社会心理学之外的语言、言语和沟通…………………（241）
　　语言社会心理学…………………………………………（245）
　　结　语……………………………………………………（258）
　　推荐阅读…………………………………………………（260）

第十章　结　语………………………………………………（261）
　　导　言……………………………………………………（262）
　　理　论……………………………………………………（263）
　　应用社会认同路径解释性别间关系……………………（265）
　　理论进展…………………………………………………（273）
　　结　语……………………………………………………（275）
　　推荐阅读…………………………………………………（275）

参考文献………………………………………………………（276）
关键词索引……………………………………………………（314）
译后记…………………………………………………………（334）

第一章 导 论

　　1942年的7月至1943年的8月，这里有一座纳粹实施种族灭绝的集中营。超过80万的来自波兰、苏联、南斯拉夫、捷克斯洛伐克、保加利亚、奥地利、法国、比利时和希腊的犹太人在这里被屠杀。1943年8月2日，被关押者组织了一次武装反抗，但最终被纳粹刽子手镇压在血泊之中。

　　在波兰一个叫特雷布林卡的小村庄里，人们以六种不同的语言将这条令人发指的消息镌刻在六块巨大的石头上，这些石头就矗立在村庄附近一片寂静的森林里。这条消息记述了以每天2 200人的速度进行的有组织、有计划的屠杀行为。当特雷布林卡的烟囱正吞噬着人类生命的时候，在麦达内克、索比堡、切姆诺、贝乌热茨、达豪、贝尔根-贝尔森、布痕瓦尔德和许多其他地方，同样的悲剧也在上演。从1942年1月至1944年夏季，只是奥斯维辛一个地方，就有200多万人遇害。罹难的人数之巨已经超乎想象，滔天的罪行挑战着人类的心智。

　　这是种族灭绝的行径，是偏见和歧视的终极表达。群际行为走向令人恐惧的极端：蓄意毁灭整个种族。但这只是人类以非人道的方式对待自己同类的一种表现。如果把人类以非人道的方式对待自己的同类比做冰山的话，这只是冰山的一角，历史还见证过仇恨、控制、征服、剥削、堕落、压迫和斩草除根。尽管如此，人类也许是所有生物当中最喜欢交际的：将拥有他人的陪伴视为人生的一件乐事。他们不仅在有他人在场的情况下度过清醒时的大部分时光，而且在更基本的层面上，他们也是历史、文化和社会的产物。他们是被社会性地建构的。他们的视角、观点、价值、行动和沟通手段都是从他人那里习得或获取的。他们的行为在很大程度上受到规范和人们之间达成的契约的管理，包括恰当的或可以接受的行事方式，以及在某种情况下所持有的观点。没有这样的契约，也就不可能有沟通，而沟通是人类存在的核心要素。沟通的实现有赖于一系列普遍认同的规则或语法。

我们如何解释这个明显的矛盾：社会存在所要求的凝聚性怎样与社会中的分化和对立共存？在本书中，我们通过集中关注群体资格（group membership）的社会心理性质（nature）来处理这个问题。我们尽力去理解群体中人们的社会心理，即他们的群际和群内行为。为了分析的需要，我们采用了一种特别的路径，它代表了在现存社会心理学路径基础上的一次巨大进步，这就是社会认同路径（social identity approach）。

让我们回到上文提到的矛盾上来。解决这个问题的关键在于：虽然社会是由个体组成的，但社会被形塑为不同的社会群体和范畴，人们的视角、观点和实践都是从他们所归属的群体中获得的。可以认为这些群体是客观存在的，下面的事实能够说明这一点：不同的群体成员信仰不同的事物，以不同的方式着装，秉承不同的价值观，说不同的语言，居住在不同的地方，通常以不同的方式行事。一些群体历久弥坚，另一些群体则昙花一现；一些群体规模庞大，成员甚多，另一些群体则极其小巧；一些群体声名显赫，另一些群体则备受诟病。群体之间经常存在着显著的差异，如国家之间（意大利和德国），宗教群体之间（佛教徒、穆斯林、新教徒、基督徒），政治群体之间（社会主义者、保守主义者），族群之间（在斯里兰卡的泰米尔人和辛加人），性别之间（男性、女性），部落群体之间（泰国的喀伦族、拉祜族、阿卡族），青年群体之间（朋克、光头党），大学的院系之间（科学、艺术、法律）等等。与职业群体一样，小的决策群体也有它们自己相对独特的运作方式、操作规范。重要的一点在于，无论人们是被分配到一个群体，还是自己选择到一个群体，他/她所归属的这个群体对于决定其人生体验都具有重要意义。

意识到群体对个体的认同（identity）有深远影响，仅仅是向前迈出了一小步。他们是谁，他们是哪种类型的人，他们怎样与其他人联系起来（这些其他人是同一群体的成员，即内群，或者是不同群体的成员，即外群），人们对这些问题的看法在很大程度上是由他们认为自身所归属的群体所决定的。在北爱尔兰的天主教徒和新教徒的例子中关于这一点有清晰的呈现。同时它也体现在商业组织中短期存在的决策群体、暂时性的委员会，以及因组团旅游而走在一起的陌生人之间所体验到的、即时性的同伴关系中。这里要问的问题是：人们怎样（how）认同一个群体？确切地说，这种认同的后果是什么？

本质上，这是一个社会心理学的问题，因为它围绕这样的主题展开：社会如何将自我概念（self-conception）赋予个人？社会怎样以群体为中介建构个体？这里的群体是以规范实践（normative practices）或共识实践（consensual practices）的形式体现出来的。反过来，个体又怎样再生产了这些群体？它说明了"我们每个人在改变和调整自身时，怎样在同样程度上也改变和调整了以自身为核心的复杂关系"（Gramsci, 1971：352）。"认同"同时也关涉到下列问题：介入到个人与群体双方关系中的心理过程和社会心理过程都是什么？什么因素影响群际关系的形式？群际关系是对抗的、竞争的、充满敌意的，还是合作的、相对友善的，这是由什么决定的？这些问题处于社会心理学的核心，它们与人类生存中一些最重要的现象有关，比如认同、自我、群体团结、国家关系、偏见、歧视、刻板印象、遵从和集体行为（暴乱、示威）等等。

正如本书所表明的，虽然社会心理学面对并处理了这些问题，而且也确实增进了我们对问题的理解,但是它倾向于在大规模的社会范畴(种族、性别、民族国家)研究与小群体研究之间做出区分。小群体是指在同一时间出现在同一地点,并且彼此总是进行面对面互动的个体集合体。传统上,社会心理学总是视后者为一个群体。它以人际互动为基础解释群体行为,这在很大程度上忽略了群体以怎样的方式赋予个体以认同(an identity)。也就是说,它强调的是群体中的个体(individual in the group)。很显然,这种视角使社会心理学在处理大规模的群体现象和自我的社会建构时遇到了困难。但不管怎么说,我们是非常乐观的,因为在过去15年左右的时间里,一个新的路径在社会心理学领域中逐渐发展起来,它从根本上扭转了传统视角,将关注点放在个体中的群体(the group in the individual)之上,这就是社会认同路径。

这种路径的核心信条是:归属于某个群体(无论它的规模和分布如何)在很大程度上是一种心理状态(psychological state),这种状态与个体茕茕孑立时的心理状态截然不同。归属于一个群体就会获得一种社会认同(social identity),或者说是一种共享的/集体的表征(representation),它关乎的是"你是谁","你应该怎样行事才是恰当的"。与社会认同相关联的心理过程会生成明显的"群体"(groupy)行为,例如,群体内部的团结,对群体规范的遵从,以及对外群的歧视。进一步说,这种视角有助于提升和拓展对一系列现象的详细解释,而此前这些现象都是由社会心理学从"人际"视角出发进行说明的。本书的目的是向读者表明,社会认同视角是如何大幅度地提升和丰富了对社会群体的解释的。

第二章我们集中探讨理论。在这一章,我们向读者描述社会认同视角各种不同的假设和它独特的理论主张。本章的主要目的是为后续章节奠定一个基础。还有一个目的也很重要,那就是要在社会心理学和社会科学这样一个更广阔的框架内定位社会认同视角。因此开始的时候,我们会花一些时间讨论社会心理学和社会理论在看待人类行为时视角上的对立,并辨明它们相对的长处与不足。在此基础上,我们将会介绍社会认同路径的历史背景和元理论基础，同时指出，相对于其他社会心理学理论，社会认同论的进步之处体现在哪些方面。

虽然后续各章节可以分开来阅读，但是它们总是需要与第二章联系在一起才能够被很好地理解，因为只有这样，我们才可以假定读者已经知晓了这一路径的重要背景和它的理论前提。后面的每一章都从不同角度展现了社会认同视角对于我们理解某一具体的心理学主题所做出的贡献，并详尽阐述了该视角与这个主题的相关之处。这些章节一般是这样安排的：陈述问题，并阐明该问题在社会心理学及日常生活中的重要性；描述传统的社会心理学方法，并对其进行批判性的讨论；在指出某些社会心理学视角局限性的时候，我们仅限于对它们进行一般性的批评（第二章会详细说明）；我们会在理论和经验层面上同时讨论和评价社会认同路径的贡献；在社会心理学以及相关领域中，社会认同路径的前景及未来的发展方向，我们也有提及。不管怎样，有一点需要注意：后续的每一章都自成体系，它们对该章所涉及的社会心理学理论和研究进行了相对详尽的评述。这些章节合在一起就涵盖了群体现象社会心理学的绝大部分内容。

第三章探讨群际行为：某一群体的成员与其他不同群体的成员相关联的方式。该章讨论了群际歧视、相对剥夺、竞争与合作、地位和权力，以及其他的群际现象。第四章考察的是刻板印象，即群体被感知的方式（the way group are perceived），并借此拓展了对群际关系的分析。我们讨论了社会刻板印象的共有性质，以及人们将刻板印象加诸自身的方式。我们考察了刻板印象如何嵌入到与社会范畴有关的社会表征或意识形态当中，以及它们怎样与因果归因联系在一起。我们也谈到了刻板印象的结构、社会信念的刻板化内容，以及偏见的本质。

然后，我们将强调的重点转移到群体内部，即内群行为。第五章解决这样一些问题：群体团结和群体凝聚力是由什么决定的，在心理学意义上一个群体是怎样形成的，是什么将不相关的个体所组成的集合体转变成一个拥有自身独特性的社会群体的。在处理这些问题时，我们探讨了小群体中的沟通网络、沟通体系、领导模式、群体生产力和决策群体,以及群体规范对前面所有各项的影响。

第六章我们继续关注内群体验,但是这一次我们讨论的是"社会在场"(social presence)和"社会表现"(social performance)。讨论的核心不是内群过程,而是群体中的个人,以及群体成员的心理在场(psychological presence)如何影响个体的动机和行为。我们会考察社会促进理论、社会影响理论、自我觉知理论和自我呈现理论等如何增进了我们对群体背景下个体行为的理解,比如说,谈判和讨价还价。

第七章我们处理的是,群体作为一个整体有什么样的社会行为。我们探索集体行为的基础(典型的集体行为如抗议、示威、暴乱、革命)。同时在这一章中我们将考察关于群众(crowd)的经典理论、去个体化理论、自我觉知理论、数量特异性理论和盲目遵从理论等在多大程度上成功地解释了集体行为的形式。

处于社会行为核心的是社会影响,通过这一机制人们会影响彼此的观念和行为。在第八章中我们会讨论这一重要主题。这一章特别关注与遵从群体规范相关联的影响过程。在介绍了传统遵从研究的贡献之后,我们会向读者展示社会认同视角如何改变了我们对社会影响和一系列遵从现象的理解,包括决策群体中的群体极化、领导才能、洗脑和倡导社会变迁的积极小群体。

社会影响的主要途径是沟通。第九章我们将会探讨沟通现象,但是我们主要专注于语言(language)。言语风格(speech style)和语言是作为认同最强有力的象征符号而发挥作用的。社会认同视角对于我们理解一系列社会语言现象有很大帮助,对于这一点我们并不感觉惊奇。

最后一章(也就是第十章)是一个简短的总结和概括。在这里,我们将社会认同路径的不同主题和线索整合到了一起,并在一个具体的群际背景中阐明和应用了该路径,这一具体背景是性别间的关系。在这一部分我们是简洁和写意的,也就是说,我们是以粗线条勾勒一幅概括性的油画,而不是构造一幅细致入微的工笔画,因为我们的目的是要读者知晓，社会认同路径作为一个整体，它如何被用来解释"真实"社会范畴的相关行为。这一章以一些结论作为结尾，这些结论是关于社会认同路径相对于本书提到的其他路径所具有的相对优势。我们也详细列出了一些领域，在这些领域，无论是现在还是未来，社会认同理论和研究一定会有开创性的成果。

第二章 社会认同路径：背景与内容

群体精神（group spirit），即一种群体观点，它是在所有群体成员的心智中发展起来的时刻准备为群体作奉献的思想情感。群体精神不仅是将群体成员凝聚在一起的联结纽带，甚或是产生了这种纽带，而且群体精神还使真正的群体意志成为可能。

［麦独孤（McDougall），1921：63］

群体精神，严格说来包括成员对群体的了解、某种群体观念、依恋群体或者准备为群体作奉献的情感状态。群体精神对所有的……集体生活和有效的集体行动来说都是必不可少的前提条件。

（麦独孤，1921：66）

没有一种群体心理学在本质和整体上不是个体心理学，社会心理学是个体心理学的一部分。

［奥尔波特（Floyd Allport），1924：4］

要想回答群体的心智结构存在于哪里这个问题，我们必须涉及……个体。每个个体从其他个体具体的语言和行为那里习得这种心智结构。不存在这样的地方——在这里社会契约的连续性能够终止有组织的群体生活。如果某个群体中的所有个体在同一时间全部消亡，那么所谓的"群体心智"（group mind）也将会被永远地抛弃。

（奥尔波特，1924：9）

上面这些摘录涉及社会心理学当中所谓的"主导问题"（master problem），即个人与群体之间的关系问题。在上面的陈述中，麦独孤和奥尔波特两人展现了社会心理学领域中的原初对立。一种观点认为，群体行为在本质上不同于个体行为，群体以某种形式存在于群体成员的心智当中，并因此而影响个体行为；与之相反，另一种观点则认为，群体行为是一种个体行为，它体现在许多个体身上，这些个体彼此之间是客观在场的（physical presence），群体是一种有名无实的谬误（nominal fallacy）。

在探讨群际行为和群体过程时，我们需要正视这个争论。在这个争论中，一方持有的立场是：群体仅仅是个体的集合，在这个集合当中，个体以惯常的方式进行人际行为，与个体行为的不同之处只在于，现在是在众多人当中进行人际互动；而与之相反的意见则主张，群体代表了一种性质上与人际互动模式完全不同的互动和思维模式。群体究竟是前者还是后者？在本章我们会介绍社会认同概念，并将其作为解决这个问题的一种途径。

导　言

社会认同被定义为："个体知晓他/她归属于特定的社会群体，而且他/她所获得的群体资格（group membership）会赋予其某种情感和价值意义。"（Tajfel，1972a：31）在这里，社会群体是指："两个或更多个体，这些人有共享的社会认同，或者换句话说，他们感知到他们这些人属于同一个社会范畴。"（Turner 1982：15）这些引述表达了社会认同路径的一些基本向度。认同，尤其是社会认同，和群体是不可分割的。之所以这样说，是因为某人对于"我是谁"的概念或定义（即某人的认同）在很大程度上是由自我描述构成的，而自我描述是与某人所归属的群体的特质联系在一起的。在这里，"归属"（belongingness）是心理上的，而不仅仅是对于某个群体特征的知晓。认同某个群体，与被指派到这个或那个社会范畴是完全不同的一种心理状态。从现象学的角度来说，它是真实存在的，并且对于自我评价有重要影响。

在本章，我们将介绍社会认同路径的假设、理论观点和关注范围。对于那些对后续章节感兴趣的读者，该章提供了一个理论基础，此后我们会探求这一路径涉及的具体主题。反过来，后面各章将向读者呈现与该理论有关的经验发现，这些章节涉及更多细节性的信息，并详细阐述了社会认同路径中那些与特定主题有关的理论面向。不过，在此之前，我们会花时间介绍一下这一路径的背景。我们认为，展示社会认同视角在社会心理学中的位置是非常重要的：它与其他视角有着怎样的不同？它们共享的假设是什么？这里我们关注的是元理论和社会认同路径所代表的理论类型。为了达到这一目的，我们不但需要对社会心理学做出定义，探求定义的意义，而且需要考察该路径兴起的历史背景和学术氛围。此外，我们也介绍了社会认同路径的元理论定位（mete-theoretical location），这涉及认知心理学、普通心理学、精神分析、哲学，以及更重要的如社会学和其他社会科学。

社会心理学

定义社会心理学

什么是社会心理学？虽然几乎有多少种教科书就有多少种关于社会心理学的定义，但是找出一个共同的深层次主题并不困难：社会心理学是对人类社会行为的科学研究。作为一个操作定义这就足够了，因为它同时描述了社会心理学的方法及其关注的对象，或者说，它描述了大部分社会心理学家所从事的工作——他们科学地研究人类社会行为。但是，这只是一个非常概括性的、平淡无奇的定义，深入观察之后我们会发现，在这个定义下面存在着重要的分歧、争论和强调点的差异。

社会心理学是一门科学，因为它使用了科学的方法，这使它区别于哲学，因为后者使用的是理性色彩浓厚的探求方法。能代表这里所说的"科学"一词的典范例子是 1687 年牛顿的《自然哲学的数学原理》(*Philosophiae Naturalis Principia Mathematica*)，和通常所说的经典理论物理。人类是受规律支配的机器，他们能对刺激做出反应，这一点与物质实体非常相似。因此要理解人类行为，需要做的仅仅是剥离各种各样的刺激，找出那些决定它们发挥影响作用的规律。实验室实验是理想的方法，因为在实验室里你可以最大限度地剥离和考察个人的因果动因。实验心理学的奠基人威廉·冯特（Wilhelm Wundt）和现代实验社会心理学的鼻祖库尔特·勒温（Kurt Lewin）都有物理学的背景，这看起来丝毫不令人惊异。冯特于 1879 年在莱比锡建立了第一个心理学实验室，勒温于 20 世纪 40 年代创建了美国群体动力学研究中心。

社会心理学对科学的推崇从一开始就受到了批评。冯特认为实验室实验和科学方法不是认识个人与社会之间动态关系的最佳方法（Wundt，1916），他将两者之间的动态关系看做是社会心理学的核心（冯特将其称为民众心理学），内省（instropection）在这其中扮演了重要角色。虽然对"过度"科学主义的反对之声一直存在，但是直到 20 世纪 60 年代和 20 世纪 70 年代，它才成为关注的焦点，这在当时被视为所谓的社会心理学信任"危机"（crisis of confidence）的一部分（Elms，1975；Israel 和 Tajfel，1972；Roshow，1981；Strickland、Aboud 和 Gergen，1976）。

对这种"危机"的一个反应是抛弃实验，强调将个体作为一个独特的、整体的人来研究。关注主体性（subjectivity），将其作为一种在历史中建构的有自身意义的体验。研究者要想获知这方面的信息，最好的方法是分析人们对自身和自身体验的描述。许多学派都持有这样的立场，如社会建构主义（Gergen，1973，1982a）、人本心理学（Shotter，1974）、常人方法学（Garfinkel，1967）、人种学（Harré，1977，1979；

Potter、Stringer 和 Wetherell，1984）、拟剧模型（Goffman，1959）和后结构主义方法（Henriques et al.，1984）。

对这种"危机"的另一个反应是继续保有对实验方法的信心，但是是那些设计完善、操作谨慎的实验（Campbell，1957；Kruglanski，1975；Turner，1981a）。这种路径为大量的假设检验方法提供辩护，主张针对不同的问题仔细选择合适的方法。实验室实验不应该被彻底地批判，对于某些研究问题来说，它们是合适的经验方法。正是秉承这种精神，社会认同研究发展起来了。

"危机"一方面涉及社会心理学的研究方法，另一方面则更加关注这一学科对人类社会行为所能提供的理解的类型和质量（type and quality）。虽然实验社会心理学起源于勒温对理论建构和理论检验的强调，但是这门学科在理论方面已经显现出了严重不足。大量的经验关系都已经被实验所检验，采用的是日益精致和复杂的实验方法和统计及计算技术，但是所有这些做法对理论进步的贡献甚微。社会心理学知识看起来仅仅是相互独立的、覆盖面狭窄的经验概括（empirical generalizations）的集合，这使得社会心理学看起来内部观点林立，没有整体感。从视角广泛性、理论概括性这个层面上来看，它缺乏统一性（unity）（Cartwright，1979；Festinger，1980）。这类缺陷的一个原因可能是，社会心理学一直从一个错误的方向来看待世界（有人甚至可以论证这个原因）。它给自己设定了错误的问题。任何方法论都不会聪明到从没有设定正确问题的研究中挽救回一些发现。稍后，我们会论证，社会心理学也许在很大程度上误解了"社会"一词，因此，它就不能对社会心理学的理论化提出恰切的问题。

让我们简短地结束对社会心理学定义的剖析，集中讨论社会心理学的研究对象：人类的社会行为。在自然环境下对动物的社会行为进行细致、系统的研究，这或许对我们理解人类会有一定的意义。但是，有关笼中老鼠或鸽子按动操纵杆的研究，则对我们认识人类行为没有任何帮助，因为我们关注的是"人类"（humans）。此外，将"行为"包含其中意味着我们承认，关于人类思维运作的社会心理学理论只有依据人类的言行才能得以建构，思维是不能直接观察的，但这并不意味着我们是行为主义的。行为主义或者否认思维的存在，或者认为对思维的研究在某种程度上是徒劳的。相反，社会心理学重视对心智过程和结构的考察，它们二者是刺激与行为之间辩证关系的中介。人们的行为方式和行为内容（即他们怎样做、做什么）会产生相关的刺激，他人会对这种刺激做出反应，这一过程受到心智过程与结构的中介影响（mediated）。

我们认为，一门"好的"（good）社会心理学是一门经验科学，它采用一系列方法去探明卷入刺激与人类行为之间复杂的辩证关系中的心智过程。但是，什么是"社会"？这一词汇意指什么？在过去它是怎样被解释的？我们主要关注的论争就在于此。下面我们就审视一下什么是社会心理学中的"社会"。

社会心理学中的"社会"

一般来说，实施第一个社会心理学实验的殊荣应该归于特里普里特（Triplett），他研究他人在场如何影响个体在不同任务上的表现，比如说，缠鱼线或蹬自行车（Triplett，1898）。特里普里特开创了社会心理学领域中一个长期的研究传统，即他人单纯客观在场（mere physical presence of others）对行为的社会促进或抑制作用（social facilitatory and inhibitory effect）（见本书的第六章和 Guerin 1986 年的述评；Paulus，1983；Sanders，1981）。心理学考察个人行为怎样受到他人在场的影响，正是在这种意义上，我们说心理学是社会的。大部分社会心理学关注的是在少数几个人之间发生的面对面的相遇（encounters），这一点不足为奇，比如对下列现象的研究：群体决策和小群体动力（Golembiewski，1962；Shaw，1981），遵从和社会影响（Allen，1965，1975，或者参考本书的第五章和第八章）。进一步说，依据詹姆斯（James）的研究发现，在自然形成的群体中，有73%是二分群体，即群体涉及两方；大部分社会心理学都将二分群体视为分析的终极单位（ultimate unit）或原型单位（prototypical unit）（Kelley 和 Thibaut，1978；或者参见本书的第五章）。

但是这种定义没有涵盖社会心理学关注的另一部分对象，例如，对价值态度、观念、信仰（比如 Rokeach，1973；Cooper 和 Croyle，1984）以及它们的变化的研究（参见 Cialdini、Petty 和 Cacioppo，1981），对刻板印象（参见 Ashmore 和 Del Boca，1981）和社会表征的研究（Farr 和 Moscovici，1984）。我们需要一种更宽泛的社会心理学定义，比如说奥尔波特对社会心理学的描绘："社会心理学试图理解和解释：个体的思想、感情和行为怎样受到他人实际的、想象的或暗示的在场（the actual, imagined, or implied presence of others）的影响。"（Allport，1968：3）态度是社会心理的，因为态度指向他人、事件或客观事物。没有他人，态度根本不会存在。态度至少是要依赖语言的，语言作为人与人之间沟通的一种共识性手段，如果没有其他人的话也不可能存在（见本书第九章）。在个体观念中，态度可以与面对面的相遇分离开来，因而可以说，态度代表了他人的暗示/隐含在场（implied presence）。

与"社会"一词的概念化相关联的是社会心理学中的一个核心争论：个人独处时的行为与其在群体中的行为是否会有根本的不同？这一问题牵涉到许多更具体的问题。个体在独自一人时会以社会性的方式行事吗？群体行为仅仅是单独的个体行为的集合吗？群体行为在心理和性质上不同于个体行为吗？居于这些问题核心的一个基本的矛盾是：社会学和心理学对于理解社会行为皆有贡献，那么应该如何处理这两种贡献之间的理论关系呢？（见 Turner 和 Oakes，1986）我们将会详细讨论这个问题，因为它的解决对于产生何种类型的社会心理学至关重要，它也构成了社会认同视角的关键性框架背景。

早期的非实验社会心理学在研究大规模集体事件（如集群、暴乱、示威、暴民）时已经遭遇到了这个矛盾。尤其是对法国革命群众的研究，埃米尔·左拉（Emile Zola）曾经对之有过热情洋溢的描写［例如，《萌芽》（Germinal and La Débacle），参见第七章开头的引文］。勒邦（Gustav Le Bon）的亲身观察使其在他那部关于群众的经典著作中得出这样的结论：在群众当中，社会化行为的轻薄面纱被扯去，显露出来的是丑陋的人类本能［Le Bon，（1896）1908］。也就是说，在群体当中，人类行为回归到原始，人们受本能冲动的驱使，自我不再受内化的社会传统与规范的控制。这种视角仍旧是当代许多集体行为社会心理学的基础（如 Zimbardo 1970；也可以参见本书第七章）。基于勒邦的观点，弗洛伊德（1922）谈到了群众（the crowd）释放"本我"冲动的方式，并进而继续建构他有关社会群体心理动力机制的分析。他的分析为后续许多有影响的理论奠定了基础，这些后续理论关注的是集体行为、群际关系、偏见和歧视，比如说阿多诺等人（Adorno et al.，1950）的"权威主义人格"（authoritarian personality）和多拉德等人（Dollard et al.，1939）的"挫折—侵犯假说"，也可参见本书第三章。

与这种视角相反，麦独孤没有假设在集群背景下的人们会表达出某种深层次的动机。但是他引入了群体心智（group mind）概念（McDougall，1921）。麦独孤认为，群体行为之所以不同于个体行为，是因为群体心智产生于人们的互动或聚合，群体心智是真实存在的，它独立于并且在性质上区别于个体成员的心智。虽然麦独孤从不认为群体心智概念涉及某种自由漂移的心理学之外的实体（some free-floating extra-psychological entity）（Turner 和 Oakes，1986），但是却有着与之类似的解释倾向，因而他认为群体心智处于心理学领域之外。不管怎么说，我们仍然可以在实验社会心理学的一些早期经典中发现麦独孤的视角，比如，谢里夫（Sherif，1936）关于社会规范的研究和阿希（Asch，1952）的社会心理学路径（参见本书第八章）。

奥尔波特宣称，心理现象出现在个体心智当中，因而"没有一种群体心理学在本质和整体意义上不是个体心理学"（Allport，1924：4）。正是受到了奥尔波特观点的推动，一种居于主导地位的有关个人与群体之间关系的社会心理学视角出现了。个体在群体中的行为之所以不同于单独个体的行为，只是因为在群体中影响个体行为的人际因素是以更大的数量和/或更高的强度出现而已。简言之，在性质上，群体并没有什么特别之处。我们会在第五章中详细讨论这种关于群体的传统视角。

虽然这是社会心理学领域中的主导立场，但是正如它的批评者所指出的，它是一种"还原论"——一种阻碍我们正确理解事物或现象的元理论缺陷。这种批判性的立场构成了社会认同视角出现的背景，所以我们有必要花时间解释一下它意指什么。"还原论"倾向于以更低层次的概念或语言来解释某种现象。以我们的目的为例，分析的层次（从高到低）是社会历史学、社会学、小群体动力学、个体心理学、生理学、生物学、化学、物理学，也就是说社会历史学可以被社会学所解释，社会学现象可以被群体动力学解释，群体动力学可以被个体特征所解释，以此类推。这看起来意味着，到最后我们可以用物理学（社会心理学的科学原型）解释所有更高层次的现象。

通晓原子的活动方式可以增进我们对社会运行的了解（隐喻除外），这样的主张显然是荒谬的（参见 Kellerman，1981；也可以参考本书的第五章和第七章），但是短距离的还原，比方说从化学到物理学，也许看起来就没有这样不合情理。问题的关键在于，分析层次上跨度太大的还原不可能回答许多在原初较高层次上出现的重要问题。比如说，研究森林保护的环保主义者将会发现，如果问题（在这个例子中）需要用资本利息进行分析，那么从渗透压和离子泵的角度所进行的解释对他们来说没有丝毫用处。同样，肌肉收缩、神经冲动、对社会传统的理解与遵守等等，都可以解释将胳膊伸出车窗外以示转弯的手势。如果解释的层次与问题的层次不匹配，那么实质上问题并没有得到解决。

许多传统的社会心理学都是还原论的，因为它以个体特质解释社会群体，也就是说它们是个体主义的，自奥尔波特时代以来这种倾向一直存在着（Cartwright，1979；Pepitone，1981；Sampson，1977，1981）。将群体分解为组成群体的个体，这样一来，与个体概念相比，"群体"概念就不再具有任何独立的概念地位，社会心理学自然也就不再研究社会群体，它仅仅关注个体间的互动，这里可以参考 Steiner 的评论（Steiner，1974，1983，1986），尤其是本书的第五章。

在很大程度上，社会心理学危机可以被归因于还原主义的理论化过程。虽然许多人都提出了这样的批评，但是来自欧洲的社会心理学家所表达的批评最有力并且也最完整，尤其是 20 世纪 60 年代末至 20 世纪

70年代初工作于欧洲的那些人（比如 Billig，1976；Doise，1978，1986；Israel 和 Tajfel，1972；Moscovici，1972；Tajfel，1981a；Taylor 和 Brown，1979）。虽然这种批评不仅仅出现在欧洲，但是也许正是欧洲最早对这种批评做出了应对。实验社会心理学的欧洲路径在这一时期诞生，并受到包括英国的泰弗尔和法国的莫斯科维奇（Moscovici）等领军人物在内的一小部分人的扶持和指导。《社会心理学欧洲期刊》（*European Journal of Social Psychology*）的创刊和欧洲社会心理学学会的成立，使欧洲的社会心理学家有机会聚集在一起交流他们的观点（关于这一时期的一些历史背景参见 Doise，1982；Jaspars，1980，1986；Tajfel，1972b）。上述这些应对行为的一个主要且明显的目的是，成就一种非还原论的社会心理学，这种社会心理学能够处理个人与社会之间的变动关系，同时又没有将其社会学化和个人化，也就是说，欧洲社会心理学家的目的是要探求人类行为的社会维度（Hogg 和 Abrams，1985；Tajfel，1984）。

正是在这样的背景下，社会认同路径作为社会心理学领域攻击个体主义的先锋逐渐发展起来。它最初关注群际关系的研究，抨击了传统社会心理学家纯粹从个体性（individuality）出发解释国家间冲突、种族灭绝等现象的做法，这种做法的缺陷在于它没有考虑社会历史因素的影响（参见本书第三章）。经过几年的发展，社会认同路径不断开拓疆域，涵盖范围更广的群体现象，并意图再次引入"群体"概念，将其作为社会心理学中一个独特的解释工具（如 Turner et al.，1987）。社会认同是一种视角（perspective）和方法（approach），因为它是一种独特的理论类型（type），一种接近社会心理的独特方式（way）。同时，它也是一种理论（theory），因为它包含一系列相关联的命题，经验上可检验的假设就来自于这些命题。这两方面是相互关联的：理论只有在一种独特而明确的元理论背景下才能发展起来。

在本章余下的部分，我们将讨论社会认同路径：首先是在元理论（metatheory）（它是一种什么类型的理论）层面上，然后是在理论（theory）（理论自身说了些什么）层面上。在这里，重要的是区分社会认同的两种用法。第一种用法，如前文所述，在严格的意义上，社会认同是正式界定的（formally defined）、理论上整合一致的（theoretically integrated）一系列过程和假设，它们解释了社会文化力量与个体社会行为的形式和内容两者之间的关系。它一般应用于逻辑连贯的理论当中，这种理论既出现在关于社会世界的具体的评论性论文和模型之中，也出现在有明确限定的文集当中（如 Tajfel，1978a，1981a，1992a；Turner 和 Giles，1981；Turner 等，1987）。第二种用法是对"社会认同"一词宽泛的描述性使用，这种用法与我们的视角、概念语言或者理论观点不相吻合，最重要的是两者涉及不同的文献（比较 Baumeister，1986；Sarbin 和 Scheibe，1983）。但是，这并不是说第二种用法与第一种用法没有关系，而只是说对于发展一种理论上整合一致的、真正社会的社会心理学，第一种用法更接近于我们的目的。

社会认同：主题、问题和背景

社会认同路径建立在特定假设基础之上，这些假设涉及人类和社会的本质以及它们之间的相互关系。具体说来，社会认同路径主张，社会是由社会范畴（social categories）组成的，这些范畴在权力和地位关系上彼此相关。"社会范畴"是指人类依据下列维度进行的划分：民族国家（英国/法国）、种族（阿拉伯人/犹太人）、阶级（工人/资本家）、职业（医生/焊工）、性别（男人/女人）、宗教（穆斯林/印度教徒）等；而"权力和地位关系"指社会中的一些范畴比另一些范畴拥有更高的权力、声望和地位等。范畴不孤立存在。一个范畴只有在它与另一范畴的对比中才有意义。比如说，"黑人"这个社会范畴，如果不是被用来区分黑人和非黑人（即一个对立的范畴），那么它的存在就毫无意义。任何个体都同时是许多不同社会范畴的成员（如一个信仰佛教的澳大利亚男性网上冲浪者），但是一个人不可能同时是相互排斥的群体中的成员，比如说，在北爱尔兰，一个人不可能同时是新教徒和天主教徒。

社会范畴的本质和它们之间的关系让一个社会拥有独特的社会结构，这个结构先于人类个体而存在。个体诞生于一个特定的社会当中，因而与个体相比，社会范畴在很大程度上是先在的（pre-existent）。但是，社会结构并不是一个稳定不变、单一庞大的实体。相反，受经济和历史的影响，社会是不断流动、不断改变的（逐渐的或者是快速的）。于是，一些范畴形成了，另一些范畴消失了（如在20世纪中期之前没有类似于计算机程序员这样的职业范畴），定义范畴的特质也会发生变化（如有关北美黑人的刻板印象在历史上的改变），一个范畴与其他范畴的关系也是不断变化的（如性别之间的群际关系），等等。

社会认同视角与所有的理论或方法，以及与它的理论先驱和理智渊源，都有协调一致的一面。社会认同论用社会范畴来表明社会的结构性特征，这一点与社会学中的结构主义视角有相同之处〔比较 Durkheim，(1893) 1933；Parsons，1951；Merton，1957；Marx (1844) 1963；Weber，1930〕。但另一方面，社会群体承受着一定的驱动力和压力（forces and pressures），它们使一个社会群体将自身与其他群体区分开来，而不是寻找彼此间的共同性。在这种对驱动力和压力的强调中（正如我们后面会看到的），我们会发现社会认同论从重视"冲突"的理论家如马克思和韦伯，而不是从强调"共识"的理论家如孔德（1877）、涂尔干〔1893 (1933)〕、帕森斯（1951）、斯宾塞（1896）和默顿（1951）那里借鉴了更多的理智资源。这并不是说，社会认同观念中没有任何体现"共识"的主题，而仅仅是说，它对冲突的强调相对更多一些。在第八章我们将会看到，共识性主题怎样在下列研究中得以显现：谢里夫（1936）对规范的处理，莫斯科维奇（Farr 和 Moscovici，1984）对社会表征的理解，以及社会认同路径对遵从的研究。

强调共识的结构主义者倾向于将社会视为一个结构化的整体，在这个整体当中，虽然群体之间有角色的差异，但是没有深层次的意识形态上的分化。在社会中对"游戏规则"是什么，什么是被社会接纳的，什么是不被社会接纳的等问题存在着广泛共识或一致性看法。秩序与稳定是事件的常态，那些不认同社会价值或者不适应社会角色的人被看做是偏差行为者。偏差行为者不仅仅是异于他人的，而且是违反常态的，在他们身上，将社会价值传授给孩子的社会化过程失去了效用。进一步说，将社会比喻为"有机体"的结构功能主义（顾名思义，它指"社会结构服务于适应性功能"）视偏差行为者为反功能的（dysfunctional），就像是某种疾病或者生病的器官也许会杀死有机体一样。

另一方面，马克思和韦伯（冲突结构主义者）引导大家关注在意识形态、价值、信仰等方面存在的深刻差异，根据这些差异可以描画出社会中的不同群体。他们关心群体间内在的竞争关系和冲突关系的本质，并将其归结到群体间普遍存在的权力和地位差异上。在这个变动不居的社会世界中，秩序、稳定和静止只是脆弱而短暂的事件状态。这种视角为考察支配群体开辟了一条新路径：考察社会支配群体怎样制造或强加（在物质和/或意识形态上）一种现状（a status quo），这种现状将明显的冲突掩盖、隐匿起来，或阻止它们的出现（如 Beynon, 1975；Parkin, 1971）。社会认同论坚定地致力于这种关于社会的"冲突"观点。

在结构主义社会学家（尤其是涂尔干）那里有一种使社会结构具体化（reify）的倾向，即将社会结构当做客观事物（thing）而不是一种关系形式。尽管如此，社会学理论在勾画自身的边界时几乎总是会提到（虽然经常只是隐含地）它对于个人与社会之间关系的假设。涂尔干认为，社会通过产生集体意识（collective consciousness）而影响个体，集体意识通过共有的行事方式表达出来，它是一种施加于行为之上的道德约束。以同样的方式，麦独孤引入了他的"群体心智"（group mind）概念（McDougall, 1921）。关于这一概念，我们先前已经讨论过。Sumner 秉承相似的传统，描述了社会群体怎样产生它们自己独特的传统或"民俗方式"（folkways）（Sumner, 1906）。总的说来。社会学和早期的非实验社会心理学并没有确切地回答社会或群体通过什么样的心理过程、以怎样的方式将自身植根于个体的心智之中，并进而形塑了他们的行为。仅仅说社会或群体产生了集体意识或群体心智是不够的。作为社会心理学家，我们需要知道个体心智怎样以及为什么成功地完成了这项任务（即在个体心智中形成了集体意识和群体思维）。

弗洛伊德为了解决这个问题，集中关注孩子本能的性冲动，这种性冲动使孩子与同性别的父/母发生矛盾（Freud，1922），两人都希望在性上占有父/母中异性别的一方。他认为危机是这样解决的：孩子内化（或者在象征意义上成为）同性别的父/母，同时接纳了所有的社会价值和规范。通过这样的过程，个人被群体所影响和塑造。弗洛伊德的方法对帕森斯的社会学（Parsons，1951）和关注小群体动力机制的许多当代社会心理学（参见 Blumberg et al.，1983；Kellerman，1981）都产生了影响。

符号互动论采取了一种完全不同的方法（Mead，1934；Meltzer、Petras 和 Reynolds，1975）。在这里社会对个体的影响受自我概念的调节，"自我"本身产生于生活中个体间的互动，并在这种互动中不断调整。互动在很大程度上是符号性的（symbolic），因为行为不仅仅是实用的（functional），它更是表达的（expressive）(Goffman，1959）。比如说戴眼镜是实用的，因为它提高了视力；但同时它也是表达的，因为它能代表智慧、学究气、龙钟之态等。更重要的是，象征符号是在成员之间达成共识的或者是共享的（为了实现交流的功能，它们必须这样），因而通过以和他人相同的方式将自身符号化，或者通过扮演他人的角色，我们将自身建构为社会之物（social objects），或者是我们所生存的这个社会的一个缩影。这种方法赋予语言以异常重要的地位，因为语言是符号互动最出色的媒介（参见本书的第九章）。也有学者使用符号互动论来研究孩童语言习得（Lock，1978），以及在"标签理论"这个宽泛的标题下考察产生"偏差者"身份，如药物成瘾者（Becker，1963）、精神失常者（Lemert，1951；Scheff，1975；Szasz，1961），和制度化身份（Goffman，1968）的社会过程。

马克思对自我或认同的强调有些许的不同。他认为，统计学或人口学范畴与社会阶级存在着差异（我们必须记得马克思主要关注的是以阶级为基础的社会分化）。社会范畴（social categories）本质上是统计实体（如所有红头发的人），而人类群体（human groups）是心理实体，在有了对共同苦难的认识之后，社会范畴才转化为人类群体。正是基于这种认同（共同的苦难、经历），社会行动才得以产生。社会认同视角也强调了这种区分——泰弗尔在他后期的一本书的题目当中使用了"社会范畴"与"人类群体"这两个概念（Tajfel, 1981a）。社会认同概念直接处理的就是这种心理过程，该过程将社会范畴转化为人类群体，从社会现实中生产出心理现实。

社会心理学中的传统方法都倾向于关注群体中的个体（individual in the group）[Weigert（1983）有不同的观点]，鉴于此，社会认同路径被认为与社会学视角的关系更近。而社会认同路径将传统的社会心理学路径倒置过来，考察个体中的群体（group in the individual）。它重新定义了社会心理学中的基本问题，正是通过这种方式，它将社会心理学"社会化"了（或者说重新社会化了）。该路径与马克思和符号互动论者（尤其是标签理论家，帕森斯除外）的观点有相似之处。社会认同路径也认为，认同与自我定义在作为统计或历史实体的社会范畴和个体行为之间起到了中介作用。但是，它比马克思和符号互动论走得更远：作为一种社会心理学方法，社会认同论探求将社会范畴转化为人类群体的心理过程。这些过程创造了认同并产生了具有独特形式的群体行为。Sumner 写道：

> 在我们、我群或内群与他们、他群或外群之间存在着分别。我群内部人之间的关系是和平、有序、规范、治理和互相帮助的。内群成员与所有外人或他群的关系是斗争或掠夺的，只有双方达成共识，状况才会发生改变。
>
> （Sumner, 1906: 12）

Sumner 创造了"我群中心主义"（ethnocentrism）一词，希望其能够捕捉到群体行为的本质"形式"，而这（虽然不必达到这种极端的程度）正是社会认同论意图解释的。

卷入到自我概念化和群体行为当中的心理过程在很大程度上是超历史的和普遍的，因为它们满足了人类有机体对适应性的基本需求，所以说，社会认同路径也有功能主义的一面（Doise，1978；Billig，1985 有不同的观点）。心理过程在本质上是简化和评价的过程。该过程将经验模式化，并指导行为的方向，没有它们，我们将完全不能行事。我们会被过多的刺激击垮，陷入瘫痪。与社会心理学的许多主流观点相似，比如说认知一致性（cognitive consistency）（Abelson et al.，1968）、归因（Harvey 和 Smith，1977）和社会认知（Fiske 和 Taylor，1984），社会认同视角也提出这样的假设：人类有机体试图将秩序加诸潜在的混乱之上。潜在的混乱，即如威廉·詹姆斯所说，原初体验（raw experience）充满了"花开花落、熙来攘往的混乱"（James，1890）。尽管如此，仍旧有"寻求意义的努力"（Bartlett，1932）。

因为潜在的心理过程具有适应性，所以群体对于个体和社会来说都是有功能的，这种观点应该与"社会达尔文主义者"（比如赫伯特·斯宾塞，参见 Andreski，1971）的信条区分开来。后者的观点是，某种特定的社会结构和群体及群体间的关系已经演化成代表那个时代最适宜的社会秩序。这种主张的作用是将现状合法化，此外，在社会进化的机械规律面前，它将体现在社会变迁过程中的人类能动性削弱了。社会有机体模型强化了这一观点，该模型是结构主义（如帕森斯、涂尔干）的生成基础（结构主义强调共识的作用）。但是也有一些社会学家（如墨顿）已经开始质疑，特定的社会组织究竟对谁是有功能的。

与上述观点相反，社会认同路径只是提出，社会群体是不可避免要出现的，因为它们是有功能的，它们满足了个体和社会对于秩序、结构、简洁和可预测性等的需求。但所有这些都必须融入一种历史的分析，仅仅诉诸心理过程不可能预测或解释内容或文化。心理过程只能解释群体的出现，但是不能直接控制出现群体的类型，它们所具有的特征，或者它们怎样与其他群体发生关联。这种类型的功能主义与社会人类学中的功能主义关系更密切，比如说马林诺夫斯基的著作（1926）。在他的著作当中，社会结构因为要满足人类的需求（比如，对食物、性、居所和安全的需求）才发展起来。

在这一部分我们不遗余力地介绍了社会认同路径的基本立场和它与

社会科学中其他视角的关系。我们之所以这样做，是因为我们相信，脱离背景的理论就像一艘没有舵轮的船，只能漫无目的地在一片水域打转。如果社会心理学想要有系统的、累积性的进展，它必须停止在原地划圈，必须避免"重新发明车轮"。

在我们讨论社会认同论的具体内容之前，我们应该先概括一下它的基础模型（见表2—1）。社会被看做是社会范畴的一个异质性集合，这些范畴在权力和地位上彼此相关，经济和历史的影响力量是社会发展的动力机制（dynamics）。人们主要是从他们所归属的社会范畴那里获得他们的认同（他们的自我感知和自我概念）。因而群体是在个体之中的（the group is thus in the individual），对此起作用的心理过程也会影响群体行为采取的形式（如我群中心主义）。个体属于许多不同的范畴，因而，他们潜在地有许多不同的认同资源可资利用。不能想象两个人有完全相同的人生经历，所以我们不可避免地都拥有自己独具的、特有的才能本领（与其他人的能力有着不同程度的相似）。这样我们就可以解释人类个体明显的独特性：每个人都以独一无二的方式被放置在社会结构当中，因而他们都是与众不同的（Berger 和 Luckman，1971）。乔治·齐美尔（Georg Simmel）这样描述：

> 个体所归属的群体组成了一个坐标系统，因而每次个体成为一个新群体的成员，个体的位置就会变得更确切、更明晰一些。个体归属的群体越多，其他人越不可能归属同样的群体组合，这些独特的群体也不可能（在第二个人那里）再次地"交错组合"。
>
> （Simmel，1955：140）

因为认同（identity），我们才建构出了独特性和个体性〔虽然与其他人不相似（identical），但是，是对他人的一种独特组合〕，所以我们不需要一种先验的、与生俱来的或无意识的独特自我，后者体现的是一种个体主义对待自我的方式（例如 Erikson，1959；Freud，1922；Jung，1946；Rogers，1951；Maslow，1954）。

表 2—1　　　　　　　　背景中的社会认同视角

	社会	个体
假设	被等级性地结构化为具体的社会范畴，这些范畴在权力、地位和声望方面彼此相关	在认知上将感知和体验简化和秩序化，目的是便于理解和行动
来源	冲突社会理论家，如马克思、韦伯	认知心理学家，如巴特利特、布鲁纳

社会认同：理论

范畴化

雨后，当你仰望空中的彩虹，你可以看见一条七彩带，不同颜色相对独立，但实际情况是，不同波长的光是连续分布的。你的认知器官自动地将这个续谱划分为七个在感知上不同的颜色范畴，每一个范畴包括（或模糊化）了一系列不同的波长。这个范畴化（categorization）的认知过程（cognitive process）使感知（perception）简化了。而人类有机体要想具有适应性，这一点是必需的，因为它将可能无限多样的刺激组织成几个在数目上更易管理的不同范畴（Cabtor、Mischel 和 Schwartz，1982；Bruner，1958；Doise，1978；Rosch，1978）。它将一个模糊的世界明晰化，方式是在同一个范畴内增强/夸大（accentuation）事物之间的相似性，同时增强/夸大不同范畴刺激间的差异，也就是说，范畴化产生了一种增强效应（accentuation effect）（Tajfel，1957，1959）。

这方面的一个经典实验是由泰弗尔和威克斯（Tajfel 和 Wikels，1963）完成的。在该实验中有一系列长短不等的线，其中四条稍短的线被标为"A"，四条稍长的线被标为"B"。实验者要求被试判断这一系列线中每一条线的长度。两位学者发现，A 类型的线和 B 类型的线两者之间的差异被明显地增强/夸大了（Tajfel 和 Wilkes，1963）。被试也倾向于过高地估计同一类型的线之间长度的相似性。如果标签 A 或 B 与线段的长度没有关系，则没有增强效应出现。泰弗尔证明，范畴化所具有的增强效应仅仅是一种更普遍的效应的特例,这种普遍效应之所以出现,是因为当人们对一个核心维度(focal dimension)(在这个例子中是线段的长度)进行判断时,如果他们认为某个边缘维度(peripheral dimension)与他们正判断的核心维度有关联,他们在判断时就会依赖于这个边缘维度(在这个例子中是 A 或 B 的标签)。(关于增强效应更详细的讨论参见本书第四章;或者参见 Doise,1978;Eiser,1986;Eiser 和 Stroebe,1972;Tajfel,1981a)。

这种增强效应同样也发生在对社会刺激(即人)的判断中。例如,Secord、Bevan 和 Katz(1956)以及 Secord(1959)给他们的被试呈现一系列的面部图片,这些图片是一个续谱,从纯种的白人到纯种的黑人。他们要求被试对每张脸在面容和心理上似黑人的程度进行排序。结果发现,被试会生成他们自己的边缘二分法——黑人—白人,在范畴内部增强/夸大相似性,而对于落入两个不同范畴的图片则增强/夸大它们之间的差异。

态度表达也是社会刺激,Eriser 和他的同事(参见 Doise,1978;Eiser 和 Stroebe,1972;Eiser 和 Van der plight,1984)在与态度相关的领域探究了范畴化产生增强效应的方式。无论是对物理刺激的感知还是对社会刺激的感知,范畴化似乎都会产生同样类型的认知曲解(cognitive distortion)。当然,我们的兴趣主要在于后者(即对社会刺激的认知曲解)。

只是在那些被认为与范畴化有联系(或相关)的感知维度上,范畴化才会产生增强效应(Doise、Deschamps 和 Meyer,1978;Tajfel、Scheikh 和 Gardner,1964)。所以,如果核心维度是节奏感,那么,黑人—白人范畴就会导致增强效应,而男人—女人范畴则不会;如果核心范畴是抚育能力,那么性别范畴则会促生增强效应,而种族则不会。基本上,范畴化过程会产生刻板化的感知(stereotypic perceptions),即某一社会范畴或群体的所有成员均被感知或判断为拥有某些共同的特征,正是这些特征将他们与其他社会群体区别开来。刻板化感知产生的维度,就是那些主观上被认为能够在群体间做出区分的维度,这种认识的起源可以在我们所生活的这个社会的相关文化历史中找到（详细内容参见本书第四章）。

关于增强效应，最后要说明的一点是，当范畴对于个体来说是重要的、显著的（salinet）、密切相关的、关乎个人价值的时，增强效应会更加明显。泰弗尔将这种观点纳入他的理论当中（Tajfel，1959）。Marchand检测了个体对不同形状的面积的感知，研究结果对此提供了经验支持。关于社会范畴，有大量的证据表明，那些认为某一特定范畴更加重要的人往往比其他人更加刻板化——我们也可以说这些人是"有偏见的"（参见本书的第三章和第四章）。

为了解释最后一点，我们应该提醒自己注意，对人的范畴化很少（如果曾经有过的话）是以公正客观、不掺杂私人感情的方式进行的，中立的立场只有在鸟类学家对鸟进行分类时会存在。对人的范畴化，即社会范畴化，对自我有着重大的价值和意义。作为范畴化主体的我们也是人，所以范畴化他人一定会直接影响到我们自身，因为对他人的范畴化或多或少地说明了自我和他人的范畴关系是怎样的。人们倾向于根据他人与自我的相同与相异来对其他人进行分类；人们不断地将其他人或者感知为与自我是同一范畴的成员（内群成员），或者感知为与自我是不同范畴的成员（外群成员）。而自我卷入社会范畴当中，何以能够解释增强效应或刻板化在（时间、情景和个体之间）程度上的不同？要回答这个问题，我们必须引入第二个过程：社会比较。

但是，首先，我们必须看一下自我卷入范畴化过程中所带来的认知结果。正如我们会范畴化物品、经验和其他人，我们也会范畴化我们自身（Turner，1981，1985；Turner et al.，1987）。自我范畴化（self-categorization）过程的结果是自我与其他内群成员相似性的增强，以及自我与其他外群成员相异性的增强，这就是自我刻板化（self-stereotyping）。确切地说，自我范畴化使自我感知和自我定义更加需要参照个体对群体或群体原型（prototype）的定义性特征的再现/表征（representation）（本书第四章和第八章有对"原型"一词特殊的用法）。刻板化可能发生在主观上被认为与群际范畴化有关的所有维度上。这些维度包括态度、信念和价值（这些通常是刻板印象研究的焦点，参见第四章），情感反应（参见第五章），情绪（参见第七章），行为规范（参见第八章），语言和言说的形式（参见第九章），等等。因而自我范畴化同时完成了两项任务：一方面，它使某人认为自己与该范畴的其他成员是"相似的"（identical），而且他们具有相同的社会认同，也就是说，自我范畴化将某人自身放置在相关的社会范畴里，或者将群体置入他/她的头脑当中；另一方面，自我范畴化会让个体在某些维度上做出与范畴相符（category-congruent）的行为，这些维度就是划分范畴的那些刻板化维度（stereotypic dimensions）。自我范畴化是将个体转化为（transforms）群体的过程（参见第五章）。

社会比较

关于人们是怎样的心地善良、机智聪慧、精通音律、干净整洁、高大英俊、穿着考究等的描述是可以相互比较的。某人是被认为拥有很多还是极少的优秀品质要视把这个人和谁进行比较，也即采用的主观参照框架是什么而定。主观参照框架（subjective frame of reference）指的是，可以用于比较的他人的组合，这些人对于正在做判断的个体来说是主观上可获得的（subjectively available），主观参照框架会影响个体所做出的判断（Turner，1985；Turner et al.，1987）。虽然社会整体，或者至少某人在社会中的一系列体验，都是主观参照框架，但是人们通常选择有限数量的比较对象，这使他们能够对比较过程实施某种程度的控制。人们很可能采取这种做法的情境就是当我们将自身与他人进行比较的时候——费斯廷格称其为社会比较（social comparison）（Festinger，1954；Suls 和 Miller，1977）。

社会认同论者赋予"社会比较"（如 Tajfel，1972a，1978a）一词的意义与费斯廷格最初预期的意义多少有些不同。费斯廷格有关社会比较过程的理论认为，我们需要确认自己的信仰、观念和能力的真实性，以对它们抱有信心。为了达到这一目的，我们通常采取的方式是直接与客观事实进行比较：如果我们认为一个贵重的瓷瓮是易碎的，那么我们总是要把它扔到水泥地上看看。但是，当直接以客观事实进行检测不能实现的时候（如一个荷枪实弹的人正看守着这个瓮），我们就要诉诸与他人的观念进行比较——社会比较。与费斯廷格不同，社会认同视角认为，所有的知识都是通过社会比较而社会性地获得的，这其中包括关于客观世界的知识。共识（即人们之间达成的一致意见）的建立增强了某人对于其观点真实性的信心。客观事实之所以是不容置疑的、毫无疑问的，是因为人们对于客观事实有着广泛而坚定的共识，它可以确保我们很少（如果曾经有过的话）遭遇任何挑战我们观点的意见分歧。这不是说真实不存在，而是说我们对于真实的感知是社会性地建构的。在第八章中我们会更深入地讨论这些观点（也可以参见 Hogg 和 Turner，1987a；Moscovici，1976；Tajfel，1972a）。

通过社会比较，我们了解了自己，获得了关于信念真实性和有用性的信心。也就是说，我们做社会比较的动机是为了要确认我们对于自身、他人和整个世界的感知是正确的。但是，我们也会有这样的感觉：根植于一种共识的我们的感知比根植于另一种共识的其他人的感知更合适、更正确。如果我们认为不同的共识界定了不同群体的范围，那么我们就会发现：人们力争坚持他们自己群体的观点，并且以跟其他内群成员相同的方式看待这个世界；内群感知被积极地评价，因为它们提供了"真实的"理解。事实上，我们可以进一步揭示出，人们通常倾向于积极评价内群的所有刻板化特质（stereotypic attributes）（我群中心主义现象），因为这些特质将一个人所赞同的共识与他所不赞同的共识区别开来。让我们继续探寻这个有关评价的主题（evaluative theme）。

当进行群际社会比较的时候，即在作为内群成员的自己和作为外群成员的他者之间（或者在内群和外群的整体之间）进行比较的时候，有将群际特异性（inter-group distinctiveness）最大化的趋势，即在尽可能多的维度上在群体之间做出尽可能多的区分。不过，这种自动增强效应受一种重要的动机考虑的影响，即获得积极自我评价的动机。因为社会比较的维度具有极强的评价性（evaluative）（Osgood、Suci 和 Tannenbaum，1957），所以强调群际差异是很重要的，尤其是在内群有积极表现的那些维度上的群际差异。通过在内群表现良好的维度上区分内群和外群，内群获得了积极特异性（positive distinctiveness），因而也就获得了相对于外群的积极的社会认同。既然自我是依据内群而被定义的（自我和内群是相似的），这种有选择的区分（即在内群表现良好的维度上区分内群和外群）带来了一种相对积极的自我评价，这种评价赋予个体一种心旷神怡之感，同时也提升了自我价值与自尊。

社会认同理论认为，个体有一种获得自尊（self-esteem）的基本动机（如 Tajfel 和 Turner，1979；Turner，1981b，1982），这种动机的满足是通过在群际背景下、在那些内群有积极表现的维度上，将内外群之间的差异最大化而实现的。群际区分提升自尊，对于这种自尊假设，有一些直接的实验证据（Hogg 等，1986；Oakes 和 Turner，1980）。人们有对自尊的需求，这一点已经得到了临床研究的支持，临床研究显示，极低的自尊会带来严重后果（如 Martin、Abramson 和 Alloy，1984）。不过在第十章我们会重返这个主题，在那里我们提出了一些问题，这些问题关注的是存在于自我概念和群体行为背后的动机运作的不同层次。

范畴化和社会比较协同发挥作用（参见 Turner，1981b），产生了一种独特的行为形式：群体行为。这包括群际区分与歧视，内群偏好，感知到内群具有相对于外群的优越性，对内群、外群和自我的刻板化感知，对群体规范的遵从，情感上对内群的偏爱，等等。范畴化导致了对自我、内群和外群的刻板化感知，也在一定程度上导致了群际差异的增强。社会比较可以解释增强效应的选择性（"增强"主要发生在能够提升自我感知的维度上），也可以解释夸大群际差异性和内群相似性所具有的重要意义。

社会认同与自我概念

到目前为止，我们讨论的都是"过程"。现在我们将探讨结构，即认知结构。人类自我反思的本性使自我既是客观的又是主观的，也就是说，有一个"客我"（me）需要"主我"（I）去反思性地思考。对于"主我"和"客我"的本质与关系，已经存在并且仍将存在无尽的争论。

尽管如此,在这里我们仍然仅假设"主我"是认知过程(大多数时候是自动发生的,有时也是故意使然的),"客我"是以自我概念形式表现出来的认知结构。在"主我"和"客我"之间存在着紧张的或者是辩证的关系,其原因在于,虽然"主我"对建构"客我"负责,但是"主我"在完成这一任务的过程中,受到它已经建构起来的"客我"的具体内容的规制和影响。比如说,如果我的"客我"是"朋克",那么,"主我"将不容易给自身建构一个作为"事务律师"的"客我"。

关于自我(self)或者"客我"是怎样被建构的,社会认同路径采用了一个独特的模型,该模型的基础是戈根(Gergen,1971)的观点以及社会认同论在不同类型的行为之间所作的区分(例如,Tajfel 和 Turner,1979;Tajfel,1972a,1974)。这方面最完整的描述来自特纳(Turner,1982)(见图2—1)。自我概念构成了个体主观上可获得的(subjectively available)全部自我描述和自我评价的一部分。自我概念不仅仅只是一组评价性的自我描述,它也被组织进一个有限的、相对独特的系列(constellation)当中,这个系列被称为自我认同过程(self-identifications)。没有道理假定自我认同应该是相互排斥的。相反,一种自我认同很有可能包含一些相互矛盾的自我描述,和一些与归为另一种自我认同的自我描述相一致的描述。例如,"士兵"的自我认同中可能包括的自我描述是忠诚、强硬、富有攻击性、献身、无私、愿意为了他人的利益而屠杀;而"基督徒"的自我认同也许包括忠诚、坚定、温和、无私、在任何情况下也不愿意屠杀。相互矛盾的自我描述之所以可能共存,是因为主观上人们并不是全面地体验自我概念,人们体验到的是具体的自我形象(self-images)。自我形象取决于"背景"(context),不同的时间、地点和情景会使"显著的"(salient)自我形象成为当下的自我认同。因而,自我既是持久、稳定的,同时也是对情景或外在因素敏感的。

自我认同可以被划分成两个相对独立的有关自我概念的亚系统:社会身份或个人身份。社会身份包括社会认同:与身份一致的自我描述,这种自我描述来自于社会范畴中的成员资格(国家、性别、种族、职业、体育队和更加短暂的群体资格)。个人身份包括个人认同:这时的

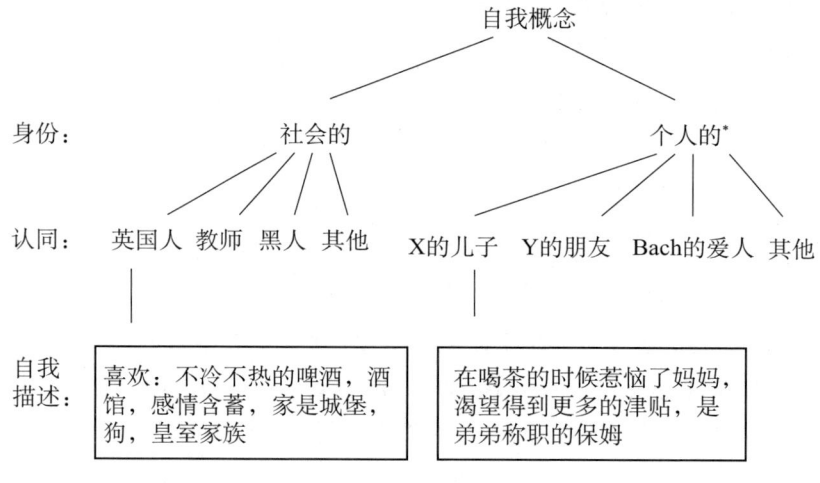

图 2—1　自我的结构

* 个人认同几乎总是根植于与具体的人（或事物）的关系之中。

自我描述"在性质上是更加个人的，并且通常标示个人的具体特质"（Gergen，1971：62）（如关于自我癖性的描述本质上产生于密切持久的人际关系）。

社会认同路径主要关注的是社会认同而不是自我认同。它主张在特定的情况下，社会认同比个人认同对自我描述的影响更显著。自我概念是一个连续统：从完全的社会认同到完全的自我认同〔不同解释参见 Stephenson（1981 和 1984）和本书第六章〕。这个连续统是与行为的连续统相关联的，后者从种族主义或群体行为到体现个性特征的人际行为。行为的具体内容取决于主观上社会认同和个人认同哪一个是显著的（见图 2—2）。

连续统	个人一极	群体一极
（1）自我概念	个人认同 ⟷	社会认同
（2）个人感知	体现个性特征的 ⟷	刻板化的
（3）社会行为	⎧个人的⎫ ⎨个体之间的⎬ ⎩行为⎭ ⟷	⎧群际和群内⎫ ⎩行为⎭

图 2—2　个人—群体连续统

既然社会的自我认同本质上是社会的自我范畴化，那么总结出一个影响它们显著性的原则并不困难。在任何给定的社会参照框架之中，符合下面条件的社会范畴将会成为显著的范畴，即那些与个体可获得的相关信息最"吻合"（fits）的社会范畴［这里使用了布鲁纳的术语（Bruner，1995）］；Oakes（1987）和 Turner（1985）假设，如果社会范畴间的差异对比最大而范畴内的相似性最强，则我们说这样的社会范畴是契合可获得的"证据"（data）的。换句话说，认知系统是在给定的背景中处理信息的，这样做是为了以尽可能简洁的方式解释相似性和差异，也就是说它产生了一种能够解释最大数量变动的范畴化。这样，在此背景下最简洁的意义产生了。

例如，如果你正与其他三个人进行一场讨论，有一个人同意你的看法，而另外两个人彼此同意对方的观点，却不同意你和你的支持者的观点。如果你和你的支持者都是男性，而另外两个人是女性，这时性别范畴也许会成为显著的，自我概念可能会因性别范畴资格而产生［Hogg（1985a），Hogg 和 Turner（1987b）发现了对此的经验支持］。如果"同意"和"不同意"（相似性和差异）与种族一致，则种族成为显著的，自我概念会依种族而形成，等等。这种"拟合优度"（goodness of fit）的权衡过程不要求其他人是客观在场（physically present）的。当其他人是认知在场（cognitively present）的时候它也会发生，因而在某人独处时它也同样起作用。

个体有能力在主观上重新定义背景或者是通过行动协商（negotiate）出一种为所有人可见的新背景。个体正是凭借这种能力，在特定动机的驱使之下，可以采用某种自我范畴化方式而规避其他自我范畴化方式。个体在自我范畴化上的选择性给这个本来有些机械的过程增添了能动力。个人会努力选择一个不同的主观参照框架。让我们再回到上文中提到的四个人组成的讨论群体。最初，"同意"和"不同意"使性别范畴成为显著的，不过，也许其中的一个女性并不想要这种依性别而定的自我范畴化。为了避免这种认同，她也许会以一种特殊的方式呈现证据和观点，并以这种方式行为。她这么做的目的是要表明"同意"或

"不同意"不能以性别来解释，而要以政党隶属关系解释：她现在和其中的一名男性达成了一致意见，而与另外两个人有分歧，而这两个人是彼此支持对方观点的。政治隶属关系现在成为显著的了，自我概念因此依政治认同而形成。正如你所看到的，在认知过程和动机或目标之间存在着辩证关系，自我概念是动态协商的结果。

社会认同和社会结构

社会认同路径对于理解大规模群体关系的动态变化做出了重要贡献，比如说群际冲突、集体行为、社会运动等（Tajfel 和 Turner，1979；Taylor 和 Mckirnan，1984；尤其参见本书第三章）。因为这种对宏观社会层面的强调直接关注社会过程与个体行为之间的关系（即由社会认同起中介作用的社会与个人之间的辩证关系），所以它显得尤为重要。无论从哪种角度来说，我们都应该首先指明，"社会认同"这一概念最初是由泰弗尔（例如，Tajfel, 1974）塑造的。

社会是由大规模的社会范畴（种族、性别、宗教、阶级、职业等）所组成的，这些范畴在权力、地位、声望方面彼此相关。某个（或多个）支配群体有实际的权力去宣扬它对于社会、社会中的群体以及它们之间关系的阐释，也就是说，他们强加了一种主导的价值系统和意识形态。他们审慎地建构起这套价值系统和意识形态，目的是有利于支配群体自身的利益，同时将现状合法化，并使其持续存在［参见 Larrain (1979) 对有关意识形态的观点做的讨论］。人类个体出生于一定的社会结构当中，由于出生地点、肤色、家世和生理机能等的不同，他们落入某些范畴而不是另一些范畴。他们内化了居支配地位的价值观，认同这些外界划定的范畴，结果他们获得了一些独特的社会认同，这些认同会影响他们获得积极的或是消极的评价性自我感知。

附属群体资格（subordinate group memberships）会赋予成员消极的社会认同，并进而导致较低的自尊，这种状态令人不满，并激发个体改善之。他们会以不同的方式达到这一目的，而实际采取哪种方式取决于主观信念结构（subjective belief structure），这是一种个体对社会本质和社会中群体关系的信念。主观信念结构通常反映的是支配地位的意识形态（我们知道，关于现实状况的一个预制版本在社会中达成了共识，支配群体最初就是通过这种方式保持他们的优先地位的），但是这种支配地位的意识形态不一定和社会的"真正"本质相一致。

主观信念结构有两种广泛存在的类型：社会流动（social mobility）和社会变迁（social change）（见表2—2、图3—1）。社会流动是指相信群体之间的边界是可渗透的，个体很容易从一个群体"穿越"（pass）进入另一个群体。作为个体，他们可以因为努力工作、亲属关系等被重新定义为支配群体的成员（也许带着他们的直系家庭成员一起）。对社会流动的信念会促使附属群体成员采取个体性策略，抛弃他们的附属社会认同，及其附带的负面意涵和下等的物质地位，转而偏好支配群体的社会认同和与之相伴随的有利的物质地位和积极评价。从群体间的权力、地位关系的角度来说，这种策略不会导致现状的改变，同时还会阻碍以附属群体名义发生的暴动和示威，因此，非常明显，支配群体宣传社会流动的思想有利于他们自身的群体利益。这种有关个体自由的"神话"是一些当代西方资本主义社会的典型特征。说它是一个"神话"，是因为个体流动是不容易实现的，实际上，成功地由附属群体"穿越"进入支配群体是极端困难的。那些少数实现了"穿越"的个体是由于特殊的眷顾，目的是使这种神话持久存在，如让某些人成为具有象征性作用的女卡车司机或者黑人律师。

表2—2　　　　主观信念结构和为了积极的自我形象而采取的策略

	主观信念结构	
	社会流动	社会变迁
为了积极的自我形象而采取的策略	个体的流动或者个体穿越进入支配群体	(a) 社会创造（选择不同的比较维度，重新定义已经存在的维度，选择不同的比较群体） (b) 社会竞争

注：进一步的信息参见第三章和图3—1。

社会变迁（social change）是一个令人不快的词汇，人们通常认为这一词汇意旨激进的社会改变，但实际上它是指这样一种观念：群体之间的界限是僵硬的、不可改变和难以渗透的，它们不能被穿越。个体不可能简单地抛弃附属群体资格,而获得支配群体资格。你摆脱不掉你负面的低地位的群体资格,只能诉诸旨在提升你所属群体的社会地位的策略。这是群体策略而不是个体策略,它包括两种类型:社会创造(social creativity)和社会竞争(social competition)。

如果个体主观上不能想到对于现状的认知替代物(cognitive alternatives),也就是说,个体不能设想出任何其他可能的社会安排以代替既存的社会安排,那么,他们就会采用社会创造策略。支配群体能够创造一种意识形态以强化一种无认知替代物的观点。比如一种基因论的主张,该主张以尊敬科学的名义被载入史册,它使那些将妇女置于附属地位的做法合理化;再比如将群体资格归因于命运的宗教意识形态(例如,印度教的种姓制)。社会创造策略不会改变现状,而是使附属群体的社会认同变得相对更积极。例如,附属群体选择在其他维度上进行群际比较,并努力获得对这种不同比较维度的承认。在这些重新选择的比较维度上,附属群体能够被积极地评价。Lemaine的研究清晰地阐明了这种策略。在Lemaine的研究中,两个群体的孩子被要求去建造一个小房子,但是其中一个群体的工作受到了阻碍,因为提供给他们的是劣质的物质材料。当然,他们输掉了这场比赛,但是他们通过强调自己的花园比对手的花园更漂亮,而使自己的失利看起来是合理的。

另一个创造性策略是对传统的负面特质进行重新定义。例如,20世纪60年代美国黑人喊出"黑即是美"(black is beautiful)的口号,或者妇女对传统上被消极评价的刻板性特征进行积极的再评价(参见Condor和Henwood,1986)。

第三个社会创造策略是选择一个不同的比较群体。如果与支配群体进行比较,那么附属群体成员就会体验到较低的自尊,这种结果是不可避免的。而现在他们可以选择与其他的附属群体或者地位更低的群体进行比较,比如说,工人阶级中的性别歧视(Firestone 1970)或者"白种穷人的种族主义"。低地位群体对其他的低地位群体表现出了比高地位群体更加明显和极端的歧视。

这些社会创造策略中的哪一个会被采用,要视历史环境显示它们中的哪一个具有相对优势而定，但无论采取哪种策略，其目的都是通过塑造低地位群体成员的积极社会认同从而提升他们的自我形象。支配群体做出什么样的反应与附属群体采取什么样的策略有关。附属群体之间横向的社会比较不会引起支配群体的任何反应，因为本质上支配群体会将这种策略看做是非常成功的"分而治之"（divide and rule）的统治方法。不过，如果附属群体在与支配群体或其他群体进行比较时，采取"选择不同比较维度"的策略，或者是对已经存在的维度进行重新定义（redefine），那么支配群体必须确保这一过程不会走得太远。支配群体或者质疑和拒绝接受（通过意识形态的手段）附属群体的企图，或者将其引导到其他的群际比较维度并将这一/些维度合法化。支配群体因其对媒体的客观控制能够很容易地做到这一点。

只有在附属群体能够想象出认知替代物（cognitive alternatives）的时候，附属群体和支配群体之间的真正对立（社会竞争）才会出现。现状的合法性（legitimacy）受到质疑，它不再被看做是稳定的和不可改变的，替代性的社会安排和使这种安排成为可能的方式手段能够很容易地被想到和表达出来。真正的社会变迁是可能的，附属群体不需要一直处于附属地位。代替现有意识形态的激进意识形态蓬勃发展［参见Parkin的"激进价值系统"（1971）］，并鼓励附属群体展开与支配群体的直接竞争。这包括在宪法允许的范围内对不满的政治化表达（如20世纪60年代的黑人民权运动）、暴力恐怖主义［如"黑豹党"和20世纪70年代的巴德尔-迈因霍夫帮活动］、国内战争（如北爱尔兰）、革命（如伊朗）和消极抵抗（如甘地）。

第三章将会详细讨论社会认同路径在宏观社会层面的应用，第三章以后的章节还会探讨它的扩展影响和经验证据。

结　语

这一章我们粗线条地勾勒了社会认同路径的基本假设和具体的理论

建构。我们介绍了社会认同路径的语言，这样在后续章节就可以省去基础性的工作，而直接对该方法的具体细节进行更详细的阐明和探究。我们提供了一个骨架，此后的各章将会使其血肉丰满。本章的第二个重要作用是呈现社会认同路径的背景。我们尽量将其与构成社会心理学的其他理论观点联系起来，并在这种拓展的讨论中确定社会认同视角的位置。我们概述了该方法试图解决的问题，并描述了它是什么类型的理论，它怎样与关于人、关于社会的其他视角相联系，以及它们在社会心理学领域和一些其他相关的社会科学领域内的相互关系。我们竭力主张读者能够将后续章节与这一章联系起来阅读。我们一直试图解决的问题是：这种方法有什么经验证据？它在哪些领域得到了应用？它的局限性是什么？它的长处有哪些？在此后的章节中我们希望能够解答其中的一些问题。

后面的每一章会涉及群体行为的某一个具体方面，每一章都有同样的框架结构：对传统社会心理学方法作详细的批判性回顾——这一部分通常会占各章的三分之二，然后是讨论和评价社会认同路径已经做出的和将要做出的贡献。

推荐阅读

总体上，没有与这一章相关的教科书。不过，Israel、泰弗尔（1972）和 Strickland、Abound、Gergen（1976）对社会心理学的"危机"提供了较全面的介绍。Israel、泰弗尔（1972），Billig（1976）和 Doise（1978）批判了还原论。对于社会学视角的概览，我们推荐 Cuff 和 Payne（1984）。至于社会认同路径，泰弗尔（1978a, 1981a, 1982a）编辑了一系列内容详细且非常专业的书籍。特纳等人（1987）最近的一本书更加关注自我范畴化，而泰弗尔和特纳（1978）对宏观社会层面作了较好的描述性说明。特纳和 Giles（1981）还认真地编辑整理了应用社会认同视角探究群际行为的研究者所做出的贡献。

第三章　群际行为

　　实力不相上下的双方已经激战两年。是什么引发了这场战争呢？在吃蛋前，要先将它打破。一种原始的破蛋方式是敲大的一端。但是当今国王的祖父在他还是一名小男孩的时候，有一次采用这种方式破蛋，却意外割破手指。自此以后，他的父亲颁布了一道法令，要求他的所有臣民在破蛋时要敲小的一端，否则将会受到重罚。人们强烈反对这个法令。历史记载告诉我们，此事引发了六次反抗。其间，一位皇帝丧了命，另一位丢了皇冠……累计起来，一共有11 000人死于战乱，他们宁可战死也不遵从这道新法令。有关这段征战的记载汗牛充栋，其中《大的一端》(*Big-Endians*)这本书很长一段时间一直是禁书。

（乔纳森·斯威夫特：《格列佛游记》，1726）

　　在过去几十年中，黑人，尤其是南方黑人，为获得尊严前赴后继。对于我们来说，如果能够平等地享有公共物品，那么所有遭受的打击、图圄之灾、死亡都是值得的。能够坐在午餐的吧台前，或者能够在巴士上坐在前排位置，这些对我们的物质生活水平没有任何影响，但是它们有助于消除阶层污名，因为它改变了我们的心理，提升了我们存在的精神意涵。我们会本能地为尊严而战,因为作为低等人所受到的人格贬损比物质剥夺更让人刻骨铭心。

(马丁·路德·金:《我们前往何处:
混乱还是和谐?》,1967)

上面两段完全不同的引文向读者呈现了这一章将要讨论的若干主题。第一段引文描述的是源于范畴化的群际冲突,这里的"范畴化"基于相对无意义和任意的标准将人们划分为两个群体。它同时也展示了一个小的起因怎样导致了极端的群际冲突,个体怎样从他们所归属的范畴(big-endians)中形塑出一种认同。第二段引文强调认同在群际行为中的作用。它阐明了群际行为的策略怎样服务于获得积极自我评价的心理动机,这种动机比物质目标更重要。

导　言

群际行为是指人们对另一社会群体的成员所采取的行为方式,例如,劳资争议中的谈判者,不同队伍(team)的支持者,不同种族或民族国家的成员,组织中不同层级的代表等。在实践中,这一领域的研究倾向于关注更极端的群际行为形式,即群际偏见、种族主义、性别主义、民族主义、冲突和政治暴力。正是在对群际行为和大规模群体间关系的研究中,社会认同理论发展起来(Tajfel, 1963)。

前面我们已经在整体上勾勒了社会认同论。在本章,我们将详细阐明社会认同论对群际行为的解释。为了让读者明了社会认同路径是在怎样的理论和历史背景下做出它独特的贡献的,我们首先批判性地回顾其他社会心理学路径。这一部分内容占据了本章三分之二的篇幅。我们从早期对偏见和歧视的心理动力学解释开始,之后会阐述这些解释怎样发展成为"相对剥夺论"和"政治冲突理论"。我们会讨论谢里夫对群际行为的解释(Sherif, 1962),他关注群体之间的现实利益冲突。然后我们将描述社会认同路径如何解决了这些早期视角的困境和局限。我们会讨论最简群体范式（minimal group paradigm），并且关注社会认同理论所具有的宏观社会意涵。

心理动力学路径

权威主义人格

研究群际关系的心理学家所面临的一个主要任务是：就个体为什么会对外群持有一种偏见做出解释。这方面的经典工作也许是阿多诺（Adorno）等人的《权威主义人格》（*The Authoritarian Personality*，1950）的研究。根据第二次世界大战以后对纳粹暴行的揭露，作者认为，偏见（也暗含着歧视）是特殊类型的人格结构（即权威主义人格）的产物。正如霍克海默（Horkheimer）和弗劳尔曼（Flowerman）在《权威主义人格》这本书的前言中指出的，问题的关键在于：

> 大部分民众为什么会容忍纳粹屠杀（与他们一样的）市民？我们现代社会生活的毒瘤处于哪一部分组织？……在个体有机物中，是什么让我们以会带来毁灭性结果的攻击型态度和行为对文化中的特定刺激做出反应？……（更具体地说）个体中的哪一部分决定了他/她是"有偏见的"还是"没有偏见的"？

阿多诺等人采用了弗洛伊德有关人类心智（human mind）的心理动力学模型，认为种族偏见是个体疾病或心理功能运行异常的表现。他们认为，如果父母的养育方式过于严格和严厉，那么孩子就会发展出权威主义人格。弗洛伊德相信，至少在一定程度上，"自我"是通过内向投射（introjecting）而建构起来的（即在心理上对父母的内化或融合）。"地位焦虑"（status anxious）的父母热衷于通过情感威迫而产生规则、责任、惯例和权威、安全依赖以及顺从，而这样的情感威迫让孩子既尊敬他们又厌恶他们。孩子因为受到压抑，所以在将父母理想化的同时也心怀憎恨，受压抑的孩子不得不寻求其他的发泄渠道。对父母的认同被推广到对所有权威人物的认同；对父母的批评是受到压制的，对这些权威人物的批评也同样如此。这些批评被投射（project）到外群体，它们处于个体的自我界域（ego boundaries）之外，与内群体相比，外群体在地位和权力上都处于更低的位置。人格中受到压抑的向度［例如性（sexuality）和敌意］被认为是外群体所导致的，这样一来，将外群体作为合法的攻击目标就是合理的。因此，被压抑的对权威人物的攻击被错误地放置（displaced）到了外群体身上。权威主义人格的症状表现为：个体对权威人物的尊敬和顺从，对等级和地位的痴迷（obsession），不能容忍模糊性与不确定性，需要一个明确定义和严格组织的世界，对更加弱势的他人表现出憎恨和歧视。具有权威主义人格的人在秉性上就预先决定了他们是有偏见的人。

阿多诺等人给 2 000 多人发放了问卷，这些人绝大部分属于中产阶级。问卷中包含许多不同的量表，直接测量他们的态度和人格。反犹主义量表［Anti-Semitism（A-S）Scale］测量对犹太人的敌意。对于信奉反犹主义的人来说，他们的心理失衡表现在，他们支持两种看起来不相容的态度，例如，认为犹太人与外界过于疏离（"犹太人太过于关注他们自己，对于社区问题和管理水平的提升没有兴趣"），同时又觉得犹太人侵犯了他们（"在华盛顿的各联邦部门和机构有太多的犹太人，他们对我们国家的政治控制过多"）。阿多诺等人也使用其他量表来测量反黑人的态度、政治与经济保守主义（Political and Economic Conservatism，PEC）和更一般性的我群中心主义（Ethnocentrism，E）。通过这些量表，阿多诺等人试图向人们证明，在对各种外群体的普遍（general）敌意上，个体之间存在着差异。我群中心主义（ethnocentrism）是从 Sumner（1906）那里借来的概念，它是指坚定地归属于某人自己的群体，同时拒绝与其他群体有任何关系，或者如阿多诺等人所描述的，它是一种"对外群体的需求"（a need for an outgroup）（Adorno 等，1950：148）。既然外群体的存在被认为是一种威胁，并且与我群争夺权力，那么，内群体（进而自身）的生存就要求消除（elimination）所有外群体。

阿多诺等人继续考察信奉我群中心主义的个体的人格结构（它不同于态度）。通过实施投射测试和访谈，他们发展出了现在大家所熟悉的F量表（F指法西斯主义取向）。该量表包含的项目是建立在临床访谈（clinic interviews）基础之上的，它也纳入了一些与权威主义症状有关的项目，例如，对惯例的坚持，对权威人物的屈从，对弱者的攻击，拥有迷信和刻板化的信念，对权力的痴迷，对性的罪恶感。阿多诺认为他们的发现是支持这个理论的。越是权威主义的个体越是我群中心主义的，来自于不同问卷、访谈和测试的证据表明，权威主义症状起源于人们在孩童时期父母对他们所采取的养育行为。

此后，有大量研究检验这些发现，Roger Brown（1965）和Michael Billig（1976）对其中的一些研究做了很好的总结。其中的批评意见集中于该理论在方法论与测量方面存在的问题，包括反应默许（response acquiescence）（Cohn，1953）、"正面回答"和"负面回答"（Couch和Keniston，1960）、抽样的局限（Hyman and Sheatsley，1954）、对数据的不严格编码（Brown，1965）。其他人则认为，权威主义人格的人所具有的固化的认知模式并不局限于持有右翼意识形态的个体当中，它在左翼和右翼的极端分子（extremists）那里同样存在，这两个群体的成员都是极端固执而教条的（Eysenck，1954；Rokeach，1960）。但是这些批评并没有质疑如下观点：偏见来源于人格，对偏见的解释应该在个体层面，即关注个体差异。他们假设"人格是意识形态偏好的决定性因素，（虽然意识形态）是在社会环境的影响下发展演化的"（Adorno等，1950：5）。一些当代研究继续探求权威主义人格在行为和态度上的表现（例如，Heaven，1980；Ray，1980；Ray和Lovejoy，1983）。

对权威主义人格的另一种批评认为，在解释偏见和歧视时，文化因素要比人格因素更重要。例如，Prothro发现，虽然路易斯安那的白人在反犹太人的态度上有很强的个体差异，但是他们在反对黑人的态度上是高度一致的（Prothro，1952）。此外，MacKinnon和Centers的证据表明，在低社会经济地位和高权威主义人格之间存在着相关（MacKinnon and Centers，1956）。上述证据瓦解了这种观点：导致权威主义人格的核心因素是人格而不是文化。

Pettigrew 通过考察南非、北美和南美对黑人的偏见，系统地检验了权威主义人格的相关假设（Pettigrew，1958）。他发现反犹主义和权威主义人格与对黑人的偏见之间并不存在显著的相关。种族偏见的出现或消失可以通过考察是否存在反黑人的偏见文化而得以解释，这种解释更加简约。人格因素只是增强了对于某一具体社会群体的偏见，其前提是存在一种将这一群体作为偏见目标的意识形态。后续的研究证明了这一发现（例如，Duckitt，1983）。对我群和他群关系的感知决定了群际敌意上的更多变异，相比之下，潜在的人格特质并不构成偏见的决定性因素（Bierly，1985；Heaven，1983）。因而那些将自己定义为"基督徒"的人也许更加不能容忍同性恋（Bierly，1985）。所以说，偏见在很大程度上是一种对规范的遵从（conformity）（参见后面的第八章）。Minard 在西弗吉尼亚煤矿社区的研究对这一结论提供了正面支持。在这一煤矿社区存在两套规范：在地上，黑人和白人是隔离的；在地下，黑人和白人是平等合作的（Minard，1952）。60％的矿工严格遵从这种情境规范，只有 20％的人无论在地上还是在地下对黑人都存有偏见，另外 20％的人在两种情境下都有合作的意图。60％的人的行为依情境而不同，因此不能简单地通过诉诸矿工的人格来对此做出解释。最近一些大规模研究（例如，Campbell，1971）揭示出，白人是否维持与黑人的社会距离是由情境限制因素（situational constraints）决定的，而不是由普遍的态度决定的（Seeman，1981）。

应用权威主义人格解释偏见这种做法备受诟病，其中最有力的批评是针对它的个体主义倾向（见前面第二章的描述）。该批评的基本观点是，这种解释将大规模的社会现象还原为个体的心理构成，而还原的方式则是借助导致个体差异的内在心理动力机制（intra-psychic dynamics）。Billig（1976；也可参见 Tajfel，1978b；Milner，1981）对此有详尽的阐述。批评者并不是主张心理构成与人格因素无关，而是认为，如果群体之间的关系仅仅是其成员稳定的人格特质的产物,那么这种关系应该是稳固的、缺乏变化的。事实上,群体之间的反感和敌意可以在短时间内增强或消失。例如,英国政府认为阿根廷是非常友好的,因而将武器卖给阿根廷,但后来在福兰克群岛的归属问题上,两国反目,阿根廷使用英国卖给它的武器对抗英国。我们无法在人格层面理解这一现象。该问题的关键在于如何解释群际态度在文化范围和集体范围内的转变,以及敌对双方关系的恶化和改善。

挫折—侵犯假说

与阿多诺等人的观点相反,Dollard 等人(1939)认为,偏见是人类心智(human mind)正常(normal)运作的产物。他们的挫折—侵犯假说(frustration-aggression hypothesis)仍旧在心理动力学的框架之内思考问题,该假说解释了群际行为在什么时候会成为敌对的。他们主张,"挫折总是导致某种形式的侵犯",同时"侵犯行为总是意味着此前存在挫折"(ibid.:1)。为了实现个体的目标,心理能量会被调动起来,在目标实现之后,能量就会消散。目标达成具有一种宣泄的作用(cathartic),它重建了心理平衡。如果为实现目标而采取的行为受到了阻碍,导致目标没有达成(这意味着挫折),能量无处排遣,那么此时人们会感受到心理紧张和唤起(这意味着一种"侵犯的冲动"),它只能通过侵犯行为而得以减轻,侵犯行为通常指向挫折的致因。这一理论的重要特征在于,它认为挫折的致因并不总是后来侵犯行为指向的对象。当侵犯无法朝向真正的致因,或者直接的侵犯会招致惩罚时,侵犯就会转向一个替代性目标。这通常以下面两种方式出现。

转移侵犯目标的第一种方式是刺激的推广或泛化(stimulus generalization)。此时替代目标要尽可能与挫折的致因相似。两者越不相似,替代目标受到的侵犯越少。因而,一个被同伴欺侮的孩子也许会把他/她的怒火发泄在另一个同伴身上。转移侵犯目标的第二种方式被称为错置(displacement)。此时,全部侵犯都指向一个完全不同的替代目标,虽然侵犯的对象本应是那个引起挫折的人。在这种情况下,那个被欺侮的孩子可能会踢他的猫以求发泄,而不是报复那个"暴龙"(the bully)或者指向另一个同伴。

虽然大部分后续研究关注的都是人际侵犯,但Dollard等人提出了一种对群际偏见的解释。他们将群际偏见看做是将本应指向内群成员的侵犯错置到不熟悉的外群成员那里。他们认为,在德国,第一次世界大战之后反犹主义的兴起就是由于这种被错置的侵犯(displaced aggression),其原因是《凡尔赛和约》之后,德国的经济目标持续受挫。Hovland和Sears(1940)发展出了一种更全面的替罪羊理论,该理论认为,有时受到挫折的多数派成员不能直接对挫折的致因实施侵犯,或者他们不能找出谁是挫折的致因,此时多数派成员就会将他们的侵犯错置到没有防御的少数派那里,尤其当对于"敌意应该指向哪个群体"已经达成共识的时候。例如,奥尔波特援引了一位政治煽动者的话,这个煽动者宣称:"我们朴实、真挚、普通、像羔羊一样的美国民众什么时候能够清醒地意识到这个事实:他们的日常事务正在由外国人、共产主义者、狂人、难民、叛教者、社会主义者以及卖国贼所统治和管理。"(Allport,1954:69)

为了证明自身理论的正确性,Hovland和Sears向我们展示了这样一个例子:1882—1930年间的美国,对黑人私刑数量的增加与白人农场主所经受的棉花价格的下降有关,两者之间的媒介是白人体验到的挫折。Billig(1976)批评了这类证据,以及那些证明在挫折与群际敌意之间存在关联的实验证据(Miller和Bugelski,1948)。它们不能解释为什么错置的侵犯针对的是这一群体而不是其他群体(也就是说,为什么是犹太人和黑人成为经济衰退的替罪羊)。要事先确定哪一维度对于决定个人或群体之间的相似与相异是关键性维度(Worchel和Cooper,1979),进而我们才能知道,偏见是源于"错置"这种动态的过程,还是源于基于学习的刺激推广过程(learning-based process of stimulus generalization)(Milner,1981)。要做到这一点是异常困难的。此外,该理论让我们无法在即时侵犯(instantaneous aggression)和慢热的偏见(simmering prejudice)之间做出区分,前者出现在受到侮辱之后,后者因经济目标受挫而导致（Billig，1976）。在挫折—侵犯这个框架之内，要想解释因我群中心主义而导致的对外群的敌意，需要回答两个问题：哪一个外群体会成为攻击的目标？为什么攻击经常是集体现象？

相对剥夺

越来越多的证据表明，通过社会学习过程（例如，Bandura，1977），在没有挫折的情况下，侵犯行为也很容易产生；证据同时显示，相似性（similarity）有它自己独立的影响（Rokeach、Smith 和 Evans，1960）。因此，Dollard 等人原初的理论主张就变得越来越站不住脚。社会心理学领域普遍远离了心理动力学解释（Billig，1976），在这种趋势的推动下，Berkowitz（1962，1965，1972，1974）在重新表述侵犯行为的决定性因素时，抛弃了 Dollard 等人所提出的弗洛伊德式假设（Freudian assumptions）。Berkowitz 认为，挫折只是产生了侵犯的准备项（readiness），它只有在下述情况下才会真正表现为外显的侵犯行为，这些情况是目标容易攻击，目标可见或与众不同，也可能是目标"怪异"（strange），或早已不被喜欢。进一步说，当引发侵犯的线索（如暴力的影像和人，或者武器）出现的时候，侵犯行为会增长。例如，相对于那些观看中性物体幻灯片的被试，观看与武器有关的幻灯片的被试对曾经侮辱过他们的实验同谋实施了更严重的电击（Capara 等，1984）。一个真正的武器的出现同样会促生愤怒从而引发侵犯（Berkowitz 和 LePage，1967；Turner 等，1977）。这个发现支持了一些人的建议，他们要求"在公共场所佩戴武器的警察尽量不要让他们的武器暴露在公共视野之下"。

关于集体冲突和暴力的社会学解释，与 Berkowitz 对于侵犯的描述相冲突，但是 Berkowitz 争论说，暴乱（riots）不是理性的也不是为了实现某种目标，相反，它是对于环境刺激的"冲动反应"（impulsive reactions）（Berkowitz，1972）。由侵犯或不适所导致的情感唤起点燃了这些冲动,对此可以作为证据的事实是,暴乱看起来更容易发生在天气异常炎热的时段（例如,Baron 和 Ransberger,1978；Anderson 和 Anderson,1984）。当然,挫折有许多形式,其中之一就是经济和政治的低迷。

Berkowitz 主张,如果人们对他们所处的情境没有很强的个人控制感,他们就不会起来抗议（Berkowitz,1972；比较 Forward 和 Williams,1970）。这也许可以解释为什么在白人政权稳固以后,美国印第安人很少起来抗争（Gurr,1970）；它也能够解释,为什么在底特律和纽瓦克,受到良好教育的黑人比没有受过教育的黑人更可能暴乱（Caplan,1970）。附属群体中较有特权的成员之所以经常暴乱的另一个原因是,他们认为自己与支配群体的成员更相似,因而他们更明显地感受到了不公正。促生集体暴力（collective violence）的社会条件是什么？对于这个问题,Berkowitz 的结论的主旨是："如果我们认为自己有机会获得某些事物,因为我们觉得自己和那些正拥有这些事物的人很相似,那么我们就会因为没能实现我们的愿望而体验到挫折。"（Berkowitz,1972：88）因此,人们之所以会有挫败感,与其说是因为群际不平等,不如说是因为内群不平等。例如,Berkowitz（1972）这样解释 Henry 与 Short（1954）的发现：经济萧条时期黑人凶杀案数量下降的原因是,黑人内部在受剥夺程度上的差异降低。Berkowitz 认为,最强的挫败是由相对剥夺感所带来的。

相对剥夺（relative deprivation）的概念是由斯托弗等人（Stouffer et al.,1949）在他们关于"美国士兵"的研究中首次使用的,后来,这一概念在 Davis（1959）那里得到了正式发展。它通常被用来指这样一种感受：某个个体被剥夺了他想要的东西,而其他人却拥有这个东西。在该领域,一个重要的早期研究是由 Runciman 实施的。他发现,在 1 500 名被试中,虽然他们当中的很多人客观上处于被剥夺的处境之中,但是他们并没有觉得自己受到了剥夺（Runciman,1966）。对于英国的体力劳动者来说,如果其他国家的体力劳动者的收入超过了他们,他们会愤恨,但是他们不太关注非体力劳动者的收入。因此,真实的不公正并不总是导致直接的政治行动,也许是因为"人们的主观信念"和"社会比较"是处于真实的不公与直接的行动两者之间的中介变量。

Gurr 在他的《人们为什么反抗》(Why Men Rebel)一书中提出这样的观点:因夫妻争斗而产生的剥夺与导致民众动乱的剥夺,两者之间的主要差异在于,后者同时牵涉到大量个体(Gurr,1970)。Gurr 基于媒体报道的证据发现,在 114 个国家中,民众动乱数量的增长与剥夺的增长是相对应的(剥夺的增长通过综合如下变量而得到:政治经济歧视、分离主义、对外资的依赖、宗教分裂、稀缺的教育机会)。但是,Gurr 忽略了 Runciman 在两种类型的相对剥夺之间所做的重要区分(Runciman,1966;见表3—1)。第一类相对剥夺被称为"个人的/自我的"(egoistic)相对剥夺,因为它源于一个人在和与之相似的个体比较时而产生的剥夺感;第二类相对剥夺被称为"集体的"(fraternal)相对剥夺,因为它源于不相似的个体之间的比较,尤其是与那些来自其他群体的个体的比较。既有的证据支持这种区分,从社会认同的视角来看该区分的合理性更是不言而喻。

表 3—1　　　　　　　　　　相对剥夺的向度

个人相对剥夺	集体相对剥夺
与那些和自己相似的个体进行社会比较	与那些和自己不相似的个体进行社会比较
和/或	和/或
在现实状态与期望状态之间进行个体内的比较	在自己群体与其他群体之间进行社会比较

个人相对剥夺

20 世纪 70 年代见证了与个人相对剥夺(egoistic relative deprivation)有关的理论和研究的重要创新。克劳士比(Crosby)在一篇对已有理论的评述中提出了一种整合的模型(Crosby,1976)。在此之前出现的理论认为,相对剥夺感来自于社会比较,这与 Gurr 的假设是一样的。Gurr 也认为,相对剥夺感是"任何民众动乱必需的前提条件"(Gurr,1970:596)。克劳士比将挫折—侵犯理论所提出的假设整合到这些理论中，这个假设认为，相对剥夺的结果是侵犯、抗议和暴力（Eckstein，1980）。

克劳士比的研究（例如，Cook、Crosby 和 Hennigan，1977）体现出了一种重点的转移：从对相对剥夺的客观社会条件（它促生相对剥夺的中介性变量）的强调，转到对主观心理体验（一个假设的构念）的重视。上文已经提到，主观和客观不可能是紧密呼应的（即客观的剥夺与主观体验到的剥夺并不总是完全对应的）（Billig，1976；Crosby，1984；Muller，1980；Walker 和 Pettigrew，1984）。

因为克劳士比原初模型的复杂性，或者是因为它假设了过多的前提条件，所以他的模型在提出之后，只有很少的研究去检验它（Crosby，1976）。其中一个范例是 Alain 关于蓝领工人和文职人员的研究，在这个研究中，每一个前提条件都会独立地导致个人相对剥夺感的产生（Alain，1985）。此外，克劳士比模型比 Runciman、Gurr 或 Davis 的模型（也可参见 Bernstein 和 Crosby，1980）解释了更多的变异（variance）。克劳士比自己对 345 名马萨诸塞受雇者的田野研究探求了与家庭内部的劳动分工有关的相对剥夺感（克劳士比，1982）。基于这一研究发现，克劳士比提出了一个更简约、可操作性更强的模型，该模型认为，相对剥夺感主要来自于在匮乏感（wanting）与实得感（deserving）之间体验到的差异。

遗憾的是，上述诸多理论并没有在下面这一点上形成统一观点，即在许多可能的比较中（过去—现在，现在—将来，过去—将来，自我—他人，自我—本我等），哪种比较是最重要的，什么时候会进行这种比较。此外，它们也没有解释为什么这些比较会导致匮乏感。而且，一些人认为，社会比较并不是必需的（见表3—1）。例如，Folger 等人（1983）指出，当人们将他们的现实状态（"结果"）与他们想象和渴望但没有实际得到的状态（"参照认知"）相比较时，相对剥夺感就会出现。例如，你的整个假期都是阴雨天，此时当你想到每年的这个时候都是阳光明媚时，你就会更加烦恼。Folger 等人发现，那些完成任务但未获得学分的被试（低结果）如果被告知，假如他们参加的是第二项任务，他们就可以获得学分（高参照），那么，相对于被告知参加第二项任务也不会获得学分（低参照）的情况，高参照认知的被试会对实验者表现出更强的敌意。由此 Folger 等人得出结论：相对剥夺完全是个体内的认知过程，它不受人际比较的影响。

一种认知与另一种（更令人满意的）认知的比较会导致不满，这已经不是什么新鲜观点了（见 Festinger，1957）。但是，如果应用这种观点来解释集体性的政治暴力，那么就犯了还原论的错误（见前面第二章），它将产生于认知过程的情感结果过度推广，试图借此理解社会领域中的大规模效应（large-scale effects）。这种做法与原初的挫折—侵犯理论面临同样的问题，也就是说，它们两者都不能解释为什么某一特定目标会被选作攻击的对象。事实上，将集体政治行动与个体内认知过程的结果联系在一起，在逻辑上是说不通的。

进一步说，个人相对剥夺论无法回答：为什么挫折没有导致对内群成员和外群成员侵犯的同时增长？为什么攻击某些目标比攻击其他目标看起来更合法？例如，人们也许更不愿意攻击警察（Lange，1971）。当遇到挫折或受到剥夺时，人们会做出某种反应，有一个重要的社会认知成分会介入这个反应链条当中（Billig，1976）。我们会评估情境以及给我们带来挫折的人的角色、地位和意图。实际上，在许多情境下，对挫折应该做出怎样的反应，我们已经有了信念和预期（Linneweber 等，1984）。问题的关键是要辨识出挫折或剥夺的特定形式和致因与随后的社会行为之间的关联。这一问题已经因集体相对剥夺理论而得到了部分解决。

集体相对剥夺

Runciman 的集体相对剥夺（Fraternal Relative Deprivation）理论包含两方面的内容：不相似个体之间的比较和自己群体与其他群体的比较（Runciman，1966；参见表 3—1）。第一方面是不太重要的，它包括不相似的内群成员间的比较和不相似的外群成员间的比较。Martin 主张，既然人们通常将他们自己与同他们最相似的外群成员进行比较（例如，那些在不同公司从事同样工作的人），那么个人相对剥夺比集体相对剥夺更容易发生（Martin，1981）。但是他的研究混淆了人际相似性和群际相似性。Martin 和 Murray 进而得出结论："个人相对剥夺本质上与集体相对剥夺不同的地方在于本体物与参照物的相似性程度，而无关乎参照物是个人还是群体。"（Martin 和 Murray，1983：195）

与 Martin 和 Murray 的观点相反，社会认同路径的研究认为，人际比较和群际比较对于自我评价来说有着完全不同的意义，这一点我们后面会讨论到。而且，正如 Pettigrew（1967）所预期的，Runciman 所说的第二方面即集体相对剥夺，与大规模社会行动的关联更紧密。

Vanneman 和 Pettigrew（1972）在一次选举结束之后，在北美四座城市（克利夫兰、纽瓦克、旧金山和加里）进行了 12 项调查。在这次选举中有一位黑人候选人竞争市长的职位。调查结果表明，四座城市的白人投票者所体验到的剥夺（与黑人相比）与他们反对黑人的态度成正相关。那些体验到了更强的种族集体相对剥夺的白人更不愿意支持或投票给黑人市长候选人，而且，相对于那些体验到更高的个人相对剥夺的人，他们更有可能将暴乱归罪于"颠覆性的因素"（subversive elements）（而不是归于种族歧视）。Vanneman 和 Pettigrew 总结道：

> 很明显，关于结构变迁的态度包含的是群体与群体的比较（集体性的），而不是个人与群体的比较（个人性的）。但是这一点一直为许多学者所忽视或是被遮蔽，他们总是试图将相对剥夺与支持和反对社会变迁的各种运动联系起来。简言之，所有这类研究文献一致存在着一种错误的个体主义偏差（individualistic bias）。
>
> （Vanneman 和 Pettigrew，1972：481）

虽然在近年来的大部分研究中这种偏差仍旧存在着（相关评论见 Gurney 和 Tierney，1982；Walker 和 Pettigrew，1984），但是支持 Vanneman 和 Pettigrew 的证据也在不断增加。例如，克劳士比（1982）发现，虽然被试对自身的工作或家庭生活也表现出了不满（个人相对剥夺），但是其对女性整体的处境会更加不满（集体相对剥夺）；而且无论男性被试还是女性被试，其个人相对剥夺与集体相对剥夺之间只有微弱的相关。类似的，Abèles 也揭示出，在黑人（与特定的白人群体相比）中，相对于个人相对剥夺与好斗性的关联来说，黑人的集体相对剥夺与好斗性之间有更紧密的正相关关系（Abèles，1976）。

引发剥夺感的社会比较以及比较的行为后果并非随机出现，而是源于特定的社会历史原因（参见第四章和第九章）。例如，在印度，与印度教徒的地位相比，穆斯林的地位最近有了下滑，穆斯林因此而体验到了异常强烈的剥夺感。Tripathi 和 Strivastava 发现，穆斯林中的集体相对剥夺感使他们对印度教徒怀有更严重的敌视（Tripathi 和 Strivastava，1981）。

与之相似，Guimond 和 Dubé-Simar 发现，当蒙特利尔市讲法语的人将他们的工资与在魁北克市讲英语的人的工资相比较时，他们感受到的挫折和不满更加强烈（集体性的），同时他们在态度上是偏向于魁北克民族主义者的（Guimond 和 Dubé-Simar，1983）。与之相对，个体相对剥夺与这种态度无关。Guimond 和 Dubé-Simar 与社会认同论的观点一致，同时他们也赞同 Walker 与 Pettigrew（1984）的主张：民族态度产生于群际比较而不是人际比较。

总起来说，与挫折—侵犯和相对剥夺有关的证据显示，群际行为只有参考该行为发生的社会背景才能够被解释。集体相对剥夺的概念使我们可以脱离 Gurr（1970）等人的模型中隐含的一些可有可无的前提假设，它也让我们能够超越那些简单的动机模型（如挫折—侵犯假说），进而探求群际行为的社会基础。

这又使我们回到社会比较理论长期存在的问题上来：如何能够预测哪一个群体或个人将会成为比较的对象？（Singer，1981）相对剥夺理论家（如，Muller，1980）认为，对于哪种比较是规范的、合法的，文化在其中起到了重要作用（例如，在北爱尔兰，新教徒与天主教徒之间经济状况的对比居于核心地位，但是在英格兰这两者的比较则不是特别重要）。另一种可能是，在某些群体之间有着自然的对应关系，例如黑人和白人（Vanneman 和 Pettigrew，1972），当然，对某些群体来说，这种观点并不适合（例如，英国—阿根廷）。（比较的）参照物的特征以及参照物的选择，在相对剥夺理论那里仍是悬而未决的关键问题之一（Martin and Murray，1983）。

现实利益冲突

哪一个群体会和哪些其他群体进行比较？对于这个问题，谢里夫（Sherif，1962，参见第五章）发展出来的功能互依模型（functional interdependence model）或现实利益冲突理论（realistic conflict theory）给出了最有影响的回答。他的理论建立在下述前提基础之上："我们不能由个体特质推断出群体特征。"（Sherif，1962：8）相反，

> 群际关系（intergroup relations）是指两个或更多群体以及它们各自成员之间的关系。当属于一个群体的个体以个人或集体的名义，与另一个群体或它的成员，在各自群体认同的基础上发生了互动，我们就将其称为群际行为。
>
> （Sherif，1962：5）

谢里夫从功能关系的角度来定义群体和群际行为。群体成员之间在角色和地位上是相互依赖的（没有下属就不可能有领导，一个人的命运是与其他所有人的命运联系在一起的），他们的态度和行为是由一系列的规范或准则所决定的。不能认为群际关系是对内群成员的动机和人际关系的反映，相反，它们两者之间的因果链条可能是相反的。不是个体的挫折、剥夺感或意识形态导致针对外群的敌意行为，相反，内外群之间的群际关系可能会导致敌意和挫折的产生。群体内部的关系也许是和谐和友好的，但同时他们可能会对某一个外群体持有激进和怨恨的态度。为了探求群际关系的起源，以及群体之间的功能互依所具有的影响，谢里夫策划了一个现在看来非常经典的研究项目（相关总结见Sherif，1966）。他的主要假设如下：一个群体一旦形成，它就会从其与

外群差异的角度勾画自身，此后，这种范畴上的区分就承载着价值意涵。内群规范是从群体内部的人际关系中发展出来的（参见后面第八章），内群人际关系为可接受的内群价值划定了范围和内容，同时划定的还有遵守规范的回报和违反规范的制裁。对外群同样会有某种刻板印象，刻板印象的内容由群体之间实际的或被感知到的关系所决定。具体地说，如果群体之间有竞争关系，那么一个群体的优势就是另一个群体的劣势，因而，对外群的刻板印象通常是负面的和贬抑性的。

在一个为十一二岁男孩组织的暑期夏令营中，谢里夫进行了他的实验。这些男孩在参加夏令营之前彼此并不相识。他们被选来参加实验是因为他们在各方面都处于常规水平（如智力、社交能力、外貌特征等），所有孩子的家庭背景都是白人、基督徒、中产阶级。研究者以夏令营组织者的身份出现，男孩们对正在进行的实验丝毫没有觉察。

1949年和1953年的实验（Sherif，1951；Sherif、White和Harvey，1955）的第一阶段是让孩子们自由建立伙伴关系，所有人都住在一个大的简易宿舍中，他们可以一起自由参加活动。在第二阶段（即"群体形成"阶段），孩子们被分成两组，每组居住在独立的木屋中。分组的目的是要让每一个男孩的最好朋友（在第一阶段结成的）中的三分之二现在都住在另一个木屋中。这种实验干预带来了惊人的发现。在第二阶段结束时，研究人员要求这些孩子写出他们最好的朋友，结果发现，他们选出的朋友中有90%都是和他们住在同一个木屋中的孩子。这一发现表明，群体形成会带来（群体内部的）人际吸引（参见后面的第五章）。

在1954年的实验中，在俄克拉荷马州的罗伯斯岩洞（据说曾经是J.詹姆斯的藏身之地），谢里夫等人（1961）的研究一开始就有两组男孩参与，他们住在不同的木屋中，每组各自组织自己的活动，如野炊、宿营，或者是在崎岖的道路上抬木舟前行，等等。在小组内部，每名成员很快承担起了不同的责任，并出现了领导。每组有自己的符号、昵称和行话；通过给路标命名的方式，他们也划定了每组的活动边界。那些没有遵守小组准则和规范的人会受到讽刺，以此来确保全体成员都能够统一作战。每个小组都为本组起了名字，例如在1949年的实验中分别称为"红魔鬼"和"牛仔狗",而在罗伯斯岩洞实验中分别称为"响尾蛇"和"雄鹰"。因而,在群体形成阶段,每组都发展出了一系列所有成员必须遵守的规范和价值。

下一阶段就要看当两组有了接触之后会发生什么,尤其当这种接触包含着为争夺奖项而展开竞争的时候。两个小组在全能锦标赛中你争我夺,锦标赛包括许多项目,如棒球、寻宝等。随着比赛的进行,两组最初对彼此的那点好感消失殆尽。男孩们开始互相嘲弄讥讽对方组的成员,公开指责他们是"滑头"和"讨厌鬼"。在锦标赛结束时,两个小组都拒绝与对方说话,甚至开始秘密地攻击或突袭对方的木屋。在罗伯斯岩洞的研究中,两个小组参加一项拾豆的游戏,他们要在规定的时间内拾起尽可能多的(散落的)豆子。每个人拾起的豆子要在屏幕上展示一下(但实际展示出的豆子的数量是由实验人员策划好的),然后要求其他的男孩估计这些豆子的数量。虽然每次展示的豆子都是35粒,但是孩子们会高估内群成员的拾豆数量,而低估外群成员的拾豆数量(比较Blake和Mouton,1962)。这一阶段的实验表明,群际竞争的结果是,将一群本来可爱亲切、适应性良好的男孩,变成了一群调皮捣蛋、喜欢搞恶作剧的孩子(Sherif,1966:85)。

在此研究的第三阶段(1953年的研究到这一阶段就结束了,因为群际厌恶已经达到了极端),研究者们得出的结论如下:首先,对于群际冲突的出现来说,文化、身体和人格的差异都不是必需的(因而它们都不能构成群际冲突的唯一原因);其次,如果两个小组竞争某项目标,且只有一方能胜出,那么,这就足以导致群际敌意的产生,它就是一个充分条件(sufficient condition)(因而它可以构成唯一原因)。

罗伯斯岩洞实验的最后一步是修复群体间关系,降低群际冲突。在周日的服务项目中,有人发表关于兄弟之爱和宽恕的演讲,研究人员希望借此实现他们的目标。虽然全体男孩都在这项服务中体验到了快乐,但是他们似乎忽略了它所传递的和平友好的信息,很快又回到了他们各自原来的立场上,开始攻击或回避外群。在1949年的研究中,有一个方法成功地改善了群体之间的紧张关系,那就是引入一个共同的敌人

(一个作为第三方的竞争小组)。但是,正如谢里夫所说,这种解决方法并不符合研究者的需要,因为它只是将群际冲突的规模扩大了而已,并不能促使原初两个群体之间的态度发生持久的改变。

在罗伯斯岩洞实验中,研究人员还采用了其他两个方法,试图创造更友好的群际关系。首先,让两个小组进行平等地位的接触(equal status contact)。正如,威廉姆斯(Williams,1947)以及后来 G. 奥尔波特(Allport,1954)所指出的,对于两个具有平等地位的群体来说,其成员之间直接的人际接触会降低群际偏见,这是两个群体成员之间良好的人际关系的发展所带来的结果(参见第四章;Miller 和 Brewer,1984;Hewstone 和 Brown,1986,他们对这个假设作了评述)。但是谢里夫认为,只有接触并不会导致冲突的降低,必须加入另外一个要求,也就是说,群体接触必须是在下述条件下发生,即"两个群体有一个必须要实现的目标,任何一个群体仅仅依靠自己的努力、借助自己的资源都不能单独实现这个目标"(Sherif,1966:88)。这种目标被称为超然目标(super-ordinate goals)。

在平等地位接触阶段,两个群体进行相同的游戏活动,例如燃放爆竹,共进一个大型晚餐,看电影。但是孩子们却利用这些机会斥责和侮辱外群成员。共进的晚餐被称为"垃圾大战"——两个群体互掷食物、垃圾,并且恶语相向。

最后,超然目标被引入。第一个目标以"危机"的形式出现,供水系统突然中断,两个群体必须集思广益,才能找出到底问题出在哪里。第二个超然目标是这样的:夏令营的组织者不能为他们支付电影费用了,而这恰好是两个小组都很想看的电影,只有双方都贡献出一些钱,他们才可能看上这场电影。第三个目标是,在他们一次外出去湖边的途中,运送食物的卡车中途抛锚,两个小组必须合力拉一根绳子,卡车才能再次发动起来(而这根绳子恰恰是在锦标赛中他们拔河用的那根)。

单独采用其中的任何一种方式,都不能成功地消除群际敌意。但是,一系列合作行为所产生的累积效应确实逐渐缓解了冲突。实际上,在夏令营即将结束的时候,两个小组都选择合坐一辆巴士回家,而不是分坐两辆巴士。超越群际边界的新的友谊出现了（见表3—2）。

表3—2　　　　　　　谢里夫关于群体关系的功能互依模型

		人际	群际
互依性的目标关系	超然目标	群体形成	群际和谐
	竞争性互依	个体的敌意	群际冲突和内群团结

在社会心理学中，谢里夫的实验是一个重要的里程碑，因为它以经验证据展示了个体和群体过程的不连续性。表3—2呈现的是人际层次和群际层次不同的目标关系（goal relations）所导致的不同结果。在解释群际行为时，人格和人际关系的首要性被彻底摒弃。遗憾的是，谢里夫的发现仍旧没有解决的一个问题是，制造群际敌意的必要且充分的条件是什么。例如，谢里夫认为，要降低群际敌意，仅仅接触是不够的，但同时他又暗示，接触是必要的（因为它是实现超然目标的前提条件）。另一方面，对于降低群际敌意来说，与另一个群体合作实现某个超然目标是充分条件（sufficient），但不知道它是否是必要的（necessary）。谢里夫的研究结果甚至隐含着这样的意思：纯粹借助目标关系来解释群际行为是不大可能的。在1949年和1953年的实验中，双方群体意识到了彼此的存在，他们甚至在群际竞争之前，"就流露出了在'我们'和'他们'之间进行比较的迹象"，在每一次比较中，优点都被给予了内群（Sherif，1966：80）。此外，在罗伯斯岩洞实验中，即使在超然目标阶段结束之后选择外群成员作为朋友的数量增长到了大约30%，但是仍大大低于选择内群成员的数量（70%），对外群成员的评价仍旧是不积极的，尤其是在获胜的一组中。

对于我们在权威人格、挫折—侵犯和相对剥夺路径中所发现的许多问题，谢里夫的研究似乎给出了答案。充满敌意的群际态度和行为看起来是作为群际关系（而不是人际特质）的结果而出现的。冲突产生于对真实资源的竞争，而不是产生于被剥夺的情绪体验。群际行为是一个集体现象，而不是恰巧相同的个体事件统计累积的结果。

不断有证据表明，群体之间的目标关系影响群体的凝聚力（或者成员之间的相互吸引)。例如,Blake 和 Mouton 指出,当引入群际竞争时,内群凝聚力会提升,同时成员还会高估内群表现,贬低外群解决问题的能力(Blake 和 Mouton,1961,1962)。但是,谢里夫的研究没有解决的问题现在仍旧尘埃未定:竞争是否真的是群际冲突产生的必要条件?合作是不是群际冲突消除的充分条件?

Rabbie 和 Horwitz 发现,群体之间的竞争性互依足以导致内群偏差的产生,这种内群偏差表现在对内外群成员特质的评估上;即使赢与输这种竞争性互依的结果是由投掷硬币决定的,情况也是如此(Rabbie 和 Horwitz,1969)。Rabbie 和 Wilkens 的研究表明,在没有竞争的情况下,被试也体验到了竞争(Rabbie 和 Wilkens,1971)。Ferguson 和 Kelley 的被试在明显没有竞争存在的情景下,也会高估内群产品,低估外群产品(Ferguson 和 Kelley,1964)。这些证据对下述观点提出了质疑:竞争是群际关系至关重要的决定性因素(Tajfel,1970;Tajfel 和 Turner,1979;Turner,1975)。

看起来,群际关系中通常包含着竞争,但是它并不总是导源于不相兼容的目标。在 Rabbie 和 De Brey(1971)的研究中,预期的合作并没有改善内群偏差。Johnson 与 Johnson 研究了学校中的学生对残疾同学的态度,结果表明,持续几周的实际的群际合作确实改善了学生在学校中的表现(即对残疾人的态度发生了变化),增强了群体之间的社会互动(Johnson 和 Johnson,1982),在内群和外群内部提高了对少数成员(即残疾人)的接纳和包容(Johnson 和 Johnson,1984;Johnson 等,1981),弱化了内群凝聚力(Yager 等,1985)。但是这些效应看起来都是在人际层面上运作的。例如,Hansell 发现,虽然合作目标促进了群体内部跨性别和跨种族的友谊,但它并不必然带来群际关系的改善,或者促进不同群体成员之间跨性别和跨种族的联结纽带的产生。

对于这些发现的一个解释是,内群互动让内群成员之间(相对于外群成员)更熟悉、更有吸引力(参见后面的第五章)。但是,也有证据表明,"即使在没有内群合作互动或群际竞争的情况下,一个群体的成员资格有时也会导致群体间的区分"(Turner,1981b:75;也可参见

Brewer 和 Silver，1978；Doise 等，1972）。在现实冲突理论中悬而未决的问题是：群际关系的竞争性来自哪里？在 Sherif 和 Blake 以及 Mouton 的研究中，竞争性或者合作性的目标关系是由合法权威（即研究者）施加的。在群体间的"客观"关系与内群偏差（ingroup bias）之间，是什么过程在起中介作用？

　　回忆一下相对剥夺研究，它强调的是剥夺被感知到的主观（而不是客观）标准。与之相似，相对于客观界定的竞争性目标关系，主观竞争性对于内群偏好（ingroup favouritism）来说更具有预测力。Brown 发现，当不同学校的学生正竞争某个奖项的时候，他们会更加偏好于自己所在的学校，这与现实冲突理论的预期相符。但是，即使在合作的情况下，被试仍然偏好于内群，无论这种合作是预期的（anticipated）（Brown，1984a，1984b）还是真实的（real）（Brown 和 Abrams，1986）。这些发现表明，客观关系（竞争或合作）影响内群偏好的程度，但不直接导致它的出现。在 Brown 的实验中，相对于客观目标关系来说，被试对竞争性的主观感受对内群偏好的预测力更强。

最简群体范式

　　我们已经看到，群际关系通常是竞争、敌视以及对抗的。如果应用人格、挫折和自我剥夺来解释群际关系，则无法对群际关系的集体特性（collective nature）给出令人满意的答案。从集体剥夺以及目标关系的角度解释群际关系，强调的是对利益或获得物之间差异的主观感知，但是它们没有指明群际冲突产生的必要条件，或者说最简但充分的条件是什么。

　　泰弗尔和他的同事解决了这一问题。泰弗尔与他的合作者发明了经典的"最简群体范式"（minimal groups paradigm）（Tajfel，1970）。这一范式是社会认同路径的核心，并且已经被应用在大量的实验当中（参见 Tajfel，1982b），因此这里我们先概述一下它的基本特征。实验被试被带领参加一项"做决策"(decision-making)的研究。第一项任务是做判断,具体地说就是,研究人员将若干成对的刺激呈现给被试,被试要在其中做出选择。第二项任务,被试被分成两组,佯称分组是基于他们在第一阶段所作的判断。每个被试被安置在一个单独的小房间内,并且告知他或她属于哪个组。然后给被试一个小册子,上面要求他们给两个其他被试分配绩点,但不能给他们自己分配绩点,绩点代表钱。所有被试都只能通过群体成员资格(内群或外群)和一个编码号来辨认区分。有13对以分配矩阵形式出现的数字,被试要在每对数字中选择一个,以此来表明他们想如何给那两个人分配钱(见表3—3)。发给被试的小册子有许多页,每一页代表不同的分配矩阵:在一些配对(pairs)中,被分配绩点的两个人来自同一群体(同是内群或同是外群),另一些配对则由一个内群成员和一个外群成员组成,表3—3中给出的就是这样的例子。矩阵这样设计的目的是为了揭示被试所采取的分配策略。泰弗尔和特纳将这种情景描述为:

> 在这些"群体"之间没有利益冲突或预先存在的敌意。在被试之间也没有社会互动发生,在个人经济利益与内群偏好策略之间也没有任何关联(因为个体不能给自己分配绩点)。因此,这些群体纯粹是认知上的,因此被称为"最简的"(minimal)。
>
> (Tajfel 和 Turner,1979:38-9)

最简群体范式(Turner,1978a;Turner、Brown 和 Tajfel,1979)已经有一致的研究发现(Tajfel,1982b)。被试将更多的绩点分配给内群成员而不是外群成员:他们尽量将内群利益最大化;但是两种选择之间也有竞争性,在一些矩阵中,被试有机会将最多的绩点分配给内群成员,但同时外群得到的更多(如在表3—3中给内群19,给外群25),或者在另一个极端,如果让外群得到的最少,内群也会得到最少(如给内群7,给外群1)。前一种策略是同时将内群利益(MIP)和联合利益(MJP)最大化,后一种策略是在内群获得绩点占优的前提下,将内外群差异最大化（如表3—3）。研究人员惊奇地发现，被试通常选择最大化差异（MD）而不是选择公平，或者是 MJP ＋MIP 的整合策略。换句话说，打击外群比纯粹的自我获利更重要。

表 3—3　　　　　　　　　　最简群体范式

分配矩阵												
内群成员	7	8	9	10	11	12	13	14	15	16	17	18	19
外群成员	1	3	5	7	9	11	13	15	17	19	21	23	25

最简群体矩阵下的分配策略	
公平（Fairness, F）	绩点在群体之间平等分配
最大化联合利益（MJP）	最大化所获得的绩点，不关心哪一个群体获得的最多
最大化内群利益（MIP）	最大化内群绩点
最大化差异（MD）	在内群获得绩点占优的前提下，将差异最大化
内群偏好（FΛV）	混合使用 MIP 和 MD

在原初的实验中（Tajfel 等，1971），研究人员声称，范畴化（即分组）的标准是被试高估还是低估了屏幕上的绩点，或者他们是喜爱克利（Klee）的画还是喜欢康定斯基（Kandinsky）的画，但事实上，研究人员是按照随机原则将被试分成两组。这种操控方式（manipulation）混淆了范畴化的纯粹效应和对内群相似性的感知。被试也许做出这样的假定：那些和自己做出同样选择的人（如喜欢同一个人的画）与自己更相似（相对于那些与自己做出不同选择的人），因而也就更具有吸引力，所以这些相似的他人会受到更好的对待（体现在绩点分配上）。但是，Billig 和泰弗尔发现，相对于有相似性存在（基于对绘画作品的偏好）但没有范畴化区分的时候（所有的被试都是用数字代码指代）被试所表现出的相似性来说，在群体划分是完全随机的（比如通过投掷硬币划分群体）、没有人际相似性存在的情况下，被试表现出了更强的内群偏好（Billig 和 Tajfel，1973）。

特纳提出，群体间的竞争有两种形式（Turner，1975）。首先，群体之间也许会有客观的竞争（objective competition），就像谢里夫的研究体现出来的。领地争斗，或选举权的竞争，甚至是美国和苏联之间的军备竞赛，都是客观竞争的体现（在这种竞争形式中，如果落后于对方将会失去很多）。但是，如果竞争的目的仅仅是改变群体之间的相对位置，而不在乎客观得失，这就是社会竞争（social competition）。例如，美国和苏联之间的"太空竞赛"（在20世纪60年代至20世纪70年代之间），与其说是为了获得物质利益，不如说是为了国家自豪感和声望（这里我们可以回忆一下本章开头援引的马丁·路德·金的话）。在最简群体范式中，被试表现出了内群偏好、选择最大化差异的策略，即使他们得到的回报只是绩点，而不是真正的钱，他们也会这么做，这意味着此时他们正在进行一场社会竞争（Turner，1975）。

　　对于社会竞争，存在许多其他解释。例如，Gerard和Hoyt的理论认为，被试选择将差异最大化的策略是因为需要特征（demand characteristics）和实验效应（Gerard和Hoyt，1974）。但是，这种解释基于的假设是"由于某种原因，至少在我们的文化中，群体之间的竞争行为是极容易引发的"（Tajfel和Turner，1979：39）。一系列的研究表明，最简群体中的歧视或差别对待（discrimination）并不是由一般性规范（generic norms）所导致，这甚至与泰弗尔最初的观点相反（Tajfel，1970）。Billig揭示出，当人们意识到歧视或差别对待是一种规范时，这事实上会导致歧视行为的降低（Billig，1973）。泰弗尔和Billig发现，那些对背景不熟悉的被试，人们预期他们会有焦虑感，因而他们会依照社会规范去行为，这些人歧视或差别对待他人的可能性更小（Tajfel和Billig，1974）。最近，St Claire与特纳要求作为观察者的被试去预测在最简群体范式中真正被试的反应（St Claire和Turner，1982），如果确实存在着竞争性的"规范"（norm），那么作为观察者的被试应该能够准确预测出歧视或差别对待的程度（比较Semin和Manstead，1979）。但实际上是，他们预测出的公平程度（fairness）要高于实际水平。此外，虽然公平被认为是最具有社会赞许性的策略，但是，让被试遵循合作性规范还是非常困难的（Hogg等，1986；Vickers、Abrams和Hogg，1987）。最近的研究证实，群体通常会比个体更倾向于彼此竞争（Kormorita和Lapworth，1982）。虽然对于偏好（favouritism）的测量和最简群体范式中的具体程序存在着大量争论（Aschenbrenner和Schaefer，

1980；Bornstein 等，1983；Branthwaite、Doyle 和 Lightbown，1979；Turner，1980，1983），但有一点是清楚的，即以简单的规范来解释最简群际歧视（minimal intergroup discrimination）是不够的。即使确实存在着歧视或差别对待的规范，我们仍然需要知道什么时候人们会遵循这种规范，以及为什么会遵循。对这个问题的解答也许要诉诸群体资格的社会心理特征。

社会认同论

在最简群体研究那里，我们得出的结论是，社会范畴化足以导致群际竞争，而社会范畴化（social categorization）是指将个体的集合划分成两个截然不同的群体。从社会认同视角（参见第二章）来看，最简群体研究中的个体正依照实验人员提供的社会范畴（social category）范畴化（categorize）他们自身（即给自身归类），（对于自己和他人的）这种范畴化（即分类）过程会增强群际差异，而增强差异的维度是绩点的分配，这在实验情景下是唯一一个可比较的维度。差异的增强是以偏好内群为前提的，因为个体正是从自身所归属的社会范畴那里获得他们的社会认同的（在相对短暂的实验背景下）。由于有自我定义卷入其中，这就激活了一种获得或维持积极自我评价的需要，这种需要可以通过在社会比较中偏好于内群（因而也是自我）来实现。

为了从普遍意义上揭示最简群体效应和社会竞争的含义，我们首先要解释范畴化过程。仅仅范畴化过程就足以导致内群偏差了吗？引入有关自尊和积极社会认同的动机假设真的是必要的吗？在第四章我们将会讨论范畴化在对物和人（不包括自我）的感知中所起到的作用。在这一章，我们讨论的是关系到自我的群际范畴化所产生的影响。

Doise 和 Deschamps 主张，社会范畴化的认知过程在社会群体之间制造了分化。依据 Doise 的说法，如果一个人在某个维度上（如行为）通过将两个对象划分进不同类别从而获得对他们的认知区分，那么他或她也会在其他维度上（如评价和代表性上）将他们区分开。Doise 认为，行为维度是最关键的。例如，当英国在福克兰群岛与阿根廷交战的时候（这是一种行为上的区分），各种之前没有表达出来的对阿根廷人的敌视态度、观念和评价一股脑儿地出现在大众传媒上。在谢里夫的男孩夏令营研究中，行为在竞争性目标上的分化（divergence）或者在超然目标上的聚合（convergence）导致了相应的群际之间态度的转变。

Doise 和 Weinberger 发现，相比于预料到会与女孩合作的实验条件，在预料到会与女孩竞争的实验条件下的男孩所作的区分更多的是围绕男孩—女孩这个维度展开，并且将更多的女性特质赋予女孩（Doise 和 Weinberger，1973）。Doise、Deschamps 和 Meyer 改变社会范畴化的显著性（salience）以探明范畴化对群际差异增强与内群相似性增强的影响（Doise、Deschamps 和 Meyer，1978）。研究者给被试呈现三个女孩和三个男孩的照片，要求其描述他们的特征（使用表中列出的 24 个词语）。第一种实验情况是，被试先评价三个与自己性别相同的人的照片，然后评价与自己性别不同的人的照片，但是在评价性别不同的人的照片之前，实验人员不会给予事前的告知。在第二种实验情况下（称为有预期的情况），在实验开始之前，实验人员会告诉被试接下来他们会评价两种性别成员的照片，通过这种方式，使性别范畴在实验中变得更加显著。在后一种条件下（即范畴化显著的情况），被试对两种性别的特征描述有更少的重合，而在男孩内部和女孩内部有更多的重合。Doise 和其他学者的研究表明，任何提升社会范畴显著性的事物都会导致更强的群际区分（例如，Doise 和 Sinclair，1973）。在一个维度上的群际区分（例如，相似性、相邻性、共享命运和社会互动）经常会导致在其他维度上的群际分化。

但是，另一方面也是正确的，即社会范畴化的影响可以被弱化。Deschamps 与 Doise 发现，当一种范畴化（如男—女）与另一种范畴化（如年轻人—成年人）交织在一起的时候，那么在一种维度上两个范畴之间（如男—女）差异的强化会被在另一维度上的相似性（如同是成年男女）的强化所平衡（Deschamps 和 Doise，1978）。在另一项研究中，

Deschamps 让男孩和女孩玩笔和纸的游戏，群体或者是依照性别来划分（六个男孩与六个女孩），或者是同时按照性别和颜色编码来划分（每一组中都有三男三女，他们/她们或红或蓝）(Deschamps, 1973)。简单的范畴化会导致两个群体在特质划分上的分化和差异，但是交叉范畴化则不会。由此 Deschamps 得出结论："交叉范畴资格（crossed category membership）可以有效地中和这种分化。"(Deschamps, 1984：555) 这种现象可以被归因于不相容的结构之间的冲突，或者更简单地说，是显著性的改变。当一个人不得不在两个独立的维度上同时对目标进行范畴化（即分类）时，在单个维度上的加工努力可能就会减少（直接操控范畴显著性的实验将会在第六章讨论到）。

对群际分化（differentiation）纯粹的认知分析不能全面解释差异在极端性（extremity）上的变化以及差异的我群中心（ethnocentric）特征。为什么内群总是得到比外群更积极的评价（例如，Doise 和 Dann，1976；Van Knippenberg，1984）？对于此类问题，一个可能的解释是，因为社会范畴化在很大程度上与自我相关，它涉及在社会世界中如何定位自我与他人，这就会赋予不同社会范畴以不同的主观价值（比较 Tajfel, 1959）。个体能够在与正面范畴的关联中获得自我利益，因为这会让他们拥有积极的自我评价，并创造出自我价值感或自尊。社会认同路径认为，正是这种对积极自尊的追求（这发生在群际层面上）解释了群际差异中的我群中心特征，以及群际差异在极端性上的变化（参见后面的第四章）。

从这种视角来看，对社会竞争的解释仰仗于两个相互补充的过程：社会范畴化和社会比较。特纳认为，范畴化过程会将自身与其他内群成员的相似性最大化，将外群体成员之间的相似性最大化，同时，增强/夸大群体之间的差异性（Turner, 1981b；本书第四章将有详细讨论）。社会比较背后的动机是获得良好的自我感知，而实现的途径是偏好内群（即通过偏好内群而偏好自我），因而社会比较过程就会选择具体在哪一个维度上增强/夸大相似性或差异。一般它会选择这样的维度：在这个维度上内群比外群处于更加有利的位置。它也会放大内群相对于外群的优越性和有利地位，或者说社会比较过程会最大化内群的积极特异性（positive distinctiveness）。

我们现在要解释的是，由最简群体研究中的社会范畴化所导致的社会竞争。在相对抽象和"真空"的实验背景下，被试通过调用社会范畴来建构意义和秩序，而这里定位自己和他人的社会范畴是由实验人员提供的。范畴化让每个群体可以在感知上与其他群体区分开来，同时降低群体内部个体之间被感知到的变异，因而连续分布的个体集合被转变成了两个截然不同的群体。社会比较过程之所以会发生在绩点（或者钱数）分配这个维度上，是因为在实验中这是唯一可以利用的群际比较维度。其结果是群际差异在偏好内群的前提下被最大化了，具体地说就是动用 MIP（最大化内群绩点）和 MD（在内群绩点占优的前提下将差异最大化）的混合分配策略，内群的积极特异性就此获得。有证据表明，在最简群体研究中，这种内群偏好与群际歧视能够提升自尊（self-esteem），因而确实满足了个体获得积极自尊的动机（例如，Hogg 等，1986；Oakes 和 Turner，1980；Lemyre 和 Smith，1985；还可比较 Crocker 等人，1987；参见后面第十章有关这一问题的进一步讨论）。

群际行为的社会背景

虽然最简群体研究揭示了范畴化和社会比较的原初过程（raw processes）的运作方式，但是它所处理的"群体"从定义到意图上并不具有真实世界中的"社会范畴"所具有的许多特质。我们几乎不会遇到这样的情况："社会被划分成两个对立的群体，他们之间不存在可以产生敌意的物质基础，但人们却预期他们会展示出敌意的表象。"（Radcliffe-Brown 对不列颠哥伦比亚省 Haida 的描述，援引自 Mair，1972：50）在现实中，群体之间经常会有地位、权力和声望上的差异，这些差异在不同程度上被视为是合法、稳定、永恒的。此外，群体之间在下述方面也存在着不同：数量规模、人口分布、对大众传媒的利用渠道，等等。这些因素对群际行为的形式和内容一定会有一些影响，因此如果要全面解释群际行为，必须在理论上将这些因素整合进来。而社会认同路径对宏观社会分析的强调做的恰恰就是这样的工作（Tajfel 和 Turner，1979；Taylor 和 McKirnan，1984）：它将范畴化和社会比较视为一种心理过程，正是这种心理过程为社会历史因素的运作（或者确切地说是主观上对这些因素的理解）划定了范围和界限。虽然在第二章已经介绍了宏观社会分析，但是我们还要对它进行更细致的探求（参见第四章和第九章对刻板印象和语言的阐释；参见图3—1）。

泰弗尔对两种情况下的群际比较作了区分：发生在具有共识合法性（consensually legitimate）与稳定社会背景中的群际比较，和发生在没有共识情况下的群际比较，即安全的（secure）群际比较与不安全的（insecure）群际比较（Tajfel，1974）。如果群体之间接受彼此的地位，那么几乎就没有改变现状的压力。如果在本季度结束时，一支足球队在联赛中排在最后一名，那么就没有人会质疑它为什么会排在最后一名，这个球队的成员也不会将自己的球队与排在第一位的球队进行比较。此时，相对于那些排在前面的球队成员来说，排在最后的球队成员面对的是一种潜在的负面社会认同。在社会认同论中，"地位"被认为是主观感知到的群际比较的结果。人们获得或维持积极社会认同的方式，在很大程度上受到他们对群际关系本质的主观感知的影响，尤其是对群际比较的结果在多大程度上稳定和合法的（即在多大程度上是安全的）感知。

社会流动

人们可能会拥有一种关于社会流动的信念系统（belief system），即群际边界是可渗透的，人们可以在两个群体之间流动。这种信念系统为个体的尝试行为提供了基础，个体努力离开他们的群体（"退出"），寻找能够给他们提供更加满意的认同的群体（"穿越"）。这种流动策略是非常普遍的。例如，一名球员可以从一支球队转到另一支球队，寻求晋升的个体可以跳槽到一个新组织，女性希望能够在传统上由男性垄断的职位上占据一席之地（Condor，1984；Crosby，1982）。这种策略也许会改变个体的位置，但是群体的位置不会因此而发生变化。因此，它在一定程度上意味着对原初群体的去认同化（dis-identification）(Jahoda,

69　第三章　群际行为

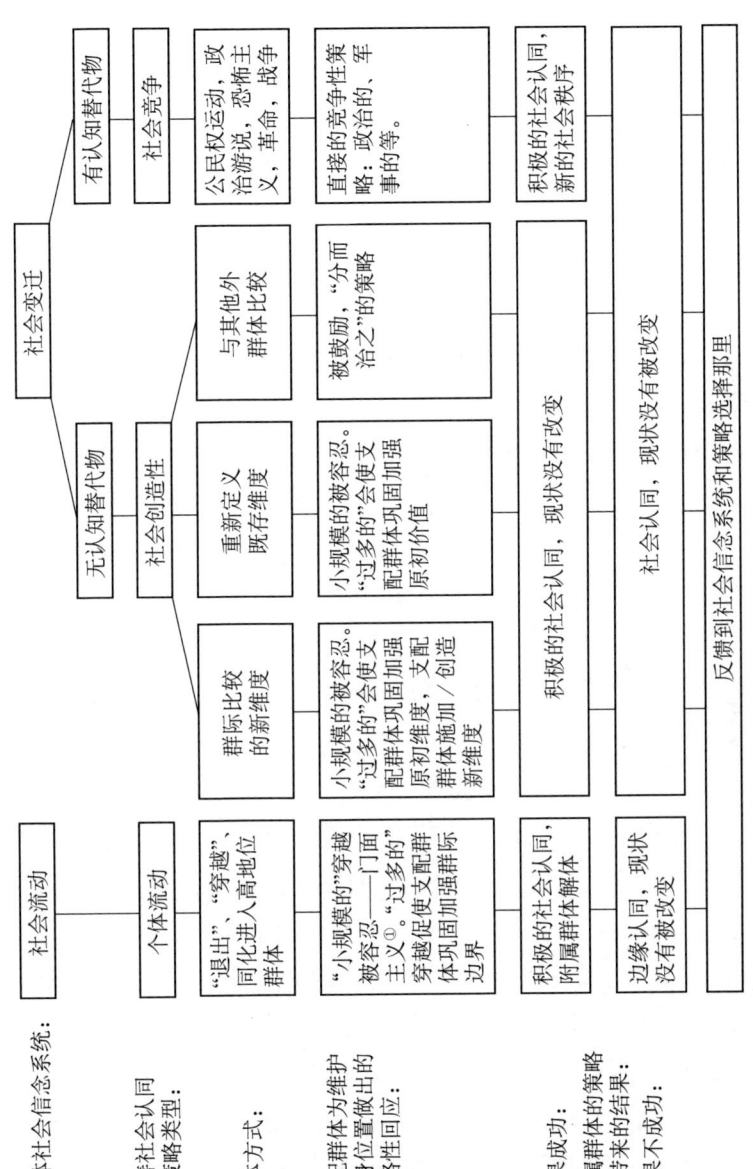

图3—1　大规模群际关系的社会认同模型模型示意图

① 满足少数派的一些小要求，以便给人以公平的形象。——译者注

1961；Milner，1981）。有时在实践中实现这种转变比在理论上困难得多。为了避免成员离开，群体会给其成员施加压力（例如，对背叛家庭的成员的制裁）。如果群体资格与一些外显的特质有关（如性别、肤色、年龄等），那么在这种情况下的社会流动将会异常困难。但是关于流动的信念并没有因此而消失，它以这样一种形式保持着：在美国，处于不利地位的黑人孩子倾向于认同一个白色的（而不是黑色的）玩具娃娃（Fine 和 Bowers，1984）。对于那些离开原有群体的人来说，如果新的群体不接纳他们，他们会有被边缘化的感觉。

通常来说，在低地位群体中间培养关于社会流动的信念系统（用马克思的术语来说，这是一种"虚假意识"）是符合高地位群体的利益的。因为它使低地位群体的成员感觉不到利益冲突的存在，从而弱化了低地位群体的凝聚力和集体行动能力。从新教工作伦理（Kelvin，1984）到"公平世界"信念（Lerner，1970）和基本归因错误（Ross，1977），关于社会流动的思潮有着悠久的历史（Billig，1976）。例如，在南非，警察队伍聘用黑人就可以给人以这样的感知：黑人的地位不是仅仅由于白人的压迫。这就弱化了黑人群体的凝聚力和团结意识，提升了白人政权的合法性。

社会变迁

与社会流动相反，人们也可以拥有一种关于社会变迁的信念系统。这种信念的产生基于接受群际边界的不可渗透性，认为从心理上超越低地位群体进入高地位群体是不可能的。群体资格的负面意涵不能仅仅通过重新定义自我而得以洗脱（所谓的重新定义自我，即脱离原来的群体，进入支配群体）。这种负面意涵只能通过群体策略而得以改变，群体策略的目标是让他人重新评价该群体，并且是相对正面的评价。泰弗尔和特纳给出了两种可资利用的策略：社会创造性和社会竞争。

群际关系在主观上被认为是安全的（secure）（合法、稳定，虽然不一定是令人向往的）时，社会创造性（social creativity）的策略就会发生。但人们也会寻求有利于提升内群认同的群际比较的新形式，泰弗尔和特纳认为有三种可能的途径。

(1) 群体在一个新维度上将自身与其他群体比较。如果上层群体也承认这个新维度是合法的,那么这种策略就是成功的(van Knippenberg, 1984)。例如,传统上获得积极性别认同的方式是相信每一性别都有比另一性别更好的地方,只是他或她更好的特质不同:男孩更强悍,这很好;女孩更善解人意,这也很好(Abrams 和 Condor, 1984; Abrams、Sparkes 和 Hogg, 1985; Condor, 1986; 参见 Mummenday 和 Schreiber, 1983)。

(2) 群体成员也可以重新定义不同特质的价值。如果某一特质对于这个群体具有决定性作用,那么采用这种策略就会特别有效。例如,美国宣称自由是第一价值,而苏联将公平放在第一位。双方都认为他们在各自强调的特征上处于优势地位。在第九章我们将会讨论这样的问题:认为本族语言对他们来说至关重要的种族群体,会通过强调自身的语言来增强和提升他们的社会认同,也就是说,他们力争形塑积极的种族语言特异性。短暂存在的群体会使用其他特异性标志(如服装)作为获得积极特异性的手段。朋克就是这方面的例子。

(3) 另一个异常有效的策略是选择新的外群与内群进行比较。这一策略的目的是,将自身所属的低地位群体与其他同等地位或者地位更低的群体进行比较,而不是与高地位群体比较。这是一种向下的或横向的比较,而不是向上的比较。在联邦德国,相对于教育地位高的学生来说,教育地位低的德国学生对来自意大利和土耳其的客籍工人表现出了更多的群际厌恶和反感(Schonbach 等, 1981; Wagner 和 Schonbach, 1984)。支配群体也许会鼓励横向比较,因为这对支配群体自身有利,可以让他们"分而治之"(divide and rule)。例如,在 20 世纪 80 年代早期,南非政府将投票权扩展到了"有色"人群(colored people)。对于那些仍旧没有投票权的在人口中占大多数的黑人来说,这种做法让"有色"群体成为一个更显著的比较群体,矛头不再单纯指向白人。同时,它也让"有色"群体认为,自己处于比黑人更有利的位置,因而相对于之前和白人的比较,现在这种比较会让他们有身处高位的感觉。通常来说,最可能成为比较对象的群体是那些在前景与地位上与内群最相似的群体。当一个群体的相对地位越来越高，它成为比较群体的可能性就会越来越少（Brown和Abrams，1986）。一个群体的相对地位和规模会显著地影响到合作和竞争行为发生的可能。

社会竞争（social competition），即附属群体和支配群体在双方都认为有价值的维度上展开直接的竞争。当主观上认为群体之间的比较不安全（insecure）的时候，这种策略最可能发生。在地位层级的合法性（legitimacy）和稳定性（stability）受到质疑时，内群就会选择与高度不相似的（dissimilar）群体进行比较。这一做法基于这样的信念：彼此之间的相对地位能够被改变，而且应该被改变。在民主社会中，权力的合法性是以多数人同意为基础的。不同政党都在不停地谋求权力，因而情况是变动不居的，全体选民可能一夜之间改变了立场。在极权政体中，公众也许会将当权者手中的权力看做是稳定但不合法的。上述两种情况有一个重要特征，即对于现状来说，有认知替代物（cognitive alternatives）存在（即有其他可能的社会安排代替既有的社会安排）。例如，巴勒斯坦自由解放组织没有自己的政府，同时也不被以色列政府所承认，但是该组织从未间断他们的抗争，因为他们坚信，他们会同时获得国际社会的广泛承认和大面积的领土。他们认为自身的地位是合法但不稳定的。很自然，社会群体经常不接受对方群体宣称的一套东西的合法性。这类分歧在世界政治领域屡见不鲜。英国和阿根廷争夺对福克兰群岛（或称马尔维纳斯群岛）的管辖权。英国和西班牙政府在直布罗陀的归属问题上有一段长期的纷争。经常会有一些正式的限制性条约出现，目的是为了将某种特殊的安排合法化（例如欧洲经济共同体对在北海捕鱼做了规定；或者某种合约把英国将中国香港地区移交给中国政府的行为合法化）。

当然，不安全的（insecure）社会比较会同时影响附属群体和支配群体。当学校中的孩子不再认为老师是值得尊敬的，老师就不得不重新树立和维护他们的权威（Hargreaves，1967）。另一个有力的例子来自北爱尔兰。人数众多的新教徒社区确信北爱尔兰是英国的一部分，而人数较少的天主教社区主张北爱尔兰与爱尔兰共和国重新联合（这也是爱尔兰大部分地区所支持的立场）。双方都认为对方的意图不合法。而英国政府无论偏袒哪一方都会遭到来自另一方的强烈抗议。最近所谓的《英爱协议》（Anglo-Irish Accord）惹怒了新教徒，激起大规模的集体行动。还有一些更具体的例子，例如，官方允许天主教徒为纪念"1916年复活节起义"举行游行活动，但是却禁止新教徒在接下来的一天举行他们的"学徒男孩游行"。于是新教徒组织了一次有 4 000 人参加的即时抗议，随后发生了大规模暴乱（1986年3月）。要想全面理解冲突背后的动机，就必须考虑历史上爱尔兰和英格兰的关系（也可参见 Cairns，1982；Cairns 和 Mercer，1984）。这些例子表明，一旦地位关系的合法性受到附属群体的挑战，上层群体就会关闭他们的高地位阶层，以维护自身的位置。在北爱尔兰，虽然确实存在着"真实的"利益冲突，但是重要的群体划分是沿着宗教、文化，以及经济、民族这条线展开的。所以，很明显，战争在很大程度上与社会认同的维持有关。

证 据

现在让我们看一下与社会认同论的宏观社会面向有关的一些证据（也可参见第九章）。特纳和布朗假设，当附属群体的地位变得不安全的时候，他们就会努力寻找自身的积极特异性（Turner 和 Brown，1978）。艺术与科学专业的学生参与一项佯称是关于两类学生推理技能差异的研究。该研究的内容包括地位（status）的操控（manipulated）：研究者表示其中一个群体会有更好/更差的表现；合法性（legitimacy）的操控：有可靠/不可靠的证据支持这种对某群体优势的预期；稳定性（stability）的操控：告知被试，同样的结果很可能/不可能出现在他们自己的表现中。当评估这两个群体的表现时，如果高地位群体的位置是不稳定但合法的，那么高地位群体在评价时表现出的偏差更强；如果低地位群体的位置既不稳定又不合法，此时他们的偏差最强。高地位群体力求维持他们"合法"（rightful）地位的稳定性，而低地位群体寻求的仅仅是提升他们的地位（如果这样做看起来既正确又可能的话）。当高地位群体处于一种既不稳定又不合法的位置时，他们就会强调群际差异

社会认同过程 74

的不同维度；换句话说，他们会寻找另一个维度来建立自身的特异性，特异性并不受既有的地位位置所限。

在特纳（1978b）的一项实验中（该实验与特纳和布朗1978年的研究相似），研究人员对"稳定性"的操控（即艺术专业的学生与科学专业的学生两者之间差异的稳定性）是伴随着对"相似性"的操控一同进行的（相似性即外群与自己的相似性，外群可能与自己的专业相同，也可能与自己的专业不同）。当面对的是相似外群（与自己同专业的外群）时，被试在评价时表现出的偏差最强，在地位稳定的时候情况更是如此。当地位不稳定，且面对的是不相似的外群（其他专业的外群）时，被试表现出的偏差最强。

在有些情况下，地位的差异是双方群体都接受的，此时对双方群体的评价就不会有偏差出现。Van Knippenberg 发现，荷兰大学的学生和理工大学的学生都认为前者有更高的"科学"地位（scientific status）（van Knippenberg, 1978）。不仅如此，处于低地位的理工大学的学生感知到的差异甚至大于处于高地位的荷兰大学的学生。在英国，对于研究机构中的工作人员来说，他们之间的地位鸿沟在逐渐缩小，尤其是薪水方面的差异。Bourhis 与 Hill 发现，在研究质量、学术杰出性、声望等大家都很重视的维度上，大学教师表现出了内群偏好，虽然理工大学的教师承认他们在上述维度上处于较低的位置，但同时他们也强调自身在教学质量上的优越性，而实际上，在大学教师眼里，教学质量并不是重要的特质（Bourhis 和 Hill, 1982）。这些发现与特纳和布朗的发现相一致，他们都表明有社会竞争的存在。高地位群体以下述方式对地位稳定性做出反应：在公认有价值的维度上表现出内群偏好，同时将"低地位群体在自身有优势的维度上提升自己地位的做法"视为不合法。尽管使用公平（equity）概念可以解释地位或合法性效应，但是，看起来"积极社会认同的维持"是最可能解释这些研究发现的核心变量（比较 Ng, 1982, 1984a；van Knippenberg, 1984；van Knippenberg 和 Oers, 1984）。

布朗和罗斯强调，检视"地位差异的历史背景"和"对非合法性感知的历史背景"是至关重要的（Brown 和 Ross，1982）。布朗发现，因为历史上存在着相对工资位置的波动（即一种不稳定的状况），在三群机械工人中，有两群工人在估计每群"恰当的"工资标准时表现出了内群偏好。与之相似，Vaughan 发现，毛利人（Maori）的孩子在城市化进程中更加认同他们自己的族群（Vaughan，1978）。他认为这背后的原因是，帕克哈（Pakeha）与毛利群体之间的地位关系越来越不稳定。

布朗和罗斯建构了一种实验情景，以探测群体彼此的评价如何影响他们为维持积极特异性所采取的策略（Brown 和 Ross，1982）。研究人员将学校中的孩子以随机方式分成两群，每群都完成一个推理任务，但是有一个群体的任务更简单。实验人员会给每名被试一个有关他或她所属群体表现如何的评价（比外群更好或更差），这样做是为了创造出地位差异（尽管这是一种不具有合法性的差异），此后，被试会评估两个群体的相对优点。接着，实验人员提供更多的反馈，佯称这是外群对他们群体相对优点的评价。在此，研究人员引入了三种层次的威胁（threat）。在高威胁情景下，优势群体（superior group）被告知，外群体认为自身在才智的所有方面都与优势群体平等，劣势群体（inferior group）被告知，外群体认为自身在才智的所有方面都处于优势地位。这样的情景之所以是具有威胁性的，是因为这意味着它否定了群体在任一维度上竞争特异性的可能。在中度威胁的情景下，内群在特定维度上的优势地位被外群体所承认。在低威胁的情景下，内群在所有维度上获得高地位的可能性都被承认。

与预期相符，虽然劣势群体给自身的评价也高于其他群体给出的适合于他们的地位的评价，但是内群偏好在优势群体中表现得更明显。不仅如此，随着威胁层次的提升，对外群成员的喜爱会降低。相比于没有引入威胁时优势群体对测试的评价，他们在高威胁情景下会认为这个测试更公平，而低地位群体在引入威胁后认为测试更不公平，因而两个群体对于自身地位的合法性持有不同的看法。由此 Brewer 和 Kramer（1985）得出结论说，这里的证据支持了下述观点：安全的高地位群体显示出了更少的内群偏好（如 Vleeming，1983）；如果群体感到自身的地位受到了威胁，他们谋求积极特异性的意图就会提升（Amir 等，1979）。

Ng 测试了另一种安全性（security），即权力差异的安全性（Ng，1982，1984a）对群际关系的影响。他发现，当一个群体 A 认为，它有权控制外群体 B 所获得的回报时，它会表现出更强的群际歧视（即差别对待内群和外群），与之形成对比的是，如果外群 B 可以选择同另一个群体 C 竞争，而不再和群体 A 有任何瓜葛，此时群体 A 表现出的群际歧视要低于前面的情况（Ng，1982）。简言之，安全的权力（有完全的控制权）让优势群体表现出了更强的偏差，这与安全的地位所带来的结果相反（Ng，1984）。与之相似，Sachdev 与 Bourhis 发现，在低权力群体那里，群际歧视可以被消除，但是在高权力群体的成员那里，群际歧视则被提升。Ng 以内群公正和群际公正来解释这些效应（Ng，1981，1984a，1984b；也可参见 Abrams，1984；Caddick，1982，或者本书第十章）。令人惊讶的是，大部分关于群际关系的实验研究忽视了权力问题。权力（power）这个概念在社会学领域居于核心地位（马克思和韦伯），鉴于此，在这里忽视权力是不可理解的（Apfelbum，1979）。事实上，"权力"典型地是属于（resided with）实验者的（experimenter）（Billig，1976；比较 Milgram，1974）。Condor 与 Brown（1986）遗憾地指出了这样的事实：一些研究已经开始使用真实群体（例如男人和女人）去探测抽象假设，但是这些研究没有首先对群体之间的地位和权力差异做出解释（例如，Doise、Deschamps 和 Meyer，1978）。这些差异深植于社会结构之中，鉴于此，如果依旧认为实验操控能够完全验证假设是没有道理的。而且，"权力"现在已经被视为群际关系的一个重要特征（Deschamps，1982；Ng，1982）。我们会在第十章再次讨论这个问题。

结　语

在一个群体内部谁会表现出更多或更少的偏见行为，这是由重要的个体差异决定的，但是个体差异不能解释群体作为一个整体在行为上的转变。挫折—侵犯的动机也许会帮助我们理解什么时候个体想做出攻击行为，但是它的应用有一定的限制条件，而且挫折—侵犯动机不能解释为什么大规模的个体集合都选择了同一个目标作为攻击的对象。对于挫折在群体层面是怎样运作的，两种视角都不能提供任何启示，因此说，它们在解释集体行动上存在着问题。

相对剥夺理论引入了一种重要的、本质上是社会的元素，即社会比较。也许最有趣的进步是，Runciman 的"集体剥夺"观念再次被发现，并且被进一步发展（Runciman，1966）。个体相对剥夺和集体相对剥夺会导致截然不同的反应，这一发现与来自社会认同视角的预期完全相符。经验证据和理论都支持如下结论：要参考群际关系的性质，才能解释偏见上的变异（variations）。但是，下面这个问题仍未解决：对不平等的感知是由什么决定的，它会带来何种结果。

谢里夫（Sherif，1966）也认为群体行为必须以群际关系而不是个体特征来解释，但是他仍旧没能说明"自发竞争"（spontaneous competitiveness）这种有群际特征的行为。社会认同路径以来自最简群体范式的证据为理论起点，应用常规心理过程对群体行为给出了最具说服力的解释。所谓常规心理过程（normal psychological processes）包括范畴化和社会比较，这种路径将竞争看做是群体认同的结果而不是原因。在社会认同的概念框架中，泰弗尔与特纳提供给我们一个将群体置于个体之中（places the group in the individual）的过程，因此该路径解决了这个矛盾：为什么群体行为并不总是以实现个体成员的最大利益为准绳。

社会认同论将关注点从对最简群体中行为的分析拓展到对群体间宏观社会关系的解释，这些群体在社会地位层级中占据着不同的位置。只有个别的理论关注到了群际关系的稳定性与合法性所具有的影响，社会认同路径就是其中之一。在大部分社会心理学研究中，实验者所使用的范式都已将现状（status quo）合法化了（Billig，1976），而本章提到的所有其他路径都已经证实：地位（status）的合法性（legitimacy）是群际行为重要的决定性因素。对偏见的弗洛伊德式解释基于这样的假设：挑战权威是不合法的，因此必须找到一个合法的替罪羊。挫折—侵犯假说的相关研究表明，让侵犯行为有一个合法的攻击目标是至关重要的。在相对剥夺研究中，研究者已经证实，只有特定的群体才被视为是相关的（或者说合法的）比较目标。

合法性在很大程度上是社会共识和社会感知的产物。在下一章，我们会探求人们在感知上被特定社会范畴包容和排斥的基础。什么样的认知过程促成或阻碍了群际区分？这些社会感知怎样被社会群体成员组织、共享和内化？我们现在将转向对刻板印象和范畴化等相关问题的讨论。

推荐阅读

关于群际行为的社会心理学路径在 Brewer 与 Kramer（1985）、Condor 和 Brown（1986），以及泰弗尔（Tajfel，1982b）那里有详尽的评述。关于权威主义人格理论最完整的概览可以在 Roger Brown（1965）的文本中找到，Billig（1976）批评了群际关系的心理动力学解释。侵犯研究的回顾请看 Berkowitz（1982）的文本，相对剥夺研究的综述可以阅读克劳士比（1984）和 Walker 与 Pettigrew（1984）的文本。谢里夫（Sherif，1966）在他的书中以精准的笔触总结了自己的现实冲突研究。特纳和 Giles（1981）也许以最易理解的方式呈现了群际关系的社会认同视角，而泰弗尔与特纳（1979）的文本无疑是有关宏观社会面向的最好的参考书。

第四章　从刻板化到意识形态

在南非的黑人城镇，人们称呼他为"野兽"……如果说有一个人是南非强硬治理路线的代表，那么这个人就是 Brigadier Swaneppoel。他是 1964 年 Rivonia 案件的主审讯官，将曼德拉和其他一些人判为终身监禁，他因镇压了在 10 年前的今天爆发的索韦托暴乱而闻名。他以一种遗憾的心情回忆 1976 年 6 月 16 日：

> 事情总是异常困难。如果你在位，而事情又失控，那会非常艰难。你会使出浑身解数来安抚叛乱者，如果你看到事情完全失控了，你将很难随时准备发出开火的命令，说："瞄准领头的，向他们开枪。"
>
> 对话是不可能的。你必须意识到，我们处理的是黑人问题，他们是非常情绪化的人。其他种族也许会给你对话的机会，但是，当你面对黑人时，一旦他们失控，那就是完全失控。恢复对他们控制的唯一方式是使用暴力——比他们的暴力更强大的暴力。

（英国《卫报》，1986-06-16）

奴隶制度在美国经济发展的进程中起到了重要作用，它对于形塑这个国家的社会—政治—法律结构产生了深远影响。土地和奴隶是私人财产的主要形式。财产就是财富，财富上的发言权决定了法律和政治。为了服务于这种制度，人类蜕变成为对自己的身体没有支配权的财产。黑人是新世界（New World）财富的创造者，他们被剥夺了所有人类和公民的权利。这种对黑人的贬损受到政府制度的认可和保护，其目的只有一个，那就是由黑人生产出能获益的商品，之后这些商品被私人占有。

人类不可能持续地做一件错事而不为其披上一件合理化的外衣，使它看起来是公正的。随着奴隶制度的发展，人们必须让自己相信，这种制度在经济上能带来收益，在道德上具有合法性。人们努力给这种能获益的制度提供道德承认，正是这种做法催生了将白人优越性合法化的那些信条。

人们引用、曲解宗教和《圣经》，目的是为了证明现状的合法性……人们操纵推理方法，让奴隶制度在智识上看起来是可信的。学者也随波逐流，他们的参与让有关优等种族的神话更加具有影响力。在所谓"日耳曼人起源论"（Teutonic Origins theory）中，学者的贡献已经初露端倪，而白人优越性的信条更是拥有很高的学术声望……自然科学崇尚归纳方法、创造性的评定和独立于主体的客观性，即使是具有这种特征的自然科学也被引用和曲解，唯一的目的就是增强政治立场的可信性。于是一个系统研究种族的民族学派发展起来了……

很快，白人优越性的信条出现在所有教科书中和教堂的讲坛上，它成为文化结构的一部分。人们信奉这种哲学不是为了将谎言合理化，而是将其作为一种最终真理。1857年，在德雷德·斯科特裁决中，美国联邦最高法院给奴隶制度提供了最高的法律支持，德雷德·斯科特裁决确认：白人不承认黑人拥有任何权利。

（马丁·路德·金：《我们前往何处：混乱还是和谐？》，1967）

上述引文涵盖了本章将要讨论的核心问题。第一段引文向读者展示了贬义刻板印象（derogatory stereotype）的使用，以及某一具体的刻板印象（如黑人是情绪化的）如何满足了解释行动并将行动合理化的社会功能，在引文中需要被解释和合理化的行动是以暴力手段控制南非黑人。第二段引文进一步例证了刻板印象的社会功能：它描述了群际实践被解释和合理化，并在意识形态上披上合法化外衣的社会过程。本章我们将讨论刻板印象的本质以及刻板化感知的产生，我们也会讨论与某一社会集合体的特定目标相关联的刻板印象内容。

导　言

18世纪晚期，伟大的瑞典植物学家和自然史家林耐（Linnaeus）在建构他的生物科学分类时这样描述"欧洲人"："正直、乐观、强壮、衣着正统、行为规范"；而将"非洲人"描述为"黑皮肤、易冲动、行为懒散、油头粉面、行动无常"（转引自 Leach，1982：83）。这些描述就是本文所说的刻板印象。

刻板印象是基于人们的范畴资格（category membership）而产生的推论。刻板印象认为特定群体的所有成员都具有相同的特质，这些特质界定这个群体，同时也将该群体与其他群体区分开来。某一具体的群体成员被认为在本质上与其他内群体成员是相同的，或者被当做彼此相同的来对待（treated）；群体作为整体被看做是同质的，并被作为同质整体来对待。不同群体其同质化程度和稳定性会有不同，而这一点又与群体评价（evaluation）密切相关。也就是说，存在这样一种趋势：将贬义刻板印象赋予外群，将褒义刻板印象（favourable stereotypes）赋予内群。刻板印象的一个重要特征是，它们在社会成员中共享（shared）；换句话说，在"某一群体的刻板印象是什么"这一点上，社会中的大部分成员已经达成了共识。例如，在某些社会，有这样一些广为认同的看法：爱尔兰人是愚笨的，黑人是不负责任的，女性是喜欢感情用事的，等等。虽然存在着大量相反的例证（比如，詹姆斯·乔伊斯、马丁·路德·金、玛格丽特·撒切尔），但这些反证对刻板印象并不构成实质性的影响。

刻板印象是一种普遍存在的感知偏差（bias in perception），它对于行为有着深远且重要的影响,小到有关人类的某种无关痛痒的假设,大到像种族清洗这样的暴行,都与刻板印象有关。它是构成偏见和群际关系的核心成分,对群际行为的研究一定会涉及刻板印象(见第三章)。因此,社会心理学投入大量精力解释刻板印象,看起来是有道理的。但是,许多传统路径只关注这一现象的某一方面,因此它们仅仅提供了对刻板印象的部分解释。全面理解刻板印象必须在理论上将个体心理过程(individual psychological processes)、社会心理过程(social psychological processes)和社会过程(social processes)整合在一起。个体心理过程导致偏差的产生,社会心理过程与刻板印象的共享性有关,而社会过程则将不同的刻板印象赋予不同群体,同时保证它的长久存在,并且抵制任何改变刻板印象的企图。

本章我们力图向读者证明,社会认同路径促进了这种全面而整合的分析。在本章的开篇,我们将简要讨论传统的关于刻板印象的描述性理论,例如心理动力学路径(psychodynamic approaches),具体指Dollard等人的挫折—侵犯假说(Dollard等,1939)和阿多诺等人的权威主义人格(Adorno等,1950;也可参见第三章的开头)。但是,本章大部分内容是关于社会认同论的发展、它对刻板印象的描述以及它的拓展的。在讨论与刻板印象有关的社会过程时,我们也谈到了归因、社会解释、社会表征和意识形态。在本章的最后,我们将涉及如何降低或消除偏见、歧视和刻板印象,对于当代社会认知理论在解释刻板印象时存在的局限,我们给出了简要但中肯的批评。

描述性路径

在社会科学领域,李普曼(Lippmann)是第一位系统阐述"刻板印象"概念的学者(Lippmann,1922)。他认为,人们为了能够在极度复杂的社会环境中生存,必须在头脑中描绘出一个关于这个复杂环境的简明"图画"。这幅"图画"实际上介于人和环境之间,李普曼将其称为我们的"准环境"(quasi-environment)。"图画"的内容就构成了刻板印象,而该内容至少在一定程度上是由文化决定的。实际上,人们认为,是有关社会世界的一系列简明"图画"组成了刻板印象。刻板印象被看做是不受欢迎的,因为它们不正确、僵化,并且不因教育而改变;它们产生于次优的推理过程,这一过程通常代表着"理智"(intelligence)的短路或者"理智"的旁门左道。

李普曼的分析包含了与刻板印象有关的许多主要问题,他的观点影响了后续的相关研究,但是真正为刻板印象的早期研究提供参考框架的是 Katz 和 Braly(Katz 和 Braly,1933)。他们设计了一个程序来探测人们对特定社会群体的刻板印象。这个程序要求被试在一系列的形容词中选出那些他们认为代表某一(生活于美国的)种族比如黑人、犹太人、爱尔兰人以及土耳其人的"典型特征"的词汇,然后,从中选出五个最能代表该种族特征的词汇。研究者对被试最终选出的这些词汇进行分析,他们发现,通常来说,人们对于某一特定社会群体的刻板印象已经有广泛的共识。例如,Katz 和 Braly 发现,75%的被试认为黑人是懒惰的,79%的被试认为犹太人是精明的。

这一程序以及它的不同变体促生了大量描述性研究。Brigham 详细评述了该领域的大部分成果(Brigham,1971),泰弗尔从中总结出一些普遍性的发现(Tajfel,1978c):(1)人们愿意用一些非常粗糙的普遍特质(crude common attributes)描绘大量的社会群体;(2)刻板印象具有惰性,一旦形成不易改变,只有在社会、政治或经济发生变迁时,刻板印象才会发生些许变化;(3)刻板印象通常是在幼年时期习得的,此时儿童对于刻板印象所指涉的群体并没有什么确切的了解(例如,Milner,1981;Tajfel,1981a);(4)当群体间的社会关系变得紧张时,刻板印象会变得更加显著,并且充满敌意;(5)如果群体间不是敌对关系,刻板印象不会引发什么问题(例如,同学们对于戏剧专业学生的刻板印象是"行为造作的"),但是,如果群际间处于紧张和冲突的社会氛围之中,刻板印象就是有害的,并且也极难改变(例如,当代英国对工会的刻板印象)。

这种描述性路径（尤其早期）是在下述假设的指导之下开展研究的，即刻板印象是令人生厌的。因而，该路径倾注了大量精力处理与该假设有关的一些问题。例如，对于"真理内核"（the kernel of truth）的争论：刻板印象是不是真实的（法国男人是否真的比英国男人更浪漫）？如果是这样，刻板印象能够被概化（或者说推广）到什么程度？向最好处估计，刻板印象是一种无根据的概括化推论；而向最坏处估计，刻板印象是一套完全错误的假定。既然如此，那么刻板印象为什么会产生？是因为非理智、非逻辑和拙劣的认知过程，还是说信息加工本身是无可挑剔的，只是因为盲目接受了有偏差的信息源的信息？Brigham 认为，这些问题到目前为止还没得到令人满意的解决（Brigham，1971）。类似于对"真理内核"的争论这类问题，的确很难给出确切的答案。"某一群体的特质究竟是如何的？"要想获得这方面的客观信息是异常困难的。既然没有一个客观的尺度可以用来衡量正确性，我们为什么称刻板印象是一种错误的假定呢？

刻板印象的描述性研究对于下列任务是不可或缺的：探求人们对于某一群体的刻板印象是什么，发掘刻板印象的评价性意涵，探明人们持有刻板印象的强度，找出人们关于刻板印象有着怎样的社会共识。我们这里谈到的是刻板印象的内容或结构（content or structure），也就是人们赋予这个群体（而不是另一群体）的一系列具体特征。很明显，这些问题在很大程度上关涉到文化史（cultural history），而文化史又与刻板印象形成的经济、政治和社会环境联系在一起。社会心理过程关心的问题是，社会中的个体成员怎样欣然接受了这些刻板印象。描述性路径仅仅指出人们持有刻板印象，并且将其描述为共识程度上的区别。但是，因为这种方法是描述性的，所以它并不直接关注刻板印象背后的社会心理过程，即不依赖具体内容的独特的刻板化现象（phenomenon of stereotyping）。

挫折—侵犯假说（Dollard 等，1939）和权威人格理论（Adorno 等，1950）都是研究偏见问题的心理动力学路径，它们关注刻板印象背后的心理过程。这些视角有着许多局限，缺少社会层面的分析即是其一。这些研究路径以及它们的局限性在第三章讨论群际行为时都已论及。

为了便于论述的展开，我们提出，对刻板化（stereotyping）进行恰当的社会心理学解释必须将刻板化过程与具体的刻板印象内容联系在一起，必须辨识出建构（李普曼所说的）"准环境"的一般心理过程，同时也要了解刻板印象的内容和结构。进一步说，我们要同时知晓两类关系：一是"准环境"（这是认知结构因素）和人们的实际所做（do）（即他们的行为）之间的关系；二是认知结构和事实本身之间的辩证关系，认知结构是对现实的表征（representation），现实影响认知结构同时也被认知结构所影响。所有这些内容我们将在后面详细阐述。

范畴化和刻板化

最初激发社会认同视角的理论资源也许可以追溯到20世纪50年代后期，在这一时期泰弗尔提出"增强原则"（accentuation principle）（Tajfel，1957，1959；Tajfel 和 Wilkes，1963；也可参见 Tajfel，1981a），该原则试图处理从感知研究的"新视角"（new look）那里生发出的一些论题［例如，Bruner 和 Goodman，1947；也可参见 Eiser 和 Stroebe（1972）和 Eiser（1986）对这方面研究的讨论］。图4—1直观地展示了这一"原则"（principle）。

泰弗尔认为，如果脱离背景变量（contextual variables），人们很难对物理刺激（例如物体的大小、重量、颜色、温度）做出判断。简单地说，判断不能在真空中进行。为了对刺激（即"核心维度"）做出判断，人们会参考其他的相关因素（被称为"边缘维度"）。比如说，如果人们要对不同额度硬币的大小做出判断，并且知道币值越大硬币越大，那么人们就会在做判断时调用这方面的知识。在这里，我们已知边缘维度或分类（即币值），而这一边缘维度又与核心维度（硬币大小）密切相关。存在一种相关的边缘维度，并且人们依靠这些边缘维度来作判断，这就在国际机场的候机大厅内,一名学习斯堪的纳维亚语的英国学生正等候他的航班。广播里说他要乘坐的飞机晚点五个小时,他只能与别人闲聊来打发时间。坐在他附近的只有八个人。可以将这八个人划分为不同的小群体:一些人吸烟,另一些人不吸烟;一些人明显是在度假,而另一些人则是公出;一些人是日本人,另一些人是瑞典人;所有的人身高各异。增强原则能够预测出这名学生如何感知这八个人的身高。现在让我们看看在对核心维度(即高度)的感知上,不同的边缘维度所具有的效应。

(1) 吸烟——对于高度的判断是不相关的边缘维度:一些人吸烟(S),另一些人不吸烟(N)。但是这与某人被认为有多高没有任何关系。

(2) 游客类型——对于高度的判断是相关的边缘维度:所有个头矮的都是旅行的人(T),个头高的都是公出的人(B)。

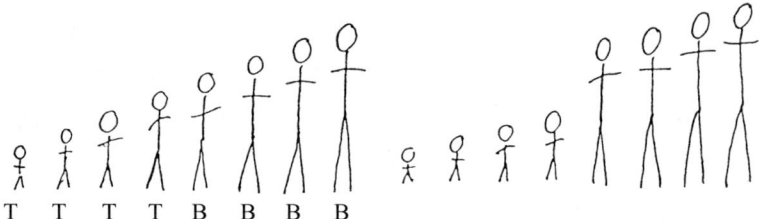

(3) 是否能够和他聊天来消磨时间——对于高度的判断是相关的边缘维度:所有个头矮的人都只说日语(J),所有个头高的人都只说瑞典语。这位学生会说瑞典语,因为瑞典语属于斯堪的纳维亚语系。

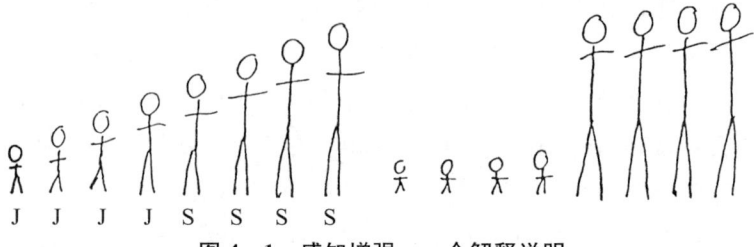

图4—1 感知增强:一个解释说明

是泰弗尔所谓的"增强效应"（Tajfel，1957）。在这个例子中，不同价值的硬币在大小上的差异被增强。尺寸大的硬币（也是币值高的硬币）被认为比实际的尺寸更大，而尺寸小的硬币（也是价值小的硬币）被认为比实际的尺寸更小（实际上，Bruner 和 Goodman 在 1947 年就已经观察到了该效应）。这一效应有助于人们在不同的刺激之间做出明晰的分辨，从而更快地找到环境中对个体具有特殊意义的"焦点"向度。对人们来说，区分不同价值的硬币显然是非常重要的。

泰弗尔对于连续分布的核心维度和相关的二分式的边缘维度有更加浓厚的兴趣，前者如高度，后者如性别。对于这样的情况，泰弗尔假设，在不同范畴之间，物理刺激的差异被增强（男人看起来比他们的真实高度更高，女人则更矮）；而在同一范畴内部，刺激的相似性被增强（男人之间在身高上的差异看起来比真实情况要小，女人的情况亦如此）。简言之，在核心维度上，范畴之间的差异和范畴内部的相似性在感知上被增强。我们回忆一下第二章，泰弗尔和威克斯检验了上述假设。他们发现，被试明显增强或夸大了范畴之间线段长度的差异，但是范畴内部相似性被增强/夸大的趋势则并不显著（Tajfel 和 Wilkes，1963；也可参见 Tajfel，1981a）。在下述两种情况中不存在这种增强效应：线段在呈现时没有标记符号，或者 A 与 B 的标记是完全随机的（而不是系统地与线段长度相关，即较长的线段总是被标为 A，较短的线段总是被标为 B，或者相反）。

在 Doise 所报告的研究中，连续的核心维度是由音调组成的，这些音调的频率以 120 cps 的数量逐级增长，与之相关的边缘维度或范畴是辅音 b、d 或 g（Doise，1978：133）。当某人逐步提高音调的频率等级时，该等级的音调也同时被标注为某一个辅音字母。每一个辅音字母所代表的音调范畴包含 4 或 5 个 120 cps。实验者呈现给被试两个音调 A 和 B，它们相差 240 cps，然后给出第三个音调 X，它有时与 A 相同，有时与 B 相同。被试的任务是指出第三个音调 X 与之前的哪一个音调（A 还是 B）是一样的。研究人员发现，A 与 B 落在一个辅音标注的音调范围之内，和 A 与 B 落在两个辅音标注的范围之间，这两种情况下被试犯错误的次数有着显著的不同：在前一种条件下，被试犯错次数显著高于后者。这对增强原则提供了另一个证据：如果刺激落在一个范畴内部，人们就会认为刺激是同质的——也就是说，范畴内部的相似性在感知上被增强了。

这两个实验支持了泰弗尔的增强原则：如果在连续分布的判断维度上，将一组系统的刺激划分入两个范畴之内，则会导致范畴内部的相似性和范畴之间的差异性在感知上被增强。如果这一范畴对人们有意义、有价值，或者与人们有关联，那么增强效应更加显著，这一点已经得到了 Marchand 研究的支持（1970；Doise，1978：135）。Marchand 对泰弗尔和威克斯（Tajfel 和 Wilkes，1963）的实验进行了改进。在他的研究中，范畴被赋予了一定的价值，即分配给每一范畴不同的点数，并且将这一任务与后面的飞镖游戏联系起来。实验任务要求被试对落于不同范畴的刺激做出明确的区分，如果区分正确则会赢得点数（参与这一游戏的目的就是要尽量赢得最多的点数）。Marchand 发现，当范畴化被赋予价值时，增强效应的表现会显著提高。

泰弗尔确信，既然对于物理刺激会有增强效应，那么对于社会刺激（人）也应该有同样的效应存在（例如，Tajfel，1969a）（见图4—1）。无论刺激物是人还是物，人们在对核心维度做判断时都会参照相关的边缘维度。例如，如果要求被试判断一群人的智商（IQ），这些人中有黑人也有白人，那么他们在做判断时也许会受到他们已有的"知识"的影响，这种"知识"是，黑人比白人的智商低。在这里，核心维度是智商，与之相关的具有参考价值的边缘维度是黑人和白人（当然这是完全主观的想法）。实验的结果是增强效应出现——认为所有的黑人都比白人的智商低。这体现的是一种基于文化信念的刻板化感知（文化信念在多大程度上接近现实，或者说文化信念是否具有真实性，对于我们的目的来说并不重要）。具体地说，文化信念是指相信某一具体特质（即核心维度）与一种社会范畴或类别（即相关的边缘维度、分类或范畴）的相关性比其与另一种社会范畴或类别的相关性更大。

在对人的感知中，存在着大量支持增强效应的证据。Razran 要求实验被试根据一系列行为和人格描述，对 30 张种族归属模糊的女性照片进行评定（Razran，1950）。两个月以后，研究人员重复了相同的实验，但是这一次，照片旁边标注了每个人的名字，从这些名字可以推测出她们的种族（如 Scarno、d'Angelo、McGillicuddy 和 O'Brien 等）。在这一次的实验中刻板化的评定（stereotypic ratings）出现了——拥有同一种族名字的照片被认为是相似的，并且与其他种族的照片明显不同。Secord 获得了被试对每一张黑人照片的评价（这些照片在似黑人的程度上有系统变化），包括行为、人格特质以及相貌上似黑人的程度（Secord，1959；Secord、Bevan 和 Katz，1956）。这些照片一出现，（白人）被试即将他们划入黑人的范畴（很明显，被试将他们自己的种族范畴纳入进来了），尽管这些照片在似黑人的程度上有差别，但他们还是被白人被试认为是相同的。不仅如此，有偏见的被试有着更强的刻板化趋势。也许对于他们来说，黑人与非黑人的范畴区分具有更主观化的（subjective）重要性、相关性和价值，并且与其他相关的刻板化维度有更强的关联。

泰弗尔、Sheikh 和 Gardner 认为使用照片也许会促进刻板化的感知，所以他们实施了一项不用照片的、更自然的研究（Tajfel、Sheikh 和 Gardner，1964；也可参见 Tajfel，1981a）。在一群加拿大学生面前同时进行四个精心组织的面试活动，其中两个面试的被面试者是加拿大人，另两个被面试者是印度人。这些学生的任务是依据一系列描述性指标对每个被面试者做出评定。研究发现，被试（即这些加拿大学生）认为两个印度人在刻板印象维度上的差异小于他们在非刻板印象维度上的差异，对于两个加拿大人亦如此。但是该研究存在这样一种可能，即被试的评定也许是对印度人和加拿大人之间差异和相似性的真实反映，此后，Doise、Deschamps 和 Meyer 实施的两项研究证实了泰弗尔等人的研究发现，同时排除了隐含在他们研究中的上述可能（Doise、Deschamps 和 Meyer，1978）。泰弗尔、Doise 及其合作者的研究清楚地表明：增强效应只发生在与范畴相关的维度上，即形成刻板印象的维度（stereotypical dimensions）。

最后，许多研究揭示了态度判断上的增强效应［Doise（1978）、Eiser 和 Stroebe（1972）详细讨论了这些研究］。人们对于某一具体问题（如核武器）的态度在核心维度（即是否支持）上应该是连续分布的。如果一种社会范畴分类（如，或者是核裁军的支持者，或者是军人）被看做是与态度判断（即核心维度）有关的边缘维度，那么它会导致我们所熟悉的增强效应——当然前提是主体的态度明确地落入这两个类别（是核裁军的支持者还是军人）中的某一个类别所涵盖的范围之内（McGarty 和 Penny，1986）。

由此可见，范畴化将这个世界划分成界限明晰的领域，在这样的环境中，事物被感知为更黑和更白，很少存在模棱两可、模糊不清的情况。范畴将世界和我们的经验组织起来，将威廉·詹姆斯所说的"花开花落、熙来攘往的混乱"（James，1890）简单化，使它成为一个管理精当、组织良好的世界。在这样的世界中，事物的适当运转变得更加容易。范畴化是一个基本的和普遍存在的过程，因为它满足了人们对认知简约（cognitive parsimony）的基本需求（Allport，1954；Cantor、Mischel 和 Schwartz，1982；Doise，1978）。实际上，正是范畴化过程导致了李普曼所说的准环境的产生［Lippmann，1922；Billig（1985）提供了另一个视角］。

正如范畴化过程促生了物理感知（physical perception）上的增强效应，对于社会感知，范畴化的作用同样存在，而社会感知上的增强效应与刻板印象是密不可分的。因而，范畴化被视为是存在于刻板印象背后的、致使刻板印象产生的过程。支持增强原则（accentuation principle）的证据，除了上面已经提到的例子以外，还应该将社会感知领域的一些新近研究包含进来（例如，Taylor 等，1978；或者参见 Taylor，1981；Hamilton，1981）。

有一点必须明确，使用范畴化解释刻板印象并不是还原论（reductionist），因为我们并没有试图用物理感知解释社会感知。相反，我们认为，范畴化导致了某种独特的感知曲解（perceptual distortion）形式（例如增强效应），而正是这种感知曲解同时限制了我们对物理刺激和社会刺激的感知。进一步说，所有的感知都是社会的，因为判断、信念和感知都根植于人们之间达成的共识，即人们关于如何感知世界所形成的一致意见。在第八章我们将会详细讨论这一问题，以及莫斯科维奇（Moscovici，1976）、豪格与特纳（Hogg 和 Turner，1987a）有关于这一论题的深入探讨。

但是，对物理刺激的范畴化和对"社会之物"（social object）的范畴化之间还是存在着重要差别。也就是说，在后一种范畴化中，作为感知主体的我们也牵涉到其中。我们自身也是"社会之物"——人。因而，我们和我们所使用的范畴之间的关系是应该考虑的重要因素，忽略这种关系是危险的。例如，相对于对内群成员之间相似性的感知来说，人们倾向于增强外群成员之间的相似性（例如，Park 和 Rothbart，1982；Wilder，1984）。下一部分我们将详细讨论范畴化对社会刻板化（social stereotyping）的解释作用。

社会认同与刻板化

范畴化是一种自动的认知过程（an automatic cognitive process），它可以解释作为系统性感知偏差的刻板化，但是，刻板化的许多其他特征是范畴化所不能解释的。例如，对内群的刻板印象是积极的，而对外群的刻板印象是消极的；一些人倾向于有更极端的刻板印象；同样一个个体，在某些情况下有刻板化的感知，而在另一些情况下则不会。简单地说，人们具体在哪一维度上形成对某个群体的刻板印象（参见第三章），范畴化无法给出回答。

社会认同路径通过引入自我范畴化（self-categorization）而将刻板印象与群体归属（group belongings）或社会认同联系起来，从而解决了上述问题。当我们对其他人进行分类时，我们相当于将他们放入了不同的格子，此时我们会夸大刻板化的相似性（stereotypic similarities）。当我们对自身分类时，也是如此。自我范畴化是社会认同、群体归属、心理群体形成等背后的认知过程（Turner 等，1987；也可参见第二章和第五章），同时，自我范畴化也会让"行为"和"认知"成为刻板的和符合规范的。自我范畴化导致了自我刻板化（self-stereotyping），刻板化会发生在所有人们主观上认为与范畴化有关的维度上，不仅是人格特征（这是传统刻板化研究默认的关注焦点），同时也包括行为、态度、信仰、行事规范、情感反应和身体外形（Turner，1982）。这基本上是将泰弗尔的增强原则扩展到了自我范畴化领域。

通过普遍存在的范畴化过程，刻板印象与社会认同和群体资格联系在一起，因此，存在于自我概念和认同建构背后的动机不可避免地也会影响到刻板印象，尤其是积极看待自我或尊重自我的动机，这些动机的实现途径是，建立起偏好于内群的积极群际特异性（positive intergroup distinctiveness）（也可参见第十章）。至此我们就可明白，为什么内群刻板印象通常是赞许性的，而外群刻板印象通常是贬义的和非赞许性的——自我范畴化将群体的所有特质都加于自身，因此这些特质要能够积极地反映自我，这一点很重要。人们（和社会）都全力接纳这种观点：只在那些积极反映内群的核心维度上区分内群和外群。刻板化感知中的我群中心主义（ethnocentrism）用任何其他方法都难以解释。

因为刻板化关涉到自我定义和自我评价，所以范畴化产生的自动增强效应（automatic accentuation effect）就被下面这种动机意图所掩盖，即在偏好内群的评价维度上极力夸大内外群的差异。在评价性很强的刻板印象维度上，群际差异甚至被双倍地增强，其目的就是为了要最大化内群（进而最大化自我）的相对优越性（superiority）。

社会认同（群体资格）是自尊形成的重要源泉，所以我们有理由假设，那些积极社会认同很少，或者只拥有一系列相对陈旧的社会认同的个体，会在认同的维持上投入大量的精力。他们会珍视已有的社会认同，全力捍卫它们相对于外群的积极面向，构建显著的内外群体差异，这最终会导致偏见（prejudice）的形成。偏见是一种极端的、僵化的（rigid）刻板化，它通常伴随着外显的行为歧视（discrimination）［参见 Tajfel（1969b）对偏见认知向度的讨论］。虽然偏见行为也许发生在个体拥有很少积极社会认同的时候，但是我们也不能犯这样的错误：认为个人是这种"缺陷"（deficiency）产生的最终原因。我们这里的解释路径强调的是，为什么社会中的某部分成员只拥有有限的积极社会认同，这背后的社会历史背景以及社会认同过程是什么。下文我们会进一步讨论这一点。

下一个需要关注的问题是：即时背景（immediate context）影响既定个体刻板印象的形成方式。即时背景在很大程度上决定了哪一种社会范畴具有主观显著性（subjectively salient），或者哪一种社会范畴与人们之间被感知到的相似性与差异性最匹配（Oakes，1987；Turner，1985）。不同的背景会让人们以不同的方式对自我与他人进行范畴化，因而产生不同的刻板化感知、信念与行为。但是，正如我们在第二章和第六章所讨论的，显著性（salience）不是一种纯粹的认知现象，在某一背景下，个体行动者会积极地"商定"（negotiate）一种有利于自身的显著性。

从社会认同的视角来看，刻板印象的最重要特征是它的共享性（shared）。它不是一部分人一时兴起而将个人习性推广开去的结果[Perkins这样感叹："刻板印象是……'共享文化意义'的原型。它们只是社会的，除此以外它们什么也不是"（Perkins，1979：141）]。这种共享性源于社会影响（social influence），社会影响导致对群体规范的遵从，这一社会过程通常被称为参照信息影响（referent informational influence）。促进刻板印象共享性的社会过程被自我范畴化所增强，正如我们已经看到的，自我范畴化让个体在刻板印象上与其他的内群成员相似，或者与定义群体的特征相似，抑或让个体与群体的原型（prototype）相似。因而，自我范畴化产生了社会一致性（social uniformity）、内群共识或者共享感知。在第八章，我们将详细讨论群体中的社会影响过程和对群体规范的遵从。

刻板印象的功能

泰弗尔相信，刻板印象对个体和社会都具有某种功能（见表4—

1），将这两类功能在理论上勾连起来是至关重要的（Tajfel，1981b）。他认为，只有这样做，我们才能够获得一种完整的理解：对于刻板印象所采取的心理形式（内群同质性、群际差异性等）的理解，以及对刻板印象的内容和形式的理解，这里的刻板印象是关于某一社会历史背景下特定社会群体的具体刻板印象。

对个体的功能

泰弗尔提出这样的观点：对于个体来说，刻板印象至少具有两种功能：认知功能和价值功能。前者我们已经讨论过了，它指的是一种增强效应（accentuation effect），刻板化将这个世界划分成界限明晰的领域。刻板印象具有评价性意涵，因而价值功能指的是刻板印象对个体价值系统施加作用的方式。接下来我们将进一步讨论这种价值功能。

表4—1　　　　　　　刻板印象对于个体和社会的功能

个体功能	社会功能
（1）认知 （分界明晰、重点突出的世界） （2）价值 （相对积极的自我评价）	（1）社会因果性 （解释大规模的、创伤性的社会和物理事件） （2）社会合法化 （将对待社会群体的方式合理化或者合法化） （3）社会区分 （将社会群体之间的差异增强或使其明晰化）

我们已经看到，赋有价值并且对个体有意义的范畴化如何促进了增强效应，并让刻板印象更加僵化和极端。中立的刻板印象实质上是那些没有积极或消极评价意涵的刻板印象，因为它们与具有最少主观价值和自我相关性的群际范畴有关。例如，"瑞典人长得高"，这类刻板印象很容易被修正，因为在这个维度上区分我群和他群对于个体来说没有任何既得利益，几个证伪的例子就会让人们改变或者放弃"瑞典人长得高"的信念。但是，当范畴具有价值负载，并且与个体的价值系统和自我概念有直接且重要的相关性的时候，个体就会投入精力以维持或增强群际差异，一个证伪的例子对于刻板印象很可能不会有任何影响。这里有一个明显的例证，在西方社会，男性一直对女性持有传统的刻板印象，但是大量成功女性的存在（例如在商界）严重威胁到了男性的信念和地

位，为了应对这些与传统刻板印象不同的例子，男性将女性的成功视为偶然才有的事情。

刻板印象的价值功能对个体所具有的深层次影响是，不惜任何代价维持内群的有利地位会让个体从中受益。外群成员不应该被包含在内群之中，哪怕是偶尔也不允许，这一点很重要，否则它将逐渐侵蚀群际特异性。因此，当范畴区分具有重要的主观价值时，人们就会将身份模糊的个体成员从内群中完全排除出去（过度排斥）。泰弗尔引用了布鲁纳、Goodnow 和 Austin 关于人们对范畴中归属模糊的物体过度包容和过度排斥的研究来佐证自己的主张（Bruner、Goodnow 和 Austin，1956）。他也让大家注意到了许多历史上的例子，如 16 和 17 世纪的欧洲对持不同政见者的政治迫害以及纳粹德国的反犹主义。在这两个事例中，过度排斥的错误行为已经达到了令人发指的程度，出现了大规模的种族屠杀和种族清洗。而历史上这样的例子不计其数。

社会功能

刻板印象也具有重要的社会功能，泰弗尔将它们归纳为这样三种：社会因果性、社会合法化和社会区分（Tajfel，1981b）。

(1) 社会因果性（social causality）。社会因果性是指寻求对于复杂的，通常是创伤性的大规模社会（或者非社会）事件的理解。对这类事件的社会解释就是要找到一个被指责为对事件负有直接责任的社会群体，对有关这一群体的负面刻板印象进行详尽阐释和广泛传播（这一负面刻板印象与需要解释的事件有关），这就是替罪羊现象（scapegoating）。泰弗尔引用纳粹德国的例子进行说明。20 世纪 30 年代的德国遭遇了经济危机，纳粹认为犹太人对这次危机负有责任；而对于 17 世纪发生在英国牛津的瘟疫，苏格兰人、纽卡斯尔人和天主教徒被认为是替罪羊。在当代，正经历大规模失业的西方工业国家则倾向于将危机归罪于移民群体。

(2) 社会合法化（social justification）。社会合法化是指详细阐释对于某一群体的具体刻板印象，目的是为了证明人们对这个群体已经实施或计划实施的行为是合理的。泰弗尔给出的例子是，在 19 世纪，殖民主义国家为了资本扩张的需要，给那些被他们无情剥削的种族建构了贬义的刻板印象（愚蠢、头脑简单、懒惰、没自理能力，等等）。例如，英国人对爱尔兰人的刻板印象，西方人对非洲人的刻板印象，也可参见本章开头所引用的马丁·路德·金的话。将一个群体去人类化（dehumanization），这样一来，对他们的剥削看起来就是合理、自然、不受质疑的了。

（3）社会区分（social differentiation）。社会区分指的是这样一种趋势：在群际特异性正受到侵蚀，变得不安全，或者群体所处的低地位被认为是不合法的并且可以改变这两种情况下，我群中心主义就会得到增强（即强调那些有利于提升我群地位的群际差异）。一些条件会促使群体竭力在群体之间制造分化（如通过镇压或社会变迁），制造区分也可以采用不同的社会策略形式，有关这两点我们在第三章已经有过讨论（也可参见第九章；Tajfel 和 Turner，1979；Taylor 和 McKirnan，1984；van Knippenberg，1984）。

在理论上将刻板印象的社会功能或宏观社会向度整合到对群际行为的分析中来，这样做不仅体现了分析的历史意义，而且对于准确预测具体的刻板印象也是必不可少的，因为我们必须知道宏观社会背景，才能预知人们在具体情境中（如实验室中对峙的两个群体）会怎样行为。例如豪格发现，在实验室条件下，性别显著性有时高，有时低，这时如果我们没有首先考虑在当时的社会背景下，性别刻板印象对这群人所具有的功能，那么我们就不能准确地预测出实验室中男女被试的行为（Hogg，1985a，1987；Hogg 和 Turner，1987b；在后面的第五章和第九章我们也讨论了这方面的研究工作）。通常来说，对群际行为和刻板印象的宏观社会向度以及社会功能的综合分析，在诸多领域都被证明是颇有助益的。例如，对性别的研究（Condor，1984；Huici，1984；Williams，1984；也可参见后面的第十章），对语言族群的研究（Giles 和 Johnson，1981；或参见后面的第九章），对种族群体的研究（Hogg、Abrams Patel，1987）。

归因、社会表征和意识形态

归　因

在分析刻板印象的社会功能时，如果将它与因果归因的相关研究联系起来，并将其放在社会表征（social representation）、意识形态（ideology）和正统共识（orthodoxy）的概念背景之下，那么我们将会对刻板印象的社会功能有更深入的了解。泰弗尔有关刻板印象的社会因果功能的论述关注的是：有时社会认为是某一群体直接导致了这个社会中复杂的创伤性事件的发生，那么社会是以何种方式确认这个群体的（Tajfel，1981b）。该群体得到的是一种贬义的刻板印象，因而经常遭受压迫和迫害。为什么刻板印象会服务于社会因果功能？社会心理学中的归因视角对这一问题提供了解释（Harvey 和 Smith，1977；Heider，1958；Hewstone，1983；Jones 和 Davis，1965；Kelley，1967；Kelley 和 Michela，1980）。归因解释与范畴化视角共享相同的假设：人们具有将世界简化和秩序化的基本需求。在后来的发展中，归因路径进一步提出了这样的主张：人们有一种更基本的深层次需求，那就是让世界是可预测的，这样人们就可以适时调整自己的行为。这种可预测性在个体认知那里表现为关于这个世界的直觉理论或者朴素理论，这种直觉或朴素的理论来源于人们对事件即时以及自动的因果分析。人们是仰仗直觉的科学家，他们会使用类科学（science-like）但是非正式的因果分析方法，目的是满足理解事件之间因果关系的基本需求，进而使经历、行为等可预测，并最终成为可控制的。

这种视角有时过于关注（人们进行因果归因时所调用的）正确的判断过程中的微小细节，而且该视角总体上倾向于将人们定义为一种异常理性而冷静的科学生物体（可以参考 Nisbett 和 Ross 关于因果归因过程中的偏差和误差的讨论：Nisbett and Ross，1980）。虽然如此，它的基本假设还是正确的，并且也得到了经验证据的支持，该假设是：人们

社会认同过程 98

会自发寻求对事件的因果解释（例如，Heider and Simmel，1944；Michotte，1963）。

但是，传统的归因视角只是局限于阐明人们做出什么样的因果归因，什么时候他们会做出这样的因果归因。传统理论强调要在人们行为的原因是应该归于外在的环境因素，还是归于内在的气质或人格这两种归因方式之间做出区分。整体上，归因理论关注的是脱离社会背景的个体，没有将社会文化知识的影响融入到理论中来（参见 Deschamps，1973－4，1983；Eiser，1983；Jaspars，Fincham and Hewstone，1983；Semin，1980；Tajfel，1969b；除此之外还有其他一些对传统归因视角的批评）。晚近的研究工作认为，在某些背景和条件下，事件或人们的行为可以被归因于群体资格（group membership）（这是一种社会归因），而不是归因于外在因素或个体人格，有关社会归因的这些研究在不同程度上都属于社会认同视角（例如，Deaux，1976；Taylor 和 Jaggi，1974；也可参见 Hewstone，1983 以及 Jaspars、Fincham 和 Hewstone，1983）。

这种归因视角，尤其是它的"社会归因"形式，通过纳入个体归因者的动机，解释了刻板印象所具有的社会因果功能。除了个体动机外，还有一种社会动力机制在起作用。例如，当创伤性事件发生的时候，因为没有预先的知识可以提供解释，这就引发了社会不安，少数人组成的压力群体（minority pressure groups）有足够的理由将其归罪于支配群体。支配群体为了避免这种可能，维持自身的优势社会地位，会以最快的速度广泛地传播一种他们自己创造出来的、救急的、看起来有一定道理并且可以被社会中的多数成员所接受的因果解释。由此，支配群体发现替罪羊（通常是对支配群体最有潜在威胁的少数人群体）是一种现成的解释（ready explanation），这样一来，注意力就从支配群体那里转移开去，确保了社会团结，避免了社会变迁（参见第七章）。

虽然社会归因假设与刻板印象的"社会因果功能"两者之间有直接的关联，但是它与"社会合法化功能"之间的关系则没有这么直接。此外，它并没有与传统的归因理论完全决裂，因而仍然存在传统归因理论的一些局限（Hogg 和 Abrams，1985）。尤其是社会刻板印象满足了"社会解释"（social explanation）的功能，这一功能包括行为合法化、事件的因果归因，以及罪过、过失和责任的分配。认为刻板印象服务于多种解释目的的观点可以在"社会表征"和"意识形态"等概念那里找到共鸣。

社会表征

进化论、相对论、马克思主义经济学、饮食与健康偏好、艾滋病和精神分析，对于所有这些，我们在日常生活中有着自己的常识性理解，它们都属于社会表征（social representations）（莫斯科维奇关于社会表征的早期论著关注的是精神分析理论）。社会表征（Farr 和 Moscovici，1984；Herzlich，1973；Moscovici，1961，1981，1982，1983）是共享的认知构念（cognitive constructs），它们来源于日常的社会互动，对于个体在世界中的体验提供常识性的理解（commonsense understanding）。它们是

> 一系列源于日常生活中人际交流的概念、表述和解释，它们是传统社会中的神话传说和信仰系统在现代社会的对等物，它们甚至被称为现代版的常识（commonsense）。
>
> （Moscovici，1981：181）

"社会表征"是在涂尔干"集体表征"（collective representations）概念的基础上发展起来的，并且两者的确有许多相似之处，但是它们在理论重点以及表征的共识程度和共享性方面有很大不同。涂尔干作为一名社会学家，坚持关于社会的"共识观"（a consensus view），社会在涂尔干那里是一个相对同质性的整体（参见第二章）。因此，涂尔干认为，集体表征在社会最广泛的范围内被人们所共享。个体怎样获得集体表征？对于这一问题，涂尔干延续自己的一贯传统，将集体表征视为相对稳定的"社会事实"（social facts），通过社会化的方式在代际传承。

相反，莫斯科维奇偏好关于社会的冲突观（a conflict view），在社会中有大量的社会集体（social collectivities），每个集体有它自己的共识理解，有它自己的社会表征。进一步说，莫斯科维奇关注的是社会表征被社会互动所创造和改变的方式，在这里"社会的"（social）代替了"集体的"（collective）。

日常生活中的非正式讨论和沟通会产生混乱，为了满足个体理解世界的需求，于是出现了社会表征这种对于世界的共识性理解（consensual understanding）。社会表征将不熟悉的事物转换成熟悉的，并且为我们提供了一个解释我们体验的框架。其发挥作用的方式与海德（Heider）所说的"常识"和"朴素"的心理学理论相同（Heider，1958）。也就是说，它们产生可以作为依据的"工作假设"（working hypotheses）——期望、预期和预测都建立在这个假设之上，它们也是认知锚定点（cognitive anchoring points）——事件、事故和体验都与这个认知锚定点相比较。它们就像是 Rosch 的"范畴原型"（category prototype）（一个范畴在原型那里有最好的、最具代表性的体现），可能的范畴成员都与范畴原型相比较（Cantor 和 Mischel，1979；Rosch，1975，1978）。

社会表征有强大的惰性，体验和感知经常被歪曲以符合这种表征。如果人们确实是朴素科学家，那么这里的科学与波普尔（Popper）以"猜想与反驳"的特征所定义的科学完全不同（Popper，1969）。事实上，人们总是尽力去证实而不是去反驳他们的假设和猜测，他们的这种尝试几乎总是成功。有大量的证据表明，先在概念（preconceptions）（也就是莫斯科维奇的"社会表征"）为了保持自身的稳定，经常曲解现实，甚至有时创造出一种与先在概念相符合的现实（例如，Lord、Ross 和 Lepper，1979；Snyder，1981，1984；Snyder 和 Cantor，1979；Synder 和 Swann，1978；Snyder、Tanke 和 Berscheid，1977；参见莫斯科维奇 1982 年的讨论）。

社会表征和社会刻板印象拥有许多共同特质——两者都是共享性的，都是在社会中获得的，几乎不受证伪性证据的影响，经常成为做预先判断（prejudge）时的标准，等等。莫斯科维奇甚至直接将社会表征与范畴原型联系起来（Moscovici，1982；也可参见我们在后面第八章关于刻板印象原型的讨论）。与刻板印象相类似，社会表征也满足了个体理解世界的需要（它们提供因果和证实性的解释），此外，它们代表（与相关他人达成的）共识和一致意见，因此它们促进了沟通和互动，巩固了有关现实的某种观点。

社会表征的出现经历了这样一个明显的社会过程：对熟悉现象的不熟悉的解释因为日常沟通而被同化（曲解、简化等），进而将不熟悉的解释变成了熟悉的，成为常识性理解的一部分。确切地说，由"合格的"（qualified）的个体（即"科学家"——最广义上的）组成的小群体为熟悉的现象建构出了高度正式的、非显见的（non-obvious）、不熟悉的解释。虽然这种解释可以通过正式的教育而得以传播，但是，它们传播的最主要途径还是非正式的沟通（朋友之间在咖啡馆里的闲谈等）。这就导致了系统曲解（systematic distortions）的产生，不熟悉的解释经过系统曲解之后就会与人们事先存在的常识性理解和解释框架相协调。这样，一种社会表征就形成了，一种正式的科学理论成为常识性理解的一部分。而无论社会表征还是常识性理解都是以简化和曲解的形式，也可以说是以世俗化和庸俗化的形式实现的。荣格（Jung）清楚地表达了上述观点，他这样写道："当一种集体无意识的假设刚刚出现的时候，人们认为它们是陌生而奇怪的，但是很快人们就会占有这种假设，并且把它们当做熟悉的概念来使用。"（Jung，1972：3）

但是，社会表征理论（至少）有一个严重的局限：它是非常模糊和不确切的（据莫斯科维奇 1982 年和 1983 年的说法，他是有意这样做的）。例如，虽然社会表征理论认为社会表征是"被群体一致共享的"，但是该理论没有定义一个群体，也没有指出群体达成共识的过程是什么。Potter 和 Litton 讨论了诸如此类的一些含糊不清的地方，建议对与各种不同社会表征相关的语言库（linguistic repertoires）进行分析（Potter 和 Litton，1985）。但是，这对于我们的帮助不大，因为对表征的不同理解有不同的"术语"（terminologies）。对语言库的研究也许有助于阐明这种话语世界（universes of discourse）的精致结构，但是，这种方法使共享理解脱离了它们的群际背景，否定了个体能动性，它实际上犯了已经受到批评的语言决定论的错误（对比 Haugen，1977），忽视了促使共享性出现的社会认同动机。社会认同分析看起来更具有解释力，因为它将社会表征的社会功能与个体的动机和认知过程联系起来。社会表征通过自我范畴化过程而被内化或习得，而自我范畴化与共同的群体资格或社会认同有关。背景因素将会决定认同的显著性（salience）（这一点我们前面已经讨论过），进而决定共享群体资格的相关层面。与背景相关的共同的群体资格将指定（dictates）在当下具体发挥作用的社会表征，这种表征或者被当成是一种可以作为依据的工作假设，或者作为一种新的参照框架被内化。这背后的动力机制明显地与社会认同有关。

社会表征概念将刻板印象和规范性信念（normative beliefs）纳入其中，并强调规范性信念所具有的潜在功能是，为相关事件、体验或环境特征提供理解、解释或朴素的常识性理论。因而，社会表征就与社会学的意识形态概念背道而驰了（Larrain，1979），并可能落入现代阐释学（hermeneutics）的范畴之内（Bauman，1978）。

详细讨论这种"社会学关联"（sociological connection）已经超越了本书的范围，所以我们只给出了一个简要的描述（深入的探讨可以参见 Bauman，1978；Billig，1976，1982，1984；Larrain，1979；Struhl，1981）。尽管如此，我们认为创建这种关联是异常重要的，因为它完善了从认知过程到社会结构之旅，并且指明了构建社会认同概念的方式，以这种方式构建的社会认同概念在解释刻板印象时，应该在理论上将"个体认知过程"与"社会动态变化"整合在一起。

意识形态

下面这段话是从乔治·奥威尔《一九八四》（*Nineteen Eighty Four*）这本书的附录中摘录过来的：

> 新语是大洋国的官方语言，它被创造出来是为了满足"英社"

(Ingsoc，意思是"英格兰社会主义")的意识形态需要，或者是为了迎合英格兰社会主义的需求……新语的目的不仅仅是为新世界观的表达提供媒介，以及让那些为"英社"献身的人有恰当的思考习惯，同时也是为了让其他思考方式变得不可能。一旦新语被采纳，旧语就会被忘记，那么异端的想法——也就是偏离"英社"原则的想法——在语言上就变得不再可能，因为至少到目前为止，思考是依赖语言的。被建构出来的语汇对于党派成员（Party member）希望表达的每一个意思都能给出恰切的，经常是非常微妙的表达，同时排除了所有其他意思和可能产生这种意思的间接途径。

(奥威尔，1949：305-6)

这段摘录捕捉到了意识形态的许多重要特征。意识形态是一系列系统关联的信念、看法和主张的集合，它的基本功能是解释。当然，意识形态不仅仅"解释"，它也决定某种东西是什么，或应该是什么，也就是说，它设定了一个问题域（a problematic）。意识形态所提供的一套参照术语限定了人们的思考方式，使"打破"它设定的框架、以另一种不同的方式感知事物变得几乎不可能。意识形态会将一些矛盾和话题遮蔽起来（人们看不到它们的存在），原因就是这些矛盾和话题没有进入意识形态的具体范围。意识形态实质上是某种"思想体系"，具有正统共识的特征（参见Deconchy，1984），因为意识形态设定了狭窄的解释框架，所以它阻碍认知替代物（cognitive alternatives）存在的可能（认知替代物，即能够代替既有社会安排的其他可能的社会安排）。

所以，资本主义意识形态与马克思主义意识形态以完全不同的眼光来看待世界。每种意识形态都有自己的一套概念工具，它们适用于自身的问题域。对于两种对立的意识形态的支持者来说，他们之间的充分交流是异常困难的，不说其他，单是下面这两点就足以对交流构成障碍：对于要解释的现象没有一套共享的假设，双方有完全不同的话语体系（术语、概念等）。意识形态本质上是封闭的系统，意识形态也界定社会群体，这样一来它就在某种程度上与群体资格紧密相连，例如，穆斯林

（一种群体资格）是被一套不同于天主教的宗教意识形态所定义的。Deconchy通过对天主教教堂的分析，饶有兴趣地讨论了一个社会群体怎样确保其成员服从于本群体的意识形态（Deconchy，1984；宗教经常被看做是意识形态的原型，参见Lefebvre，1968）。他指出了一系列确保成员听命于意识形态的实践方法，例如，排他的政党会议，以及意识形态本身的术语特征（terminological features）。

在一个分层的社会中，支配群体总是试图将它自身的意识形态施加于其他群体，因为这样做可以巩固他们的地位。某些问题可以让附属群体敏锐地觉察到他们受压迫的境况，进而为改变社会而奋起抗争，为了维护现状，主导意识形态会竭力掩饰这类问题。例如，资本主义的意识形态遮蔽了这个事实：资本主义制度为了自身的兴盛，必须在经济上剥削社会中的大部分成员；相反，它强调通过个人努力实现向上层社会流动的可能（参见第三章）。另一个例子是印度教：种姓制度被合法化，并且被看做是不可改变的，社会境况的改善只能寄希望于来生转世到一个更高的社会阶层。最后一个例子：在许多社会中男性的支配地位是受科学意识形态保护的，科学意识形态从"天生的生物学差异"的角度将女性的附属地位合理化。

虽然"意识形态"与莫斯科维奇的"社会表征"（1961，1981）以及泰弗尔和特纳的"社会信念结构"（Tajfel和Turner，1979；尤其是本书的第二章和第三章）有着明显的联系，但是，在当代社会心理学领域它受到的关注并不多（参见Billig，1976，1978，1984）。对意识形态的讨论仅限于社会学和政治科学，在这些领域，意识形态是争论和讨论的焦点（Bauman，1978；Larrain，1979）。学者们探讨的一个主要问题是，意识形态是否以及在什么意义上是虚假意识（与本章前面提到的社会心理学中的争论相似，即刻板印象是否存在真实性），以及意识形态是否会有终结之时（出现一种不偏不倚的"解释"，这种解释不以牺牲其他群体的利益为代价来成全一个群体的利益）。但是，意识形态被看做是社会冲突的产物，它深植于（如果不是根植于）群际背景之中。

现在让我们将前面介绍的一些概念联系起来，对这一部分做一个总结。人们不仅需要对世界进行分类和解释，而且通常以一种有利于自我感知的方式来解释世界和给世界划分范畴，这样就促生了一个异质性的社会：它包含许多社会群体，这些群体为争夺支配地位和承认而斗争。个体的范畴化认知过程会导致对群体的认同、群体在心理上的形成以及一种增强效应。在群际背景下，增强效应是一种刻板化的行为。之所以说它是刻板化的，是因为它极尽可能地增强或夸大内群的一致性和群体之间的差异性，这体现在信念、态度、价值、归因和行为等方面。整个过程在不同程度上都贯穿着这样一种需求：偏好于内群而不是外群，维持或获得一种社会支配地位（或者是相对于整个社会的支配地位，或者是相对于某些他群的支配地位）。每个群体自身的规范行为和信念，以及他们对内群和他群所持有的刻板印象，都植根于群际关系的动态变化当中，群际关系的变化是历史车轮前进的动力。具体地说，社会群体被社会表征或意识形态所形塑，它们同时也构成了社会群体存在的背景（context），社会表征和意识形态的出现和发展是为了满足解释事物本质的需要。大规模的复杂事件（如饥荒、战争、瘟疫、经济崩溃等）促生了服务于事件自身的社会解释或意识形态。它们可以是新形成的解释，或者是对既有解释的改变，也可能是那些长期被压制或者处于休眠状态的解释。

消除刻板印象和偏见

前面的分析将我们引向了一个令人沮丧的结论：刻板印象不能被消除。它是基本认知过程的必然产物，该认知过程满足了人类对秩序和可预测性的基本需求。进一步说，刻板印象是广义的社会解释（social explanations）的一部分，而社会解释实现了人类对现象进行解释的需求。此外，人类的另一种需求是，形成相对积极的自我形象（self-image），因此，如果将外群固定在低等/劣势（inferiority）位置上，内群就会从中获益。这样看来，刻板印象是一系列基本人类需求的必然产物（Billig，1985 给出了批评性的讨论和不同的视角)。

但是，这些需求不应该被看做是一种机械的致因（mechanical causes），仿佛它们与行为结果是一一对应的关系。相反，它们只是为人类行为设定了认知动机的界域（cognitive motivational limits），在这个界域范围内，存在着许多变异。这就像是，虽然人类对食物的需求是必然的，但是对于吃什么，吃多少，在哪儿吃，什么时候吃，以及怎样吃，仍旧存在着丰富的变化空间。因此，消除刻板印象这个问题也应该做一个调整。虽然彻底消除刻板印象（或者说完全不吃饭）是不可能的，因为这样做会给个体带来伤害，但是，我们可以问这样的问题：怎样缓解贬义刻板印象和歧视行为当中的那些有害或难以接受的极端形式？

首先需要改变的是下面这种普遍存在的状况：社会中的一个群体拥有全部的社会控制工具（警察、军队、媒体、教育等），因此它有权强加一种有利于提升内群地位的关于现实的看法，宣扬有关少数派权利群体（minority rights groups）的消极刻板印象。不仅如此，支配群体也有权在物质上给附属群体设置障碍，不让他们在经济和社会上享有平等的权利，这样一来，支配群体就可以创造出一种原本并不存在的现实。我们前面已经提到，仅仅是刻板印象就拥有这样的力量，它可以在其他群体身上创造出与刻板印象相符的行为——这方面可以参考 Synder 及其合作者的研究工作（Snyder，1981，1984；Moscovici，1982 的讨论），那么可以想见，当刻板印象与明显的的权力分化结合在一起的时候，它会有多么强大的威力。例如，在澳大利亚土著部落，很长一段时间内，处于支配地位的白人群体在经济和教育上剥削土著，受害群体的生活方式已经被贬低和恶化到无以复加的程度，此时，刻板印象成为丑陋的现实（参见 Wilson，1982）。

偏见的降低显然是政治问题，它关系到少数人群体怎样获得根本的社会变迁（推翻现有的政权，建立一个新的社会秩序，彻底结束显在的压迫和歧视），或者怎样创建这样一个"社会契约"（social-contract）[参见 Rousseau (1972) 1968]：它可以保证社会改革能够逐渐弱化极端的不平等和僵化的刻板印象。虽然这些问题已经超越了本书讨论的范围，但是有一点是清楚的，那就是要想降低刻板印象和偏见，人们必须首先解决与群际背景（intergroup context）有关的问题。也就是说，要降低群体之间在权力上的差异，向人们证明这些刻板化的差异是不存在的（这些差异带有很强的评价性），与此同时，群体之间也要保留一定程度的不同，因为它可以确保群体有相对积极的社会认同。

在一个崇尚自由民主、反对革命性变革的社会中，如何达到这样的目的？一种大众普遍赞同的看法认为，就人际接触（例如，在种族之间）本身而言，它可以实现这个目标。但是，这样的做法很可能反而证实了刻板印象的正确性，或者每个个体被视为脱离了其所属群体的个体，这样，即使这两个不同种族的个体之间建立起了人与人之间的友谊，关于群体的感知仍旧没有改变。如果族际接触没有证伪刻板印象（在种族主义意识形态广泛存在的背景下怎么可能做到？），那么接触就不会对偏见产生任何作用（参见 Hewstone 和 Brown，1986；Miller 和 Brewer，1984；Wilder，1986）。这方面的证据很多，我们可以回想一下第三章谢里夫"男孩夏令营"的研究。因此，群际接触不会降低歧视，除非有超然或共享的目标，这样的目标可以有效地促成超然的共享认同（super-ordinate common identity）的产生。

其他策略还有宣传与教育（参见 Tajfel，1973；Yinger 和 Simpson，1973；也可以参考第三章的讨论）。虽然政府对偏见的禁止也许会弱化极端的歧视行为，但是它不太可能带来显著的效果，除非它与根本性的变革并行，这些变革旨在降低客观物质和教育上的不平等。例如，Kinder 和 Sears 关于象征种族主义（symbolic racism）的理论提出这样的观点：在当代美国，对黑人的歧视并没有降低，它只是以一种更理性化、不会立即引起反感的方式表现出来而已（Kinders 和 Sears，1981）。偏见的表现形式经常是由对种族之间利益冲突的主观感知决定的（参见 Bobo 1983 年对白人反对强制性校车计划①的分析）。如果孩子在教室之

---

① 20 世纪 60 年代，美国联邦政府实施强制干涉，促使黑人和白人的孩子混校接受教育。但是到了 20 世纪 80 年代，一些白人开始反对这种措施，因为他们不愿意将孩子送入离家很远的学校。——译者注

外暴露于偏见文化当中（如媒体、父母的观点、实际的歧视行为以及社会不平等的客观事实），那么期望教育能够产生显著的累积性影响是一厢情愿的。

问题的关键在于，虽然预先判断（prejudgement）和社会概化（social generalization）是不可避免的，但是偏见和刻板印象却不是，它们可以降低。要降低偏见和刻板印象，只能直接从它们的物质基础和意识形态基础入手。如果构成社会的若干社会集体（social collectivities）虽然拥有相对积极的社会认同，但是不拥有指向其他群体的排他性和制度化的物质和意识形态权力，在这样的情况下，就没有一个群体可以压迫另一个群体。这也许是一个令人向往的终极目标，但是它在时间上的稳定性却是另外一个问题。群际关系竞争的本性构成了寻求差异的动力，差异的存在不利于长久的稳定，它必然会导致群体之间变动不居的关系和对社会有利位置的争夺。

社会认知与刻板化

从 20 世纪 70 年代晚期以来，在社会心理学领域占据主导地位的研究路径是"社会认知"，这一路径的研究主要关注的是感知和记忆的偏差和误差，这些偏差和误差产生于自动运作的认知过程（参见 Fiske 和 Taylor，1984；Landman 和 Manis，1983；Markus 和 Zajonc，1985；Nisbett 和 Ross，1980）。该路径的很多研究探测的是人的感知，因而也就包括刻板印象（例如，Hamilton，1981）。它对刻板印象的分析与社会认同路径的某些方面有密切的关联，但是两者之间也存在明显的分歧。在本章的最后一部分，我们仅列出社会认知视角的一些主要特征，目的是为了展现它与社会认同路径的相似与差异（因为篇幅的限制我们不能进行深入讨论）。我们意在指出社会认知路径在解释"刻板印象"、"偏见"以及"作为整体的群体行为"时存在的一些局限。

社会认知将人们看做是"认知吝啬者"（cognitive miser），人们采取一系列具有启发式价值（heuristic value）的认知和判断过程，这样做恰好足以应对与世界的日常互动，但是它没有达到对信息进行"正确的"判断、感知和加工的最优标准（类似于科学的标准）。对启发式的依赖使人类行为产生许多系统的偏差和错误，这种偏差和错误成为人类行为的一种特征。人们借助上述认知和判断过程，给这个世界以及人们自己在这个世界中的经验建构出一套简化的和可管理的表征（representations）；反过来，这些表征又作为关于这个世界的概括化的先在概念（preconceptions）、理论或假设而发挥作用。自动的认知加工和记忆组织过程给这个世界建构了一个简化因而也是有偏差的表征，"人类的弱点"（human frailty）由此产生。

社会认知的相关学术传统将研究的重点放在认知过程和记忆组织的细枝末节上，所以，在很大程度上，社会认知建立在（同时也是有意要建立在）认知心理学的基础之上。它之所以经常被看做是社会心理学，仅仅因为到目前为止，它研究的都是社会之物（即人）的感知和判断。

从社会认知的视角来看，社会刻板印象是偏差和错误。它们被看成是"有关社会范畴化、社会推论和社会判断的常规性日常认知过程的产物，因此应该借助于人类认知活动的一般规则来研究"（Borgida Locksley 和 Brekke，1981：153）。但实际上，社会认知路径对刻板印象着墨很少。例如，在 Markus 和扎约克（Zajonc）那篇有关社会认知的评述性文章（共77页）中只有一段（占一页的五分之一）是在讨论刻板印象（Markus 和 Zajonc，1985），而据我所知，Hamilton 编撰的书是为数不多的完全从社会认知视角讨论认知过程和刻板印象的成果之一（Hamilton，1981）。

虽然"刻板印象"一词不经常被使用，但是很明显，它是认知结构或知识结构的一个元素。社会认知理论已经发展出了丰富的概念体系，包括推论集合、假设、理论、脚本、主题、框架、范畴、原型、态度和图式。虽然这些概念之间存在着差异，但是最近的发展表明，它们之间的相似性占据主导地位（Markus 和 Zajonc，1985：149）。图式（schema）也许是应用最广泛的一个词，它是一种"认知结构，代表关于某一给定概念或刺激类型的有组织的知识"（Fiske 和 Taylor，1984：140），图式是"关于社会世界怎样运作的主观'理论'……它是将不同个体对这个社会世界的体验概括化之后而得来的"（Markus 和 Zajonc，1985：145）。原型（prototype）是"范畴成员特征的抽象集合，每一个特征根据它与范畴的关联程度会被赋予一定的权重"（Cantor，1981：27）。脚本（script）与图式非常相似，但它具体地与事件模式化的顺序（sequences）有关（例如，在一个餐厅吃完饭后到一个商店购物）。

图式一旦被激活，它就会成为一个自我实现的预言，它曲解感知和记忆，以证明自身的正确，它甚至能够在感知对象那里创造出与图式相一致的行为来（参见本章前面提到的 Snyder 与其合作者的研究工作）。感知的对象可以是自己，这是一种"自我图式"（Markus，1977），它是一种"熟悉的、蕴含情感的、稳健的、复杂的以及言辞上的自我描摹"（Fiske 和 Taylor，1984：156），它具有自我提升（self-enhancing）的特征，人们总是愿意将自己以积极而不是消极的角度呈现出来。值得一提的是，自我图式通常被看做是对个体人格特征（例如诚实、外向、友善、勤奋）的自我表征，而不是对群体资格的自我表征（参见 Bem 1981 年的研究中对性别图式的讨论）。

说到具体的群体资格图式（我们将其称为社会刻板印象），社会认知保留了"角色图式"（role-schema）这一用法。Fiske 和 Taylor 认为角色图式可以解释刻板印象，因为角色图式中既包含着关于具体社会角色（我们可以称其为"群体"）的刻板性信息，同时也包含图式的偏差特质（biasing qualities）和普遍性的知识结构。

社会认知和社会认同视角都将刻板印象看做是认知过程自动运作的自然结果，也都强调关于社会世界的简化形象对有机体所具有的实用价值，刻板印象因此而具有认知惰性（即使有证伪性证据出现也拒绝改变，所以它具有自我实现预言的性质）。但是这两种视角对于社会心理学中的"社会"一词有着明显不同的理解。对于社会认知来说，社会仅仅意味着"人"（people），所以，判断、感知、记忆等之所以是社会的，只是因为它们与人有关。社会认知视角在理论上无法处理社会互动的突生特质（emergent properties），例如，共享的感知、规范等，也没有讨论群体资格（群体资格是一种有着具体而独特效应的心理状态）。而对于社会认同来说，整个分析都是建立在对群体资格的理论分析之上。

最近，社会认知因为它的去社会性（asocial）而受到抨击（例如，Forgas，1981；Markus 和 Zajonc，1985；Moscovici，1982；Wyer 和 Srull，1984；也可参见本书第九章），它的去社会性主要表现在以下几方面。

（1）之所以说它关于人的模型是去社会的，是因为它将人看做彼此孤立的信息加工工具，只是因为某些信息源是他人，它才具有了社会性。

（2）它的话语体系与社会心理学是完全背道而驰的，它更像是主流的认知心理学。虽然采用认知心理学的概念和方法无疑增强了实验的多样性和精确性，但付出的代价却是将"社会"从社会心理学中排除出去。

（3）它关注的焦点也是去社会的。它不关注社会心理学中的核心问题，例如侵犯、竞争、合作、服从、沟通、群体过程、主体间性等，相反，它令人失望地将目光集中于记忆结构、判断启发式（judgmental heuristics）等上面。

Markus 和扎约克在他们的述评中最后得出这样的结论：所有社会认知研究所获得的都是一种复杂的方法论，这种方法论令人能够最终证实有关认知心理学"新视角"（new look）的一些细小但迄今尚未被证明的假设（Markus 和 Zajonc，1985：196－7）。这种"新视角"（Bruner，1951，1957）的核心信念是，人们构建关于这个世界的假设，之后这些假设作为歪曲感知的先在概念（preconceptions）而发挥作用。Markus 和扎约克认为，社会认知的早期工作没有取得任何重要的理论进展。在这里值得一提的是，社会认同路径虽然也根植于这种新视角［泰弗尔在 20 世纪 50 年代关于范畴化、增强效应和刻板印象的研究（参见 Eiser 和 Stroebe，1972）就是源于 Bruner 所提出的主题］，但是它是朝着与社会认知完全不同的方向前进的。Markus 和扎约克认为，对于社会认知，最重要的一点是,"社会认知是否一个与其他感知和认知过程相同的过程,以及是否可以因此而直接运用认知科学来研究它"(Markus 和 Zajonc,1985:208),或者,是否必须引入不同的解释性概念。

我们的立场是,需要其他的解释性概念,尤其是社会认同概念,这一概念将社会群体作为一种心理现实(psychological reality)而纳入思考范围。社会认知因为没有做到这一点,所以在对刻板印象的讨论中表现出了许多局限(参见 Condor 和 Henwood,1986)。

(1) 它没能解释刻板印象的最重要特征:刻板印象是在民众中广泛共享并且达成共识的感知(widely shared, consensual perceptions)。它也没有分析共识的范围或功能,以及共识产生的过程。

(2) 它没有讨论个体与社会的辩证关系,因而也就没有涉及具体刻板印象的宏观社会决定因素,以及在接受或拒斥一个具体社会现实的时候,个体在其中所扮演的角色。在社会整体这个更广阔的群际背景下,社会群体是作为其中的元素而存在的,社会群体为了某种具体的目的创造了刻板印象,这一事实没有被整合进社会认知视角当中。甚至下面这样一个简单的事实也被社会认知忽略了:刻板印象和社会群体是相互关联的,因而,对刻板印象的分析应该在理论上将群体资格包容进来。

(3) 对于"宏观社会动态变化"和"个体刻板化行为"之间的理论关联,社会认知没有给予适当的讨论,所以社会认知难以处理与社会变迁有关的问题。如果刻板印象是普遍存在的、自动的认知动力机制的正常产物,那么,怎样解释刻板化(内容和评价意涵)的改变?除非我们将少数利益群体的行为和个体(或群体成员)维持或改变现状的意图考虑进来,否则将无法回答这个问题。

结　语

在这一章,我们展现了社会认同视角对于社会刻板印象(和偏见)的分析。正是通过这种方式——在那些主观上被认为与范畴化有关联的维度上增强范畴之间的差异和范畴内部的相似性，范畴化的自动认知过程满足了人们对社会世界简化和"聚焦"的需要，由自我范畴化而形成了群体归属，因而自我范畴化创造了共识性的群体感知。进一步说，人们尽力维持或获得内群相对于外群的积极刻板印象，因为这会带来积极的自我评价。

刻板印象的社会起源可以追溯到更广泛的群际背景，以及社会群体作为整体所具有的社会解释需求和意识形态需求，这两种需求出现在各社会群体争夺相对于他群的优越地位和对他群的支配权的过程中。群体成员一方面将刻板印象作为一种自我定义而将其内化，另一方面将它作为对其他群体特征的描绘而将其内化，在这里起作用的是参照信息影响这种社会影响过程——参照信息影响以产生群体归属的范畴化过程作为基础。

在将这种分析与其他路径进行比较时可以看到其他路径的局限性：很明显，描述性路径没有阐明刻板化的过程；社会认知路径具有先天的去社会性，因为它没有在理论上处理刻板印象所具有的规范、共识和共享等特性，以及刻板印象起源的社会历史维度。

我们也讨论了怎样消除偏见和刻板印象这个棘手的问题。我们得出的结论是，既然刻板印象满足了人类和社会的基本功能，它就不能被消除。但是我们可以消除偏见的极端形式所具有的破坏性特征和其他令人反感的特征，其方式是降低群体之间在权力上的差异，减少贬抑刻板印象以及压制行为。

推荐阅读

Ashmore 和 Del Boca（1981）对刻板印象的研究和相关理论给出了很好的概要性描述。Doise（1978）和泰弗尔（1981a）涉及了范畴化和增强效应，但是 Eiser 和 Stroebe（1972）无疑对此给出了最详细的叙述。泰弗尔（1981b）提供了关于刻板印象的社会认同分析。Hamilton（1981）、Fiske 和 Taylor（1984）向读者呈现了社会认知路径。

第五章　内群行为：群体内过程

要想使一项社会运动顺利开始，首要的工作是让参加运动的人们团结起来。这可不是一项普通的任务，这是一门关于如何赢得拥护与衷心的哲学。

虽然在这个抗议的年份，团结的强度有所弱化，但是，各个阶级、年龄和宗教派别之间仍旧存在着亲密感，这是之前没有过的。友谊和热情是有感染力的，它们可以传播开来，甚至孩子们都表现出了一种新的归属感。

上面这两段引文来自马丁·路德·金对1955年和1956年发生在亚拉巴马州蒙哥马利的历史事件的自传体描述（《通向自由之路：蒙哥马利的故事》，1958）。在之后的10到15年间，蒙哥马利是黑人民权运动的先驱城市，正是在这里，马丁·路德·金以开拓者和领导人的形象而被载入史册：他极具煽动性的演讲，他矢志不移地坚持非暴力抵抗的甘地原则。为了让国家关注蒙哥马利的隔离和歧视，在金领导下的黑人社区发起了对蒙哥马利公交车的抵制活动（在公交车上，黑人和白人的座位是隔离的）。这场斗争的胜利来之不易：白人社区的反击加上恶劣的天气使他们遭受了重大损失。尽管如此，这场抵制活动还是坚持了整整一年，并且实现了他们既定的目标：取消公交车上的隔离政策。因为这场斗争，黑人社区从原来的派系纷争和凡事无动于衷转变成为一个团结和有凝聚力的群体，金对此的描述与我们在本章将要讨论的主题关系密切。

本章将告诉我们，群体的团结和凝聚力不仅与共享目标和目的（goals and aims）有关，它涉及到的事情很多，这些事情将人们拧在一起，并且确保人们对群体的忠诚胜过对群体中某个人的忠诚。本章同时阐述了与群体显著性（salience）变化相伴随的群体团结的消长，以及群体团结在日常生活中的重要性和它对日常生活的影响。不仅如此，本章也强调：群体内的亲密性会超越其他非显著的社会范畴（如性别、宗教派别、年龄、阶级），一个群体成员对另一成员的喜爱会在群体内部推广和传播，但这种喜爱的情感会被限制在群体边界之内。

导　言

前面两章主要讨论的是群体之间的关系：第三章是群际行为和关系，第四章是群际感知和表征。本章我们将改变重点，考察在群体内部发生了什么，即内群行为（intragroup behavior）。这种重点的转变再现了社会认同路径的历史发展：开始的时候强调群际行为（如 Tajfel 和 Turner，1979），然后逐渐转向内群行为（如 Turner，1982）。但是我们不会忘记这两者在理论上是不可分割的。

对内群行为的研究经常被称为"小群体动力学"（small-group dynamics），它在社会心理学中有着悠久的历史，构成了这一学科的一个主要研究领域。社会认同路径以一种不同于传统理论的方式考察内群行为，指出了传统路径的局限，并进行了理论上的整合。从我们的视角来看，内群行为是指两个或更多个体间的互动，这些个体处于一个共同的或共享的社会自我范畴化（social self-categorization）或社会认同之中。基于这样一种前提立场，我们将集中讨论群体凝聚力、心理群体形成以及小群体中认同和喜爱（吸引）的关系，这些都建立在小群体动力学奠定的涵盖面更广的研究关注点之上，例如，沟通网络与结构、领导模式、决策制定、群体生产力、社会促进、群体规范的影响（参见Hogg，1985b，1987 的讨论）。

群体动力学

群体动力学这一领域研究的是小群体中的个体行为，例如体育队、决策群体、敏感性训练团体（T-groups）、朋友群体、工作群体等。该传统的一些早期研究成果关注的是，群体讨论在改变群体成员的态度、信念、规范和行为等方面所具有的强大力量（Coch 和 French，1948；Lewin，1943；Pennington、Harary 和 Bass，1958；Radke 和 Klisurich，1947）。正是在对群体动力机制的研究中，实验社会心理学才真正兴盛起来。在勒温的带领下，群体动力学研究中心于 1945 年创立，几年之间吸引了大量社会心理学家参与其中，这些人包括勒温、费斯廷格、沙赫特（Schachter）以及 Newcomb、Back、French，他们大大改变了当代社会心理学的局面（参见 Cartwright，1979；Marrow，1969；Festinger，1980）。

虽然最初因为受到勒温的推动，理论研究势头迅猛，但实用性研究很快流行起来。早期研究的资助者通常是军队、政府或企业（它们有一些具体的问题需要解决），因此，很自然地，群体动力学研究放弃了耗时费力的理论建构，而专注于问题的解决和小规模的假设检验（对劝说沟通的研究就有这样的特点，这方面的研究是应广告业的要求而开展的；参见 Jaccard，1981）。现在，小群体动力学通常不属于主流的实验社会心理学，它有自己的刊物《小群体行为》（*Small Group Behavior*），从中我们可以看出，其研究的重点通常放在问题解决而不是理论发展上，并且在很大程度上受到心理治疗群体（psychotherapy groups）的心理动态分析（psychodynamic analysis）的影响（例如 Kellerman，1981）。

"小群体动力学"倾向于处理的问题是内群的结构和凝聚力与群体整体效率（efficiency）或目标有效性（effectiveness）之间的关系。例如，在既有的研究中，有关于小群体中的正式沟通网络与非正式沟通模式的研究，它们的目的是探求实现不同目标的最适宜的安排（arrangement）是什么，也有的研究是为了找出促进和阻碍这种安排的因素（例如群体规模和群体凝聚力）。领导（leadership）是另一个重要研究领域，在全面分析群体内部结构的决定因素与结果时一定会关注到这一领域。群体的内部结构化过程是指，不同角色、派系和亚群体等因为在地位、权力和声望的层级结构上处于不同位置，所以群体内部产生了分化。许多小群体存在的目的就是为了完成某项任务或制定决策，所以对小群体的效率与生产力的研究构成了群体动力学研究的核心领域之一，这一点并不让人奇怪（也可参见第六章）。在这里，我们将强调的重点放在群体规模、群体凝聚力、群体结构、沟通结构、领导，以及它们对生产力和决策制定的影响这样一些因素上。我们也有兴趣讨论群体规范的作用（也可参见第八章），在标示生产力水平和控制群体决策等方面，群体规范的作用与相对机械的群体互动特征的作用形成对比。

关于在群体动力机制方面的一些具体和最新的研究发现，可以参考本章最后所提到的一些参考文献。我们的兴趣在于辨识和讨论构成此研究基础的一些常见主题。

群体凝聚力

关于社会群体的传统视角

一个对群体行为有着可靠影响的因素是群体凝聚力（group cohesiveness）。通常来说，群体凝聚力会提升群体生产力（Schachter 等，1951）和群体的表现（Goodacre，1951），促进对群体规范的遵从（Festinger、Schachter 和 Back，1950），改善成员的精神状态和工作满意度（Exline，1957；Gross，1954），促进内群沟通（Knowles 和 Brickner，

1981），降低内群敌意，并引导敌意指向外群（Pepitone 和 Reichling，1955），提升安全感和自我价值感。但是，也有例外的情况发生，我们在后面会提到。

在分析小群体行为时，"群体凝聚力"是基础性概念。自 20 世纪 40 年代至 50 年代这一概念被引入之后，一直没有其他概念可以取代它的重要位置［参见 Blumberg 等，1983；Kellerman，1981］。在科学的实验社会心理学的用法中，凝聚力被定义为"所有作用于群体成员，使其留在群体中的力量所产生的结果"（Festinger，1950：274），或者被说成是"作用于群体成员，使他们留在群体中的力量所构成的总体场域"（Festinger、Schachter 和 Back，1950：164）。群体凝聚力来自于群体对其成员的吸引力，同时它也取决于群体在多大程度上促成了目标的实现（这些目标对成员具有重要意义）。群体整体的凝聚力被定义为，作用于全部群体成员的力量的平均强度。上述分析的背景中就包含有勒温的场域理论（Lewin，1948，1952）。简单地说，勒温认为，行为受到在我们的心智中再现的心理体验成分的影响，同时也受到这些成分之间评价性关系（evaluative relationship）的影响，所有这些成分以及它们之间的关系构成了"生活空间"（life space）。这样就建立了一个引导行为方向的动机网络（motivational network）。所以，对勒温来说，群体呈现自己的方式是在一个续谱上变化的，"从松散的'大众'集合，到紧密的一体性单位"（1948：84），群体表现出的形式就是凝聚力的群体性（group quality），它是由群体内个体间的力量所构成的个体"生活空间"的心理表征所决定的。

虽然群体凝聚力的概念允许而且鼓励使用不同的操作化方式（Festinger、Schachter 和 Back，1950；Lewin，1952），但无论在理论上还是在经验上，它通常被认为是群体成员之间的吸引，即人际吸引或喜爱。这种趋势在早期和近期的研究工作中都很明显（例如，Back，1951；Berkowitz，1954；Downing，1958；Newcomb，1953；Pepitone 和 Reichling，1955；Schachter 等，1951；相反的观点见 Knowles 和 Brickner，1981；Nixon，1976；Wolf，1979）。已经有诸多的证据表明，无论对于何种实践目的，"凝聚力"一词都只是用来指人际吸引（Cartwright，1968；Hogg，1985b，1987；Lott 和 Lott，1965；McGrath 和 Kravitz，1982；Turner，1984；Zander，1979）。人际喜爱成为"将群体成员拧在一起的'黏合剂'"（Schachter 等，1951：229），因而也就成为心理群体形成或群体归属的必要条件，"没有成员之间最低限度的吸引，一个群体根本不可能存在"（Bonner，1959：66；也可参见 Shaw，1981）。人们过早地对群体凝聚力的概念做出限定，而这一概念在勒温的场域理论中所具有的含义却很快被人们完全放弃。余下的就是这样一种观念：相互间的喜爱将个体的集合转变成一个群体。

有关群体凝聚力的上述观点包含一种独特的社会群体模型，我们称其为"社会凝聚力"模型（social cohesion model）（Hogg，1985b，1987；Turner，1982，1984）。该模型将群体比做一个分子，分子中的原子是个体，原子间的力是人际吸引（例如，Kellerman，1981）。[在社会科学中，借用物理学或生物学的术语作为社会过程模型的隐喻，这种倾向广泛存在并有诸多记载，上述做法只不过是其中之一，Pepitone 有相关论述（1981）。]社会凝聚力模型认为，那些决定人与人之间是否会喜爱的因素同时也是导致人际吸引（"原子间"力出现）的原因，这些因素包括为获得共同目标的合作性互依、态度相似性、空间接近、共同命运、面临相同的威胁和敌人、被对方所喜欢或认可、有吸引力的人格特质、在群体任务上的成功等（Lott 和 Lott，1965）。人们会喜爱那些具有"奖赏性"（rewarding）的人或者被他们所吸引，这一点是理所当然的。所谓"奖赏"是说双方的行为、态度或特质能够满足彼此的某种需求（欲望、动机或驱力等）。因此，对于一些人来说，如果他们的需求可以被彼此满足，并因此而依赖对方，那么这些人就会自然或有意形成一个群体。

特纳、豪格、Oakes、Reicher 和 Wetherell 认为这背后的一个基本假设是，那些彼此依赖（不必是排他性依赖）对方满足一个或多个需求，并且从双方的这种联结中获得或预期会获得某种满足的人们之间将发展出相互的喜爱，并因此成为一个群体（Turner 等，1987）。格式塔假设被学者广泛接受,该假设认为,群体的"整体性"(wholeness)反映了"部分"之间的相互依存,虽然这些"部分"也许是非常不同的(例如群体的成员)。理论家之间的分歧主要集中在,对依存的强调要多么明确才合适,依存的何种前提或面向需要得到强调,人际吸引是否应该被清楚地赋予一种直接的角色。为了证实这些观点,让我们对一些重要的群体研究作简要的回顾。

通常来说,有关群体的理论分成这样两派:一派强调吸引的基础是个体间明显的相互依存(例如,Lewin、Sherif 和 Deutsch),另一派则认为吸引的基础是个体间的相似性(例如,Festinger 和 Heider)。勒温相信"群体的本质(essence)不是成员之间相似还是不相似,而是成员间的依存。一个群体可以被看做是一个'动态的整体'(dynamical whole)"(Lewin, 1948: 84)。凝聚力(群体内部彼此间的吸引力)也被认为是群体的一个基本特质(例如,Lewin, 1952: 162),因此,依存与凝聚力有共变关系(co-vary),它们两者都与需求的满足有关。需求的满足是依存的动机,越是全面的依存,需求越是能够得到满足,群体凝聚力也就越强。

谢里夫学派的学者认为,在追求共享目标(这种目标不能由个体独自实现)过程中的合作性互依会导致明确的(well-defined)群体结构的建立,而正是这种合作性互依将群体与简单的个体集合区分开来(Sherif, 1967;Sherif 和 Sherif, 1969;也可参见第三章)。但是,从心理学的角度讲,至关重要的过程是重复的积极的人际互动:群体形成,始于无关个体间的互动,终于角色—地位关系和规范的确立(Sherif 和 Sherif, 1969: 132)。因合作性互动而达成的彼此需求的满足让群体成员之间建立起了积极的情感,所以群体成为有吸引力的群体,成员也受到鼓励愿意留在群体之中。虽然谢里夫相信,群体形成远不止于自发的个人友谊的发展(Sherif, 1967),但他的理论是建立在下面这个没有言明的观念基础之上的,即成员因个体间的互动而促成了彼此目标的实现,正是在这种意义上,个体成员相互之间才构成吸引(群体凝聚力也因此而形成)。

Deutsch 的分析与此极为相似,只是他强调的是目标(goals)而不是活动(activity)(Deutsch,1949,1973)。只有通过个体合作才能实现的目标,具有"促进性互依"(promotively interdependent)的性质,"如果一个人被认为与另一个人需求的满足有促进性的关联(promotively related),那么这个人就会获得积极的价值,彼此间就会有吸引力"(Deutsch,1949:138)。也就是说,一个人会"接受、喜欢或回报"另一个人利于促进性互依目标(promotively interdependent goals)实现的行为(Deutsch,1949:138),而对此人行为的接受、喜欢或回报,反过来又会推及成为对行为人的喜爱(Deutsch,1949:146)。至此,这一点就很清楚了:人们认为,个体间的促进性互依因为促成了需求的满足,所以它在个体之间创造出了吸引力。因此,对于作为心理实体(psychological entity)的群体来说,人际吸引显然处于中心位置。心理群体包含的是这样一些个体:他们认为自己追求的是促进性互依目标;个体间的凝聚力取决于"促进性互依目标的强度以及可感知到的互依程度"(Deutsch,1949:150)。综上所述,我们可以将 Deutsch 的观点总结为:人际吸引是群体归属产生的心理动力(forces),人际吸引的出现源于为了实现促进性互依目标而进行的合作所带来的彼此需求的满足。

对于互依与人际吸引,无论是勒温学派还是谢里夫学派,他们的路径都具有内在的矛盾,这一点清楚地反映在 Cartwright 和 Zander(1968)的观点中。一方面,强调群体是互依成员间的动态系统,这就意味着群体有作为整体的独特性例如凝聚力,诸如此类的独特性不能被还原为简单的人际吸引;另一方面,群体对成员的吸引怎样产生于不能最终被浓缩为人际吸引的那些过程,对于这一点,他们都没有给出理论上的解释。Cartwright 和 Zander 坚持关于群体的互依理论,明确承认凝聚力的作用,并且认为它是与人际吸引相似的,虽然他们对此有极端详尽的阐述,但是他们没有明确指出,除人际吸引外,产生凝聚力的其他可能的过程是什么。

在关于群体的社会交换路径、社会强化路径和社会平等路径中,互依与吸引均处于核心位置。社会交换路径（Homans，1961；Kelley 和 Thibaut，1978；Secord 和 Backman，1964；Thibaut 和 Kelley，1959）强调社会关系中的成本—收益。它将互动还原为有关回报与成本的交易，认为如果回报大于成本，互动就会持续下去。凝聚力被认为是群体的基本特质，"如果因为归属某个群体而体验到了回报，那么该群体的凝聚力就会增强"（Thibaut 和 Kelley，1959：114）。但是，因为其分析单位是典型的二分式的（即彼此双方），所以凝聚力事实上基于人际回报的人际吸引（与群体整体无关）。关于凝聚力与人际吸引之间的关系，Secord 和 Backman（1984）有非常明确的阐述。

强化路径（reinforcement approaches）在这方面的倾向表现得更加明显（Lott，1961；Lott 和 Lott，1961，1965）。如果互动促成了目标的实现或带来了某种形式的回报，那么互动就会增强并最终导致人际吸引的形成。凝聚力因而被定义为"一种群体的特质（quality），它可以依据群体成员间积极态度的数量与强度推测出来"（Lott，1961：279）。

平等理论（equity theory）（Berkowitz 和 Walster，1976）从个体间的"公正"互依（如公平、公道）的角度来定义群体：对不平等的感知会产生恢复平等的压力，或者结束互依的压力，这时群体就会解体。该理论假设公正性互依创造了人际吸引，而人际吸引产生了群体凝聚力。

与上面的讨论相反，费斯廷格和海德的理论强调人们在态度和价值观上既有的相似性对吸引与群体形成的作用。费斯廷格的社会比较理论（Festinger，1950，1954；Festinger、Schachter 和 Back，1950；Suls 和 Miller，1977；也可参见第八章）认为，人们与他人亲和是为了确证（validate）自身的观点、态度和信念。如果不存在证实正确性的物理的非社会性手段，我们就会转而依赖与相似他人的比较来达到这一目的。如果他人认同我们的观点，也就是说他人在态度等方面与我们相似，那么我们就会对自己观点的正确性充满信心，这就满足了我们评价自己和知道自己是否正确的基本需求。既然相似他人满足了人对信息的需求，他们就是具有奖赏性的（rewarding），我们就会被他们所吸引，并亲和于（affiliate）他们。这一观点已经成为人际吸引研究的基础（例如Byrner1971年提出的"吸引范式"）。费斯廷格明确指出，我们是与其他个体而不是与其他群体比较，态度相同的个体之间的吸引是群体形成的基础（沙赫特在1959年扩展了这一理论，将情绪纳入其中）。

海德的理论建立在认知平衡原则的基础之上，该原则假定，在有机体内部，具有在不同认知之间达成平衡的需求（Heider, 1958）。他认为，个体之间积极的情感关系（例如，对他人的喜爱）和积极的一体性关系（unit relations）（团结感、同一感、联结感和一致感）倾向于合二为一。因而，"人际吸引"与"同一群体归属"两者不可分割地关联在一起。海德的理论与其他理论的不同之处在于，海德认为，人们被相似他人所吸引是源于对认知一致性的基本需求，这就意味着，对群体资格的需求不仅反映了人际吸引，而且也可能直接产生了这种吸引。但是Newcomb在他对认知平衡概念的应用中，提出这样一种主张，即喜欢更有可能导致积极的一体性关系，而不是相反。也就是说，那些我们喜欢的人很快会被看做与我们是同一群体的成员。

最后，社会影响理论（social impact theory）（Latané, 1981; Latané和Nida, 1980）详细阐述了那些决定群体怎样影响潜在群体成员的因素，即那些增加遵从、促进群体归属和凝聚力的因素，这些因素有：(1) 群体规模——在场他人的数量越多，群体的影响越大；(2) 接近性——他人在时空上越接近，影响越大；(3) 影响源的强度——对潜在成员构成吸引的群体及其成员的特征（后面第六章和第七章有详细的讨论）。前两个因素与社会互动有关，而最后一个因素则关涉到人际吸引。这样看来，这一理论建立在关于群体的人际互依模型的基础之上，尽管它并没有明确地表达这一点。

在这一部分，我们看到，在貌似多样的社会群体概念中，人际吸引皆处于核心位置（参看图5—1的上半部分）。现在关于社会群体的定义（正如我们在当代社会心理学教科书中所看到的）是由这些不同理论中的某些成分所构成的一个混合概念。群体本质上是一个由小规模的面对面互动的个体所组成的集合体，这些个体间进行互动是为了完成某项任务或实现共享目标。成员之间彼此喜爱，并且相互间有角色关系（role relations），这种角色关系产生于在实现群体目标过程中发展出来的内群结构划分。成员间持续互动的一个结果是作为群体成员的认同感的产生。但是，在所有上述理论路径中，促使心理群体形成和影响群体凝聚力强度的基本过程都是人际吸引。

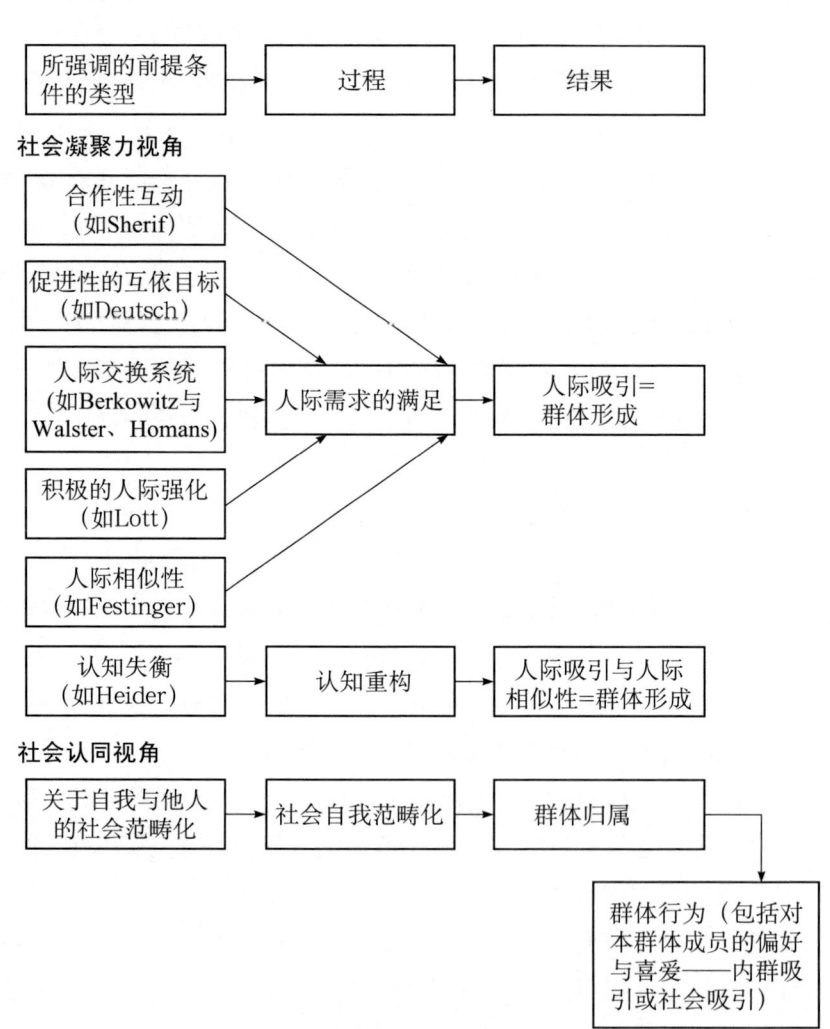

图 5—1　关于群体形成的不同社会心理学视角

理论与经验局限

群体凝聚力这一概念的理论局限来自于它所代表的理论类型（type）。将群体特质还原为一种人际吸引过程，将群体形成的决定因素还原为人际关系的前提，这种做法否认群体凝聚力概念具有任何独立于人际吸引的理论地位（比较 Albert, 1953；Eisman, 1959）——人际吸引现象本身已经得到了很好的研究（例如，Huston, 1974）。对于个人与群体间的关系，采用"分子"隐喻并将这种隐喻具体化（reify）的做法掩盖了这样一个事实：群体中的人不同于分子中的原子，他们会在心理上将群体作为一个整体包含进来，也就是说，他们能在认知上将群体表征或再现（represent）给他们自己，并且依据这种认知表征（cognitive representation）来行事。

群体作为一个理论上的独特实体的缺失，在 Steiner 悲痛的呼吁中得以很好地阐明［"在社会心理学中，群体究竟怎么了？"（Steiner, 1974）"受到吹捧的群体复兴究竟怎么了？"（Steiner, 1983；参看 Smith 和 White, 1983；Steiner, 1986）］。群体作为独特实体的缺失被学者归于实用主义和意识形态的原因，这些学者包括 Cartwright（1979）、费斯廷格（1980）、Pepitone（1981）以及 Triandis（1977）（也可参见第二章所总结的社会心理学领域中对个人主义和还原主义的相关批评）。因此，社会学取向的社会心理学家（例如，Heine, 1971）质疑实验社会心理学将社会群体的复杂性、多样性以及历史意义归结为个体间的彼此喜爱。

我们除了应该记住这种元理论批评外，也应该指出一些具体的理论缺陷。对"分子"模型的坚持鼓励人们使用社会计量选择（sociometric choice）（Moreno, 1934），这是一种通过绘制群体中谁喜欢谁，以观察群体总体凝聚力的盛行方法。但是这种方法有其不足之处（Golembiewski, 1962），其中最重要的一点是，它在很大程度上是单向的（unidimensional）（Cohen, 1981；Hare, 1962；相反意见参考 Jennings, 1947），也就是说，它不能够在作为友谊指标（indicator）的社会计量选择和作为群体成员间吸引指标的社会计量选择之间做出实质性的区分（Hagstrom 和 Selvin，1965；Scott，1965）。同样的批评也指向 Bales 使用"互动过程分析"来研究小群体中沟通模式的做法（Bales，1950）。这种方法强调从范畴角度一个人指向另一个人的沟通的数量（quantity），这里的范畴基于任务管理功能并承载社会情感反应，但是这种方法也无法在内群关系和人际关系之间做出任何性质上的区分。

群体凝聚力概念存在的第二个问题是，不可能为了操作化的目的而选择一个有关凝聚力的独特定义。凝聚力概念包含着大量的来自不同方面的吸引（如来源于群体荣誉、群体任务、成员特征等），这就使以多种方式对其进行的操作化都是有效的，并且研究已经揭示这些操作化方式之间不具有显著的相关性（Bovard，1951；Eisman，1959；Jackson，1959；Ramuz-Nienhui 和 Van Bergen，1960）。一个群体，从一种定义来看是有凝聚力的，也许从另一种定义来看就不再有凝聚力了，没有一种操作化可以涵盖群体凝聚力的所有方面，人际吸引至多只是其中一种并不完全的解释，或者说是片面的解释（比较 Gross 和 Martin，1952）。

第三个问题与群体形成的动机或动力有关：人们为什么加入一个群体？加入群体就牺牲了个人自由，我们经常遭遇到的这种情感体验意味着群体会压制个体性（例如，Gergen 和 Gergen，1981）；而个体性是享有优越地位的，它不同于群体行为并且本质上产生在群体行为之前（参见后面第七章）。如果真的是这样，那么人们为什么要加入群体？正如我们所看到的，通常对这个问题的回答是，人们加入群体是为了满足某种需求：除了与具体目标有关的需求外，还包括寻求亲和、强化、认同和确证自身信念正确性的动机（Watson 和 Johnson，1972；Knowles，1982）。我们要说的第一点是，这些需求本身代表了群体资格产生的"理由"（reason）而不是"原因"（causes）（参见 Buss 在 1978 年对理由和原因所作的区分），人际吸引是作为原因的过程（causal process）。第二点是，虽然个体的需求、目的、目标、态度、信念等也许构成了个体亲和他人的动机，但是我们也会明显地觉察到，它们也被认为是由某人的群体资格所决定的（例如，基督徒有相似的信念，因为他们是基督徒；同样地，他们之所以成为基督徒，是因为他们有相似的信念）。如果强调信念和态度相似性或共享目标构成了群体归属的基础，那么就会引发这样的疑问：这些信念、态度和目标源自哪里？信念和态度的相似性又源自哪里？既然群体资格决定了人们之间的相似性，那么它也就决定了个体间的联结和凝聚力上的变异，群体资格不能仅仅被视为纯粹的个人动机和需求的结果。

对于被当做人际吸引的凝聚力概念来说，第四个问题也许是最严重的，那就是群体规模。很明显，群体凝聚力这一概念最初是来自于小规模的、面对面的、任务取向的群体，它也意在解决发生在这类群体中的问题，因而，任何试图推广这一概念以使它能够适用于大规模群体的做法都不具有正当性。虽然大部分研究者会因此而严格地限定这一概念的应用领域，但是其他人则没有这样谨慎，因而给人的印象是，仿佛人际吸引是实验社会心理学对群体的解释，它不受群体规模的影响。

以数量来定义群体，会在精确指明小群体动力机制的界限（parameters），因而也是凝聚力的界限方面存在一些问题。例如，虽然Shaw确信不到10人的群体是小群体，而超过30人的群体是大群体，但同时他也认为，一个25人组成的有凝聚力的群体是小群体，而15人组成的没有凝聚力的群体并不是一个小群体（Shaw，1977，1981）。因此，对于什么是"小"群体，我们应该引入"凝聚力"的概念，这样一来，对于社会凝聚力模型的应用边界就失去了一个独立的标准。

面对这样一种两难处境，一个合理的解决途径是，既接受如下事实，即个体之间在面对面的互动中（在定义上，这一现象由数量、时间和空间所限定）所产生的行为也许只有在面对面的条件下才会出现，同时也承认，存在独立于人际吸引的其他过程，它们会促生群体特有的行为。人际吸引对分析小群体现象也许有用，但是单纯使用人际吸引来解释大规模的观众、群众、国民或任何其他的群体显然是不够的，因为在这类情况下，所有成员间都进行人际互动显然是不可能的。

以人际吸引形式存在的群体凝聚力仅仅是重新描述了小群体中的人际关系（这里的群体要足够小，以使相互间的人际互动成为可能），而没有真正地处理内群现象,所以我们才看到这一路径有这样的主张:认为群体规模(在小群体范围内)会降低群体整体的凝聚力。群体规模的扩大引起结构的分化,导致亚群体和朋友之间派系的出现。虽然亚群体或派系内部是有凝聚力的,但是,结构分化会降低总体或者平均水平的凝聚力(Gerard 和 Hoyt,1974;Kinney,1953;Porter 和 Lawler,1968)。规模扩大会导致结构分化和凝聚力下降的原因是,群体规模越大,在所有成员之间发展人际关系越困难。但是,依据拉塔尼(Latané)的社会影响理论(Latané,1981),群体规模的扩大也被认为会放大群体对个体的影响,增强人们对群体规范的坚持和信奉。凝聚力概念不能很好地解决下述矛盾:群体规模的扩大一方面会引起凝聚力下降,但另一方面又会导致社会规范的影响增强,群体变得更加像个"群体"(groupy)。作为人际吸引的凝聚力看来与群体归属并不是同一种东西。

凝聚力概念的第五个问题仍旧与小群体和大群体之间的区分有关。人们通常会在群体和"范畴"、"角色"之间做出区分。典型的"范畴"是指大规模的隶属关系,例如隶属于国家、性别或宗教,而"角色"则是指群体中个体的位置,例如领导、传闲话的人、不受重用的人,等等。但是,"角色"也被用来指小群体中基于大群体成员资格的位置(例如,性别、种族、阶级和教育程度,它们都是大群体成员资格的划分标准,但是在小群体中也存在着基于这些资格的角色)。这意味着小群体动力学关涉到大规模范畴成员资格和群际关系对小规模面对面的临时性个体集合的影响,此时需要参考的是行为角色的概念(虽然它在理论上没有被明确阐明)。因此,社会凝聚力模型在两套分离而非整合的概念体系之间摇摆不定,而正是在此处,社会认同路径通过援用交叉的社会自我范畴(cross-cutting social self-categories)解决了这种困扰,而社会自我范畴是以相似的认同过程(the same identity process)为基础的。

虽然我们讨论了群体凝聚力概念的理论局限,但是这一概念的发展并未因此而受到阻碍,这无疑是因为这一概念在总体上还是有用的。研究表明,小群体中的人际喜爱会提升生产力、效率以及友好的群体气氛和对群体规范的坚持等（参见本章开头）。但是在有些例子中我们却没有发现这种经验关系，而正是这些例子质疑了社会凝聚力视角的有效性（参见 Hogg，1987；Lott and Lott，1965）。例如，如果范畴区分显著或者范畴区分承载着情感因素（如阶级、种族），那么一些促生喜爱的因素（如接近性、态度相似性、合作）将不再具有评价凝聚力的能力，这些因素只有在共享范畴资格的界限范围内才能成功地评价凝聚力（例如，Brewer 和 Silver，1978；Brown 和 Turner，1981；Byrne 和 Wong，1962；Doise 等，1972；Gundlach，1956；Kandel，1978；Sole、Marton 和 Hornstein，1975）。

另一个例子是失败的群体。体验到失败的群体被认为没有给它的成员带来回报（rewards），因此会导致该群体凝聚力的下降。但是，日常经验告诉我们，在那些失意的（losing）、被打败的（being defeated）或者失败的（failing）群体中，凝聚力非但没有受到任何影响，反而会大大提升。这与有关国家、种族或军队群体的历史记载相吻合，这些群体历经失败的打击或痛苦的剥削反而越发团结一致［参见希罗多德（Herodots）对古代希腊史的描述］。对于这一点也有许多实验证据。特纳、豪格和 Smith 让一些个体自主选择加入一个相对抽象的实验室群体，他们需要完成一项找出同义词的任务（Turner 等，1984）。参与者的表现会受到评价，随后研究人员会告诉他们是成功了还是失败了（此时参与者不能否认失败，不能将失败归因于外群行为，也不能以其他方式为自己辩解）。相对于成功群体的成员，失败群体的成员表现出了更强的凝聚力（他们会更加为群体及其成员和群体活动所吸引，行为上表现出内群偏好、认同群体，在其他群体行为标准上也是如此）。特纳、Sachdev 和豪格所走的路线与之前的学者有些许的不同，但是他们关注的仍旧是群体，是那些不会促成人际吸引的群体。他们发现，相对于受欢迎的群体来说，那些不受欢迎的（unpopular）群体（也就是在实验背景下不被人所喜欢的群体）表现出了更强的凝聚力（对凝聚力的监控同上）（Turner、Sachdev 和 Hogg，1983）。

社会群体可以不依赖人际吸引来确保自身的存在、持续或团结，这在社会人类学那里有丰富的证据。例如，本尼迪克特（Ruth Benedict）对美拉尼西亚的民族志研究将 Dubo 部落描绘成这样一个社会单位：他们坚持共享规范，进行集体仪式，但是并没有人际吸引存在（Benedict, 1935：94 - 119）。喜爱（liking）成为一种策略性的武器，在一个充满无情竞争的凶残世界中，人们可以用它来对对手（adversaries）实施报复（revenge）。

对于凝聚力来说，最明显的反例也许是最简群体研究（参见第三章），该研究范式在促生人际吸引的所有传统因素完全缺失的情况下，稳定地观察到了群体行为（参见 Tajfel, 1982b：24）。看起来，对于群体行为来说，唯一必需的前提条件是，将个体明确地范畴化为一个群体的成员（例如，Billig 和 Tajfel, 1973）。这些最简群体研究将社会范畴化和人际吸引相对比，结果发现，范畴化本身就足以导致群体行为，这与其他最简群体研究的结果相符。但是，他们也发现，在特定的情况下，吸引的确与群体形成和群体行为有关。在下面讨论内群吸引的社会认同路径时，我们将会深入探讨这一问题。

在群体形成、群体凝聚力和群体过程方面，社会凝聚力视角存在着严重的理论问题和经验局限，这意味着社会认同分析也许是更有裨益的。

社会认同

社会认同路径能够非常容易地解释上面提到的经验发现，该路径将群体行为作为自我范畴化的产物，因而使（作为群体归属的）凝聚力摆脱了人际吸引。它也有助于解决凝聚力模型中存在的一些理论问题。例如，以认知术语重新定义社会群体，将社会群体定义为一种对群体的内化的认知表征（internalized cognitive representation），这就使理论不再受制于人际吸引的魅力面向，从而避免了以数量定义社会群体可能带来的问题。

社会凝聚力和社会认同这两条路径在群体归属或心理群体形成等方面存在着明显的分歧（见图5—1）。对于社会凝聚力模型来说，一个给定的个体集合（人数一定要少，并且有彼此间的互动）在它表现出一系列的群体行为时就成为群体（群体行为，比如合作性的互动、对规范的坚持、凝聚力等）。群体的边界是由客观在场（或者说身体在场）的个体决定的，将此群体与彼群体区分开来的具体特征是由此群体独特的成员特质所决定的。大规模的与范畴相符的（category-congruent）行为（即行为的内容来自于群体界限已经远远超过特定小群体边界的那些"群体"）通常被标定为"角色"行为，它被凝聚力方程排除在外，或者被看做是导致喜爱的一个原因，而该原因又是由人际态度或目标相似促成的。心理群体形成（psychological group formation）是一个过程，经由这个过程，个体在心理上"依附于"（attached to）群体，而心理群体形成是因个体与所有其他本群体成员之间相互吸引纽带的逐渐发展成型而得以实现的。

对于社会认同路径来说，个体的集合（在这里对数量没有理论上的限制）在表现出群体行为时就成为一个群体。行为的内容也许是由在场个体的特质以及总体的特定意图和目标决定的，但是，它也可能是由数量更大的不在场的人的特质所决定的，例如，某种宗教、种族或性别。心理上的群体形成是通过在相关范畴上的自我范畴化而得以实现的（可以是小规模的、仅为某一目的而设的、面对面的短期实验室群体，也可能是大规模的、分散的、跨代的社会范畴）。

第三章我们讨论了在群际行为的产生中，社会范畴化和社会认同如何关联到一起，第四章讨论的是自我范畴化如何导致人以刻板化的方式感知和对待我群与他群。在本章余下的部分，我们将集中关注自我范畴化与内群吸引（凝聚力）之间的关系。社会认同路径有助于我们重新解释小群体动力学所处理的两个具体现象——"群体盲思"和领导，对于这种重新解释的方式我们会给出一些建议。

有什么证据可以证明自我范畴化过程会导致群体在心理上的形成呢？虽然有关最简群体的发现已经明确暗示了两者之间的关系，但是两个新近的实验也许提供了更直接的证据（Hogg，1985a，1987；Hogg 和 Turner，1987b）。在通过实验方法提升性别显著性的情况下，男人和女人更多地依据他们的性别来定义自身和给自身划分范畴，并且表现出了更强的性别刻板化的行为和感知。增强效应（accentuation effect）沿着认同的方向发生，并表现出情景特异的（situation-specific）依性别而变化的行为，这意味着增强效应背后的过程是自我范畴化（参见第四章的讨论：为什么增强效应被看做是范畴化过程运作的强有力的证据）。

社会认同与内群吸引

在社会凝聚力视角那里，群体归属和人际吸引是一回事，所以它不可能讨论两者之间的关系。但是，社会认同视角将这两种现象区分开来，使我们能够对两者进行比较。作为自我范畴化的群体归属（group belongingness）能够通过多种方式产生内群吸引，这种内群吸引是作为同一群体成员的个体之间的喜爱（参见 Hogg，1985b，1987；Hogg 和 Turner，1985a，1985b；Turner，1982，1984）。首先，对于那些人际吸引的传统决定因素得以发挥作用的前提条件，自我范畴化允许它们的发展。例如，自我范畴化会增加社会和言语的互动、身体接近性、合作和对信念相似性的感知：所有这些都是人际吸引的前提条件。其次，那些暗示自我范畴化的线索同时也作为人际吸引的决定因素而独立发挥功能（暗示自我范畴化的线索，如极端的信念相似性，因为我们有非常相似的信念，所以我们一定是同一范畴的成员）。在这两种情况下，群体归属和人际吸引是通过共同变量（mutual variables）的中介作用而关联在一起的，内群吸引事实上就是群体成员当中的人际吸引。

但是，范畴化过程自身会以两种方式更直接地产生吸引。第一，将自我和他人范畴化为同一范畴的成员，会促使自我和他人之间刻板化相似性的产生（参见第四章），也就是说，自我和他人在认知和情感反应上被刻板化地认为是可以互换的（interchangeable）。人们喜爱同一群体的成员，并且为他们所吸引和给他们以正面的评价，这实际上是因为人们通常喜欢自身并积极地评价自身，也就是说人们通常有积极的自尊

（例如，Abramson 和 Alloy，1981；Martin、Abramson 和 Alloy，1984）。第二，内群刻板印象在评价意涵上通常是积极的，因为自我范畴化会将这种积极性赋予自身，积极的内群刻板印象有助于自尊的建立（在第三章我们讨论了群体对于积极社会认同的塑造和维持所具有的影响力）。既然自我和其他内群成员是相似的，而自我是具有积极特质的，那么，自我范畴化也会将刻板性的积极特质赋予其他内群成员，使他们有刻板性的吸引力（stereotypically attractive）。当然，外群成员会被刻板化地认为是没有吸引力的，因而也就不被喜欢。

我们将这种根植于群体资格、产生于（促生心理群体归属的）自我范畴化过程的人际吸引形式称为社会吸引（social attraction）。它是真正的内群吸引，在理论上，它区别于个人吸引（personal attraction）。个人吸引是一种建立在个体习性癖好基础上的人际吸引，它植根于亲密的人际关系（参见 Hogg，1985b，1987；Hogg 和 Turner，1985a，1985b）。

我们在社会吸引和个人吸引之间所做的区分与社会认同研究的下面一系列相关区分是相似的：社会认同与个人认同、社会行为与个人行为、社会变迁信念结构与社会流动信念结构（Tajfel 和 Turner，1979）。社会吸引与个人吸引之间的本质区别体现在生成过程（generative process）层面，所以，这两种形式的吸引在主观体验上都是一种人际态度，这种人际态度承载着认知、意图（conative）、情感（或评价）成分（这秉承的是被广泛接纳的吸引概念；参见 Duck，1977a）。两者的区别在于，人际吸引的对象是一个独特的有某种习性的个体，而社会吸引的对象在内群范围内是完全可以变换的，人们受到内群刻板印象的吸引，因而也就是受到任何或所有被认为符合该群体刻板印象或是群体原型的个体所吸引。

这两者的区别还在于归因框架上（Harvey 和 Smith，1977；参见第四章的结尾）。社会吸引可以在主观上被归因于共享范畴资格（对于喜爱的情况），或归因于对立的范畴成员资格（对于不喜爱的情况），而人际吸引被归因于另一个人的习性特征以及双方的某种特殊关系。这种分析利用的是让人们归因于群体资格（社会归因）或是归因于个体性

(个人归因）的相关证据（Deschamps，1983；Hewsone，1983；Taylor 和 Jaggi，1974），而不是内在归因与外在归因（Kelley，1967），或性情归因和情境归因（Jones 和 Nisbett，1972）这种更传统区分的相关证据。到目前为止，还没有研究关注人们对喜爱是进行社会归因还是个人归因（参见 Regan，1976；Harvey 和 Weary，1984）。

我们已经看到了群体归属如何通过自我范畴化过程产生内群吸引，现在我们把分析的重点转向传统的经验发现：作为人际吸引的凝聚力确实会产生"群体性"（groupiness）。正如相似性通常会导致吸引（Byrne，1971；Griffitt，1974），吸引反过来也会提升或增大对人际相似性的感知（例如，Backman 和 Secord，1962；Fiedler、Warrington 和 Blaisdell，1952；Kipnis，1961）：我们通常感觉我们与我们喜欢的人相似。但是，当几乎没有时间发展自我与他人的关系时，这时的相似性就不可能基于自我与他人的个人构念（比较 Duck，1973a，1977b），也就是说，在只存在最低限度的人际信息的情况下，相似性是基于与数量更多的他人所共享的、更一般的相似性，此时的相似性与其说是个人的，不如说是社会的。在这种情况下，人际吸引也许是作为共同范畴资格的认知标准（cognitive criterion）而发挥作用的，人际吸引因此通过自我范畴化而产生出心理归属。当有更多的个人信息可供参照的时候（这通常是良好而持久的人际关系的结果），吸引不太可能源于对共同范畴资格的认知假定（cognitive assumptions），群体行为也不大可能发生。

一般来说，人际喜爱能够导致群体归属，但这种情况仅仅发生在抑制个人吸引而允许社会吸引的条件下。这样的条件出现在下述情境中：两个或多个个体之间的关系包含有限的个人性人际信息（individuating interpersonal information）。这一般是在陌生人的首次会面、关系发展的早期阶段，尤其是在社会心理学的实验情境中。所以，做出如下的推测是不无道理的：在"小群体"研究中（参见 Lott 和 Lott，1965），有关吸引和群体行为之间关系的不规律发现，可以被归因于相关研究的方法论和/或人口学特征（这类研究促生的是个人吸引而不是社会吸引）。大部分实验都有社会吸引卷入其中，因为实验面对的都是短期存在的群体，以及初次见面的、同质的被试样本（在年龄、教育和种族等方面），所以通常观察到的是（作为人际吸引的）凝聚力和群体行为两者之间的正向关系。但是，一些实验无疑会包括个人吸引（personal attraction），因而不会观察到凝聚力和群体行为之间的惯常关系。对这类研究的一个中肯的述评将会告诉我们事实是否真的如此。例如，Tyerman 和 Spencer 尝试重复谢里夫（如 1966）的"男孩夏令营"实验（参见前面第三章），但是他们失败了，他们没有发现友谊的终结以及群际敌意的产生（Tyerman 和 Spencer，1983）。这也许是由于男孩们属于同一童子军，他们之间的友谊建立在社会吸引的基础之上，实验分隔所导致的群际厌恶之所以没有发生，只是因为有更有力的共享认同存在。

豪格和特纳的最简群体研究在一定程度上支持了社会吸引假设，在最简群体研究中，社会吸引和个人吸引在实验中是变化的（Hogg 和 Turner，1985b）。研究人员以可爱的或不可爱的人格形象（个人吸引变量）和以个体为单位对匿名的内群成员进行描述。每一种形象或者是完全与个人习性有关，或者是包含一个全部内群成员所共有的积极或消极的特质成分（社会吸引变量）。只有当群体具有社会可爱性（socially likable）（即全部群体成员共享一种评价性的积极特征）时，作为群体一员的被试才会表现出群体行为。个体是否可爱属于个人习性，它对群体行为没有作用，只会影响人与人之间的感知。消极社会吸引促使人们在认知上假定自我与他人属于两个对立的范畴，这一点适用于我们有关社会吸引的全部分析。与群体归属相关联的是积极的社会吸引与社会喜爱。

社会吸引假设要求我们对吸引现象的本质重新进行评价。它意味着个体间的吸引不仅仅在量上有变化，而且在质上取决于个体之间关系的特质。基于共享范畴资格或对立范畴资格而建立起来的关系经由自我范畴化所产生的是社会吸引；而基于个人习性建立起来的个人关系经由信念相似性或互补性、社会支持、可爱性等所产生的是个人吸引。如果随着关系的逐渐发展，它变得越来越与习性和个人性有关，那么吸引就会朝着个人吸引的方向发展。初次见面时的情感反应、正式的接触或者关系发展的早期阶段，在类似的情况下，个体之间的关系更有可能是在社会吸引的层次上。通常，由于两个个体之间关系的本质会在社会吸引和个人吸引之间变换，继而产生的（源于吸引的）情感反应的生成基础也会随之发生改变，所以经常会有这样的事例发生：一个人作为朋友可能是受到喜爱的，但是作为外群成员却不被喜爱；或者一个人作为内群成员是受到喜爱的，但作为个人他却不被喜爱。相似的例子是，持不同政见的两个人之间可能一直是亲密无间的好朋友。

我们在记住群体行为的所有特征的同时也应该知晓，群体会发展出规范以管理内群交易和群际交易，而且吸引现象也受到这种规范的影响。对群际社会不喜爱（intergroup social dislike）和群内社会喜爱（intragroup social like）的表达也不可避免地处于规范的管理之下，规范也许不允许明显地表示出对外群的不喜爱（比较 LaPiere，1934）或者是对内群的喜爱（例如，大男子主义会谴责男人之间表达情感）。纯粹诉诸认知生成过程（cognitive generative processes）来解释现象并不符合社会认同路径的精神，因为对现象的解释必须将社会因素整合进来。一个有趣的、值得深入研究的领域是性别：自古以来两性之间就有着非常亲密的个人关系，这与高度显著的群际区分（男—女）相矛盾（参见第十章）。

在这一部分即将结束时，我们讨论"社会吸引假设"与"人际吸引和个人关系研究"之间的交叉领域（areas of contact）。虽然这方面的大部分文献倾向于假定"吸引现象是没有差别的（程度上的差别除外）"（Newcomb，1960：104），也就是说，"吸引可以用正负号（sign）（加或减）和强度（intensity）来描述"（Newcomb，1961：6；参见 Marlowe 和 Gergen 1969 年的评论，以及 McCarthy，1976，1981）。但是，也有人认为，"我们中的大部分人直觉地意识到了我们以不同的方式被不同的人所吸引"（Newcomb，1960：104），体现在下列吸引现象中的差异远远大于它们之间的相似性：一个团队中的成员所感受到的同志情感（comradeship），对握有权力的领导的尊重，异性个体之间的性吸引，母亲对孩子的投入，被解除痛苦的人所持有的感激之情（Marlowe 和 Gergen，1969：622）。人际吸引的多面向特质在对不同吸引形式的描述性分类中有深入的体现（例如，Blau，1962；Rubin，1973；Triandis，1977；也可参见 Huston，1974）。

具体地说，Newcomb 已经揭示出，在有凝聚力的群体和没有凝聚力的群体中，人际吸引有不同的形式。对于前者，人际吸引是基于欣赏和价值支持，而对于后者，人际吸引是基于可感知到的互惠（Newcomb，1960）。Segal 做出了类似的区分，他认为在理论上"基于相互关系的人际情感不同于因个人行为有益于群体而产生的尊敬感"（Segal，1979：260）。他还以证据表明，友谊是一种彼此间互惠的情感，而尊敬和喜爱是单一方向的、以群体为基础的。沿着相同的路线，Hare 批评了使用社会计量学选择（sociometric choice）来描绘内群喜爱的做法，因为它没有在基于人际因素的喜爱和基于群体资格的喜爱之间做出区分（Hare，1962）。最后，Andreyeva 和 Gozman 主张，对内群的喜爱和对外群的厌恶产生于对内群的积极刻板印象和对外群的消极刻板印象（Andreyeva 和 Gozman，1981）。但是，他们没有在类似于社会吸引的情感形式和类似于个人吸引的更个人化的情感形式之间做出区分。

一些人做出这样的推测：吸引的某些前提条件（antecedents）经由群体资格的中介过程也许会产生喜爱。长期以来人们就知道，态度和信念相似性会导致吸引（Byrne，1971；Griffitt，1974）。但是，Duck 最近提出，促使吸引出现的不是态度和信念相似性本身，而是因为这种相似性暗示着个体之间存在更深层次的构念相似性（construct similarity），这里的构念是人们关于世界的理论（Duck，1973a，1973b，1977b，1977c）。构念相似性促进了社会交往和行为，并产生了吸引。我们可以做出这样的假定：既然构念是在范畴成员中被社会性地阐述的（socially elaborated），并且在成员中共享，同时也植根于范畴资格之中，那么构念在这里就有可能是与社会吸引概念关联在一起的。与相似性或吸引有关的其他两点是：(1) 仅仅当个体之间的相似性是表现在积极的、受社会赞许和喜爱的特征上的相似性时，人们才会被相似的他人所吸引（Ajzen，1974）。(2) 对于喜爱来说，人格相似性不是一个稳定的决定性因素（参见 Lott 和 Lott，1965）。这再次表明，相似性之所以会与吸引相关联，也许是因为相似性起到的作用是，它标志着共享的积极社会认同。

有关个人关系研究的新近趋势是饶有趣味的。它们重点关注，如果吸引现象更多的是基于个体间的普遍性关系，而不是基于独特的或个人性的关系，那么这种吸引现象如何生发出真正的个人关系（以及与之伴随的吸引）。Huston 和 Levinger 在对吸引和人际关系研究所作的述评中做出了这样的区分（Huston 和 Levinger，1978）。

在这种研究传统中，与社会吸引和个人吸引之间的区分关系最密切的也许是 Duck 的研究（Duck，1973a，1977a，1977b，1977c）。Duck 这样写道：

> 喜爱关系（liking relations）内部有一个明显的划分：一些是长期的喜爱关系（喜爱的双方在过去曾经拥有复杂的依存关系和共享经验），而另一些是短期的（因一个优秀的个体而自然引发的喜爱）。在对熟悉（acquaintance）开展研究时，需要解决的核心问题确切地说是辨明两种类型的喜爱之间的心理关系。
>
> （Duck，1977a：15）

Duck 相信：

> 在两个个体互动的最早期阶段，他们对彼此只是一个刺激物（objects）而不是一个构成刺激的人（persons）。只有到了后来，他们将自己的人格展示给对方，他们才成为人，而不是事物或角色扮演者或刻板印象。
>
> （Duck，1977a：96）

对于 Duck 来说，喜爱关系是建立在构念相似性基础之上的（参见前面的相关论述），在这中间，亲密的个人关系"为检测最主观的构念提供了机会（否则用其他方法是无法检测的），所谓最主观的构念也就是那些关于其他人人格的构念"（1977c：386）。虽然 Duck 谈到了简单吸引和友谊、短期和长期关系，以及个人构念的"深入"程度或体现个人习性的程度，但是，对社会吸引与个人吸引的相似性、社会关系与个人关系的相似性、社会认同与个人认同的相似性的讨论，是 Duck 著作中最引人入胜的部分。遗憾的是，Duck 没有使用自我范畴化过程（self-categorization process）来解释产生于短期关系或内群关系中的喜爱（"短期关系"是他的用法，我们倾向于称之为"内群关系"）。

进一步的扩展

社会认同路径对群体行为的基础重新进行了概念化，因此，对于小群体动力学所关注的两个典型现象，该路径提出了新的解释。现在，我们将讨论在本章其他部分还没有提到的两个小群体现象——领导和群体盲思，以此向读者表明社会认同路径的新观点是如何提出的。

"群体盲思"（groupthink）的概念是由 Janis 提出的，他用其来描述一种小群体决策现象，这类小群体制定了明显错误的决策，带来了灾难性的后果（Janis，1971，1972）。Janis 将猪猡湾惨败和美国卷入越南和朝鲜战争以及美国在珍珠港事件时的毫无准备，都归因于发生在总统决策团队中的群体盲思。这种分析认为，在有高度凝聚力的小群体中，"我们感"（we-ness）比批判性思维更重要，因为群体会议是友好、融洽的事情，在会议中，人们更偏好完全一致的意见，即使是在有争议的问题上也是如此，人们不喜欢以冲突的方式给出和采纳观点，因为这会破坏群体舒适的氛围。个体压制了自身的疑虑，或者，疑虑被小群体自选的观点卫士所打压。群体埋头于自己的事务，不理会外部的问题和替代的观念模式。之所以会出现这种状态，是因为高度凝聚的群体中包含有亲密的朋友，在朋友之间有达成共识的巨大压力（Dion、Miller 和 Magnan，1971；Festinger、Pepitone、Newcomb，1952；Wyer，1966），共识如果打破了，友谊就会被亵渎（Brandstatter，1978；Schuler

和 Peltzer, 1978)。

群体盲思被认为是存在于有高度凝聚力的群体中的一种隐患（pitfall），这主要是基于下述假设：凝聚力通常应该促进群体的运作。正因为如此，人们纯粹从人际吸引的角度来分析群体，即考虑的是群体成员间的吸引，或者是成员只被群体领导所吸引（Flowers, 1977; Raven, 1974）。这种分析方式受制于本章讨论到的群体凝聚力的局限，尤其是在这一点上：最终将群体盲思明确地归因于成员间的友谊，而不是内群喜爱或基于群体的喜爱（group-based liking）。同时，群体盲思也被归因于领导对成员的吸引（这是单方向没有回馈的吸引），这种吸引可能会减弱群体总体水平上的凝聚力（按照彼此间的社会计量学选择模式）。无论是归因于群体成员间的友谊，还是归因于领导，都不是我们要采纳的观点。

处理群体盲思的另一条路径关注的是决策以及促生决策的群体过程。该路径将群体盲思看做是对一群个体所表现出来的群体规范的遵从，这群个体强烈认同的不单是决策群体自身，而且（在 Janis 的例子中）包括群体所代表的更广泛的政治意识形态（在第八章我们将会看到，群体经过讨论之后会遵从一个比个体成员的平均水平更极端的群体观点，这就是极端或极化的群体规范）。群体盲思的许多特征，例如，严格限制所要讨论的备选方案，对多数人的观点缺乏缜密的考量，回避专家的观点，或者选择一个"温顺的"能够将群体观点合法化的专家等等，所有这些完全符合 Deconchy 对正统共识（orthodoxy）和意识形态的探讨（Deconchy, 1984; 参见第四章）。例如，美国卷入越南战争可以这样来解释：当时的总统委员会要制定出与反共意识形态相符合的决策，这就使他们被限定在一个狭窄而独特的世界观之内。虽然人格动力机制（personality dynamics）在相关的委员会议中起到了一定的作用，但是，这种作用受到社会认同动力机制的约束，社会认同动力机制关注的是对共享意识形态的信奉和坚持，这种共享意识形态在群体讨论中可能会转变成极端或狭隘的正统共识。

最后，我们简要讨论领导（leadership），这是群体动力学的一个传统核心主题（例如，Bass, 1981; Fiedler, 1971; Hollander, 1985）。

古典的观点认为领导拥有某种与生俱来的特质（即关于领导的"伟人"理论），这种观点现在几乎没有支持者了。取而代之的是下述主张：领导代表的是个体特质和背景要求之间的互动。领导是最能体现群体规范的个体（这里的规范是与背景相符的规范），并且他或她能够确保群体以符合规范要求的方式运作。这是一项费力的任务，作为对领导的表彰和承认，群体会回报领导以权力；矛盾的是，这会偏离最初将其推选到领导位置的规范，因为领导后来获得的是 Hollander 所说的"个人习性奖赏"（idiosyncracy credits）（Hollander，1958）。群体领导的作用是（Kretch、Crutchfield 和 Ballachey，1962；Lord，1977），定义群体目标，制定实现目标的政策和方法，通过仲裁内群分歧而维持群体和谐与团结，作为群体失败时的替罪羊，在群际接触中代表其所在的群体，作为成员认同的象征符号（symbol）。

这种分析方式坚定地以群体凝聚力模型为基础。领导因为实现了群体共享目标和将内群和谐最大化而成为群体凝聚力形成的中介。基于平等理论的人际交易视角（比较 Berkowitz 和 Walster，1976）认为，领导促进了群体成员需求的满足，所以成员回报领导以权力。但是，承认领导具有"体现规范"和"作为认同符号"的功能则意味着领导不仅仅是促成喜爱的中介。认同在这里是在严格的弗洛伊德的意义上被使用的（Freud，1922；Scheidlinger，1952），它指"追随者"内化了领导的特质，因为领导在群体中扮演着"父亲形象"（father figure）。

依照社会认同的语言，领导被认为是最具群体刻板化特征的成员或者被认为是群体的原型（prototype），是体现所有群体特征的最好例子，因而也就最好地代表了群体。自我范畴化会促使成员参照群体原型来进行自我描述，同时也会促进全体群体成员（包括领导）之间的社会吸引。矛盾的是，领导作为最具原型性的群体成员，要在根本上不同于群体整体的观点、行为等。这个矛盾之所以出现，是因为群体作为一个整体依赖领导来定义群体的本质（nature），群体因而将合法化权力赋予领导，使其能够强加他或她所偏好的个人做法："最终，一个真正的领导不是寻求共识的人，而是一个形塑共识的人。"（马丁·路德·金：

《我们前往何处：混乱还是和谐？》，1967；参见第八章对领导及其在群体中的社会影响的讨论）在小的决策群体或实验室群体中，这一过程也许表现得并不明显，但是，在以群体盲思为特征的总统委员会中，这种表现是显而易见的。让我们想想一些大规模的社会现象，如希特勒与纳粹、阿亚图拉·霍梅尼和穆斯林宗教激进主义、拉杰尼希与"黄衣人"、吉姆·琼斯与琼斯敦惨案（参见第七章），从中我们可以看到处于支配地位的权力精英怎样成为领袖人物，这些权力精英能够向追随者灌输某种意识形态和有关现实的某种观点，同时我们也能看到支配群体如何拥有其追随者所不享有的个人自由和特有癖性。

结　语

在本章我们向读者展示了社会认同路径如何克服了小群体动力学传统的社会凝聚力模型或社会依存模型所具有的一系列理论和经验局限。尤其是，我们讨论了人际吸引在群体行为和群体凝聚力中所扮演的角色，并介绍了两种吸引形式之间的理论区分：社会吸引（群体成员之间的吸引）和个人吸引（基于个人关系的吸引）。同时，我们也指明了这种区分是如何影响当下个人关系研究中的概念化方式和人际吸引研究中的发现的。最后，我们勾画了社会认同路径在相关领域中的一些应用。在第八章，我们将讨论怎样从社会认同视角来解释群体极化现象（一个小规模的面对面的群体经过讨论后会做出比个体更极端的决定）。在第六章和第七章，我们会关注在群体中群体对个人的影响。

推荐阅读

Blumberg（1983）、Crosbie（1975）、Kellerman（1981）、Lott 和 Lott（1965）以及 Paulus（1983）等人全面讨论了小群体动力学的相关

研究和理论。Lott 和 Lott 的观点是非常明确的：凝聚力是一种人际吸引。我们所参考的有关人际关系的文献在 Duck 和 Gilmour（1981）那里几乎都可以找到。豪格（1987）更详细地描述了社会认同论对吸引与群体形成两者之间关系的分析。

第六章　社会在场和社会表现

阿道夫·希特勒（Adolf Hitler）在他自身信念的驱动下终于载入了20世纪的史册，这不仅是因为纳粹骇人听闻的暴行，更是由于他雄辩的口才让人敬畏，20世纪30年代在纽伦堡参加群众大会的数万人完全被他的魅力所征服。在这类事件中，分离的个体看起来彻底转变成为一个拥有共同志向的统一整体。这一章我们将讨论他人在场对个体的影响。我们将要探求的一些主题包括：他人在场以怎样的方式促进特定的行为表现；他人在场时行为和观念的传染（contagiousness）；他人在场时，去个体化的人们会丧失他们的自我觉知（self-awareness）和个体性（individuality）；他人在场时，行为有明显的自我呈现和印象管理的向度。

导　言

正如我们在第五章所看到的，群体事实上存在于个体之中（groups exist within individuals）。对于社会学家来说，这一点不足为奇。但是，

第六章 社会在场和社会表现

从一开始,社会心理学的理论主旨就是要将群体视为某种类型的社会外套(social clothing),群体可以用来抵御环境的影响、促进某种行动、标示个体的态度。一个人可能今天穿套装,明天穿牛仔;上班时穿工作服,在家时穿家居服。虽然对于穿什么,会有一定选择的自由,但是特定服装的质地会束缚我们的行为(例如过去穿的鲸须束腹紧身衣,或经常穿的紧身牛仔裤)。无论穿什么衣服,人们本身基本上没有太大的变化。社会心理学家通常会问:群体对个人有怎样的影响?他们试图考察"个体穿上群体外套后"会表现出什么样的行为。本章会追述这些问题从1897年开始一直到今天的发展。在本章开篇,我们首先考察社会促进理论和社会影响理论,然后转向有关自我觉知和自我呈现的更宽泛的主题。我们对商议和谈判的讨论会强调自我与他人双方的在场和表现所具有的社会性特质。我们注意到一直存在着这样的问题:每一次在社会认同分析可以作为一个有用路径而发挥作用的关键点上,研究者都表现出退却,转而去追寻个体主义的路径,认为对群体行为的解释应该致力于考察个体对个体的影响。而在本章不断展开的进程中,社会认同路径的意涵和影响会不断地得以探求和发展。

我们很难想象会有一种社会心理学可以不考虑这样的事实:人们度过的大部分时间都是在与他人发生某种关联(Robinson、Converse 和 Szalai,1972)。我们在独处时也会投入大量时间为这种社会行为做准备,例如,设想一位朋友会对我们的要求做出怎样的回应、为圣诞节选礼物、参加考试、参与面试等。因而,即使是独自一人,我们在心理上也是被他人所包围的。我们将这种现象称为他人的社会在场(social presence of others),无论这种在场是真实的还是想象的(real or imagined),它都会对社会行为产生影响。在本章我们将会考察社会在场所产生的影响的数量与性质。

社会在场

在1954年,G. 奥尔波特曾经有过这样的评论:"首要的实验问题

（也是头30年实验研究中唯一的问题）是，当有他人在场时，个人常态下的单独表现会发生怎样的变化？"（Allport，1954：46）当然，也正是这个问题将心理学转变成了社会心理学。排队等一辆巴士时的感受和独自一人等候时的感受会有不同吗？当有乘客在车里时，驾车的方式会不一样吗？与独自一人工作时相比，人们与其他人共同完成某项任务时，工作效率是更高还是更低呢？

这一领域的第一个社会心理学研究是由特里普里特实施的，他考察了自行车比赛的记录，观察到一种现在为我们所熟知的现象：同那些与领赛者（pace-maker）竞争的自行车车手相比，那些与同场比赛的人展开竞争的自行车车手速度更快，但是在这两种情况下，参赛者的速度都快于独自骑车的选手，即使他也是争分夺秒的（Triplett，1898）。特里普里特提出这样的观点：人们的表现会因他人在场而得到提升。他组织了一群孩子，让他们坐下来给钓竿缠线。与独自一人做事时相比，当有另一个同伴在场时，孩子缠线的速度会更快。

社会促进

现在人们已经知道这种影响就是社会促进效应（social facilitation effects）。在特里普里特之后，该研究领域的一个显著特征是，绝大部分研究是以动物而不是以人为对象。结果，最终出现的理论是去社会的和还原论的（asocial and reductionist）。扎约克和Cottrell对这方面的研究做了很好的总结，他们将相关研究区分成两类（Zajonc，1965；Cottrell，1972）：关于共同行动（co-action）的研究，比较了完成同样任务的单独个体和群体中的个体；观众（audience）研究，比较了在私密与公开情境下单独个体的表现。大部分动物实验使用的是共同行动范式，研究对象是一系列各异其趣的物种。但是，他们所观测的行为通常本质上是习惯行为，而不一定是社会行为。这些行为从蚂蚁挖洞到小鸡、犰狳、负鼠吃食。在所有案例中，在有同一物种的其他动物在场时〔这被称为"同物种在场"（compresence）〕，人们都会观察到"更多的"行为。在一种与人类略微有些关系的实验情境下，研究者看到，性放纵同样具有传染性：在有其他大鼠夫妻在场时，这对大鼠夫妻交配的次数更频繁，速度也更快。但是，另一方面，共同行动也会阻碍表现，尤其是那些包含学习的任务（如那些以绿金翅、长尾鹦鹉和蟑螂为对象的研究）。

F. 奥尔波特要求人类被试完成一系列任务，有时是独自一人进行，有时是与一群人围在一张桌子旁共同完成（Allport，1920）。当与其他人共同行动时，人们在某些任务上的表现被提升，而在另一些任务上的表现则受到阻碍。当研究设置被动观众（passive audiences）在场时，结果也是不稳定的，有提升也有阻碍。例如，Bergum Lieutenant 发现，国家卫队的受训者在有中尉视察时表现得更警觉。但是，Pessin 也发现，相对于独自学习的情况，当有一名观众在场时，被试学习无意义音节时的表现更差（Pessin，1933）。

面对明显矛盾的经验发现，扎约克得出这样的结论：社会促进研究已经陷入了困境，所以建议以 Hull-Spence 的驱力理论来解决这个问题（图 6—1）。刺激物激发了习惯（habits），而每个习惯都有某种既定的力量。当驱力（drive）增长的时候，人们做出的回应更有可能是在层级中居于主导地位的习惯（dominant habit），而附属地位的习惯（subordinate habits）则被阻碍。扎约克主张，同物种的单纯在场（mere presence）是驱力的一种固有释放阀（releaser），因此会鼓励个体做出主导地位的回应（dominant responses）。这意味着，如果经历了许多实践，或者有一种根深蒂固的习惯，那么同物种在场会使人们更可能做出恰切的回应。相反，如果人们在一项任务上正处于学习阶段或刚刚习得某项技能，那么不恰当的回应就居于主导地位，因而，其他人在场会阻碍正确但居于附属地位的回应。与这一过程有关的一个日常例子是学习驾车：一名熟练的司机在载着一名乘客时，他表现得驾轻就熟；而对于一名新手来说，与他独自驾车时相比，当有乘客在时，他会手忙脚乱。

扎约克对他的理论过于自信，所以他轻率地对学生做出这样的建议：

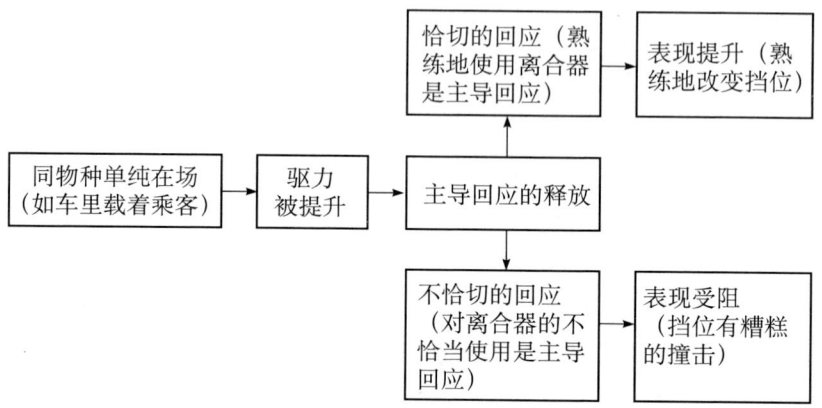

图 6—1　扎约克关于社会促进的驱力理论：应用于对汽车挡位改变的解释

学生应该在一个单独的小房间内学习，但安排他在有许多其他学生陪伴的情况下参加考试，还可以在舞台上当有大量观众在场时进行某项测试。他的测试结果将会大大超出他自己的预期，当然，其前提是，如果他对学习的材料已经熟练地掌握。

(Zajonc，1965：274)

但是，如果进一步考察，我们就会发现，社会促进理论宏伟大厦的地基似乎并不牢靠。该理论的一个主要问题来自于它自认为的简约性。扎约克认为，单纯在场是驱力（drive）的一个固有来源（innate source），它适用于所有物种，因而在每一个物种那里都会有同样的效应。但是这种假设得到支持了吗？

扎约克的假设引发了一场争论。Cottrell 主张，观众在场会导致"评价领悟"（evaluation apprehension）（即对消极或积极结果的预期），这是驱力的一个习得性来源（a learnt source）（Cottrell，1972）。因而，如果潜在的观众是蒙着双眼的，或者他们不会给出评价（Henchy and Glass，1968），那么，观众在场对个体表现的影响很小（Cottrell et al.，1968）。但是，Markus 发现，一个实验技术人员的单纯在场（mere presence）会促进被试穿熟悉服装的速度，但会阻碍被试穿不熟悉服装的速度（Markus，1979），这一发现与扎约克的观点相一致。

1977年Geen和Gange得出这样的结论：12年的研究至少支持了驱力理论对这些效应的解释。扎约克宣称，单纯在场会提升驱力（drive），因为驱力代表人们在面对内在"不可预测性"时的一种准备状态（state of readiness）（Zajonc，1980）。Sanders认为驱力来源于由他人在场所导致的注意力的分散和注意力的冲突（Sanders，1981），但是，最近的研究揭示出，这种效应本身具有高度的不可靠性（Bond和Titus，1983）。Guerin和Innes（1982）的回顾只发现了十个研究是支持扎约克的模型的，尽管如此，他们还是坚持从不确定性和唤起（uncertainty and arousal）的角度来做出解释（例如，Guerin，1983，1986）——虽然这个概念与驱力概念不同，但两者是有关系的（参见Berlyne，1979）。他们强调唤起出现的社会基础，但是没有阐述下述事实：几乎没有令人信服的证据证实他人在场一定会提升唤起（Kushner，1981）。

核心问题关乎"驱力"这个概念。对于"驱力"是什么以及怎样测量它，仍旧没有明确的答案。Glaser主张，驱力只是一个数学构念（Glaser，1982）。如果真的是这样，社会心理学家正在探求的也许是一个并不存在的东西。即使驱力确实存在，将行为划分为回应层级的做法也是不合理的（即将回应划分为主导回应和附属回应）。当然，熟练的、居于主导地位的习惯性回应可以在实验情景下创造出来，但是公共行为很少是如此容易测量的。首先，很难明确说明什么构成了一个"回应"（response）。想象一下，如果你正听一场钢琴独奏会，那么，一个"回应"是每个手指在琴键上的移动，还是在任意一个时点上音符的构成，抑或是一支曲子、一个乐句或者一个完美的乐章？你怎样判断演奏者的表现，是通过他们正确弹奏的音符的数量，还是更加关注音符被弹奏的方式？

有关社会促进的驱力理论本质上是还原论的。驱力理论家的视角与Davies的观点非常一致，Davies认为："大部分人类情感活动在有机系统上根植于脊椎动物数十亿年的进化，在基因上也是这种进化的结果。"（Davies，1980：68）的确，Davies 赞成这一事实："那些非刺激—反应学派的心理学家似乎已经忘记了他们自己的膝跳反射，他们拒绝承认人的行为中确实存在着有机元素。"（Davies，1980：68）为了更清楚地表达自己的意思，Davies 引用了 MacKenzie 的观点："任何观点如果在生物学上是真实的，那么它们在社会学那里就具有同样的真实性。"（MacKenzie，1978：92）

更具社会性的应用出自 Cottrell 的理论版本，例如，Wine 对于在考试焦虑方面性情差异的处理（Wine，1971，1980）。Cottrell 以两个因素即任务难度和个体能力来解释表现。但是他忽略了这个事实：大部分"在场"本质上都是社会的。这不仅影响表现的水平，更会影响表现的内容。因而，大部分表现也是社会的——主要服务于人际关系、自我定义、沟通等。认识到这一点仅仅是向将表现"社会化"的方向迈出了一小步。在这里我们讨论其中的三个领域：社会影响、自我觉知和自我呈现。

社会影响

依照拉塔尼和 Nida 的定义，社会影响（social impact）是指"因受到他人在场和他人行为的影响，个体的人或动物在心理状态和主观感受、动机和情绪、认知和信念、价值和行为等方面发生的改变。他人在场和他人的行为可能是真实的，也可能是暗示的或想象的"（Latané 和 Nida，1980：5）。他们提出了社会影响的三个原则。第一，社会影响的大小是出现在特定目标（表演者、行动者等）所处环境中的下述多种因素作用的函数：影响源（如观察者）的力量强度（strength）（如地位、权力、重要性等），影响源的直接性（immediacy）（即时空的接近性），以及影响源的数量（number）。第二，每增加一个人所产生的相对影响会逐渐下降（一个人和两个人之间的差异比 99 个人和 100 个人之间的差异更重要）。第三，当一个目标个体只是一群目标中的一部分时，观察者的影响就会被这些目标所分配，因而观察者对每个目标个体的影响也会下降。随着影响源人数的逐渐增多，人数增加所带来的影响增量将越来越小。与此相似，随着目标对象人数的增多，影响因分配而导致的下降也越来越小。拉塔尼和 Nida 甚至有些骄傲于他们的理论是建立在物理学、工程学和经济学的原则基础之上的。至于这样的理论化方式是否适合人类社会生活，他们竟然没有提出质疑。尤其是他们没有看到不同规模的个体集合其效应的不连续性（参见第五章对社会影响理论的深入批评）。

有一些证据支持拉塔尼的模型。例如，研究人员要求被试做出拍手和欢呼的动作，结果发现：当被试认为他们是独自一人做出这种行为时，他们比认为自己是在一个群体中做出这种动作时制造出了更大的声音；当被试认为他们自己的表现是能够被单独辨识出来的时候，他们比认为自己的表现不能被看得出来时制造出了更大的声音（Latané、Williams 和 Harkins，1979；Williams、Harkins 和 Latané，1981）。这些证据让人们相信，群体在其成员中制造了"社会懈怠"（social loafing），因而也就支持了反集体的立场。好一点说，群体中的行为是懒惰的（Jackson 和 Williams，1985）。悲观一点说，社会懈怠是"一种疾病，它对个体、社会制度以及其他方面都有负面影响"（Latané et al., 1979：831）。不仅如此，人们倾向于将一个可观察的现象（产出的下降）与一种因果过程（社会影响）混淆在一起。因而，在约翰·列侬（John Lennon）和保罗·麦卡特尼（Paul McCartney）由原来的单独创作转变为合作之后，甲壳虫乐队歌曲的质量下降了，这可以被看做是社会影响的结果（Jackson 和 Padgett，1982）。但是，有人也许这样认为，他们是为不同的观众写歌，音乐排行榜和唱片的销量并不能作为歌曲质量的衡量指标。社会影响理论的其他扩展可以参见第七章和第八章。

一方面，他人在场会促进表现；另一方面，合作又会阻碍表现。Paulus 试图化解存在于这两种观点之间的分歧，将它们整合成一个关于群体任务表现的认知—动机模型（cognitive-motivational model）（Paulus，1983）。这个模型起初在复杂任务和简单任务之间作了区分，然后描述了努力（effort）、唤起（在概念上与驱力相似）、与任务无关的加工过程（task-irrelevant processing）等因素的影响。群体对个体的表现会有积极或消极的影响（如分别在内群合作或内群竞争时），影响会随着群体规模的扩大而增长。

该模型指出：如果群体规模的扩大更有可能产生积极的社会结果（如赞同），那么个体的努力（effort）将会增加，表现会被促进；如果消极结果被减少，那么，与任务无关的加工、努力和唤起也会随之降低，只有在复杂任务上的表现才会被促进。

这一模型的效用是有限的。我们已经说过，我们对驱力和回应层级等概念持保留意见。这里的关键问题是"群体"应该如何被概念化。从社会认同的视角来看，如果我们对个人与群体的关系没有一个明确的概念，那么对"社会结果"（social consequences）、"任务难度"和群体规模的讨论就没有任何意义。对于一个群体来说最重要的是辨识出要完成的是什么任务，为了达到什么目标。如果影响源被看做是一个外群体，那么成员数量所产生的影响力也许会发生非常大的改变（比较 Abrams 等，1986；Mullen，1983，1984）。

自我觉知

在有关社会表现的理论中，最重要的发展是 Duval 和 Wicklund 的客观自我觉知理论（theory of objective self-awareness）（Duval 和 Wicklund，1972）。他们认为，表现的提升不是来自于驱力，而是来自于自我评价过程，而该过程源于对自我的关注。在讨论该理论的基本要点之前，可以先笼统地说，自我觉知让人们注意到自己的实际状态或成就与期望状态或雄心之间存在着差距。这种差距让人感觉不快，为了避免这种不快，人们或者回避自我觉知，或者通过努力降低这种差距。

虽然不同类型的自我关注刺激物所产生的影响会略有不同（Abrams 和 Manstead，1981），但是当人们将注意力集中于自我时（通过"反映性"刺激物，如镜子、观众、照相机等），人们在简单任务上的表现会被提升（Wicklund 和 Duval，1971）。之所以不同类型的自我关注刺激物所产生的影响会有不同，其中的原因很明显：从镜子里看自己，会使某人意识到脸上的污迹，但他或她并不会为此感到不安和焦虑；但是，如果同样的污迹被潜在的评判性观众所看到，那就会令人非常尴尬！

以自我关注解释社会在场效应，为之前的模型增加了两个重要维度。它将自我概念（self-concept）作为核心变量引入，同时，它拓展到了对内容领域的讨论，这样一来，自我关注就比任务表现（task performance）更加有趣（也更加社会）。自我觉知理论家指出，同样的效应可能是来自于观众在场，也可能是来自于镜子或相机等，由此他们试图向我们证明，"在场"（presence）主要是社会心理变量而不是物理变量（比较 Carver 和 Scheier，1978）。其中一个主要发现是，自我关注使人们更清晰地意识到自我的一些显著面向（salient aspects）（Wicklund，1980）。因而，一个镜子在场会强化我们对合意或不合意图像的反应（Scheier 和 Carver，1977），提升因愤怒而发动攻击的可能性（Scheier，1976），改善对不同味道刺激的辨别能力（Gibbons 等，1979），让我们做出更真实的自我报告（Pryor 等，1977）。自我觉知不仅会使情感更加凸显，而且也会让个人态度（Scheier 和 Carver，1980）、道德（Gibbons，1978）和自我归因（Duval 和 Hensley，1976）更加显著。因而，社会促进现象看起来可以被纳入自我关注理论（self-attention theory）之中（Carver 和 Scherer，1981a，1981b；Hormuth，1982；Wicklund，1980），可以应用后者来解释一系列更有趣的社会现象。

自我关注理论有三个变体，每一个变体讨论的重点不同。Carver 发展了一个控制论模型（cybernetic model），在这个模型中，自我关注涉及对行为是否符合标准的"检测"（Carver，1979）。当个体关注自我时，他或她可能会为完成一项任务而更加努力，也有可能更加退缩，这取决于他或她对成功的预期。Carver 的贡献是巨大的，特别是在认知方面。

Buss 和 Scheier 追寻一条不同的路径（Buss，1980；Scheier，1980；Fenigstein、Scheier 和 Buss，1975）。社会心理学中充斥着从不同角度对自我进行的区分（参见 Burns，1979；Gergen，1971，1982b；Higgins、Klein 和 Strauman，1984），自我觉知理论家采纳的是自我的私下向度与公共向度区分（private and public aspects of self）。私下自我是隐秘的、观察不到的（情感、态度等），而公共自我是公开的、可以被他人监察的（如外貌、衣着、交谈等）。不同的刺激物会将注意力导向自我的不同向度，但是，在私下与公共自我觉知［被称为"自我意识"（self-consciousness）］方面似乎也存在着个体之间的性情差异。依照 Scheier 和 Carver 的观点，那些私下自我意识高的人被认为"特别关注自身的思想、感觉、态度和其他自我向度"，而那些公共自我意识高的人则"更加通晓其他人如何看待他们"（Scheier 和 Carver，1981：193）。在有关自我觉知的研究领域，公共—私下的区分影响甚广，在一定程度上决定了群体对个体的影响如何被概念化。稍后我们会讨论这个有关自我结构的模型对于解释群体行为的意义。

自我觉知理论中最偏重于社会的版本是由 Wicklund 提出来的（1980，1982），他从威廉·詹姆斯和 Tomatsu Shibutani 那里获得了灵感。同样是在 Wicklund 的著作中，我们找到了对群体与个人之间关系的最清晰的表述。他将社会看做是一个框定人们生活的社会群体，他认为，当人们发现自己不同于其他人时（Duval，1976），或者是在惯常秩序被打乱的场景下，自我觉知就会出现。进一步说，"自我的动态向度（例如情感或强烈的动机状态）通常优先于自我的稳定向度（价值、逻辑思维）"（Wicklund，1982：218）。社会压力只在缺乏强烈内在情感的时候才会产生影响。贯穿于自我觉知理论的这类主张建立在下述假设基础之上，即个体比群体更有效力，两者在心理上是截然分离的（当然，这个观点显然与社会认同视角相对立，后者认为社会存在于个体之中）。在第七章讨论去个体化理论时，我们将会描述上述理论主张是如何自圆其说的，事实上，当依据私下与公共自我关注来解释社会影响时，这种有关个人与群体相互分离的假设就已经存在了。

社会表现

Scheier 和 Carver 认为："只有在自我向度（self-aspect）被当做自身关注的客体时（至少是暂时的），自我的私下或公共的向度才会影响个人行为。"（Scheier 和 Carver，1981：192）当公共自我受到关注时，个体会为了被社会接受而服从或遵从群体规范。例如，摄像机的存在会促使个体赞同积极参照群体的态度（Wicklund 和 Duval，1971），同时，在作心理物理学判断（psycholophysical judgments）时会依赖规范性信息（Duval，1976）。公共自我也使个体更加担忧自身的表现是否会逾越规范标准（即社会标准），而不太关心其是否符合个人抱负（Diener 和 Srull，1979）。当有一个评价性观众存在时，被试会更加遵从社会规范（为了避免惩罚）；而当有一面镜子在场时（产生私下的自我关注），被试会更加坚持个人态度，即使个人态度与社会规范是矛盾的（Froming、Walkerm 和 Lopyan，1982）。无论自我关注是由情境决定的，还是由性情决定的，对私下自我的关注都会阻碍态度的改变，而对公共自我的关注则会在人们有了与原初态度相反的行为之后，促进态度发生改变（Scheier，1980）。

这些发现让我们很自然地赞同这一观点，即我们可以从自我呈现和"社会赞许性"回应的角度来解释遵从（第八章会详细讨论这一主题）。例如，Froming 和 Carver 发现，当一个真正的被试与其他三个虚假被试一同完成一项判断任务时，对私下自我的觉知与对三个虚假被试的遵从两者之间存在着负相关，而对公共自我的觉知与遵从两者之间存在着正相关。Carver 和 Humphries 发现，对古巴裔美国人（对他们来说，古巴代表一个负面的参照群体）来说，当他们的公共自我意识高时，他们对卡斯特罗政权表现出了更多的敌意（Carver 和 Humphries，1981）。

相反，如果人们关注的是私下自我，他们就不大可能遵从来自其他个体的压力。Wicklund 倾向于避免在公共—私下之间做出区分，但是他仍旧坚持"一个高度显著的、自由的行为承诺对于自我觉知的意义要大于外部的群体压力"（Wicklund，1980：204）。自我觉知对群体的主要功用是，它让个体在进行自我描述时更加"准确和诚实"，并且更有可能从个体所属的群体来预测个体的行为（wicklund，1980：204），换句话说，自我觉知增强了群体控制个体的能力。在第七章，我们会返回自我觉知理论。现在，我们将要讨论的是，群体对个体的影响主要是一种自我呈现现象（self-presentational phenomenon）。

自我呈现

Bond 提出，社会促进效应经常是行动者关注自我呈现的结果（Bond，1982），也就是说，表演者试图在他人面前树立一种能干的形象。对成功或失败的预期（与任务难度有关）会分别导致表现的提升或下降。Borden 在他的述评中指出，社会心理重要性这个变量是指观众被目标个体所感知到的性质（nature）（参见 Borden，1980；也可参见 Hollingsworth，1935；Paivio，1965）。例如，相对于女观众在场的情况，男观众的在场会导致更多的攻击行为（Borden，1975）。但是，Borden 只是触及了观众影响行为内容的可能性这个问题。他指出，只有当每名观众都被认为会贡献某种新的评价意涵时，观众数量的增长才会产生影响（Wilder 1977 年在讨论遵从时有相似的观点；也可参见第八章）。因而，一名男观众和两名男观众并没有不同，因为他们属于同一种性别，所以他们的评价意涵是一样的。很明显，这与源自社会认同视角的社会范畴化原则是相似的。如果观众能够被范畴化，那么它的影响就是来自与范畴相关的刻板化特征，而不是来自其成员的具体特征。这样看来，社会在场之所以会影响社会表现是由于在心理上，"观众"与目标对象本人的关系不同，因而他们以不同的方式被范畴化（即分类）。

尽管如此，有关社会在场的研究几乎完全是在关注任务、技能和群体规模，并以它们为基础来预测社会表现的产出量（Mullen，1984）。表现的"社会性"（socialness）可以由行动者对公共与私下自我的关注来解释。例如，Green表明，对私下自我的关注会鼓励基于"公平"（equity；一种"内在的"标准）来分配报偿；而对公共自我的关注会鼓励"平等"（equality；借此创造一种良好形象），即使自我会因此遭受损失（Greenberg，1983a，1983b）。在群体背景下，个体会因群体表现的成功而要求奖赏，但是在群体表现失败时则不会有这种要求（如果这种要求是私下提出的）；而当其他群体成员能看到他们的要求时，情况则不同。在这种"公开的"情况下，被试在群体成功时要求的奖赏会比他们给其他群体成员的奖赏要少（Miller和Schlenker，1985）。对此，已有的解释是，在群体中人们进行一种自谦的（self-effacing）印象管理。

这些证据可以以社会认同效应来重新进行解释。既然群体行为是公开性的，自然也就是可交流的或可沟通的，因此，群体行为会（在成员心理上）强化作为群体成员的共识性的自我范畴化（consensual self-categorization）。在这种公共状况下，群体成员会体验到更强的内群相似性，因而也就不再将他们自己的贡献与其他内群成员的贡献区分开来。简单地说，人们通常假定的"群体中的行为是一种印象管理，而不是一个'真实的'自我"的观点看起来是站不住脚的。在此，我们略为偏离了主题，现在我们回到自我呈现理论。即使我们质疑自我呈现理论对群体影响的解释，我们也应该知晓这一主张的倡导者。

自我呈现理论源自于戈夫曼（Goffman）富有洞见的描述性工作，他将社会生活勾画为一系列的表演，像是一场拉开帷幕的戏剧（Goffman，1959）。在戈夫曼的模型中，重要的是这个假设：人们对于每种情境下的角色和预期是非常熟悉的，社会的顺利运转有赖于社会生活的参与者遵守人们为他们的角色所确定的社会行为规则。如果医生向病人泄露自身的从医史，病人会异常惊讶；如果一名参加工作面试的人反问面试官他为什么要在这个公司工作，面试官会诧异无比。依据戈夫曼的说法，互动顺利进行所需要的条件是非常基本的，互动的参与者要以各种方式维持彼此的角色。

社会心理学采纳了戈夫曼的观点，但是强调的重点有所不同。社会心理学的理论不再关注呈现（presentation）与互动，而是专注于自我与动机。因而，Jones将"奉承"（ingratiation）视为一种策略，人们借此影响其他人对他们行为的归因（Jones，1964），所以人们会调整他们的态度表达，以迎合观众的口味（Newtson和Czerlinsky，1974）。那些在一项任务上表现差的人也许会夸大他们完成另一项任务的能力（Schneider，1969）。

在这样的模型中，社会表现（social performance）是狡诈的、玩弄策略的手段和计谋，人们利用这些手段及策略欺骗他人，以获得对他人的影响力（Jones和Pittman，1982）。似乎那些小说或电影的主题（例如电影《骗中骗》，本·琼生的戏剧《狐狸》，或者《小红帽的故事》）是思考自我呈现的唯一可行的路径。在这样的世界中，人们会采取"自我阻碍"的策略（self-handicapping strategies），例如，在考试前一天晚上故意喝得酩酊大醉，目的是为了避免因失败而被指责为无能（Jones和Berlas，1978，Smith、Snyder和Perkins，1983）。人们有选择地建立自身与他人的关系，目的是为了受惠于他人"投射的荣誉"（reflected glory）——我们队干得漂亮/他们队输惨了（Cialdini等，1976），或者人们假装无助或羸弱，如果这样做可以得到支持和帮助的话（Baumeister、Cooper和Skip，1979；Rosenhan，1973）。

这些策略背后的目的有二：其一是影响观众对本人的看法，其二是服务于本人的自尊。一些行为是直接与自尊相关联的，例如，他人的嘉许会让自己感觉良好（Jones等，1981）；也有的时候，人们会创造一个受社会普遍赞许的公众形象，而无论观众是谁，此时自尊是被间接树立起来的（Baumeister，1982）。所以，群体的影响作用是激发出所有的技巧、招数，个体利用这些策略服务于自身的某种目的。

私下与公共的行为

从对社会表现的社会性质（social nature）的强调，到对自我呈现的个人基础的强调，这种重点的转移让我们又回到了私下—公共（private-public）的区分。此时的研究任务是，揭去行动者的面纱，让他们露出真正的内在自我，了解他/她的防御手段等。为了实现这一任务，研究者使用了精巧的装置，例如一种被称为"虚假连线"的方法（bogus pipeline method），在这种方法中，研究者将被试与一个假测谎仪接通（但被试不知其假），目的是防止他们说谎（Jones 和 Sigall，1971）。自我呈现也许会促成（create）自我形象的改变［而不是像伍迪·艾伦（Woody Allen）所塑造的人物"变色龙"那样，他会呈现出他所具有的全部人格和外貌］，但是，这通常被认为是自我呈现（self-presentation）的结果，而不是自我呈现这个整体的一部分（Jones、Gergen 和 Davis，1962；Jones 等，1981）。研究者投入大量的精力试图发展出关于自我呈现的策略、技巧和风格的分类学（Arkin，1981；Jones 和 Pittman，1982；Schlenker，1985；Tedeschi 和 Reiss，1981）。这种理论化方式表现出越来越少的社会性，相反，却具有越来越多的个体性。我们可以在 Snyder 的自我监控量表（Self-Monitoring Scale）中发现这种转变的完美体现（Snyder，1974，1979）。自我监控是一种体现个体差异的构念，个体为了适应观众，会调整自身的行为，而自我监控指的就是在这方面不同个体在能力和倾向上的差异，一些人愿意遵从任何受赞许之物或人，而另一些人则不为他们所动（Snyder 或 Monson，1975）。

上述路径将自我与社会对立起来。既然观众和行为者被看做是分离的实体（entities），那么任何类型的公共行为都可以以自我呈现的术语来解释。Schlenker 是个例外，他试图将两者整合起来（Schlenker，1984，1985）——自我可以是一个人自己的观众："行为是公共的还是私下的，这种区分并不重要，重要的是在某一时刻哪种背景（观众还是情景）对行动者是显著的。"（Schlenker，1985：82）但即使是 Schlenker 的路径也将我们束缚在个体层面的解释上。改变自身的态度，向他人展示吸引力等，这些都被看成是个人的软弱（如果"改变"和"展示"是真实的），或者被看做是个人的愤世嫉俗、怀疑一切（如果所做的仅仅是一种自我呈现的策略)。

社会认同与社会表演者

上述理论缺失了一个重要维度,即群体认同和自我范畴化。正如我们在第三章所看到的,群际区分源于社会范畴化,即使每个被试的行为是不可辨识的,情况也是如此。其他研究(例如,Turner 等,1984)表明,群体成员并不是从荣耀的投射中受惠,相反,他们在群体失败的时候比在群体成功的时候体验到了更强烈的认同。在第八章,我们将向读者证实,在群体背景下,当他人在场时,观念会发生真正的改变。我们不是以集体中的自我呈现来描述这一过程(集体中的自我呈现是说每个群体成员都希望能有超出其他成员的表现;参见 Orive,1984),而是以集体中的自我认同来描述这一过程(集体中的自我认同是指个体希望成为某一群体的成员)。例如,英国球迷在足球比赛时表现出的行为、衣着和忠诚是异常激进的,甚至让人惊异。在面对对方球队时,他们穿上本方的队服、高喊口号、慢吞吞地鼓掌,这样做的目的并不只是吓唬对方球迷,也是为了创造一种团结感和对自我的定义。对自己球队的支持不但是一种行为,也是对本方球队和它所代表的事物的认同的一部分。在比赛期间,裁判员判决的公正性、每支队伍的表现、所用策略的"肮脏性"等,球迷对所有这些的判断都是偏向于自己球队的,而当球迷单独一个人考虑这些事情时,则没有这么强烈的"偏差"(biased)。因此,将这种偏差仅仅当成是一种自我呈现的策略,则不再具有说服力。相反,我们可以认为,它反映的是一种显著的社会认同(Turner,1982),以及由自我刻板化过程(self-stereotyping process)所导致的感知和评价的偏差(参见第四章和第八章)。社会认同视角以自我定义的改变来解释社会行为的变化,而不是将其解释为自我呈现的策略。

我们并不是主张自我呈现不能发生,而是说明显不一致的社会表现来源于从个人认同到社会认同的转变。个体之间在自我呈现方面存在着天分上的不同，它会使人们在呈现自己不同的认同时表现出技能上的个体差异，但是这种差异远没有人们想象的那么显著。群体通常会促使不同个体表现出令人惊异的行为一致性（uniformity）（参见第七章）。总体效应（gross effects）（例如，球迷穿上同一颜色的队服）通常指涉的是行为的内容（穿或不穿这种颜色），而个体差异更多的是与行为的极端性有关的（一些人从头到脚都是某种样式的服装，而其他人则只是戴上某种徽章或围巾）。

因为多数社会行为都包含不同社会范畴或群体成员间的互动，所以，社会认同视角对于理解社会在场和社会表现至关重要。在学校中，大部分互动都受制于"教师"和"学生"这种范畴化区分。在工作场所，人们会与来自不同部门的成员进行互动（例如，货仓和销售部工人，或者销售和会计部的员工）。有证据表明，在上面两种场景下，群体认同既限制行为，同时也指导行为（Brown 和 Williams，1984；Emler，1984）。同样，失业人员会持续不断地与政府机关的人交涉。简言之，当我们与其他人交往时，经常代表某个社会范畴、群体或角色。他人在场的影响很少"仅仅"是中性的，它还体现着意义和目的（meaning and purpose）（Strauss，1977；Goffman，1959）。

讨价还价和谈判

上述思考将我们带入了社会在场研究的另一个领域，即讨价还价和谈判（bargaining and negotiation）。与谈判者（尤其是那些处理劳资关系的谈判者）有关的一个有趣问题是，他们有责任维护本方利益，但又必须在与对方互动的过程中实现这一目的。双方的沟通要想顺利进行，谈判者之间最低限度的个人敌意是必不可少的。Stephenson 已经阐明了人际约束和群际约束之间的潜在冲突所具有的理论意义（Stephenson，1981，1984）。大部分关于讨价还价的研究都专注于讨论双方怎样才能达致"成功的"结果（即同时满足双方的目的），这与群体影响研究所关注的任务表现（task performance）是相同的。一个广为接受的假设是，超然目标和合作是双方达致成功结果的关键条件。无论是对于谈判者之间人际关系的维持，还是对于他们所代表的双方，成功的或满意的结果都是重要的。Stephenson 认为，大部分关于人与人之间讨价还价的研究都是个体主义的：

> 个体关注的是一致意见或成功（无论这种关注源于什么），而不是对手的可信性。正是这种关注决定了策略的选择，进而也就决定了取得满意结果的机会。讨价还价者通常都是在人际交换上争论不休。
>
> （Stephenson，1981：176）

他引用了有关博弈和谈判研究的述评，所有这些研究都赞同从人际讨价还价推论到集体讨价还价不存在任何问题（例如，Kilmoski，1978；Pruitt 和 Kimmel，1977），然而这些研究忽略了双方代表人的角色限制对成功结果的取得构成了阻碍（例如，Druckman，1978）。确实，一些研究者这样认为，代表人的角色，各方立场的公开呈现，这些都不利于达成成功结果，更合理的解决方案是让代表人远离公众的目光（McGrazth，1966；Rogers，1969）。Stephenson 追随 Douglas（1957）的看法，承认下面这种观点的荒谬性：

> 人们认为自由的谈判群体会商定出合适的解决方案，这意味着谈判完全可能独立于群体之间的关系而发生。但事实上，谈判是群际关系的结果，它自身没有独立的合法性。
>
> （Stephenson，1981：180）

集体谈判的另一个有趣特征是，它通常要持续一段时间，双方要经过一系列的讨价还价。谈判参与者的社会在场不是"一次性的"机会事件，它是关系发展必不可少的一部分。Stephenson 和他的团队认为，老练的谈判者会有意促进或降低双方的个人在场（感知上的个人在场，即代表的是个人，而不是某个群体），从而与（地位相等的）对方创建合约。如果谈判是以群体对群体的模式发生，客观上更强的一方更容易胜利（Morley 和 Stephenson，1970）。相反，如果谈判是在人际层面上发生，那么弱势的一方将占据更有利的位置。增进亲密性和个体性的因素（例如，一对一、面对面的会议）倾向于提升谈判者之间的人际互惠或公正。如果谈判是通过电话进行的，人际考虑会减弱，而群际模式占据主导（Rutter 1985；Rutter and Robinson 1981）；如果谈判是面对面进行的，行为的人际显著性则凸显出来。因而，群体之间的谈判不是分裂的、有偏差的、非理性的或固执己见的，它通常是任务取向的、理性的和全面透彻的。Stephenson 和 Tysoe 在实验中直接操控谈判者之间的关系（人际层面或群际层面），研究结果直接支持了这种观点（Stephenson 和 Tysoe，1982）。

研究重点由群际谈判转向了人际谈判，这与一个具体谈判的发展过程是一致的。在通常情况下，双方一开始站在群际层面上，而一旦彼此的立场确立，讨论将更加开放活跃而不是呆板教条。如果要求一位不知情的评判者依据谈判记录辨识出谈判者的立场，那么他们在谈判刚开始时的猜测是更准确的。换句话说，随着谈判的推进，谈判者会通过将双方的意图和立场整合起来从而达成和解（Douglas，1962；Morley 和 Stephenson，1977）。一些谈判有时需要引入仲裁人，依据 Webb 的观点，仲裁人在谈判的人际阶段承担一定的职责（Webb，1982）。也就是说，谈判开始时双方采取的是完全不同的立场（各自要求金钱、资源、假期、地位等，这是谈判的群际阶段），之后仲裁人出现，他以人际模式来处理双方的关系，而人际模式对于冲突的解决是必需的。仲裁人的角色是回避分歧，强调双方的共同利益，使双方对所商讨的问题达成一致意见。

Stephenson 的研究工作有力地证明，个体行为与群体行为之间存在的是质的差异，而不是程度上的不同，我们不能从一种行为直接推论另一种行为。如果回忆（memory）不再是个人行为，而变成一项群体任务，那么即使是像记忆这种看起来很"基本的"过程，它的运作也会完全不同（Stephenson、Brandstätter 和 Wagner，1983；Stephenson 等，1986）。合作的群体回忆比个体回忆倾向于更具体、更少解释性。集体回忆也能够激发更强的信心（无论回忆是对是错都是如此；参见第五章关于"群体盲思"的讨论）。进一步说，如果个体与其他群体成员合作回忆，但每个人是私下完成各自的任务，那么上述效应则不会出现。换句话说，创造一种群体产品不同于每个个体单独、同时生产某种产品。"回忆"的例子与社会规范的创造（Sherif，1936）或群体极化的例子相似（Wetherell、Turner 和 Hogg，1986；参见后面第八章），如果先是大家共同做出判断，之后再由每人脱离群体给出他们自己的判断，那么群体判断的影响在成员单独做判断时依旧存在。社会认同能最好地解释这种现象：社会认同即群体与自我的不可分割性。

表演的社会性质

在本章我们指出，社会表现的相关研究存在着一个严重谬误，即认为有关单纯在场（mere presence）的研究可以让我们了解社会在场（social presence）。与之相似，有关"任务"表现（task performance）的研究不一定有助于解释社会表现（social performance）。过度执著于"人们怎样可以表现得好"，就遮蔽了更基本的问题："表现是什么，它是由谁实现的，它是为谁实现的？"这里，我们并不是将社会促进理论家当做稻草人，而是试图向读者表明，社会表现理论有偏好于个体内解释的传统，没有恰当地考虑行为的社会基础。我们可以将社会心理学中有关自我意识和自我呈现的理论与社会学先驱的相关理论作一对比，这些社会学先驱包括库利（Cooley）、米德（Mead）和戈夫曼。

无论是社会学还是社会心理学，"自我"（self）都是核心概念。虽然在自我的不同面向之间不乏各种区分，但是这两个领域的理论家还是在"自我存在"与"自我意识"之间划分了界线（例如，James，1890；Mead，1934），社会心理学家越来越强调自我的结构与内容（Higgins、

Klein 和 Strauman，1984；Markus，1977；Markus 和 Nurius，1984），而社会学家则更强调作为一个过程的自我（self as a process）。因而，库利引入了"镜中我"的概念，他主张：

> 让我们感觉骄傲或羞愧的并不是我们对自身的一种简单机械的反映或反思（reflection），而是一种被归予（imputed）的感觉，这种反映或反思会对另一方的心智产生一种映像的影响……另一方的品格和重要性……会让我们有完全不同的感受。
>
> （Cooley，1902：380）

但是，米德有更加明晰的表述：

> 自我，作为自身的客体，本质上是一种社会结构，它产生于社会体验（social experience）……不可能脱离社会体验而想象出一种自我。
>
> （Mead，1934：384）

上面这两段引文体现了我们是基于怎样的基础来批评社会表现理论的。如果自我是一种社会结构，那么他人的客观在场（physical presence）就不再如人们所设想的是一个如此关键的变量；相反，他人的社会在场（social presence）（存在于心理或现实中的观众的性质）才是影响社会表现的变量。但是，在这个方向上，我们比 Wicklund 走得更远。Wicklund 认为，社会世界为人们在自我觉知情况下的行为走向提供了标准或目的（end-points）（Wicklund，1980，1982），而从社会认同的视角来看，社会世界提供了潜在的自我定义，这种自我定义牵涉到信念、情感和动机。

我们怀疑下述观点的有效性（utility），即同物种在场会创造出普遍性的驱力（generalized drive），同时我们试图猜测是否存在有关同物种在场效应的普遍的超特异性法则。相对来说，驱力（drive）概念是没有意义的。如果他人在场是一种能够赋予能量的因素（an energizing factor），那么当"主导"回应是一种无行为（inaction）回应时（一些学生在听讲座时经常睡觉）会发生什么？我们可以采取这样一种更加可行的主张：他人在场具有某种特定的意义（威胁、支持、尴尬、骄傲、可观察性、一致性等），这种意义可以通过某人的自我形象（角色或群体资格等）来解释，也正是这种特定的意义为人们选择某种行为方式提供了动机。这些社会动机比驱力概念更确切，在概念上也更有用。为了寻求关于这种社会动机的直接证据，我们可以转向最简群体实验（参见第三章）。在大部分最简群体实验中，被试都是同处一个大房间，各自落座，研究人员向他们做了保密性的保证。被试知道他们自己的范畴，但是不知道其他人所属的范畴。匿名个体的"单纯"在场似乎应该有简洁而一致的效应（驱力或自我觉知被提升，主导回应得以释放），但是，因为单纯在场的社会性质的存在，被试在内外群成员之间做出了一种认知区分。事实上，不存在任何"主导"回应（比较 Billig, 1973），被试针对内外群成员会有不同的行为。

在下一章，我们会继续阐述这种观点，具体地说，我们会向读者表明，社会在场理论（基于个体间的"社会"影响）和自我觉知理论如何构成了有关集体行为的传统解释路径。

结　语

为了达到承前启后的目的，让我们重温一下这个元理论，它为有关社会在场和社会表现的传统路径提供了根基。在本章的开篇，我们采用了群体的"服装"比喻。社会在场理论含蓄地将个体与其所属的群体区分开来，所以社会在场理论是支持上述比喻的。因而，我们就有了这样一系列对比：（被试）"独自的"实验条件对比"有观众的"实验条件，单独个体的表现对比多个个体的表现，私下持有的态度对比公开表达的态度，对人际压力的拒斥对比对人际压力的遵从，最后，也许也存在着真正的自我与呈现的自我之间的区分。他人在场作为一种"外套"让个体将自身脆弱的易遭攻击的一面掩盖起来，换句话说，社会在场被认为是对个体行为的一种外在约束。人们乐于接受这样一种元理论，因为没有什么比他人的客观在场或缺席有更明确的意涵。经验证据和对于这些证据两可的理论解释一同将我们自然地引向这种观点：社会在场是一种心理现象而不是物理现象。这完全符合社会认同视角，该视角将个体对那些社会在场的人们所归属的社会范畴的感知视为关键变量。

对于社会表现，我们的结论是相似的。传统的社会心理学纠缠于社会表现的数量或结果，因此它误入了歧途，例如，米尔格拉姆（Milgram）所记录的、来自他人的不同程度的压力会导致被试对学员施以不同强度的电击（Milgram，1974）。在实验研究中，对于表现（perform）什么、对谁表现、何时表现，被试几乎没有选择的余地（除了一些非常简单的选择）。有关讨价还价和谈判的研究、关于参照群体的早期研究（Newcomb，1947）、有关越轨和规则的社会学研究（Becker，1963；Goffman，1959）等都向我们表明，考察行为的类型具有重要意义，而不应该仅仅关注行为如何才能表现得好。有学者明确指出，在不同的情境下，会有不同的自我形象成为显著的自我形象，行为的性质会因此而发生变化（例如 Brown 和 Turner，1981），社会认同路径将这种观点整合进自身的理论发展中来。

在下一章，我们会继续上述立场，目的是揭示出人际行为与集体行为之间存在着不连续性。具体地说，我们会向读者表明，以社会影响和自我觉知来解释集体行为的那些理论如何遮蔽了集体行为出现的心理基础。

推荐阅读

有关社会促进、社会影响和自我觉知路径的最好的参考资料是

Paulus（1983）编写的一本书，在上述方面该书给出了全面的评述。Guerin（1986）深入评论了社会促进研究，而 Sheier 和 Carver（1981）涉及自我觉知理论在私下与公共之间所做的区分。Schlenker（1985）和 Snyder（1979）概括了自我呈现路径，而 Stephenson（1984）讨论的是群际视角下的谈判与讨价还价。到目前为止，像本章这样综合评述社会认同路径对上述主题的分析，在其他地方还尚未出现。

第七章　集体行为

　　他的评论湮没在一片嘈杂喧闹、张牙舞爪的暴民中……女人们缓缓地进入视线，大约有一千人，长途跋涉之后的她们衣衫褴褛，头发凌乱，皮肤裸露在外面，臂弯里抱着饥饿难耐的孩子。一些人把孩子举过头顶，摇晃着，像是一面面哀伤和复仇的旗帜。其他一些更年轻的女性像斗士一样将胸脯裸露在外面，她们挥动着木棍；而那些干瘪的老太婆们看起来更吓人，她们声嘶力竭地喊叫着，干瘦脖子上的青筋仿佛要爆裂了。男人们走在队伍的最后，两千人，有胡言乱语的疯子、煤矿工人、修理工，他们以一种密集的方阵队形前行，一个挨着一个，所以从清一色的土色人群中，看不到他们褪色的裤子和残破的绒衣外套，看到的只是他们喷火的双眼和黑洞洞的嘴巴，他们唱着《马赛曲》，中间夹杂着混乱的吼叫声和木屐敲打地面的声音。在他们头上，在林立的棍棒中，一把斧子被举起，一把孤单的斧子，犹如暴民的旗帜，在天空的映照下像断头台上的刀刃一般刺目……的确，盛怒、饥饿、两个月的风餐露宿，一群民众蜂拥穿过矿井，这些之后，蒙苏矿工平静的面容被拉长了，看起来像野生动物的嘴巴。落日的余晖洒在浴血的平原，道路上血流成河，男人女人们都像是从屠宰场走出的屠夫一般,他们继续向前飞奔着。

(埃米尔·左拉:《萌芽》,1885)

这段勾起人们回忆的经典描写出自一位伟大的文学评论家之手。他对于聚众(the crowd)的上述描述不仅涉及一系列的集体行为,而且包括早期聚众行为理论家(如勒邦)用做原型(prototype)的历史事件。左拉的描述风格为许多社会心理学家设定了框架,学者们正是在这个框架之内讨论集体行为(collective behavior)问题的,甚至在今天,情况也是如此。这段引文呈现了本章将会讨论到的一些主题:聚众的统一性与团结;聚众的全体一致性以及聚众的象征符号所蕴含的辛酸;聚众行为的动物性特征(animal nature);它的疯狂性以及它的逻辑和其背后广阔的群际背景(贫穷、压迫等)。

导　言

游行、静坐、罢工、暴乱都是集体行为的例子。当人们为了实现特定目标而合作时,集体行为就出现了。人们之间的合作虽然不一定是事先计划好的或是有组织的,但一定是有明确目标的,并且有数量众多的人参与其中。在第五章和第六章,我们考察了群体形成的方式,以及进入群体之后个体行为所发生的改变。在本章我们将会深入一步,讨论那些在相同时间来到同一地点的大规模的个人集合怎样以群体为单位进行某种行为。

我们会探讨集体行为社会心理学中的两个核心主题。第一个主题来源于勒邦的观点,该主题假定,将植根于和存在于(尽管是在无意识层面上的)个体成员内部的过程外推到群体,聚众行为就会顺理成章地得到解释。在第三章我们说过,Berkowitz 和 Gurr 将挫折—侵犯假说扩展到了集体行为的层面。这些理论家与勒邦及其他学者共同持有一种观点,即集体行为与个人行为之间存在的任何差别都可以通过诉诸聚众的客观存在（physical existence）而得以解释。人群（throng）、群氓（multitude）、大众（horde）（这是维多利亚时代聚众理论家经常用到的词汇）将那些存在于个人成员内心深处的潜在冲动释放出来，之前它们一直因为受到理性思维的控制而安全地潜伏着。现代社会心理学一直支持上述观点，具体表现在去个体化理论（de-individuation theory）当中（Zimbardo, 1970）。

第二个主题最明显地体现在马克思［（1844）1963］和涂尔干［（1893）1933］的理论中，在米德（1934）、伯格（Berger）和卢克曼（Luckmann）（1967）那里也可以看到一些端倪。这个主题认为，集体行为的概念应该有它自身的解释层次。在社会心理学领域，社会认同路径是这种主张的代表。集体行为不是潜在冲动的表现，相反，它源自转变了的自我概念（altered self-conception）。理性（rationality）与其说是被悬置了（suspended），不如说是被改变了（changed）。

本章很大一部分是在批判性地讨论对集体行为的传统解释。这为后半部分介绍和评价社会认同路径的贡献奠定了良好的基础。

有关聚众的早期理论

勒邦对聚众的经典解释得益于他的医学和社会人类学背景，同时融入了催眠学和进化论的元素（Le Bon, 1908, 1913）。第三和第四共和国时代的法国社会岌岌可危，濒于瓦解，一个经济上强大而稳定的社会要想发展，统治精英和社会分层的存在是至关重要的，正因为如此，勒邦才不遗余力地"持续批判集体抗议"（Reicher, 1987: 174）。他亲历了1848年的法国大革命和1871年的巴黎公社起义，亲身的观察让他焦虑万分，他坚定地认为，政治精英必须对如何控制大众有所准备。

勒邦在解释聚众行为时的基本观点是，聚众是原始的、卑鄙的、可怕的。他这样说的目的是为了贬低工人阶级的反抗行为，尤其是体现社会主义思想的行为。具有讽刺意味的是，尽管勒邦的观点缺乏创新性（参见 Reicher 和 Potter，1985），并且因为他的主张不够科学，所以没有建立起自身的学术地位，但是勒邦仍旧是少数几位其作品在今天仍旧被广泛阅读的理论家之一。即使是在他自己的年代，他华丽且具有感染力的写作风格就已经对一些享有学术声誉的学者（如 Tarde，1901）产生了巨大影响。勒邦的影响后来扩展到了政治领导人那里，例如墨索里尼，他公开地赞扬勒邦，并且对勒邦的观点了如指掌。

依据勒邦的说法，聚众淹没了其成员的理性和自我意识，取而代之的是一种"集体心智"（collective mind），在集体心智中，"所有个人的情感和观念都朝向同一个方向，他们有意识的人格特性消失殆尽"（Le Bon，1908：23-4）。尽管一些理论家认为集体心智有时也包含德行、崇高和利他的向度（McDougall，1921），但是勒邦则主张，集体心智只是产生于一种"种族无意识"（racial unconcious）的"原始的野蛮"。当聚众中种族间的纯洁界限或种族遗产被种族同化（racial assimilation）所污染时，种族无意识就会出现。它有着原始人群的本能特征，完全不受理性和文明的约束。因此，之所以说集体行动是危险的，就是因为在集体行动中，种族无意识重新浮现并占了上风。

聚众行为的特质被认为来源于聚众的三个本质特征：第一，匿名性（anonymity）。聚众成员的匿名性为群体行为注入了"一种难以征服的力量感"，成员体验到了个人责任的远去。第二，传染性（contagion）。观点和感情在聚众中的传染和传播会导致行为发生快速的、预料不到的转变。第三，易受暗示性（suggestibility）。这一点是最重要的。聚众的易受暗示性会使他们接受那些与他们通常的前性情倾向完全不一致的观点和行事方式。正是因为"易受暗示"（一种与催眠状态相似的过程），传染才会发生。这一现象的险恶之处在于，易受暗示性是在种族无意识的层面上运作的。这一"事实"构成了勒邦"聚众的心智统一性原则"（law of the mental unity of crowds）的基础，该原则曾经被用来解释聚众行为的原始特质和同质性。

其他理论家探求导致聚众易受暗示的过程。Tarde 相信，社会生活是建立在模仿（imitation）基础之上的，而模仿又依赖于物理空间的相邻（或者说是身体的邻近），因而我们可以在聚众中发现模仿的最极端体现（Tarde，1901）。Trotter 将聚众比做兽群，无论是聚众还是兽群，领头个体的行为都会通过暗示传递给其他人（Trotter，1919）。暗示力的大小取决于暗示在多大程度上产生于人群的观点或人的本能，并反映了这种观点或本能。麦独孤在他的《群体心智》（Group Mind）一书中发展了这个主题，并得出了逻辑连贯的结论（McDougall，1921）。对于麦独孤来说，正是聚众中成员之间的体质相似性或种族相似性决定了暗示被采纳的速度。麦独孤认为情感（emotions）内在地具有传染性，它是一种本能，"这种本能能够因为一个人表达了某种情感而在另一个人那里激起同样的情感"（McDougall，1921：25）。

这种"将聚众行为看做是传染"的观点的体现在 Penrose（1951）明确的"医学"类比（medical analogy）中可以看到。Penrose 认为："在任何聚众行为的外表之下几乎都掩盖着不健康的心智过程。"（Penrose，1951：5）"细菌或病毒所携带的传染性疾病的流行，与某种观点在社区中的散布和传播，两者之间非常相似。"（Penrose，1951：13）在注意到这一点之后，Penrose 开始应用这种医学模型来解释狂热、恐慌、宗教皈依、投票模式，甚至战争。一个社区被一种观点所感染源于"社区中某个人反常的心智状态，而它的传播则受制于地理界限和社会隔离以及群体中种族和职业的同质性"。易受暗示性由无知（ignorance）决定，而无知有两个起因：在有些时候，"有智识的人被激怒以至于智识不再发挥功用，在其他情况下，无知也许部分地是由与生俱来的因素所决定的，这些因素可能是化学意义上的，也可能是结构上的"（Penrose，1951：31）。

将群体视为是无序的、难以遏止的冲动的释放阀，这种观点虽然已经受到了社会学家或政治理论家的质疑（例如，Marx，1963；Rudé，1964；Tilly，1978），但是分析层次的个体性总是能够吸引心理学家的兴趣（参见 Nye 1975 年回顾勒邦观点的历史）。第一位也是最有影响的一位将勒邦的观点整合进自己研究中的学者是弗洛伊德，他的《群体心理学与自我的分析》一书支持这种观点：聚众将无意识（the unconscious)"释放"出来（Freud，1922）。弗洛伊德的贡献在于他发展了一种关于领导角色的理论，认为领导为群体行为提供了焦点。聚众中的领导代替了个体中的超我，因而领导有控制大众的力量。

这种力量产生于"原始人群"（primal horde）之中［或是社会存在之初的原初人类群体之中，在这样的社会中对原始父亲（primal father）的反抗使得一个公正合理的新社会形式得以建立］。既然对领导的需求自古有之并持续至今，只是采取的形式不同（包括宗教和图腾），那么领导实际上承担的是原始父亲的责任，他们提供了"群体理想型"（group ideal），群体理想型代替了理想自我（ego-ideal）（即超我）。继而，弗洛伊德赋予了领导以催眠者的角色。

Ulman和Abse应用弗洛伊德的理论来解释琼斯敦惨案，在这次惨案中，那些追随吉姆·琼斯"牧师"（自封的）的人最终接受劝说而集体自杀（Ulman和Abse，1983）。Ulman和Abse的阐述基于下述前提假定：在吉姆·琼斯"牧师"和他的"人民圣殿教"成员之间有一种"无意识的动力机制"（unconscious dynamics）在发挥作用。这样的群体以及他们的领导者可以被描述为是克里斯玛式的（Tucker，1970；Weber，1958）。这里的领导典型地具有自恋倾向（这源于他们童年的创伤），他们有魅力，举止优雅，并且极为自信。群体成员将领导视为完美形象的代表，希望自己能够具有与他们一样的特征，群体成员因此而"深入地改变了核心自我"（central self；Ulman和Abse，1983：644）。居于次要地位的对其他群体成员的认同和与他们的联系进一步促成了"群体自我"（group self）的发展（Strozier，1982）。此后集体倒退（collective regression）出现：

> 作为个体的群体成员不仅试图模仿领导，而且逐渐接纳了领导的超我中更原始和更初级的层面……之所以有倒退发生，是因为个体成员重复一种在童年和青少年时期就已经完成了的无意识的超自然过程（unconscious psychic process）。
>
> （Ulman和Abse，1983：649）

最终，这种倒退成为病态的、非理性的。

虽然证据的来源并不客观，但是，吉姆·琼斯自己的生活的确是一个充满偏执和幻想的故事。很小的时候，他就确信自己能够名垂青史，他很快诱使其他人进入到他所描绘的关于世界的景象之中：世界已经成为一个危险的、有威胁的地方。对于那些违背他要求的追随者，他要进行审讯，并且威胁和惩罚他们。他执著地认为，集体自杀是逃离敌军进攻或全球灾难的唯一出路。在琼斯带领他的追随者从加利福尼亚来到圭亚那时，"人民圣殿教"就已经完全建立起来了。

"人民圣殿教"的成员在身体、性和情感上都屈服于琼斯，但令人吃惊的是，几乎没有成员对琼斯的权威和专制统治进行抵抗。逐渐地，琼斯将他自身的思考方式和意愿加诸追随者，替换掉他们自身的个体性（这类似于我们在第八章将要讨论的"洗脑"现象）。Ulman 和 Absc 相信，琼斯敦惨案很大程度上既源于"追随者的集体疯狂"（Ulman and Abse, 1983：655），又源于琼斯本人的疯狂。两位学者认为，是心理脆弱性让这些成员更容易成为琼斯的俘虏，它与经济和教育上的脆弱无关。追随者典型地具有意志柔弱、无安全感的特点，他们需要一个人来扮演父亲的角色（father figure）。

在琼斯敦开始进入"白夜"（white nights）阶段后，"人民圣殿教"险恶的一面达到了顶峰。此时，根据 Deborah Blakey（1979）（"人民圣殿教"核心圈子中的一员）的描述：

> 琼斯敦的全体成员都被刺耳的警报声所惊醒。那些被选出来的人（大概有50人）拿着来复枪从一个隔间走到另一个隔间，目的是为了检查是否所有人都对警笛做出了反应。然后召开了一个集体会议。有人告诉我们，政府军已经埋伏在丛林中，死亡可能随时来临……（在一个"白夜"，我们）被告知我们的处境已经没有任何希望了，唯一的出路是为了社会主义的荣光（the glory of socialism）而集体自杀。我们也被告知，如果被政府军活捉，我们会受尽折磨。每一个人（包括孩子）都被要求站成一排，在我们从队伍

中穿过的时候，有人给我们每人一杯红色液体，要求我们喝下去。他们告诉我们，液体里面有毒，我们会在 45 分钟之内死去。我们都遵照要求去做了。

（摘自 Ulman 和 Abse，1983：653）

引文中的描述是戏剧性的、令人震惊的，它与勒邦和其他 20 世纪早期的聚众理论家所使用的证据极为相似。同这些学者一样，Ulman 和 Abse 对群体心理的分析具有直觉上的吸引力。但是，如果将它科学理论的伪装揭去，我们就会看到，Ulman 和 Abse 的主张与弗洛伊德的集体行动分析存在同样的问题（参见前面的第三章）。他们所提出来的"无意识过程"不具有可接近性，因而也就不可能被证实。其次，一群驯服的易受暗示的聚众很容易臣服于一个强有力的、有催眠能力的领导人，这种解释无法说明为什么其他一些与集体成员有相似心理结构的个体没有成为怯懦的追随者，或者克里斯玛式的领导。例如，Rejai 和 Phillips 发现，革命领导人既可能有动荡的童年，也可能有安稳的童年（Rejai 和 Philips，1979）。对于所研究的 32 位领导人，他们没有找出这些人共有的、有别于普通人的某种社会化模式。俄狄浦斯情结看起来是一种最没有解释力的心理特征（Rejai，1980）。正如我们将会看到的，Ulman 和 Abse 分析中的许多假设再次出现于下面将要讨论的去个体化理论（de-individuation theory）当中，只是形式略有不同。

去个体化

勒邦及其追随者的观点是如何体现在关于大众行为的社会心理学理论和实验室实验当中的？最初，去个体化（de-individuation）的概念是基于"个体性"丢失或缺失（loss or lack）的观点，Jung 将"个体性"（individuation）定义为"一个区分（differentiation）的过程，其目标是实现个体人格的发展"（Jung，1946：561；摘自 Dipboye，1977）。因而，去个体化过程被认为类似于个人认同或身份（personal identity）的丢失。

第一批研究中最经常被引用的一个是由费斯廷格、Pepitone 和 Newcomb（1952）实施的。研究人员要求被试以小群体的方式讨论他们对于父母亲的感受，研究者发现，被试越是不将彼此看做是独立的个体，他们的身份越是不能够被辨识出，他们在讨论中就越轻率、越敢说。Cannavale、Scarr 和 Pepitone 试图重复这个研究，在男性被试中他们成功地得到了相同的结论，但是在女性被试中他们的发现与此不同（Cannavale、Scarr 和 Pepitone，1970）。

Singer、Brush 和 Lublin（1965）所进行的一项研究显示，相对于那些能够被辨识出身份的个体来说，不能够被辨识出身份的个体（所有人都穿上实验室服装）在讨论情色文章时使用了更多的淫秽语言。Singer 等人将这个研究发现归因于在去个体化情况下自我意识和自身独特性感受的降低。关于去个体化所带来的危险后果，Zimbardo 在 1970 年发表了一个郑重的警告。在他的一个实验中，一组被试被要求穿上袋状的带兜帽的长罩衣（让人联想起三 K 党），研究人员发现，相对于那些穿普通服装的被试，这组穿长罩衣的被试对学员（实验同谋）实施了更长时间的电击。Zimbardo 认为这种效应是去个体化的结果，而去个体化的前提是匿名、大规模群体、责任分散、合作他人的在场。这些因素改变了个体的主观世界：自我意识降低，"使基于罪、耻、怕和承诺的控制减弱"（Zimbardo，1970：259）。

Dipboye 从他对去个体化研究的评述中得出结论（Dipboye，1977）：个体在他们缺乏可辨识性并且穿上无明显特征的统一服装的时候，对受害者表现出更强的攻击倾向（例如，Donnerstein 等，1972）。但是，一些证据（例如，Diener，1976）已经开始质疑这种效应的普遍性。即使在 Zimbardo 自己的研究中（关于比利时士兵的研究），研究人员也发现，与身份可辨识但身着统一服装的时候被试所表现出的攻击性相比，被试在匿名、穿袋状兜帽衣服时所表现出的攻击性更少。Dipboye 得出结论说："匿名对攻击的阻碍作用更可能发生在一个成型的或熟悉的群体之中,因为个体更可能从一群熟人中而不是从一群陌生人中寻求支持。"(Dipboye,1977:1060)Diener认为,有时穿上某种专门服装也许会让一个人感觉自己很可笑,从而提升自我意识。

到了20世纪70年代中期,去个体化理论仍旧缺乏准确性和明晰性。例如,Zimbardo所提出的前提变量中有哪些变量是必要的?哪些变量是充分的?群体规模、群体资格、客观接近性或身体接近性等究竟起到了什么样的作用?责任分散在怎样的程度上构成了去个体化的结果或原因?Diener在他的研究中论述了这些问题,形成了如下对去个体化的"定义":"群体中的情境因素阻碍去个体化个人的自我觉知。去个体化的个人不再感觉他们自身是独立的个体,也不再监控他们自身的行为。"(Diener,1976:210)

Diener将群体成员的心理状态看做是一个连续统,"从极端的自我觉知,到完全没有自我觉知"。下面这些因素都会妨碍自我觉知的产生:注意力集中于群体,将群体看做是一个整体,有身体活动,"要求高度意识的加工负载"。缺乏自我觉知也就意味着个体不再监控自身,或不再从长期记忆中搜索行事的规范和标准,他们不再巩固和强化自身的立场,也不再计划或思考自己的行为。结果,他们更容易为当下的刺激、动机和情绪所影响。

> 去个体化的人们在群体中失去了他们的自我觉知和个人认同或身份……这妨碍了他们对自身的关注……他们对当下的刺激和情绪的反应更强,而对规范和行为的长远影响表现出麻木。
>
> (Diener,1976)

这种观点体现了现在大部分群体行为相关视角的看法。例如,Carver和Scheier的自我觉知理论(self-awareness theory)认为,去个体化源自自我管理在层次上的转变,即从有意识的、相对抽象的层次转向更低一级的层次(Carver和Scheier,1981a,1981b)。Wicklund的自我觉知理论有同样的假设:

如果个体聚集在一个去个体化的集体当中，那么分析的单位就会从"我"转变为"我们"，个体成员因为自我关注（self-focus）而产生的不舒适感被降低……（因而）源于价值观和个人原则的控制也随之下降，一种与自我觉知完全相反的情境出现了——这就是促生去个体化的情境——它会导致标准和道德的松懈。

(Wicklund，1982：226)

（参见第六章有关自我觉知的深入讨论。）

关于与去个体化有关的心理效应已经有广泛的共识，但是对于去个体化是怎样产生的却没有达成一致的看法。通常的假定是，去个体化虽然出现在群体当中，但它并不是由匿名性所导致的（Diener给出了抢劫银行的蒙面匪徒的例子，他们虽然是匿名的，但却是高度可见的，因而也是高度自我觉知的）。Diener、Lusk、DeFour和Flax发现，被试所在的群体越小，观察者越多，他们越是有自我觉知感（Diener等，1980）。Diener、Fraser、Beaman和Kelem发现，万圣节玩"不给糖就捣蛋"游戏的这些不知姓名的孩子中，如果一个孩子是与其他孩子一起行动的，他就会比自己一个人行动的时候从碗里拿更多的糖果（Diener等，1976）。这看起来是匿名降低了惩罚的危险，但匿名并不足以导致自我觉知的降低。自我觉知的降低同时要求个体是不会引起他人注意的（observability）。Diener的观点是：Zimbardo要求他的被试穿上带兜帽的长罩衣，这种实验操控方式反而让被试有了自我觉知感，因而他们更加严格地坚持实验的内隐要求（例如，攻击、反对犹太人；比较Carver，1974）。

Diener尽力向人们证明，对于去个体化来说，自我觉知的缺乏可以构成一个充分条件（Diener，1979）。八个人组成的群体（其中六人是实验同谋）进行一些群体活动，持续半个小时。在第一种实验条件下，被试可以自我觉知，方法是让其戴上写有自己姓名的标签，并以名字相互称呼，然后填写问卷，并向另一个人宣读自己的个人信息。此外，真正的被试应要求穿上了长罩衣，而实验同谋没有穿。在第二种实验条件下，被试是在一个所有参与者都穿着长罩衣的群体之中，他们评价笑话的级别,同时要有节奏地按压踏板(这种实验操控的目的是为了分散他们的注意力)。在第三种实验条件下,也是去个体化的条件下,实验同谋创造了一种温馨的气氛,被试被感动,所有人一起唱着歌,并共同左右摇摆。这些过程结束之后,实验者要求被试从一份包含 40 个活动的列表中(20 个安全的活动,20 个不受约束的或危险的活动)选出那些他们愿意参与的活动。与其他条件下的被试相比,去个体化的被试报告自己有更少的自我意识感,有更主动的行为,对群体有更积极的感受。他们还选择参加更不受约束的活动。一般来说,自我觉知更少的被试更不在意自己被如何评价,他们体验到了强烈的群体团结,偏好那些不受约束的行为。自我觉知会促使人们在行事时遵守具体的标准,正是基于这方面的大量证据,Diener 信心十足地提出这种观点:"去个体化的个人在群体中迷失了自己。"(Diener,1980:230)

所有这些理论必须回答的一个核心问题是:人们为什么让自己成为群体的一部分?为什么一旦身处群体之中,个体就会屈从于群体的影响?对于这些问题几乎没有一个共识性的答案(参见第五章)。例如,Fromm 相信,极端的个体性会导致孤独感,这会促使个体"重返群体"(Fromm,1941)。与之相似,Wicklund 主张,群体让个体从自我觉知中"愉快逃脱"(Wicklund,1982)。而在另一个极端上,Dipboye 和 Fromkin 认为,聚众行为极端化的一个主要原因是,"对去个体化的致因进行一种报复,重建个人认同,而不是源于因匿名所导致的自我控制的缺失"(Dipboye,1977:1058;参看 Fromkin,1972)。但是,这种观点无法解释为什么聚众中的成员倾向于在和其他人相同的方向上夸大自身的行为。如果寻求个体性是每个人的目标,那么个体就应该拒斥群体,聚众行为就会表现出随意性的特征。如果人们寻求重建个体性,那么为什么一个人会表现出对群体的极端依恋?

在 20 世纪 80 年代早期,人们已经明确地感觉到,将去个体化等同于自我觉知缺乏的理论主张存在严重问题。问题一是,在群体中发生的行为总是倾向于与某种群体规范相一致。问题二是,某些形式的自我关注看起来是提升了而不是阻碍了遵从群体规范的行为(例如,Carver 和

Humphries，1981；Diener 和 Scrull，1979；Diener 和 Wallbom，1976；Froming 和 Carver，1981；Wicklund 和 Duval，1971）。解决这些问题的一条路径是，将公共自我关注（public self-attention）与私下自我关注区分开来。私下自我关注的缺乏是去个体化的基础，而公共自我关注的数量仅仅决定了群体成员行动的方向。在这种观点上的共识发展得如此之快，仿佛有一种群体心智（group mind）在左右各种不同理论家的笔端（参见 Prentice-Dunn 和 Rogers，1982；Greenwald，1982；Scheier 和 Carver，1981；Carver 和 Scheier，1981a）（见图 7—1）。

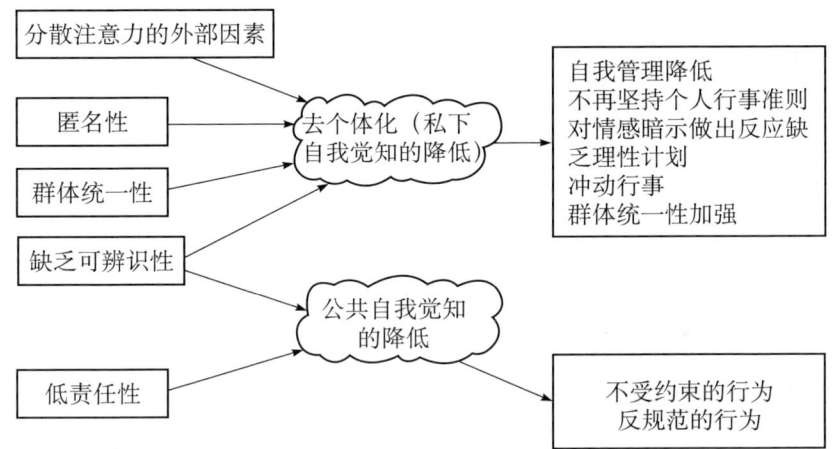

图 7—1 去个体化的自我觉知模型

例如，Prentice-Dunn 和 Rogers 认为，在群体背景下有两种类型的暗示（cues）：注意力暗示（attentional cues）让个人的注意力从关注自我转移到关注群体；而责任暗示（accountability cues）则让成员更加关注社会标准以及（对标准的）遵从（Prentice-Dunn 和 Rogers，1982）。在他们的实验中，几个群体的被试被要求对一位学员（实验同谋）实施电击。当被试感觉到要对自身所做的事承担责任时（因为他们预期到，稍后会与被电击的学员有个会面），他们实施了更少的电击；或者当他们关注自我时（与此相反的情况是被试要同时听着音乐），他们也实施了更少的电击。当他们不必对行为负责时，他们更少意识到自己的公共自我；而当他们听音乐时，他们更少意识到自己的私下自我（参见前面

第六章对公共—私下的区分)。Prentice-Dunn 和 Rogers 得出结论说:"有一种类型的群体侵犯(group aggression)是源于群体成员的主动算计:他或她对另一个人的攻击不会受到审查或遭受可能的报复……另一种类型的群体侵犯则来源于认知对行为的中介作用的降低。"(Prentice-Dunn 和 Rogers,1982:512)

这段话描述了这样一种普遍假设,即群体行为是非理性的、具破坏性的、不受控制的,或者说是马基雅维利式的,这种假设可以追溯到勒邦的研究那里。有一些研究发现与这个模型不符。例如,Nadler、Goldberg 和 Jaffe 揭示出,自我关注的缺乏能够导致更加亲社会的行为(Nadler、Goldberg 和 Jaffe,1982)。此外,对于为什么缺乏控制就会导致某种特定的行为,这个模型没有给出一个合理的解释。而且,一些去个体化研究在方法论上也存在着问题,这些研究明显地引导被试去关注自我或者关注情境。这种很强的需要特征(demand characteristics)也许会影响被试的回应。在既有理论中,有两个重要问题尚未解答:(1)自我真的会在群体中迷失吗?(2)私下自我觉知的缺乏真的会导致自我控制的降低吗?(我们可以回想起来,去个体化理论认为,自我迷失是因为私下自我觉知的不在场。)

以认同的缺失来解释群体行为

去个体化的研究者着力于解释聚众暴力(crowd violence)现象,而不是存在于聚众行为(crowd behavior)背后的一般过程。例如,在 Haney、Banks 与 Zimbardo 的模拟监狱实验中,狱卒扮演者再现了以群体为中介的(group-mediated)攻击现象(Haney、Banks 和 Zimbardo,1973)。但是,不受约束的行为,尤其是攻击行为,也许仅仅是进入群体的一个可能结果(而不是它不可分割的一部分)。那些扮演狱卒的人并没有成为有攻击性的人。事实上,虽然那些模拟监狱实验的参与者在行为和思想上发生了明显的改变,但是导致这方面变化的不是因为认同的缺失,而是因为他们获得了一个新的角色。被试之所以能够准确地扮演这些角色,是因为它们是有意义的,而不是毫无意义的空洞角色。

  Maslach 使用一些相当令人困惑的词句表示，群体行为也许源于"集体个体化"（collective individuation）——这是一个过程，"正是通过这个过程，一个人在群体中丢失了自我，同时获得了一个新的植根于群体的自我和一个新的认同"（Maslach，1974：234）。在这样的情景下，群体是在积极地强化新的自我与认同（这一观点直接呼应关于群体形成和群体归属的群体凝聚力模型，这部分内容我们在第五章已经有过讨论）。她的一个有助于理解群体亲和（group affiliation）的模型认为，当人们受到奖赏时，人们总是尽力让自己个体化；而当可能受到惩罚时，人们总是尽力让自己去个体化。而且，在个体化的意愿上存在着稳定的个体差异，这也就解释了为什么群体的全体成员不是以相同的方式行为（Maslach、Stapp 和 Santee，1985）。Maslach 等人观点的一个主要局限是，他们没有告诉我们，在什么样的情况下集体个体化会发生，而只是说了它可能采取的一种形式。不仅如此，他们也没有增进我们对下述问题的理解：群体行为是怎样被控制、被管理的。

  在去个体化的过程中，（私下）自我觉知的重要性是不被质疑的。在这里，去个体化的定义仍旧是自我觉知的缺失（Diener，1980；Scheier 和 Carver，1981；Prentice-Dunn 和 Rogers，1982；Singer 等，1965；Zimbardo，1970）。虽然进入群体会改变我们的自我感知和认同，这一点毫无疑问，但是没有证据表明，进入群体一定会导致认同的缺失。

  最近的研究探讨的是不同群体规模对自我关注的影响（Mullen，1983，1984；Latané 和 Nida，1981）。一种颇有前景的观点是由 Mullen 提出来的，他认为，在亚群体（subgroup）的相对规模下降的时候，群体成员会更加关注自我，同时也更加专注于坚持特定的标准。小群体之所以吸引注意力，是因为它被看做是一种抵制大群体"立场"的"符号"（figure）。因此，那些在大群体中的人有更少的自我觉知，而在小群体的人则有更多的自我觉知。使用一个被称为"O-T"（Other-Total，O-T）比率的公式可以预测群体成员的自我觉知程度。这个比率是这样获得的:(如果一个群体被划分成两个亚群体)用另一个亚群体(other)的总人数除以两个亚群体加在一起的总人数(total)。因而,如果另一个亚群体中有八个人,而主体(subject)所在的亚群体有四个人,则这个O-T比率是8/12=0.75。如果主体所在的亚群体只有他或她一个人,另一个亚群体有八个人,那么O-T比率则是8/9=0.89。Mullen分析了几个有关社会影响和去个体化的研究(包括Diener et al.,1980),结果表明,O-T比率可以很好地预测主体的自我关注水平。在一个直接的实验检测中,Mullen发现,随着群体中他者(others)数量的增加(主体所在的亚群体只有自己一人,所有其他人都被定义为另一亚群体的成员),被试在爱克斯纳自我焦点完形填空(Exner Self-Focus Completion Blank,一个测量自我觉知数量的指标)中完成了更多的自我参照填充(Mullen,1983;参见 Exner,1973)。

  Mullen对12个从众研究[例如,阿希(1951)所实施的那些研究]的分析揭示了从众效应与群体过程的相关性。从众可以由O-T比率进行可靠的预测。被试越引人注目,实验同谋的数量越多,被试越是从众。在亲社会行为、社会懈怠、反社会行为那里我们可以有同样的发现。在有更多牧师在场时,教堂会众成员的参与积极性更高,这也是从众行为的体现(Mullen,1984)。Mullen对去个体化效应的解释是非常有趣的。他认为,攻击行为的受害者(例如,在Zimbardo类型的研究中)属于另一个亚群体,而攻击者是被试自身的亚群体。因此,由于被试的注意力集中于规模更小的群体(例如,受害者群体),所以被试是没有自我觉知的(non-self-aware)。

  应用去个体化和O-T比率对群体行为的描述来解释聚众行为,这种做法无论是在经验层面还是在理论层面皆存在问题。这两类问题都源自这个假设:群体中的行为之所以是明显不受约束的、危险的,是因为其背后的过程是自我觉知的缺失。在经验层面,首先,去个体化既能够促进亲社会行为,又能够促进反社会行为(Johnson和Downing,1979)。其次,即使是在典型的去个体化情境下,公共自我觉知也会强化对群体规范的遵从(Orive,1984)。最后,有一点我们至今仍不明确：实验室中促成被试去个体化的那些条件（如匿名、缺乏可辨识性）与在真实聚众中出现的条件相同吗？

在理论层面，首先，这种做法无法解释为什么自我管理的缺乏会强化某种类型的行为，此外，在群体中，一些个体的行为应该与群体中其他个体的行为不相关。其次，对于什么决定了规范的、反规范的、被管理的、不被管理的行为，上述做法没有提供一个理论基础（参见第八章）。最后，也是最重要的，这些路径与其他从数量角度分析群体效应的路径（如社会影响理论）在定义"什么构成群体"时存在同样的问题（参见第五章）。群体在数量上的特异性是群体显著性的一个重要决定因素，这一点是没有疑问的（Taylor，1981；Wilder，1984），但是仍旧有一个维度被忽略了（参见 Oakes，1987）。用 Wicklund 的话来说，问题的关键是，分析单位怎样从"我"转变成了"我们"，以及行为出现之后，它是怎样被管理的（Wicklund，1982）。因此在本章余下的部分，我们转向讨论从群体过程角度解释个体行为的那些理论所做出的贡献。首先，我们将会探讨聚众中的规范性过程（normative processes），它在一定程度上解决了我们上面所列举的问题。其次，社会认同论在自我与群体之间建立了至关重要的关联。这两条路径都不同于去个体化类型的理论，因为它们两者在解释集体行为和群体过程时并没有诉诸集体倒退（collective regression）或自我缺失这样的观念。

作为规范行为的集体行动

特纳和 Killian 所阐述的"突生规范理论"（emergent norm theory）代表集体行为心理学向前迈进了重要一步［Turner 和 Killian，1957；R. H. Turner（1974）作了这方面的总结］。他们继承了参照群体理论家和一些研究者（如谢里夫和阿希）的观点，提出集体行为是群体行为的一种。他们认为聚众只是群体的一种极端形式（集体的其他形式，如机构聚会和社会运动等，是在续谱的中间位置，而正式组织则是在续谱的另一端），因此他们与传统的聚众理论观点彻底决裂，转而强调聚众与其他群体行为之间的连续性（不同观点见 Freud，1922）。聚众的独特之处在于，他们是临时聚集的，没有传统和惯例可依照，因而需要解释的问题是，聚众是怎样从内部被控制的，是什么使南非的一个葬礼变成了黑人与警察之间冲突的场所，在 1986 年世界杯期间我们经常看到球迷们彼此配合着一起挥动双手，这是如何实现的，聚众能够组织起来的基础是什么。

特纳和 Killian 的研究工作的价值在于，他们提出了上述这类问题。他们没有假定聚众行为是反常的或者是源于某种隐而不彰的力量，相反，他们假设某些群体过程会在聚众中产生出秩序和目的。R. H. 特纳（1974）在传染理论（contagion theories）和聚合理论（convergence theories）之间作了区分。传染理论以观点的快速传播来解释集体行动，这种传播不受理性认知过程的影响（例如，Le Bon，1908；McDougall，1921；Tarde，1901；Trotter，1919）；聚合理论认为，因为某种过程（如社会促进），许多个体同时表现出相似的回应倾向，集体行动遂由此产生（例如，Allport，1924；Cantril，1941；Dollard 等，1939；Gurr，1970）。聚合解释的本质体现在 F. 奥尔波特的表述中："聚众中个体的行为方式与他们独自一人时的行为方式完全相同，只是聚众中的个体更多。"（Allport，1924：295；也可参见前面第三章和第六章）

R. H. 特纳指出了存在于上述两条路径中的一些严重问题。传染理论专注于相对极端的聚众行动，对这种行动的解释难以被证实，并且很容易因观察者的意识形态而出现偏差。此外，这种理论无法解释集体行为的转变（shifts），以及这种行为是怎样被组织起来的。聚合理论也存在同样的缺陷；而且，对于在诸多可能的回应中哪种回应会被聚众强化，聚合理论无法给出一个合理的回答。也就是说，它能够解释行为的强度，但不能解释行为的方向。

突生规范路径与之前的理论主张不同，该路径认为，聚众不同于个体行为的表现形式是源于社会规范。因为聚众中缺乏正式的组织（它也许没有具体的目标，没有明确的领导，对成员资格没有精确划定的界线），所以"规范一定在某种程度上是情境特异的（specific to the situation）——因而也就成为突生的规范"（Turner，1974：390）。聚众的统一性（uniformity）是一种幻象（无论对于成员还是对于观察者来说都是如此），之所以会出现这种幻象，是因为聚众中的一些人有着与众不同的行为，因此吸引了更多的注意力。这些行为受到关注，暗示着它们就是规范，因而那些不遵从这些规范的人就会感受到压力——不符合规范的意图和不恰当的情绪将会受到压制。其他一些聚众成员相对不活跃，他们不采取任何行动，这些通常意味着他们同意和支持这种规范。例如，在葬礼上，愉悦是不恰当的；而在狂欢的时候，痛苦将被压制。规范形成的过程牵涉到聚众成员之间的沟通，而这里的聚众成员是那些制定规则、定义情境、将自己意欲采取的行为合理化（justification）的成员（例如，当一个滥用私刑的暴徒逐渐相信，他们不会从官方的法官那里获得公正的裁决，并且私刑的对象的确是罪孽深重的，他们的私刑就被合理化了）。规范的突生性也为聚众的情绪和行为提供了限制，这也解释了为什么传染不会是螺旋式上升的（尽管这些限制可能与存在于更广泛的文化中的限制不符）。

　　依据 R. H. 特纳的看法，控制（control）的有效手段是在聚众中维持个体的认同，因而，"相对于在匿名的个体中实施控制的情况，如果个体之间彼此认识，聚众的控制力量最强"（Turner，1974：392）。规范是通过类似于传闻或谣言（rumor）这样的过程而得以建立和维持的。以股票市场为例，对买进和卖出股票影响最大的就是传闻或谣言，我们经常见到的股票价格的大规模波动明显就是由传闻导致的。这表明，股票交易反映的是集体（而不是个体）对市场趋势的感知，因而，传闻是一个集体决策过程，它通常在这样的情况下发生：客观形势要求集体对一种情境做出某种定义，目的是为了协调成员行为、界定群体行动的方向、为群体行动提供意义。

　　突生规范理论与早期路径相比有了巨大的转变，它促使社会科学家将集体行为看成是正常的社会过程，受规则和规范的约束，拥有内在一致性。群体的凝聚力与统一性是一种"幻象"，它是因为受到其他群体成员的监控而导致的结果。在关于群体凝聚力、从众、社会影响和极化的社会心理学模型中,我们也可以看到突生规范理论的相关假设的出现(参见第五章和第八章)。当某个聚众成员要对其他成员承担责任时,他才会接受群体作为参照框架并受这种框架的规制。这背后的动机是很明显的,那就是渴求社会支持与赞同,害怕受到社会排斥或质疑。因而,社会影响完全是规范性的(normative)。与此形成对比,社会认同路径将群体形成看成是一种心理现象而不是物理现象,这样一来,群体心理学与聚众心理学之间的分野就被拉近了。

社会认同与集体行为

Diener 和 Reicher 两人对突生规范理论进行了批评(Diener,1980;Reicher,1982)。Diener 认为,既然一群受规范管理的聚众必须是自我觉知的聚众,既然进入群体会降低自我觉知,那么突生规范理论的整个理论阐述就都存在着问题。最近有人比较了突生规范理论和去个体化理论,其结果支持 Diener 的观点:与自身能够被辨识出的时候相比,被试在匿名的时候更加具有攻击性,无论实验同谋建立的是包容性规范还是攻击性规范,情况都是如此(Mann、Newton 和 Innes,1982)。匿名提升攻击性,同时降低对规范的遵从,但是这并不意味着群体行为不受规范的管理。

Reicher 批评突生规范理论是因为它不能解释聚众行动的一体性(unity)(聚众行动不是由各不相同的亚群体组成的),同时也因为它的解释过于依赖(成员的)可辨识性。综合 Diener 的观点,我们可以清楚地看到,对聚众行动的解释一定要考虑规范因素,但是这种解释不应该依赖责任感和可辨识性。Reicher 则向我们展示了社会认同论如何给出了这样一种解释。

如果聚众被定义为一种社会群体——与其他群体的"差别只体现在程度上"(Reicher,1982:69)——那么社会范畴和认同也将会决定聚众行动（见图7—2）。聚众中行为的同质性源于其成员依照一个共同的社会认同来行为。此时，"参照信息影响"（referent informational influence）发挥作用（Turner，1982），经由参照信息影响过程，群体成员习得了要获得群体资格所必需的规范和标准特征。对参照信息影响过程的全面讨论可参见后面第八章。与突生规范过程相似，在这里重要的一点也是，聚众成员在认同了其所属的聚众之后，不仅由此推断一个理想和典型的群体成员应该是怎样的，而且推断群体行为的边界（limits）在哪里。因为群体比当下的聚众（immediate crowd）（这是一个心理实体）有更广泛的定义，所以群体中的规范不一定是由那些客观在场或身体在场的人所提供的。让我们看一个简单的例子，一个球迷很快就学会为了表示对本队的支持，什么样的行为是被承认的——戴着彩色的头巾、帽子，摇着旗帜，合唱某种歌曲和喊某种口号，甚至是在场馆中占据某个特定的位置——为了表达对本队的支持，支持者必须表现出这样一些特征。而且，群体资格的特征也为行为设定了边界：所唱的歌曲或喊的口号一定不能是支持对方球队的，不能在群体之外自寻位置，等等。

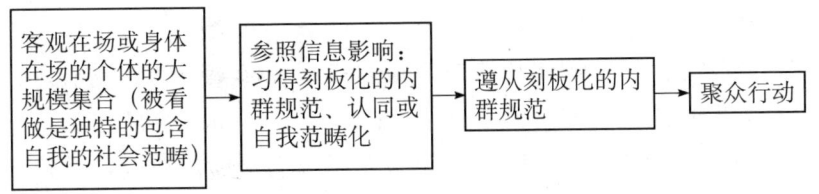

图7—2　源于社会认同的聚众行动

在应用社会范畴、认同和参照信息影响来解释聚众行为时要处理两个重要问题：首先，范畴化是怎样发生的？其次，每个个体怎样领悟到群体的规则和规范？第一个问题通常可以参照聚众存在的原因而得以解释。足球支持者之所以会一同出现在那里，是因为他们要观看一场比赛；示威者聚集在一起是为了表达对某个问题或某个群体的反对。在这类情境中，通常有对立的群体或不同的群体出现（如警察和学生），这构成了社会范畴化的基础。这些因素也促进了对自身群体的认同，为参照信息影响发挥作用铺平了道路。实际的群体规范可以从成员的行为推

社会认同过程 190

断出来（Reicher，1987）。某些个体被看做是群体的原型成员或被模仿成员（例如熟知的社区或政治领导人，或者最符合群体刻板特征的成员），这些人在为其他群体成员提供规范的过程中对他们施加了最有力的影响（也可参见我们在第五章对领导的讨论）。Reicher 主张：

> 当个体处于聚众之中时，群体显著性极高，这种观点是没有问题的。因而，对聚众的认同将会导致标准特征（criterial attributes）以最快的速度被同化（assimilated）……以至于任何新的观点、情绪或行为一旦成为聚众的标准特征，它也将会被同化。
> （Reicher，1982：72）

这种主张在许多方面都与存在于突生规范理论背后的观点有相似之处：两者都强调群体层面的分析，重视对特定群体成员的观察，强调在聚众内部建立规范。上述主张与去个体化理论表面上也具有相似性，例如，在聚众中，个人认同的显著性降低，个体责任缺失。聚合和传染的因素也被包含其中：聚众中的成员依照相同的规范行为，看起来仿佛是在统一地做某件事。但是，社会认同路径与这四种立场不同的地方在于，它强调聚众的控制是通过新认同实现的。所谓新认同是指作为聚众成员（crowd member）的社会认同。规范部分来自于聚众存在的文化背景，以及聚众存在的意识形态和政治原因，另有一部分是在当下情境下建构的。控制来自于个体内部，而不是来自于监控或他人的外在压力。认同决定行为的方向。当一个人认同其所在的聚众时，他就会遵从聚众的规范，因为这些规范已经被他当做自己的规范。

现在已经有大量的证据表明社会认同视角更加简约。社会认同论提出这样的观点：当社会认同显著时，群体行为就会发生，无论成员是否具有匿名性和可辨识性。为了检验这种观点，Reicher进行了一系列有关社会认同显著性如何影响态度表达的实验。首先，Reicher表明，在对待活体解剖这个问题上，与认同不显著的时候相比，当社会认同显著时，被试更可能支持他们所认为的内群成员的典型态度（即使他们穿上了袋状的带兜帽的长罩衣，类似于 Zimbardo 的去个体化研究）（Reicher, 1984a）。相对于所有学科的学生混在一起，没有对群体加任何标签的情况，当以学生的学科门类来将他们分组时，社会科学专业的学生表达了更多的对活体解剖的否定态度，而自然科学专业的学生则更多地表达了赞同态度。在另一个实验中，通过以"社会科学学生"来称呼被试，使得社会认同的显著性得以提升，或者是以个人编码来称呼被试，使得社会认同的显著性下降（Reicher, 1987）。被试观看一段录像，录像的内容是关于是否支持对性侵犯者的惩罚的，而且告知被试不同群体的典型态度是什么（录像也让他们相信社会科学专业的学生对惩罚持强烈的赞成态度）。然后，被试听一段先前的被试表达自己观点的录音（伪造的），这之后，被试开始表达他们本人的态度。在社会认同显著的时候，他们对惩罚是更加赞成的，没有受到伪造的其他被试回答的影响；在社会认同不显著的时候，他们就会受到伪造的其他被试态度的影响。这样的结果表明，"聚众中的一些条件会提升社会认同的显著性，在这样的条件下，个体的行为既遵从于内群刻板印象，又受这种刻板印象的限定"（Reicher, 1987: 191）。这也证实了这样的观点：当社会认同显著时，个体就会抵制个体之间的影响（因此在社会认同显著的时候，被试不会被伪造的其他被试的回答所左右）。

更进一步的问题是，是否真的如去个体化理论家所假定的，自我会被群体所遮蔽，因为 Reicher 的数据的确显示个人的观点会在某种形式上被掩盖。当然，也有可能是，在实验中群体成员采用了自我呈现的策略，目的是为了取悦实验者或其他群体成员（Froming 和 Carver, 1981; Orive, 1984）。这两种解释都无法回答的问题是：为什么群体规范会被遵从，为什么被试想要以某种方式呈现自己？特纳认为，在去个体化（de-individuation）实验中的被试是被"去个人化"（depersonalized）了，因为他们的个人认同不再显著（Turner, 1981），而此时，社会认同变得显著。既然社会认同是自我概念的一个方面，那么，这就构成了反对以去个体化来解释群体行为的核心论点。

阿布拉姆斯使用最简群体范式（minimal group paradigm）（Abrams, 1985）探讨了我们上面提到的一些问题。在第三章我们讲到，在最简群体范式中，没有明显的群体规范，没有人际沟通，没有个人责任，群体资格完全是匿名的，彼此不知晓。与标准的范畴化条件下的被试相比，那些关注自身群体资格的被试表现出了更强的内群偏好，在给两个群体分配点数时，有着更加一以贯之的分配方式；而那些不关注自身群体资格的被试，内群偏好不明显，分配方式也不那么具有前后一致性。这些研究发现支持了社会认同的解释，即当群际边界受到关注时，作为群体成员的自我定义在行为管理中扮演了更重要的角色。对去个体化理论更有力度的否证是，当群体资格显著时，被试更加认同他们的群体，而这种效应又会因私下自我觉知而放大。在另一个实验中，那些私下自我觉知高的被试更加注意维持积极的内群特异性（Abrams 和 Brown，1986）。最后，当两个学校的学生被要求作彼此评价时，对自身学校有强烈认同和私下自我觉知高的学生，在评价时表现出的内群偏好也最高（Abrams, 1983）。这些结果清楚地表明，群体行为并不是不受管理的，恰恰相反，群体行为因自我概念的卷入而受到严格的管理。

总体来看，无论是 Reicher 的研究，还是阿布拉姆斯的研究，都有力地支持了社会认同论对群体行为的分析。阿布拉姆斯认为，我们可以解决存在于社会认同论和去个体化理论之间的分歧（Abrams, 1983, 1984; Abrams 和 Brown, 1986）。去个体化理论指出的是群体中认同的缺失，而社会认同论指出的是群体中认同的转变（switch）（从个人认同到社会认同）。简单地说，阿布拉姆斯认为，从个人管理到去个体化之间的续谱，与从个人认同到社会认同之间的续谱，两者是不相关联的。这意味着，在一些群体背景下，因为要关注其他本群体成员正做什么，个体变得不重要，个体也许根本不考虑他或她自己的行动（这是典型的去个体化情景）；而在其他时候，经由个人对群体的认同感，群体对个人施加了强有力的控制（典型的社会认同情景）。当个人认同显著时，上述观点同样适用——个体也许以自我概念（self-concept）来管理自身的行为，也许不是。图7—3展现了社会认同与去个体化理论之间的区分。

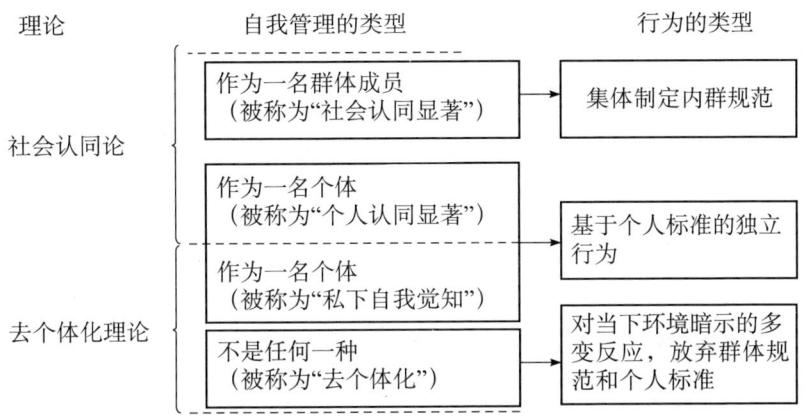

图7—3 关于聚众行为的社会认同论和去个体化理论的对比

有关自我觉知和群体的大量研究忽视了社会认同的重要性，因而它们从个人认同的角度将管理（regulation）与非管理（non-regulation）对立起来。一些研究者将进入群体简单地等同于个人认同的缺失，这样他们就不可能观察到群体层次的自我管理（self-regulation）。

聚众中的社会认同

也许展示现实生活中这一过程的一种最直接方式是举出一些聚众行为的例子，即那些已经由传染、聚合和去个体化理论解释了的聚众行为。Reicher应用社会认同来分析一场实际的暴乱——这场暴乱于1980年春发生在英国布里斯托的圣保罗区（Reicher，1984b；Reicher和Potter，1985）。Reicher收集了警察和消防人员的描述，以及电视和广播的相关记录、报纸的评论，他也采访了许多来自圣保罗区的成人、孩子和六名暴乱的参与者。

这场暴乱是因为两名便衣警察进入了一家"黑白"咖啡馆而促发的，这两名警察试图开展一次针对非法饮酒与吸毒的搜捕行动。之后，等待在警用厢式货车里的其他警察带着警犬也进入了这家咖啡馆，他们从地窖里搬走了存储的啤酒。虽然此时还没有明显的异议出现，但是人们普遍感觉到警察已经逾越了合法行动的界限。因为这些行为恰好发生在学生放学的时候,所以很多人看到了警察的举动,消息很快在社区内传播开来。

然后,据说有人看到在咖啡馆外三名警察粗暴地对待或追捕一名黑人青年,这件事(或一些与之相似的事件)之后,有人发动了对这三名警察的袭击,人们不断地向他们投掷砖头。更多的警察恢复了冷静,他们试图将成箱的啤酒带走,但是他们发现他们的厢式货车已经被拦住而且被掀翻,一些警察被困在咖啡馆中无法脱身。接着,三四十名警察在当地一家酒馆的后院集结起来,他们想要进入咖啡馆解救他们的同事。但是他们也受到了袭击,为了保护自己,他们展开了还击,用警棍和奶箱驱散聚众。人们掀翻了一辆警用轿车并且放火将其焚烧。当这辆警车被拖走时,一名聚众向警察扔了一块石头,紧接着雨点般的石头投向警察。警察试图再组织一个分队从另一个方向挺进圣保罗区,但是他们遭遇了同样的连珠炮似的袭击。

当这一系列事件发生的时候,街道上挤满了人——这时正是很多人下班回家的时间。在暴乱过程中,警察和聚众之间展开了对阵战,袭击的矛头指向两辆警车,迫使它们不得不以最快的速度开离这个地区。值得注意的是,"在这期间,这一地区的交通川流不息,一些人回家,一些人购物,也有一些人看热闹"(Reicher, 1984b: 9)。更重要的是,聚众只是将警察赶出圣保罗区的边界,他们通常不会超越这个边界,假使警察撤退出边界外,他们也并不追撵。

Reicher极力证明这个所谓的"暴乱"实际上是多么的有秩序。聚众确保交通的正常通行、避免伤及家庭财产、小心地控制什么样的商业财产是可以攻击的。可以这样解释聚众行动的界限(谁应该受到攻击,在怎样的地理界限之内攻击):聚众享有一个共同的社会认同。他们将警察看做是暴虐和非法权力(authority)的代表。据一位参与者说:"这是聚众中每个人的责任——让警察滚出去。"(这位参与者是白人男子,17岁)暴乱之后,聚众成员这样描述他们的感觉:信心十足,快乐异常,精神焕发。另一名参与者在总结他们的感受时说:"我们感觉很伟大,我们感觉很有信心,这是一个胜利。"(一名黑人男子)虽然媒体的报道将其描述为一场种族暴乱,但实际上黑人白人都参与其中。参加抗议的是整个圣保罗区,而不是具体某个种族。

如果拥有权力的一方被看做是外群体,对聚众行动的解释就会有根本的不同（Tilly、Tilly 和 Tilly,1975）。这里需要解释的不是"传染性"冲动（contagious impulses）的突然出现（传染性冲动是要对抗普遍的社会秩序）,而是这个非事先计划好的聚众集合怎样如此迅速地组织起来,并采取统一的行动。聚众的规范是如何被确定的？对于这个问题我们已经给出了答案（规范是通过内群与外群的关系,通过对其他内群成员的行为进行归纳推理而得以确立的）,但仍旧没有解决的问题是,成为一名聚众成员对于理解聚众行动有着怎样的重要性。Reicher 和 Potter（1985）分析了 Reicher（1984b）的记述,并在局外人解释和局内人解释之间做了区分（前者指非参与者、旁观者等的解释,后者指聚众成员的解释）。局外人认为这些聚众是无组织结构的、猖獗的（"几百人在大街上跑来跑去,摔瓶子,砸汽车"——一位当地的酒店老板这样说,摘自 1980 年 4 月的《卫报》）,但是局内人则认为,整个事件就是和警察的冲突。虽然警察自身采取的也是群体行动,但他们还是用诸如"群体心智"（group mind）等字眼来解释暴乱参与者的行为。当地的一位主管警员这样说:"聚众就像一个火药桶,伴随着火花,一旦被触发,人们就会以一种不负责任的非理性的方式行事。"（BBC Radio Bristol,1980 年 4 月 3 日）1984 年夏季在托迪斯（Toxteth）一次规模更大的暴乱中,以引火盒（tinder-box[①]）的比喻来解释暴乱的做法几乎被所有主要新闻媒体和内政大臣所采用。当我们观察到官方如何对暴乱做出反应时,就会知晓他们将会采用何种解释。20 世纪 80 年代早期的英国,官方的反应是改进警力,修订法律,以限制大规模聚众——因为有这样的假设:人们一旦聚合成众,他们罪恶的冲动就找到了最好的出口。1985 年南非的突发事件之后官方颁布了新法律,这背后有同样的合理化解释。但是在南非的例子中,黑人的起义显然是集体抗议的一部分。

[①] Tinder-box 有两层含义:第一,火绒盒,引火盒;第二,一触即发的形势。——译者注

结　语

我们呈现了集体行为心理学的不同路径。第一条路径受惠于勒邦、Tarde 和麦独孤的观点，现在已经发展成为社会心理学中的去个体化理论。另一条路径来源于弗洛伊德，在解释革命领导人和集体疯狂现象的心理原因时，可以看到这条路径的影子。第三条也是最近的一条路径得益于早期群体社会心理学理论（如谢里夫、阿希、Newcomb 的相关研究），这条路径强调聚众的规范特征和组织特性。第四条路径在理论上是令人兴奋的，这就是社会认同路径。这条路径使我们得以从"成员的共享认同"的角度来解释聚众的秩序与目的，而不是像早期解释那样诉诸自我意识的缺失和心灵的扭曲。这种分析路径建立在下述假设基础之上：对群体规范的遵从实际上是基于对某人自我定义的遵从，而不是源于对人际压力的遵从。这种参照信息影响的本质正是我们在下一章将要讨论的主题。

推荐阅读

R. H. 特纳（1974）对于集体行为的传染路径（contagion approaches）以及聚合路径（convergence approaches）的解释给出了很好的述评，并总结了突生规范理论。Ulman 和 Abse（1983）对琼斯敦惨案的分析在一定程度上支持了心理动力学解释。关于去个体化理论，最好的参考资料仍旧是 Diener（1980）中的一章，而 Reicher（1982，1987）阐述了社会认同路径的相关解释。

第八章 从众与社会影响

威廉·戈尔丁1954年的经典小说《蝇王》生动地呈现了"从众"（conformity）现象的一些更加微妙的方面。在小说中，一群英国男中学生在一场模拟核战争中被困在一个热带岛屿上，岛上没有成年人。这本书记述了行为的"文明"标准的快速退化，以及一些男孩为维持这种标准所做出的努力。这群男中学生最终分裂成几个相互争斗的帮派，行为野蛮而残酷。其中一个叫Maurice的男孩将沙子踢进了一个年龄更小的孩子的眼睛里：

Percival被弄了一眼睛的沙子，他开始啜泣，而Maurice却快速地跑开了。Maurice另一个面向的自我因为将沙子踢进小孩子的眼睛而自责。现在，虽然没有父母的巴掌，但是Maurice还是为自己的错误行为而深感不安。Maurice在脑子里面给自己勾画了一个含混的借口。他抱怨着两人在游泳时曾经发生的不愉快的事情，一路小跑地离开了。

后来：

Roger 弯腰捡起一块石头，瞄准之后将它投向了 Henry。Roger 知道自己打不中。石头弹了五米远，落在 Henry 右侧的水沟里。随后，Roger 又弄了一把石头，一个个扔出去。在 Henry 周围有一片空地，直径有 6 米，Roger 不敢扔到这个范围内。原来生活中的禁忌仍旧强烈地约束着他们的行为，虽然他们看不见这些禁忌。在这个蹲着的孩子的周围，环绕着父母、学校、警察和法律的保护和规制。Roger 投掷石头的手臂仍然受制于文明社会的规范，尽管文明社会对 Roger 这个人一无所知，并且它自身已经逐渐瓦解。

这些引文涵盖了本章将要讨论的一些主题，即人们是遵从群体还是遵从文化规范（它是一种共享的行事方式），规范的作用取决于人们认为自己在多大程度上隶属于由这个规范所界定的群体或文化。与从众有关的社会影响过程并不需要来自群体或它的代表以及代理人的监控。当然，从众也包括明显的行为和信念一致性，例如，它可以表现为十几岁小孩子们的时尚，"城市中穿深色套装的商人"，以及 20 世纪 30 年代的纳粹集会。

导　言

在人们心中似乎有这样一种感觉，社会心理学只是对社会影响的研究（Latané，1981）："社会心理学力图理解和解释个体的思想、感觉和行为怎样受到他人实际的、想象的或暗示的在场的影响。"（Allport，1968；参见前面第二章关于社会心理学定义的讨论）在这种定义方式中，社会影响过程居于社会科学的核心，因为所有那些不能由人的生物基础直接决定的人类行为都可以由社会影响来解释。这样的现象太过宽泛，所以我们也就不会奇怪在社会心理学中没有关于社会影响的一般性理论（general theory），而在该学科一些边界清晰的亚领域中却涌现出大量具体的、小范围的、有关社会影响的理论观点或经验关系，它们有着自己的问题域、话语系统和经验范式。

例如，在社会心理学中，下列所有这些领域或主题都相对直接地探讨了社会影响过程或社会影响现象，它们是单纯在场（mere presence）、社会促进、观众效应（audience effects）（Zajonc，1965，参见第六章）、对要求的顺从（Cialdini等，1978）、对命令和权威的服从（Milgram，1974）、对群体规范的遵从（Kiesler和Kiesler，1969）、态度改变（Triandis，1971）、劝说性沟通（Roberts和Bachen，1981）、少数人影响与社会变迁（Moscovici，1976）、洗脑（Barlow，1981；Lifton，1961）、领导力（Bass，1981；Fiedler，1971）、冒险转移（risky shift）、群体极化（Myers和Lamm，1976）、催眠状态（Barber，1973；Hilgard，1973；Kihlstrom，1985）、狂热的传染（Smith、Colligan和Hurrell，1978）、聚众行为（R. H. Turner，1974；参见第七章）。

既然我们的兴趣在社会认同路径，而该路径又主要关涉的是群体，所以我们将讨论的范围限定在群体影响过程之上，也就是说"个体如何被群体所影响"，即从众。我们从"什么是从众"开始，然后讨论它在哪些方面不同于其他影响现象。我们采用的是这一概念的理论定义而非经验定义，这样一来，这一概念的应用不但超越了它的传统领域，同时也跨越了上面所列举的许多亚领域的边界。我们会讨论到"从众"社会心理学的一些传统经典研究，并指出以往研究的问题和局限，这为后来阐述社会认同路径的贡献做了铺垫。在本章余下的一部分，我们将应用社会认同路径来解释一些与从众有关的现象。

从众——一种规范行为

从众现象的不同之处在于它涉及规范（norms）。对社会学来说，规范是产生于人类关系的突生现象。在涂尔干那里，规范是"社会事实"（social facts），它主要是社会人类学在描述文化时所使用的证据材料（例如，Radcliffe-Brown，1952）。规范是一系列预期（expectations），正是这些预期决定了如何在社会中恰当地扮演能够被他人所接受的角色（如 Goffman，1959），而角色内容本身就是规范。规范也包括为社会所接受的、实现社会目标的行为方式。

规范可以通过法规化（legislation）的方式（如社会中的法律和规则）而被具体化或实在化（concretized）。在通常情况下，规范渗透弥漫在社会的各个角落，无处不在，以至于人们经常将它们视为是理所当然的，似乎注意不到其存在。它们是人们进行日常互动时"隐而不现的行为脚本"，是行为的背景（background），也是事情发生的背景（context）(Garfinkel，1967）。

规范导致行为的一致性。规范管理互动，确保社会互动按照预期的方式顺利进行，正是在规范的作用下，社会才作为一个团结稳定的实体而存在。规范压制冲突和争斗，因为对于什么是社会生活可以接受的惯常做法，规范提供了共识和一致意见。规范作为"社会事实"，能够通过社会化过程传递给社会中的个体成员；社会化在不同程度上是通过社会控制的代理人（如父母、教师、警察）而实现的，这些人有能力确保规范行为（或者说社会化行为）的发生。

关于规范的上述视角来源于一种将社会看做是一个相对同质实体的"共识"观点（consensus view）（参见第二章）。相反，如果我们持有的是一种关于社会的"冲突"观点（conflict view），即将社会看做是一个由规模不一的群体组成的异质性集合（这些群体之间有着不同的权力地位关系）（参见第二章），那么，我们就会认为不同群体有不同的规范。规范现在成为对特定群体成员的态度、信念和行为的一系列预期。它们是群体内部的社会一致性（social uniformities），正是这种内群的社会一致性将各个群体区分开来。规范是与群体行为有关的刻板化的感知、信念和行为方式，在本章的后面，我们将会讨论到规范与刻板印象之间的关系（也可参见本书的第四章）。

因而，规范能够描述（describe）和评价（evaluate）特定群体或社会范畴中典型成员的典型行为。同时，规范也对行为做出规定（prescribe）。规范告知人们，作为特定群体的一名成员，他应该以怎样的方式行为。对于个体来说，规范具有重要功用。规范简化和管理社会互动，让其可以预期。没有规范，社会生活将变得令人无法承受地复杂和紧张：个体会在社会互动所产生的巨大认知负载的压力之下垮掉。

社会心理学关注的核心问题是，个体怎样、通过什么过程、在什么样的条件下会体现（embody）出群体的规范。对于社会学来说，这是社会化的事情（但是它将社会看做是一个整体）；而对于社会心理学来说，这就是从众。这种描述方式（至少在一个重要方面）与社会心理学中大多数学者对"从众"的界定不同，他们认为，从众是"因为真实或想象的群体压力而导致的，行为和信念向群体靠近的过程"（Kiesler 和 Kiesler，1969：2），它强调行为的共享性（shared）和规定性（prescriptive）（例如规范性）特征，个体遵从的正是这样的行为。换句话说，从众是一种内群现象，而对内群现象的分析要求在理论上系统地处理社会群体所具有的特质。在下文，当我们以社会认同路径来解释从众时，就是基于这种推理过程。

虽然在社会学研究中，规范占据重要位置，但在社会心理学这里，这一点表现得并不明显。社会心理学在使用这一概念时，仅仅将它看做是一个普通用语（common parlance）。实验社会心理学对规范的考虑主要局限于谢里夫的早期研究工作（Sherif，1936）、阿希的从众研究（Arch，1952），以及更晚近一些的 Rommetveit（1969）和莫斯科维奇（1976）的著作。这之后，与规范概念有明确关联的领域有社会表征（Farr 和 Moscovici，1984；Moscovici，1961）、社会刻板印象与社会信念结构（Tajfel，1981b；Tajfel 和 Turner，1979）、正统共识（Deconchy，1984）、意识形态等，关于群体行为的自我范畴化理论的整体框架也向我们展示了规范在其中的作用（Hogg 和 Turner，1987a；Turner，1985；Turner 等，1987；Wetherell、Turner 和 Hogg，1986）。

在进入下一步的讨论之前，我们首先应该强调一点，从众与其他社会影响现象的不同之处在于，从众行为的内容是规范性的（normative），它代表某一个群体，并将该群体与其他群体区分开来，因而，它包含着有关社会认同而不是个人认同的信息。但规范的真正本质是，大部分行为都会传递有关群体资格和认同的信息，因而，大部分社会影响现象都包含有从众的元素。例如，如果要求人们选择一本书来读（这是对一般性规范的遵从，即按要求行事），那么，在人们具体选择某本书的时候，就体现出了对群体规范的遵从。同理，虽然（在一些国家）投票是服从法律的行为（法律要求人们投票），但是在选择投给谁的时候，则反映的是政治规范。

传统的从众研究和理论

谢里夫（Sherif，1935，1936）是第一个以实验社会心理学方法来检验从众概念的学者。他遵循涂尔干的传统，将规范视为是产生于社会互动的突生物，它实现了让互动有序、简化和管理互动的功能。规范一旦形成就会持续存在，并且影响群体中的互动，甚至当这个群体的原初成员不再出现的时候也依然如此。为了检验规范的基本特质，谢里夫借用了游动效应（autokinetic effect）（"自动"效应）：在黑暗中的一个固定光点看起来是运动的，因为没有可以与之对比的参照点来确定它的位置。每个被试单独看这个光点多次，每一次他们都要对光点移动的距离做出估计，直到每个被试的判断在某一范围内稳定下来。然后，被试被带到一起，2~3个人组成一个小组，并以小组为单位判断光点移动的距离。结果发现，在群体中，被试的判断很快向群体的均值聚合，谢里夫将群体的均值视为是群体规范。

谢里夫本人又对这个实验范式作了修改，调整后的实验揭示出：如果在群体判断之前，没有个体判断的阶段，那么向均值聚合（即规范形成）的速度更快，也更彻底；如果被试在以群体为单位进行判断之后再作一次个体的判断，此时他们不太可能回复到原来个体判断的范围，也就是说，此时个体偏离规范的趋势甚微。这足以表明，即使在个体独立于群体时，群体规范对个体判断的限制依旧存在。如果在群体判断阶段，群体中只有一个被试和一个实验同谋，而且同谋按照研究人员的指令在事先规定好的范围内做出判断,不向均值聚合,此时,完全是善良的被试在调整自己的判断,同谋的判断范围成了群体规范。这表明,规范的形成,或者从众行为,并不总是机械地向一系列判断的均值聚合,而是更可能受到群体中某些成员(而不是其他成员)的影响(我们后面会讨论这个关键点)。

基于游动效应的更深入的研究揭示出,判断的规范一旦建立,在一年多以后仍旧会对个体判断产生影响(Rohrer 等,1954),即使建立规范时的原初群体成员已经全部被取代,群体规范仍旧会导致快速的从众(Jacobs 和 Campbell,1961;MacNeil 和 Sherif,1976)。迈克尼尔(MacNeil)和谢里夫实施的一项研究表明,规范影响的持存与力度取决于规范的任意性或随意性(arbitrariness)(MacNeil 和 Sherif,1976)。在实验条件下,原初群体包含一个被试和三个实验同谋,这些同谋对光点移动的距离分别做出中等极端的判断或者高度极端的判断;而在控制条件下,没有实验同谋,四名都是被试,这样,原初的群体规范就有极端、中等和常态三种情况。迈克尼尔和谢里夫发现,如果群体持续更迭(每次更迭是由一位新被试替换掉一位同谋或者一位被试),那么更加极端的(任意的)规范会逐渐向常态的规范回归。

游动效应研究揭示出:
(1)稳定的规范是社会互动的突生产物。
(2)它不是一个任意的产物,而是受到现实的约束,因此它植根于对物理世界和社会世界的感知。
(3)它是群体的特性,而不是群体中个体的特性。
(4)它会使参与群体的人产生从众行为。
(5)它对群体成员有持续的影响,即使在看不到群体存在(或者说群体不在场)的情况下也依然如此。
(6)规范的确切征象不一定是个体判断的统计均值。一些成员比其他成员有更强大的影响力,或者是,一些个体比其他个体更易受他人的影响。

上述发现都是有关物理感知的规范(physical perceptual norms),

但我们不能因此认为，这些发现的结论与非物理规范无关，例如那些与美学欣赏有关的规范（我们在后面会详细讨论人们公认的存在于物质现实和社会现实之间的差异）。例如，Newcomb 阐述了那些在本宁顿学院读书的来自保守家庭的女孩很快受到这个学校自由政治规范的影响（Newcomb，1943）。他发现，那些"保守"的大学三年级女学生在与信奉自由主义的毕业班学生开展了女生联谊会之后，遵从了更自由的规范。即使在她们离开学校以后，这种影响依旧存在，甚至 20 年后还能看到这种影响的影子（Newcomb 等，1967）。Siegal 与 Siegal 做了一个简单的研究控制，由此揭示出：在相似的条件下，那些有着自由主义背景的人们也同样受到政治保守主义的影响（Siegal 和 Siegal，1957）。

20 世纪 50 年代的研究重点已经由规范（norms）转向了从众（conformity），尤其是对群体中人际影响的考察，或者是探究群体（作为人数上的多数）怎样获得个体对它的遵从（个体是少数人或者孤独的异类）。这类研究包括群体动力学研究中心对群体中非正式沟通的研究（例如，Festinger，1950；参见前面的第五章和后面的第九章），以及阿希的从众范式（Asch，1952，1956；Crutchfield，1955；Deutsch 和 Gerard，1955）。

在原初的阿希研究中，由 7~9 个人组成的群体坐在一个半圆形的桌子旁边，按顺序说出同时呈现给他们的三条线段中哪一条与标准的比较线段一样长（Asch，1952，1956）。只有最后发言的那个人是真正的被试，其他人都是实验同谋，但被试对此不知情。整个实验包括多轮相互独立的实验回合（separate trials），其中一些被设计成关键性实验回合（critical trials）。在这些关键性的测试中，实验同谋一致给出错误的判断。阿希感兴趣的是，被试怎样对群体压力做出应对，尤其是在实验答案事实上已经一目了然的时候（被试在独立完成同样任务时总是能够给出正确的答案）。结果显示，被试表现出对自己的怀疑，并且有紧张和焦虑的迹象。仅仅有 25% 的被试全程都成功地抵挡住了群体压力的影响，33% 的被试在一半或更多的焦点实验（即关键性实验）中表现出了从众，有 5% 的被试在全部焦点实验中都遵从于群体压力。全体被试在33%的实验回合中表现出了从众行为。由此阿希做出这样的推理：既然刺激不是含混的（即实验任务的答案是显而易见的，这一点不同于谢里夫的游动效应研究），那么被试没有理由将他人的判断作为正确答案的信息参照，因此，他们之所以表现出从众，实际上是为了让自己看起来不那么另类，或者是为了避免受到群体中其他成员的责难和排斥。

Deutsch 与 Gerard 认为，如果被试所要完成的任务并不是模棱两可的（例如阿希的实验，而不是谢里夫的实验），并且被试是私下匿名地给出判断，此时群体不能辨识出他们的身份，那么就应该不会有从众发生，毕竟，有一个客观正确的答案存在着，而且被试也不会因为偏离答案而被惩罚或被支持（Deutsch 和 Gerard，1955）。为了检测这种观点，Deutsch 与 Gerard 修正了阿希的范式，他们将群体中的所有成员隔离在一个个小房间里，成员之间的沟通要通过一个复杂的设备，包括电闸和灯泡。这时，从众降低，这一点我们并不奇怪。但是，从众并没有完全消失：被试在超过20%的实验回合中遵从了多数人的错误意见。很明显，人们会为了获得社会认可（social approval）而遵从多数人的意见。但是这并不能解释为什么在没有信息影响和社会认可动机的情况下仍旧会有一部分从众行为发生。Deutsch 与 Gerard 认为，人们存在一种基本倾向，即要考虑其他人的观点，正是这种无法消除的人类本性导致了从众。

一些人会比其他人表现出更多的从众行为（在阿希的被试中，有5%的人总是遵从多数人的意见，而20%的人从不从众），这个事实吸引了大量研究者，他们试图证明有"从众者综合征"或"从众者人格"存在。"从众者"看起来有较低的自尊（DeCharms 和 Rosenhaum，1957；Rosenbaum，1957；Rosenberg 和 Abelson，1960），有较高的获得社会支持或社会认可的需求［Crowne 和 Liverant，1963；McGhee 和 Teevan，1967；Strickland 和 Crowne，1962；Costanzo（1970）有这方面的述评］，他们有自我控制的需求、较低的智商、较高的焦虑感，在群体中会有自责感和不安全感，以及自卑感（Cruthchfield，1955），认为自己在群体中有相对较低的地位（Raven 和 French，1958；Stang，1972），有通常意义上的权威主义人格（Elms 和 Migram，1966）。但是，也有与之不一致的研究发现（例如，Barron，1953；Barocas 和 Gorlow，1967），而且证据也表明，那些在某些情景下表现出从众行为的个体在其他情景下并没有从众（例如，Vaughan，1964）。即使不是诉诸人格因素，而是以群体特质、情景、任务和个人与群体的关系来解释为什么有些人从众，而有些人保持独立，这也令人感觉太过简单化了（参见 McGuire 1968 年的述评）。毕竟，我们所有人在不同时候都会表现出从众行为，所以问题就变成了什么时候从众、为什么从众，以及遵从什么和遵从谁。这与最近对个人与情境间关系的概念化完全一致，在这种概念化模式中，所谓稳定的人格症状被看做是稳定的情境因素的产物，而不是个体内被设定好程序的"陀螺仪"旋转的结果（例如，Marlowe 和 Gergen，1969；Mischel，1968，1969；Mischel 和 Peake，1983）。

研究表明，女人会比男人表现出更多的从众（这一点很容易被接受，因为它与我们对性别的所谓"常识"假设相一致），有学者援引上述逻辑来解释这一研究发现。他们认为这主要与实验所使用的从众任务有关（男性对实验中的任务更有经验，在女性看来是拿捏不准的任务，对男人来说却不是），或与其他独立于被试性别的辅助因素有关（例如，Eagly，1978；Sistrunk 和 McDavid，1971）。

现在我们来看一下引发从众行为的群体特征。有证据表明，有吸引力的群体更具有诱发从众的效力（例如，Deutsch 和 Gear，1955），这很有可能是因为有吸引力的群体被当做是参照群体（例如，Newcomb 1943 年在本宁顿学院所作的研究）。也有证据显示，在一些情境下，从众会随着多数人数量规模的增大而呈线性增长（例如，Mann，1977）；但是，在其他情景下，当多数人的规模增加到 3~5 人时，从众达到最大，之后多数人的数量即使继续增加，从众也还是维持原有水平（例如 Asch，1952；Stang，1976）。Wilder 以令人信服的证据证明，重要的不是群体中个体的绝对数量，而是群体中可以区分出差异的独立社会实体或帮派的数量（Wilder，1977）。数量增长对从众的影响取决于实验任务（Shaw，1981）。最后，Mullen 的研究表明独立亚群体的存在如何通过影响被试的自我觉知（self-awareness）从而创造出从众行为（自我觉知关系到被试的注意力是聚焦于外在群体还是内在自我）（Mullen，1983，参见前面的第七章）。

被研究得最彻底的一个群体特征是群体一致性（unanimity）（Allen，1975）。如果被试发现群体中有人支持非从众行为（即对非从众行为的社会支持）（Allen，1965；Edmonds，1964；Hardy，1957），或者是有一个或多个持不同意见者存在，甚至是出现了一个偏离常规的人（即不能确定应该对任务做出什么样回应的人）（Shaw、Rothschild 和 Strickland，1957），那么，从众行为将会大大降低。在被试做出回应的过程中，社会支持、持不同意见的人或偏离常规的人出现得越早，它们导致非从众行为的效力也就越强（Morris 和 Miller，1957）。对此 Allen 和 Wilder 给出的解释是，这是因为它们起到了这种功用：让人们认识到存在着不同于多数人意见的认知替代物（Allen 和 Wiler，1980）。通常人们认为，社会支持、持不同意见者和偏离常规者等的出现打破了多数人的共识，所以它们才会导致从众的下降（Allen，1975）。一致性与共识性（consensus）是影响从众行为的潜在动因。

对什么样的任务、在什么样的情境下我们会倾向于从众？研究表明，从众更可能发生在下列条件下：存在模棱两可的任务和模棱两可的刺激（即存在主观不确定感的场景下）（Asch、1952；Blake、Helson 和 Mouton，1956），被试是公开而不是私下做出回应和判断（Deutsch 和 Gerard，1955），实验任务与群体的存在和运作直接相关，任务明确要求给出"正确答案"而不是"个人偏好"，强调群体凝聚力和群体整体的反应（Thibaut 和 Kelley，1959）。

豪格和特纳认为，这些发现意味着，对于从众来说，至少有三个主要影响源值得探究（Hogg 和 Turner，1987a）：第一是规范的明晰性和行为对群体的价值。也就是说，群体行为在多大程度上表现出群体中存在着清晰且可靠的、能将此群体与彼群体区分开来的群体规范。能够起到这种作用的因素一般包括内群同质性、共识性、意见一致性、群体行为的刻板化或模式化，以及行为对群体存在具有直接的价值。第二是个人与群体的关系。这个因素决定了个体是否选择该群体作为回应时的参考。这一点受群体吸引力等因素的影响,有吸引力的群体会成为个体的参照群体。第三是个体与刺激的关系。在某些情景下,对于某个刺激,或者对于应该怎样行为,个体希望得到其他人的赞同,但结果却遭遇了意见的分歧,这时个体对于自身的感知、判断、观点和行为的客观有效性或恰切性就会产生主观不确定感。主观不确定性越高,从众的压力越大。

规范影响与信息影响

对从众的理论探讨包括多项概念上的区分(见表8—1),其中一些重要的区分如下:公开顺从(public compliance)与私下接受(private acceptance)(Kiesler 和 Kiesler,1969)、规范影响与信息影响(Deutsch 和 Gerard,1955;或者参看 Jones 和 Gerard,1967)、群体变动力(locomotion)和社会现实检测(Festinger,1950)、诱发从众的不同社会权力源(French 和 Raven,1959;Raven 和 Kruglanski,1970)、缘于各种"理由"的不同从众现象(Jahoda,1959;Kelman,1958,1961)以及各种让个体免疫与抵制影响的力量。此外,对于群体极化现象,从"文化价值"角度的解释和依据"有力的论据"而给出的解释,这二者间的区分也可以被加入到上述区分中去(Jellison 和 Arkin,1977;Sanders 和 Baron,1977;Burnstein 和 Vinokur,1977;Vinokur 和 Burstein,1974)(在本章的后面我们会讨论到这一点)。豪格和特纳认为,可以将所有这些区分整合和简化为一对相对简洁的术语,它们不但可以区别出两种形式的社会影响,而且也足以承担解释的功能,这对术语是规范影响和信息影响[豪格和特纳(1987a)采用了 Deutsch 和 Gerard(1955)的术语,可以参见 Jones 和 Gerard,1967]。我们下面要讨论的就是这种类型的区分。

表8—1 对社会影响的描述:依据双过程对术语进行的分类

理论家	两组不同术语	
Deutsch 与 Gerard (1955) Kelley (1952)	规范影响	信息影响
Kiesler 与 Kiesler (1969)	公开顺从	私下接受
Kelman (1958, 1961)	顺从,认同	内化

续前表

理论家	两组不同术语	
费斯廷格（1950，1954）	群体变动力	社会现实检测 社会比较
French 与 Raven（1959）	强制的权力	专家权力
Raven 与 Kruglanski（1970）	奖赏的权力	信息权力
Jellison 与 Arkin（1977） Sanders 与 Baron（1977）	文化价值	——
Burnstein 与 Vinokur（1977） Vinokur 与 Burnstein（1974）	——	有说服力的论据

规范影响（Deutsch 和 Gerard，1955；Kelley，1952）源于个体对社会认可和社会接受的需求。规范影响所产生的从众仅仅是一种对群体态度、信念、观点或行为的公开顺从（compliance），而不是私下接受或内化（Kiesler 和 Kiesler，1969；Kelman，1958，1961），它不是一种真正的内在的改变。个体"追随"群体仅仅是出于工具性原因，如实现群体目标［费斯廷格（1950）将其称为群体变动力］，或者为了避免因偏离规范而受到惩罚、谴责或排斥，抑或是为了获得社会认可和接受。规范影响一般产生于群体（或个人）被认为有强制权（例如，对那些不遵从规范的人给予批评、贬低、威胁、惩罚，或者制定法律或规范使他们受到惩治），或奖赏权（一种强化从众的权力，它对那些遵从规范的人给予爱意、表扬或物质奖励）（French 和 Raven，1959；Raven 和 Kruglanski，1970）。规范影响产生效用的一个重要的前提条件是，成员感知到他们正受到群体的监控。这种观点也体现在拉塔尼与沃尔夫以"社会作用力"（social impact）对社会影响（social influence）所进行的解释当中（Latané 和 Wolf，1981；参见前面第五章和第六章相关的描述和评论）。

豪格和特纳（1987a）认为，规范影响也许构成了群体参照力（referent power）的基础（Raven 和 Kruglanski，1970），也就是说，因为群体是个体的一个相关参照群体，所以群体才有要求从众的权力。凯利（Kelley）认为，可以从因喜爱和赞赏而产生的情感依恋的角度来含蓄地界定参照群体（参见 Kelley，1952），如果是这样，那么群体内部达成一致的压力就应该是基于个体对认可和接受的渴望。虽然 Kelman 已经使用认同（identification）概念来对存在于参照力背后的从众过程进行分类（Kelman，1958），但凯利的观点仍旧为一些人所持有。Kelman 认为，参照群体中包含着重要的可供参照的他人（reference others），其他人被这些人所吸引，并因此希望与他们建立某种关系。因此说因参照力而产生的从众实际上是一个关系维持过程。

另一方面，信息影响（Asch，1952；Deutsch 和 Gerard，1955；Kelley，1952）来源于个体对"正确"的渴求。信息影响能够导致个体私下接受（即真正的接受）和内化群体的信念、态度和行为，在这种意义上，它是一种"真正的影响"（true influence）。信息影响的影响力来源于内行经验或专家知识所具有的力量（内行和专家们掌握其他人需要反复利用的知识），或其他人的信息影响力（拥有为别人所需要的某一具体信息）（French 和 Raven，1959；Raven 和 Kruglanski，1970）。信息影响产生效用的一个前提条件是主观不确定性，或者说，是某人对自身信念、观点等的客观有效性缺乏信心，并且又不能通过对比物理现实来客观检验并确证它们的客观有效性。在这样的情况下，社会比较（Festinger，1954）或社会现实检测（Festinger，1950）就会出现。

虽然规范影响和信息影响在理论上是两个独立的过程，但大多数时候，从众是在它们两者的共同作用下实现的。我们应该注意到，一些人对个人自由与独立性有很强的心理需求，这种需求会激活一种心理唤起状态（抗拒力或对抗），目的是为了抵制外力施加的影响，因为人们认为这些影响会威胁到个体思想和行动的自由（Brehm，1966）。同样地，也有一些人主张，独立（independence）来源于人们对可辨识的特异性（identifiably unique）的渴望，该渴望的强度在个体之间存在着差异（Maslach，1974；Snyder 和 Fromkin，1980）。获得特异性的愿望会压倒"融合"进整体的愿望，因为这样可以让个体避免获得令人不快的客观自我觉知（Duval 和 Wicklund，1972）。最后，Singer、Brush 和 Lublin 认为，去个体化（即匿名性和缺乏可辨识性）让个体有了独立的自由和不从众的自由（Singer、Brush 和 Lublin，1965；参见前面的第七章）。

从众的传统研究路径的局限

从众的双过程模型的一个重要局限是，在信息影响和规范影响都没有起作用的时候，从众仍旧会出现。Witness Deutsch 和 Gerard 发现，在既没有来自群体的监控（被试的反应是私下给出的并且是匿名的），实验刺激也不是模棱两可的情况下（如果刺激是确定的，个体就不需要获得社会证实），人们产生从众行为的比例仍旧维持在 20% 以上（Deutsch 和 Gerard，1955）。对这种依旧存在着的从众行为的事后解释认为，人们存在着这样一种普遍趋势，即凡事要考虑其他人的观点（例如，Deutsch 和 Gerard）。但这种事后解释并不充分，因为它没有说明，为什么人们考虑了其他人的观点就会遵从他们。而且所有的从众研究都没有发现百分之百的从众，所以普遍趋势在哪里呢？因此说，到现在为止，从众的基本问题仍旧悬而未决。

很多从众研究存在着这种"依存偏差"（dependency bias）（即对规范或信息的依赖），它们并没有对"独立"和"非从众"给予应有的从稳定的人格特质出发来处理这一问题的尝试，无论在经验上还是在理论上都受到了拒斥，此后学界表现出对情景性分析的偏好（Hollander 和 Willis，1967；Wrightsman，1977）。对"独立"的一些晚近研究也都局限于它们自己的解释范畴。例如，虽然抗拒力理论（reactance theory）解释了为什么一些人在某些情况下会抵制要求从众的外在压力，但是它不能解释在不存在这种外在压力时出现的独立行为，而大部分的独立和非从众现象恰恰是属于这一种。而且，这种做法暴露出这样一种趋势——将存在于某一具体文化或亚文化中的价值（即对个体性或个体自由的重视）做过度的推论并将其具体化（reify）（社会人类学的证据表明：相对于更大范围的美国文化来说，生活在新墨西哥的祖尼印第安人非常不在乎个人自由；Benedict，1935）。认为追求特异性的愿望是独立行为背后的动因，这种假设步履维艰。如果真如它假定，谋求特异性的愿望作为一种人格特质在个体之间存在着强度上的差异，那么这种解释就犯了和其他人格解释同样的错误（参见第六章对自我意识解释的讨论）。已经有证据揭示，人们的愿望不仅仅是追求特异性，而且是追求一种好的特异性（即正向的特异性）（Myers、Wojcicki 和 Aardema，1977）。这至少意味着，独立于某一群体或不遵从某一群体也许实际上代表个体要在某些特定维度上区别于这个群体，而这些维度能将这些偏离的个体置于一个更为大家所尊重的群体当中。

参照群体的解释路径（例如，Hyman 和 Singer，1968；Singer，1981）将独立和非从众行为的产生归因于情景因素，在这种情景中，影响源（即施加影响的群体）不构成个体的一个相关参照群体。但是这种路径最终是从人际依存和相互吸引的角度来定义群体的，这种概念化的方式存在着诸多理论和经验局限（参见 Hogg，1987a；参见前面的第五章）。进一步说，既然与参照群体有关的社会影响过程是一种规范影响（normative influence），那么这一路径实际上处理的是顺从（compliance）而不是从众（conformity），它拥有双过程模型本身所具有的诸多不足。

传统路径强调对规范和信息的依赖，它不仅没有对"独立"和"非从众"给予足够的重视，而且也低估了社会变迁过程。更重要的是，这种路径忽视了少数人的影响（minority influence）；虽然多数人的共识居于支配地位，但是少数人会主动促使多数人遵从他们的观点和主张（Moscovici，1976）。传统视角将社会描绘成一幅异常稳定的图景，多数人的观点不会发生改变，因为社会影响过程是个体和少数人对多数人的遵从，这一点与托克维尔（Tocqueville）的观点一致。托克维尔认为，19 世纪中期美国的民主实际上是"多数人的暴政"（tyranny of majority）（参见 Brogan，1973），这看起来基于我们在第二章提到的关于社会的"共识"模型而不是"冲突"模型。

从众研究的双过程模型存在的一个基本缺陷是，它错误地将对规范的研究置于边缘地带。它集中关注的是群体中的人际影响，这样一来，对规范的研究就难以展开，因为规范是群体的突生特质，虽然它由人际互动所传递，但是它有超越于个体性的突生性。在传统视角中，在从众与规范行为和群体归属之间不存在理论上的关联。但是，规范作为规定性共识（prescriptive consensuses）与从众关系密切：那些提升从众的因素（例如，多数人的意见一致性，行为符合维系群体存在的标准，群体拥有确保共识达成的足够的成员数）都会促进群体行为的规范明晰性（normative clarity），也会有利于群体行为与个体的规定性关联（prescriptive relevance）。将从众视为对规范的坚持和信奉，或者视其为一种规范行为，这种分析不可能是孤立人际过程的简单相加而魔术般的产生的。

近年来，规范再次被带回到理论关注的中心舞台，这应该归功于莫斯科维奇和Faucheux的努力，他们将阿希范式解释为少数人在施加影响，而不是个体对多数人的遵从（Moscovici和Faucheux，1972）。他们两人让我们警觉地意识到：没有实验能够在社会真空中进行，能够无视实验之外的现实生活经验对被试所具有的影响（Tajfel，1972c）。阿希实验中的被试所面对的不是错误的多数人，而是错误的少数人，因为他们对线段长度的判断完全不同于人们在真实世界中所作的判断。实验中的群体规范与被试带到实验中来的真实世界中的规范相矛盾，对从众的解释必须建立在对下列现象考察的基础之上：为什么一些被试依据实验中的群体规范来决定他们的行为，而不是选择真实世界中的规范。莫斯科维奇和Faucheux将阿希范式头脚倒置，他们两人引领我们关注（用库利的话来说）："那个看起来与游行队伍步调不一致的人，实际上是在跟随着另一首音乐的节奏。"（Cooley，1902：301）原来的范式是在检测多数人怎样要求个体因其是多数而遵从于他们；现在的范式要检测的是，少数人怎样使个体放弃多数人的观点，而遵从于少数（我们后面会讨论到少数人的影响）。

我们强调从众是一种规范行为（normative behavior），这就让我们返回到了信息影响。你也许还记得，与规范影响不同，信息影响是一种真正的影响，因为它会导致对观点、看法、信念等的私下接受，而不仅仅是行为上的顺从。对于客观现实的主观不确定性会驱使某人进一步去寻求信息，以证实自身的感知或使其有效（validate）。因为没有可靠的

170

和既存的非社会性的物理方法来检验感知，个体只能将其他人的看法和观点作为信息源（Festinger，1954）。社会比较使个体将特定他人视为信息源，这会导致个体接受他人的看法和观点，认为他们的观点是关于客观现实的有效证据，于是从众发生（参见 Hogg 和 Turner，1987a；Turner，1985；也可参看前面的第五章）。

对社会影响的上述解释存在的问题是，它要在物理现实和社会现实之间做出区分。莫斯科维奇提出的观点认为，即使是有关物理现实的信念，在很大程度上也是社会建构的，并且是社会使其有效的，也就是说，物理现实检验对文化共识（cultural consensus）的依赖并不亚于社会现实检测对其的依赖（Moscovici，1976；Moscovici 和 Faucheux，1972）。

> 技术工具（technical instruments）（包括某人的感觉）让个体能够独自做出关于环境的决定。但是这些工具的使用掩盖了共识（consensus），因为一个工具的运作方式或者一种测量手段的恰当性必须要由所有人达成一致意见，如果这种运作的结果会传递某种信息的话。
>
> （Moscovici，1976：70）

虽然物理现实就在那里了，但是我们怎样去感知它，我们怎样使我们的感知有效，却是与共识有关的事情，因而"有关我们感觉的证据"在很大程度上受我们文化中的惯例习俗（conventions）（例如科学惯例）的影响。如果说物理现实检验（测量工具、视觉和声音等的使用）确实不同于社会现实检测（"询问"其他人），也许只是因为在物理现实检验中，共识的作用是间接的、含蓄的、"理所当然"的和隐蔽的（参见 Tajfel，1972a；或者参见 Garfinkel，1967，"hidden agendas"）。

这种分析会产生一些非常有趣的派生影响。例如，主观不确定性（subjective uncertainty）不一定与客观刺激的模糊性有关。事实是，如果个体知道刺激是模糊的、模棱两可的，那么这反倒会消除主观不确定感，尽管这看起来有些矛盾。毕竟，如果某人知道，现实在本质上并没有一个稳定的结构，那么没有理由相信其他人的观点和感知就比我的观点和感知更有效或更"正确"。共识之所以具有降低不确定性的力量，实际上是因为它隐含的意义是其他人掌握确定的事实，也就是说他们拥有有效的知识。为了支持这种观点，我们可以援引 Sperling 的发现，如果谢里夫游动效应研究（比较 Sherif, 1935）中的个体被清楚地告知，他们所看到的效果实际上是一种视幻觉，那么通常发现的判断聚合在这里就不会出现（Sperling, 1946）。同样道理，如果刺激完全是确定的，而不是模棱两可的，那么主观不确定性就会出现。阿希所报告的事后访谈清晰地揭示，在线段长度对比明显（即答案一目了然）的情况下，被试报告说他们体验到了疑惑和不确定等令人不舒服的感觉（70%的人清楚地报告了这一点），这在那些有从众行为的被试中更加明显（Asch, 1952）。主观不确定性从根本上说是一种社会产物，是由于意见分歧和社会冲突而导致的结果：当我们预期自己会与一些人有一致意见，但实际上却与他们产生了分歧时，就会体验到不确定感（参见 Hogg 和 Turner, 1987a; Moscovici, 1976; Turner, 1985）。

　　上述讨论通常意味着，费斯廷格在物理现实检验和社会现实检测之间所做的区分是站不住脚的，所有人的信念都直接或间接地建立在社会共识基础之上，这里的共识是指有关这些信念的主观有效性的社会共识。与其他人意见一致意味着确定性，而意见不合、社会冲突或观点分歧则产生不确定性。但是，只有和那些我们预期会与我们有一致意见的人所产生的分歧才会带来这种效果，也就是说，我们在一些特质上将这些人和我们自己范畴化为同一类别，而这些特质又关系到我们是否会对特定刺激做出有效的判断（例如，在阿希的线段实验中，这个"特质"就是正常的视力，而与判断一支新乐曲相匹配的"特质"是音乐敏感度）。由此我们可以说，分歧也许不会导致主观不确定性和随之而来的从众，尤其是当这种分歧可以被归因于自我与他人之间存在的显著差异的时候。例如，阿希被试的一个普遍反应是，尽力寻找那些可以解释他们之间意见分歧的差异性。Allen 提出，如果在视觉判断实验中，多数人以视觉不正常的样子出现（如带着厚厚的眼镜），或者是在其他与视觉相关的方面有障碍，在这两种情况下，少数人的不确定感和从众行为都会显著降低（Allen，1975：30）。同样，如果原本就预期会有分歧存在，那么当分歧实际出现的时候就不会有不确定感。这就是在谢里夫的范式中出现的情况：当告知被试实验刺激（即光点的运动）是一种幻觉时，被试就不会期待其他人会与他们有相同的反应方式（Alexander、Zucker 和 Brody，1970；Sperling，1946）。

基于前面的论辩我们可以有这样的认识：一个刺激情境（stimulus situation）被认为是共享的或相同的，在这样的背景下，我们就会将自我与他人范畴化为具有相似性，这构成社会影响有效的前提条件。这是因为，在这样的情境下，共享的范畴资格（shared category membership）使人们预期他们会就刺激的性质达成共识，正是基于这种共识，人们才相信自己所做的反应是正确的，即在客观上是恰当的。这样获得的任何共识都具有规定性（prescriptive），因而共识也就成为一种社会规范。对有共同范畴资格的人来说，他们之间的分歧会唤起一种源于主观不确定性的不适感，而补救的方法则是支持或遵从感知到的群体规范。因此，应该在与群体归属感或心理群体形成有关的过程中，寻找对从众的解释。

社会认同与从众

从社会认同的视角来看，社会范畴或社会群体的轮廓是由它们各自的规范而准确地描绘出来的，规范有助于描述和规定哪些属性构成该群体的特征，或者哪些属性能将此群体与彼群体区分开来。群体行为的内容（群体内部共享的不同于其他群体的信念、态度、行为、外貌等）就是该群体的规范，因而群体行为与规范行为近义。心理群体归属（psychological group belongings）与行为、态度和感知上的刻板化社会一致性不可分割地关联在一起，正因为如此，心理群体归属也就与内群规范的表达和对内群规范的遵从紧密相连。这里,没有在物理现实检验和社会现实检测之间做出区分。

参照信息影响

内群共识、意见一致和统一源自于一种独特的社会影响形式——参照信息影响(referent informational influence)(Hogg 和 Turner,1987a;Turner,1982,1985),它导致对群体规范的遵从。参照信息影响分三个步骤发挥作用:第一,人们将自身归类和定义为某一社会范畴的成员,或者是赋予自身一种社会认同或身份;第二,他们形成或学习该范畴刻板化的规范;第三,他们将这些规范赋予(assign)自身,因而在范畴成员资格显著(salient)的情况下,他们的行为就成为与群体规范更加一致的行为(见图 8—1)。

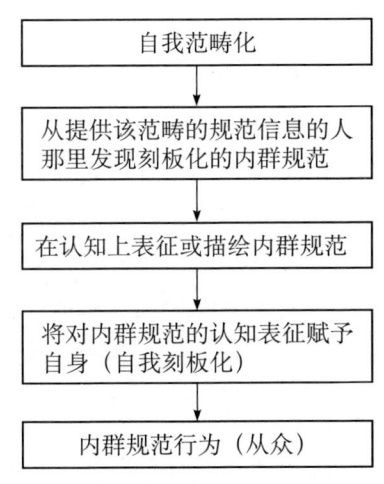

图 8—1 因参照信息影响而产生的从众

在参照信息影响背后起作用的过程是自我范畴化(self-categorization)(Turner,1985;Turner 等,1987)。正如我们在第四章所看到的,自我范畴化会在所有被刻板性地认为可以区分群体的维度(态度、行为、情绪、情感等)上增强自我与内群的相似性以及自我与外群的差异性。在第五章,我们讨论了自我范畴化怎样将某人自身置于一个对社会范畴的认知表征(cognitive representation)之中,并因此促生了心理群体归属。以这种方式，群体归属、规范行为或对群体规范的遵从，成为范畴化认知过程不可分割的产物，而范畴化导致感知曲解（即强化范畴间的差异），正是因为感知曲解才出现了刻板印象。

虽然谢里夫想当然地认为"规范"一词包含"刻板印象"（Sherif, 1936），但是在这里我们并列使用刻板印象和规范概念〔与特纳（1982）的做法相同；也可参见前面的第四章〕，这有别于通常对"刻板印象"一词的使用。在传统上，刻板印象与规范的不同之处在于，前者主要是群体的描述性特征，而不是群体的规定性特征，而且刻板印象所指涉的行为范围要比规范更具限定性（restricted）（例如，Brigham, 1971; Katz 和 Braly, 1933）。但是这些差异也许只是反映了使用这两个词语的话语系统不同，而不是它们各自在指涉上的本质差异。这一点也许与其他一些有明显区别的研究领域有关。例如，意识形态（Larrain, 1979; Billig, 1982, 1984）、正统共识（orthodoxies）（Deconchy, 1984）、社会信念结构（Tajfel 和 Turner, 1979）和社会表征（Farr 和 Moscovici, 1984; Moscovici, 1961），在这些领域的深处有一种共通性，因此它们都处于"规范"研究的范畴之内。这个共通性是，它们处理的都是由社会模塑（socially patterned）的社会现象，这些现象界定了社会群体的轮廓。

社会共识或观点一致是社会群体的内在特质，而分歧或不一致则是没有预期到的，因而分歧与不一致一旦出现就会产生从众的压力，或者是承认他们拥有分离的（disjunctive）范畴资格，目的都是为了解释分歧。共识不但解决了主观不确定性，同时它也赋予观点、感知和行为以客观有效性，因为共识产生了外在归因：如果你发现很多与你"相似"的人一致认为某部电影是好的，你可能将这种一致性反应归因于电影——它本质上确实是一部好电影；如果你和其他人之间存在分歧，你就不能确定这到底是电影的缘故，还是因为你自身特异的欣赏癖好——这部电影也许并没有真正"好"的特质。这种观点来自于归因理论（Kelley, 1967），但是已经隐含在阿希（Asch, 1952）和费斯廷格（Festinger, 1950）的思想之中。

参照信息影响理论中隐含的有意思的一点是，"在群体当中谁会影响谁"，或者更普遍地说，"人们遵从的到底是什么"。我们也许依据他人的行为建构出有关某群体的规范特征或刻板特征的形象，但事实上，我们遵从的是这种认知表征（cognitive representation），而不是其他人的外显行为。毕竟，促生规范行为的自我范畴化过程是一种认知过程，它只对认知内容（cognitive content）起作用。虽然，对于"什么构成了一个群体的规范性趋势或刻板化趋势"，内群成员之间已经达成了广泛共识[无论怎样，社会刻板印象和规范都是共享性的表征（参见Tajfel，1981b；参见前面的第四章）]，但是在有些情况下，这种共识会显著降低，也就是说，在群体成员之间或者在亚群体之间有明显的分歧。在社会变迁的时候这种情况就会出现，此时，群体积极地对自己的定义性特征和规范进行重新商讨（参见 Tajfel 和 Turner，1979；或者参考前面的第三章）。例如，讲某种族群语言的少数派权利群体，如在魁北克讲法语的人（参见 Giles、Bourhis 和 Taylor，1977；或者参见后面的第九章）。另一种情况也许指那些全新的情景（novel situation），此时内群成员对于应该怎样行为没有初始规范可供依据（参见前面第七章）。

　　虽然对于规范性的内群行为有显著分歧的情况并不多见，但是前面的讨论也告诉我们，成员之间意见完全一致甚至更不可能发生。正确的做法也许应该是讨论群体的规范性趋势（normative tendency）：虽然群体内的行为是多样的，但是其中存在一个明晰的规范性趋势，它可以辨识出那些最好地代表、表达或体现这种趋势的个人或亚群体。在界定上，这样的个人或亚群体是最具有"信息性的"（informative）（促生从众的力量最强大），因为他们传递了相关或恰切的内群规范，因而确证了什么是有效、正确、适当的行为。特纳（1985；Turner 等，1987）采用 Rosch（例如，Mervis 和 Rosch，1981）用到的"原型"（prototype）一词来指涉最好地代表了群体规范性趋势的个人或亚群体。我们现在的讨论与传统从众模型相去甚远；我们关注的并不是稳定的、单方向的个体对多数人行为意旨的屈从，而是一种动态的、群体内部对于原型或规范的"商讨"（negotiation），而商讨的结果可能会让群体内处于某些位置的人拥有更多的诱发从众的权力。很明显，从众并不一定是向内群行为的均值处聚合；如果因为某种原因，群体原型从这个均值处转移到了他处，那么此时从众就会表现为行为向转移之后的均值处聚合（后面我们会讨论到这种现象）。

参照信息影响将从众解释为一种私下的接受或真正的改变，而这是社会认同的结果，社会认同源于自我范畴化。但是，对于群体影响也有其他的反应，将这些反应区分开来是非常有必要的（见表8—2）。例如，Stricker、Messick和Jackson指出，从众、反从众（anti-conformity）、独立是三类完全不同的现象（Stricker、Messick和Jackson，1970）。豪格与特纳认为，为了区分出对群体压力的不同反应，至少需要两个相互垂直的维度：群体影响的背景（群体是否具有或被认为具有通过制裁、惩罚、奖励等方式施加强制的权力）和个体与群体的心理关系（对群体的认同、不认同、积极的去认同和拒斥）（Hogg和Turner，1987a）。他们的观点是，在任何情况下，（极端的）强制都会导致行为上的顺从（compliance）；由某人所认同的群体实施的强制有可能引发去认同化（dis-identification），并因此将遵从转变成为顺从。在没有强制的情况下，人们会遵从他们所认同的群体，独立于他们不认同的群体，而对于他们想积极与之撇清关系的群体则会表现出反从众（anti-conformity）或对抗从众（counter-conformity）。Jahoda（1959）和Kelman（1958，1961）提出了其他一些略有不同的模型。

表8—2　　　　　　　　群体影响的决定因素和对群体影响的反应*

		个人与群体的心理关系**		
		认同	不认同	去认同
群体影响的背景	非强制	从众	独立	反从众或对抗从众
	强制	顺从	顺从	顺从

* 改编自豪格和特纳（1987a）。
** 注意这些是维度，而不是独立的范畴集合。

参照信息影响与规范影响和信息影响在许多方面都有不同（参见Hogg和Turner，1987a；Turner，1982）。规范影响是通过社会沟通或来自于他人的群体压力而发挥作用的，这里的"他人"通常是有吸引力的他人，他们拥有奖励从众和惩罚越轨的权力。群体监控会提升从众行为。信息影响是通过与相似他人的社会比较而运作的，相似他人提供了关于物理现实和社会现实的信息。物理现实或社会现实的两可性或复杂性会增强从众。无论是规范影响还是信息影响，人们遵从的都是他人可观察的行为。与之形成对比，参照信息影响是通过自我范畴化（即认同）而发挥作用的。人际沟通和社会比较在建立恰切的内群规范方面确实会起作用，但是它们不是影响（influence）发挥作用的媒介或过程。人们会受到这类人的影响：他们提供有关什么是标准的内群规范的信息；他们不一定是有吸引力的或是与自身相似的；虽然他们通常是内群成员，但也不是必须如此，他们可以是有说服力的外群体成员（如大众传媒）。从众会因认同显著性（identity salience）而得以提升，因为群体认同越显著，对同一范畴成员之间意见一致的预期也就越强烈，所以当感知到有分歧或确实存在分歧的时候，从众的压力也就更大。最后，人们不是遵从可观察的行为，而是遵从自身对恰切内群规范的认知表征，因此，当某人的行为区别于群体内其他成员的行为时，他/她有可能是更加规范性的（或者说更是一位从众者）。

证据、应用与意义

参照信息影响理论得到了来自多方面的间接支持（参见 Hogg 和 Turner，1987a；Turner，1982：32）。有研究显示，当一个人的社会认同显著的时候，群体内其他人的目标和需求就会成为他或她行为的动机（Hornstein，1972，1976；Horwitz，1953）；在没有来自他人直接影响的情况下，对群体规范的遵从也会提升（例如，Charters 和 Newcomb，1952；Doise，1969；Shomer 和 Centers，1970；Skinner 和 Stephenson，1981；White，1977）。也有一些研究发现，人们在不同背景下会表现出不同的规范行为，这取决于当下哪种群体资格是显著的。例如，在西弗吉尼亚，Minard 在有不同种族的煤矿社区开展的研究表明，在地面之上和在地面之下有不同的种族态度和规范行为（Minard，1952；也可参见前面的第三章）。

能够间接支持参照信息影响理论的证据还有，人们一旦被置于某种角色之中，或者是被赋予某一具体身份，他们就会很容易地采取与这种角色或身份相符的行为。这方面一个令人唏嘘的例子是 Zimbardo 的经典模拟监狱实验（Zimbardo，1975；参见 Banuazizi 和 Movahedi，1975；或者参见前面的第七章）。最后，我们前面总结的传统从众研究的发现已经揭示出，"规范明晰性"（normative clarity）、个体与群体的心理关系，以及主观不确定性是影响从众的三个主要变量范畴。

直接检验

豪格和特纳（1987a）直接检验了参照信息影响理论。他们报告了四个实验，采用的都是 Crutchfield 修正过的阿希范式。在实验中，被试被分别安排在一个个小房间里，当他们对刺激做出判断时只能通过实验者进行沟通（Crutchfield，1955）。这种方法使研究者可以对许多变量进行实验操控（manipulation），包括个人与群体的关系、群体回应的分布、个体私密和匿名的程度。研究发现，在被试私下做出判断的情况下（此时没有规范影响），非一致的错误多数人（non-unanimous erroneous majority）从那些将自身范畴化为与他们属同一群体的成员那里获得了更多的遵从，这是相对于从那些没有将自身范畴化为与他们属同一群体的成员那里所获得的遵从来说的（非一致的错误多数人并不是一致给出错误答案的，相反，在每一个实验回合中，他们中会有人给出一个正确的答案，因为他们不具有一致性，所以他们不会产生信息影响）。研究也发现，虽然规范明晰性以及多数人行为的内群相关性会提升从众，但是这种效应在被试私下做出回应时会被进一步强化，因而这不可能是规范影响导致的结果。因此说，从众也许代表了一种私下的接受，因为它不取决于是否有监控存在。最后，他们的发现也揭示出，从众本质上并不是遵从于多数，而是遵从于亚群体，被试依据自发共识（spontaneous agreement）的标准（即在当下情景下与个体有一致观点）将这些亚群体或明确或含蓄地视为同属内群体。

另外的证据支持来自于阿布拉姆斯、Wetherell、Cochrance、豪格和特纳，他们采用谢里夫的游动效应范式和阿希的从众范式进行了两个实验（Abrams 等，1986）。在游动效应实验中，只在当实验同谋没有被明显地范畴化为与被试是不同群体的时候，被试才会遵从他们；当他们被认为是来自不同群体的成员时，他们的影响就会消失，被试就会建立起自己独特的内群规范，并遵从这种规范。在阿希的研究中，如果同谋被标定为来自一个外群体，那么被试即使是在实验同谋面前公开地做出判断，他们也几乎没有表现出从众行为。但是，当同谋被标定为是内群成员的时候，从众行为就要高于通常水平。这样的实验结果只能使用参照信息影响才能解释：在两个研究中，监控水平在实验组和控制组没有变化（在游动效应研究中，都是低水平监控；在阿希研究中，都是高水平监控），因而在两种实验条件下（即实验组和控制组）规范影响没有区别；此外，在两个研究中，实际的信息内容在所有条件下也都是相同的，因而信息影响也无差异。

有关群体归属对从众行为的作用的相关讨论就到此为止。归结起来，所有这些证据都是有利于参照信息影响理论的。（作为规范行为基础的）自我范畴化过程从一对相互关联的实验那里获得了证据支持。这对实验发现，行为改变是性别自我范畴化的结果。研究者发现，无论男性还是女性，他们都会依背景的不同而采取与背景相关的、符合自身性别的刻板化行为（Hogg 和 Turner，1987b），并相应地改变言说风格（Hogg，1985a），这都是自我范畴化的结果。

群体极化

应用参照信息影响对群体极化（group polarization）现象进行系统的理论解释，将会进一步证实参照信息影响理论的正确性（Abrams 等，1986；Wetherell，1987；Wetherell 等，1986）。群体极化是指在最初偏好的方向上，群体倾向于比个体做出更极端的决定（Myers 和 Lamm，1976；Moscovici 和 Zavalloni，1969）。早些时候，群体极化并不被认为是从众现象的一种，因为个体没有向群体的平均水平聚合。传统的解释可大致分为两个阵营（见表 8—1）。一些人强调，在被社会赞许的维度上（即在文化赋予价值的维度上）与他人进行比较会对个体动机产生影响：人们知道对于他们正讨论的主题，被社会所赞许的态度处于续谱的哪个位置，而且人们会在其他人面前表现出这种受赞许的态度，目的是为了获得社会认可（例如，Jellison 和 Arkin，1977；Sanders 和 Baron，1977）。另一些人强调，讨论（有说服力的论辩）中所提出的新颖或有说服力的信息会产生强有力的影响，在讨论中，那些对相关主题已经有某种看法的个体暴露在大量支持他们观点的论据之中，这会使他们更加坚信这些人是同一群体的成员（Burnstein 和 Vinokur，1977；Vinokur 和 Burnstein，1974）。虽然一些经验证据支持上述两种观点，但是，它们的分析没有在理论上将社会群体解释为一个性质独特的过程，因而它们低估了这个事实：极化不仅包括在讨论之后个体判断所发生的单一方向的转变，而且也包括聚合与同质化。与讨论之前相比，讨论之后群体中每个成员的观点不仅极化了，而且更同质了，多样性也降低了。

对群体极化的社会认同分析（Turner，1985；Wetherell，1987；Wetherell 等，1986）认为，群体极化是参照信息影响所导致的从众现象。这种看法基于前面对原型的讨论。本质上，从众是指以与下述个体相同的方式行为，这个个体被认为是该群体最具原型性的成员，并且最能体现该群体的规范。例如，一个小的非正式群体正在就某个主题给出他们的观点（图 8—2 给出了具体例子），我们有理由假定，规范就是他们观点的均值，因此，最具原型性的成员也就是其观点离内群观点分布的中间位置最近的成员。此时从众就表现为向均值的聚合。但同样有可能的是，群体的原型或规范并不在中间位置，它也许远离观点真实分布的均值。这是因为，规范或刻板印象的一个重要功能是在群体之间制造区分，并且通过增强群际差异获得这种区分（比较 Tajfel 和 Wilkes，1963；参见前面的第四章）。假设我们的群体在物理或认知上遇到另外一个群体，而这两个群体对同一主题持有一系列不同的观点，那么为了区分的需要，人们就会重置内群规范，使其远离这个外群体的规范。内群规范因此被极化了，此时最具原型性的内群成员也不再是支持内群中间观点的人,而是在远离外群的方向上持有比均值更加极端的观点的人。换句话说,从众以极化的形式表现出来。

饭店中的一群人,在吃肉这个问题上,他们原初态度的分布如右图。

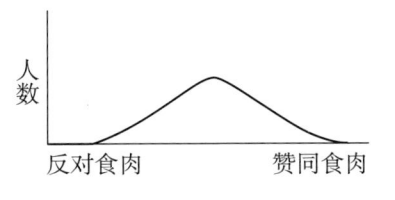

通过讨论,他们的态度向群体的均值处聚合。

他们偷听到了邻桌的讨论,这些人是严格的素食主义者。现在他们的观点不再向均值聚合,而是向一个极端远离素食主义者态度的方向聚合。

素食主义者离开,取而代之的是一群得克萨斯州养牛的壮年男子。原初的群体就会在反对吃肉的态度上聚合。

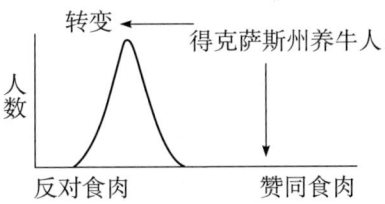

图 8—2　群体极化:一个例证

这种分析并不要求有一个明确的外群体存在。内群成员所持有的观点仅仅是可能有的、范围更广的观点中的一个样本:它们是个体主观想象其他人也许会持有的所有观点中的一个子集,那些内群成员没有持有的观点潜在地可以由外群成员所持有,因而存在一个要与之划清界限的隐含的外群体。如果对于某一主题,个体想象的观点的范围被称为主观参照框架的话,那么可以认为,内群规范是否被极化取决于在主观参照框架续谱中内群观点所分布的位置。具体地说,如果内群观点的均值远离了主观参照框架的均值(也就是说,内群观点与人们能够持有的观点的范围比起来，处于相对极端的位置），此时群体规范就会被极化，群体规范偏离内群均值的方向与群体均值偏离主观参照框架中点的方向是相同的，因而也就远离了其他人也许会持有的观点。所以，正如这样一个简单的例子所展示的，从众对于社会主义者、保守主义者和自由群体来说，也许分别表现为左派极化、右派极化以及向均值的聚合。

在没有一个明确外群体出现的情况下，显著的主观参照框架很可能是实验者所提供的回应量表（Response Scale）（例如，一个1~9的九点态度量表），或者是心照不宣地存在于我们头脑中的一个框架。但同样可能的是，当有一个外群出现的时候，主观参照框架仅仅包括内群与外群的观点。一般来说，显著的主观参照框架只包括与背景相关的观点，这些观点当然只代表能构成相关比较对象的他人的立场。

到目前为止，已经有几个研究支持了社会认同论对极化的分析（参见 Abrams 等，1986；Hogg 和 Turner，1987a，1987c；Mackie，1986；Wetherell，1987；Wetherell，1986）。通常使用的实验范式是，被试在许多主题上给出他们自己的观点或判断（对于这些主题，有一些存在着明确的社会赞许性观点，而另一些则没有），然后他们会参与或聆听一个自发的群体讨论或者是一个受实验人员控制的群体讨论，并且要给出一个在群体中达成共识的观点（或者群体观点），最后，再次给出他们自己的观点。结果显示：（1）群体原型的观点是由在主观参照框架中内群的观点决定的；（2）极化要求对群体的认同，也就是说，只有成员认同群体才可能出现极化现象；（3）当极化真正发生的时候，它是向群体中那个被极化了的原型（polarized prototype）的位置处聚合。因此，当观点的分布被划分成两个分离的范畴时，为了体现自己范畴的特征，个体将会向标志本范畴态度特征的更极端的位置处聚合，而不是向自己范畴的均值处聚合，同样也不是向总体分布的均值处聚合。进一步说，极化可以在没有任何新颖信息（novel information）的情况下发生，也可以在不存在社会赞许性态度的主题上出现。这样一来，传统视角的有效性就值得争论。

少数人影响

参照信息影响理论的提出对社会心理学的许多领域都具有重要意义，例如，少数人影响（minority influence）。研究从众的传统视角包含有一种"从众偏差"（conformity bias）（Moscovici，1976；Moscovici 和 Faucheux，1972），也就是说，倾向于关注多数人意见怎样导致个体行为的改变，并进而引发从众，却没有认真考虑个体对多数人可能具有的影响。已经有证据表明，偏离多数人共识的个体确实会发挥某种作用：他或她的不妥协会导致多数人改变他们的观点，采取旨在降低反常现象（deviance）的行为（例如，Schachter，1951）。莫斯科维奇、Mugny 和他们的同事（例如，Moscovici，1976；Moscovici 和 Mugny，1983；Mugny，1982）认为，那些坚持自己看法、不受多数人影响的个体（如偏离常规者、持不同意见者、特立独行者）构成了少数人群体，社会变迁潜在地掌握在他们的手中。这种分析主要关注的是那些积极的少数人（active minority），即由那些积极寻求改变现状（也即改变处于支配地位的规范结构或意识形态）的人所组成的小群体（如社会运动、革新艺术或科学派别的参与者）。

那些有助于将本群体对现实的看法强加于他人的物质资源（如大众传媒、军队、教育系统）几乎都不掌握在少数人手中，因此多数人施加影响的渠道（它们是多数人影响他人的工具）对少数人是关闭的。少数人也不能仰仗有吸引力的、能够广泛打动人心的积极社会形象来招徕追随者。少数人是典型的被诬蔑和贬抑的对象，因为从多数人的文化视角来看，他们体现了所有不受赞许的方面。莫斯科维奇和他的同事将少数人的力量归于他们的行为风格（behavioral style），尤其是他们的长期一致性（consistency over time）（持久的，或重复的）以及个体间一致性（consistency between individuals）（一致行动，或共识）。

使用阿希范式的早期研究揭示出一致性的作用（参见 Allen，1965，1975；或参见本章前面的讨论）。这些研究表明，在引发遵从上，一致的多数人比不一致的多数人有更强大的力量。以一位（或多位）偏离常规者为例，如果他（们）具有一致性，则相对于那些没有一致性的人来说，他（们）在促生独立于多数人和非遵从于多数人方面有更强大的影响力。莫斯科维奇和他的同事采用相似的范式实施了多项研究，他们特别关注少数人的行为一致性（参见 Moscovici 和 Mugny，1983）。总体来说，他们的研究结果支持这个假设：少数人越是一致，他们越是能够增强自身的影响力。最近一些原创性的研究开始探讨与"最适宜的一致性程度"（一致性过强会被认为固执、教条，因而导致对少数人的怀疑），以及"少数人和多数人在规范和意识形态上差异的最适宜水平（强度）"等有关的具体问题（例如 Mugny，1982）。

少数人的一致性之所以重要，是因为它使人们了解到可能存在着一种替代多数人立场的观点，而之前多数人的观点一直被视为是理所当然、不受质疑和共识性的。人们突然发现，在多数人共识的虚假外表下面原来存在着裂痕，于是，需要人们关注的新主题、新问题和新质疑开始出现。现状不再被当做是一个不可改变的稳定实体而被消极接受（仿佛它是关于事物本质的唯一合法的仲裁人），人们可以自由地改变他们的信念、观点、习俗等。那么改变之后的他们转向哪里呢？一个选择是转向积极的少数人。对于这个困扰大众意识的问题，少数人提供了一个概念统一、风格简明的解决方案。用"意识形态"的话语来说（例如，Billig，1982；Larrain，1979；参见前面第四章），积极的少数人力图以一种新意识形态来取代原来处于支配地位的意识形态。"一致性"使他们更容易达到这个目的，因为"一致性"不仅使对新问题的表述更加清楚明晰，而且也有助于一个清晰的替代性"解释"的呈现，该解释是与新问题相契合的。所谓的替代性"解释"（alternative explanation）也就是一种新的意识形态［参见 Deconchy 对正统共识的讨论：正统共识怎样被维持，怎样被改变（Deconchy，1984）］。

莫斯科维奇从少数人影响（Moscovici，1976）的角度来分析社会影响，这与社会认同路径提供的阐释是相融的，实际上它们两者都起源于对社会心理学传统视角的批评。这两条路径都认为：必须将遵从（conformity）与简单的顺从（compliance）区分开；所有群体成员都是潜在的影响源；影响过程与社会冲突的产生和解决有关，它不仅指向社会控制（多数人影响），也会导致社会变迁（少数人影响）；相互之间的影响最好被概念化为一种对分歧的社会商议（social negotiation），而不是对更高权威或权力的屈服。豪格和特纳认为，莫斯科维奇的分析与社会认同路径分析的主要差别在于，它们对认同和自我范畴化所起到的作用有不同的看法。但是，最近探求少数人影响的学者（尤其是 Mugny, 1982）已经开始将他们的观点与社会认同路径联系起来。

很明显，与多数人群体相同，少数人群体也会将本群体独特的信念和行为规范加诸认同之上。因此，无论是什么因素促成了少数人影响，也无论这种影响过程与多数人群体的影响过程有着怎样的不同，少数人影响仍旧可以被看做是参照信息影响的一种。虽然在一定程度上由于信息的原因（例如，激进的新意识形态），一致性作为一种行为风格在开始的时候会对多数人的认同构成冲击，但是，对少数人群体的认同能够确保偏离多数人的个体"逃亡者"（fugitives）拥护少数人群体的规范。在这里利用参照信息进行分析显然是适用的，因为莫斯科维奇和他的同事的分析有时背离了重建的初衷，而是又回到对规范影响和信息影响进行区分（以及其他相伴随的区分）的老路上去，即便它看似带着一张与传统不同的假面具。多数人群体通过规范影响产生从众或遵从（他们有物质权力，可以授予奖励、实施惩罚、给予制裁、调用监控等），而少数人群体通过信息影响能够达到同样的目的（他们提供了一个关于现实的更贴近"真理"的替代性版本，这个版本看起来更令人信服，因而也更能解决争议）。

其他应用

还有许多其他领域可以应用并且实际上已经应用了社会认同路径来分析从众，我们简要地提及几个。在第五章的结尾处我们讨论了"领导"（leadership）（例如，Bass, 1981；Fiedler, 1971；Hollander, 1985），并且指出，当今互动论或交换论路径倾向于从人际强化（interpersonal reinforcement）的角度来解释领导。群体中某个人最有能力确保群体（进而群体的成员）有效实现他（他们）的目标，这个人是对全体成员最有功劳的人，因而，其他群体成员就会以权力、单方面的尊重、敬仰和喜爱（即赋予其领导力）来作为对这个个体的回报。这种分析曲解了作为群体现象的领导力，但是它将领导力作为一种人际现象，因而就遇到了我们在第五章讨论社会凝聚力或人际依赖、群体过程模型时提到的一些问题。

社会认同或自我范畴化对领导的分析是完全不同的。这一路径关心的是，群体中的一些人怎样拥有可以影响他人的权力，而其他人却没有。它是与群体中的社会影响有关的问题，因此也是从众问题。最具原型性的群体成员是群体的"领导者"，他体现了该群体的定义性特征。在群体显著性（group salience）被提升的情况下，这个人的行为会被群体所有其他成员所再制（即被遵从）。进一步说，这个人成为有社会吸引力或刻板式吸引力（stereotypically attractive）的人——他或她成为追随者单方面表达尊敬、信任和喜爱的目标——主要是因为他或她被认为体现了该群体的刻板印象（group stereotype）。从定义上看，在群体中占据原型位置的个体（即群体中的原型成员）被群体中的其他人看做是内群分歧的仲裁者，他对于"什么是群体规范，什么不是群体规范"有裁定权，因此他就获得了定义或再定义群体本质的共识性合法权力。

这种分析可以解释多种类型的领导，从时尚先锋（如崔姬或麦当娜），到国家的独裁领导人（如希特勒或成吉思汗）。"时尚"的例子从不同方面准确地证明了社会认同分析的解释力，在这里，时尚"领导者"仅仅是一个在那一时刻恰好符合刻板形象的人。而"独裁者"的例子有些不同，作为独裁者的领导获得了独断权力的实体象征（这里的权力是施加给实施意识形态控制和身体强制的代理人的），在这样的情况下，群体认同极端显著、弥漫和持久。

在第五章，我们讨论了群体盲思，它是指高凝聚力的决策群体制定出灾难性的决定，例如导致猪猡湾事件的决定（Janis，1971，1972）。传统的解释倾向于关注决策群体成员之间极端的人际吸引，认为是它导致了决策能力的缺陷，最终产生出一个"不良"决策。我们在第五章已经批评了这种分析。从社会认同视角出发，群体盲思可以被解释为一种群体极化现象。群体盲思产生于有高度凝聚力的决策群体，在这种背景下，群体所表现出的社会认同异常显著，因而引发极端遵从的条件非常成熟。在既有规范相对于总体中的其他规范已经处于极端位置的情况下，群体讨论会使已经极端的规范更加极化，群体极化因而产生，Janis给出的所有例子都属于这种情况（例如，美国国会会议通常包括强烈反对共产主义的成员）。低质量的决策本身并不是灾难性的，但将决策付诸行动所导致的结果却是灾难性的（例如，美国逐步卷入越南战争和朝鲜战争）。这里需要补充的是，群体盲思和冒险转移是以不同的方式描述同一件事情：决策群体在作决策时并不是谨小慎微、保守胆怯的。

参照信息影响理论的一条核心原则是，行为会呈现出与群体资格有关的信息。通过从众、不从众、对抗从众或反对从众，认同得以在成员之间传递。既然如此，产生下面这种预期就不值得惊异了：如果从众发生在一个被群体成员赋予很高价值的群体内部，那么从众就会导致竞争——群体成员之间会为了成为最具原型性的成员而争斗，原型成员最能体现群体特质，因而他们也就成为最荣耀的群体成员。这就是大家熟悉的"同等者之首综合征"（first among equals syndrome）：晚会中的各个主角都力图成为比其他人更惹人注意的演员。Codol 提供了关于这个现象的实验证据，他将其称为 PIP（primus inter pares）效应（即同等者之首效应）（Codol，1975）。Codol 在分析中没有使用参照信息影响概念，但是这种分析视角明显地被应用于他的分析当中。

应用社会认同解释从众的再一个例子是对集体行为的分析（参见第七章）。在这一领域应用社会认同视角能够克服许多传统解释路径存在的局限。参照信息影响被认为是导致聚众行为（crowd behavior）的社会影响过程（Reicher，1987），前面讨论的对社会认同路径的直接检验支持这种观点（例如，Abrams，1985；Reicher，1987）。

最后一个看起来非常适宜用参照信息影响进行分析的现象是洗脑（brainwashing）（例如 Barlow，1981；Lifton，1961；Schein，Scheier 和 Barker，1961），它对于认同与规范行为之间的联系提供了明晰的例证。

洗脑包括心理死亡（psychological death）和意识形态重生（ideological rebirth）。心理死亡是指使用其些手段使个体与其之前的认同完全分离，这些手段包括将个体从获得和维持社会认同所必需的支持网络中孤立出来；在心理死亡之后出现的意识形态重生是指一个新的认同被建立起来，这个新认同包含一套清晰明确的新信仰和新实践。洗脑的重要特征是，为了实现彻底的真正的行为和态度的改变，必须从认同入手，因此其背后的影响过程极有可能就是参照信息影响（洗脑的例子可以参看第七章对琼斯敦惨案的描述）。

结　语

社会影响居于社会行为的核心，从众居于社会群体的核心，而社会群体在性质上有别于个体。本章我们讨论了从众。我们在理论上将它同其他形式的社会影响区分开来：从众是一种群体内现象，而不是人际现象，它表现为规范行为。我们讨论了与规范和从众有关的研究及其理论，这是在概要总结传统解释路径的许多既有局限的基础之上进行的。这些局限主要源自还原论倾向，以及与之相关的社会影响的双过程依存模型，这种趋向逐步掩盖了规范和群体归属对从众的重要作用。社会认同路径让人们重新认识到"规范"所具有的功能，并且将参照信息影响视为是与（对群体规范的）遵从有关的社会影响过程。参照信息影响通过能够导致群体认同的自我范畴化过程而促生从众。作为对这一基本假设的扩展，规范和刻板印象被看做是在概念上相似的，它们都与原型（prototype）和原型性（prototypicality）有关。我们向读者呈现了那些支持参照信息影响的经验证据，也阐述了这个概念更广泛的意义。我们讨论了对这一理论的直接检验，并涉及群体极化、少数人影响，另外还简单阐释了领导、群体盲思、同等者之首效应（PIP）、聚众行为和洗脑。下一章我们将探讨社会影响发挥作用的媒介，即通过语言和言语而进行的沟通。

推荐阅读

Kiesler 和 Kiesler（1969）以及 Wheeler（1978）对规范和从众的大部分传统研究有详细的阐述，值得一读；Myers 和 Lamm（1976）讨论到群体极化，莫斯科维奇（1976）、莫斯科维奇和 Mugny（1983）讨论了少数人影响。讨论从众现象的参照信息影响理论和社会认同论在豪格和特纳（1987a）那里有很好的总结。

第九章　语言、言语和沟通

在威尔士中部一座安静的村庄里，一位英国绅士戴着一顶软猎帽，穿着粗花呢夹克，从一辆"揽胜路虎"汽车中走出来。他迷路了，又疲惫不堪。他从伦敦出发，驱车参加几位来自城市的雅士朋友在乡村隐居处举办的周末香槟酒鱼子酱聚会。但是现在他特别恼火，因为一些破坏公物的流氓在路标上涂鸦，让他找不到方向。他走进一家杂货店想向老板问路。他进来的时候老板刚打完一个电话，他操着纯正的牛津口音问："我说，好心人，你能告诉我去 Aberystwyth 的路怎么走吗？"这位中年店主热情地微笑着，礼貌地回答了绅士的问题，但用的是威尔士语。很明显，他能听懂迷路者的问题（别忘了，他刚刚在电话里还说着英语），他也的确指明了方向。这位绅士又问了一遍，而且更强调他的牛津口音。绅士猜测，这位店主可能没有真正明白他的话——像这位威尔士人一样的乡下人通常有点"反应慢"。可是，店主仍旧用威尔士语来回答，同时也更清楚地强调他的威尔士口音。

虽然这个例子只是一件趣闻轶事，但是它却展现了一种几乎总在发生、只是程度上略有差别的事情：为了满足沟通情境的需要，我们会调整我们的言语风格或者说话方式。当我们和外国人或者小孩子讲话的时候,我们会简化语法,只用短词,放慢语速;当我们面试一个工作的时候,我们锤炼语言,精确用词,叙述流畅,当我们遇到不喜欢的人,或者是面对一位我们不希望与其所属群体有任何瓜葛的人的时候,我们通常也会这么做;当我们与同伴开玩笑时,我们会放松语法要求,也会使用一些污言或俚语。这样的例子不胜枚举。

我们可以为了增进理解而改变自己的言语风格,但是,正如我们在例子中所看到的,我们通常不会这么做,因为我们的言语风格传递的信息是"我们是什么类型的人",总之,它关乎我们的认同。要理解上面提到的例子,我们需要知晓一些信息,这些信息包括威尔士人在英国的社会地位,威尔士语言的复苏,以及英国绅士与威尔士店主之间的群际关系。在这一章,我们会讨论这一问题以及其他相关主题。

导 言

当人们在一起的时候,他们会花费大量时间通过言语传递和接收信息。除言语外,沟通信息的方式还包括肢体语言、面部表情、衣着和其他的非语言渠道。甚至在独处的时候,我们也时刻进行着沟通,例如,开车时,我们会和交通信号灯、汽车标识等事物有沟通。通常,我们总是被各种各样的话语言说和书写语言所包围,前者包括广播、电视、电影、表演,后者如广告、书籍、产品标签。我们用语言思考和呈现这个世界。事实上,要找出不包括语言、言语或沟通的人类活动,哪怕只是一小段,也是不可能的。语言、言语和沟通都要求以共享的意义框架为其存在的必要条件,这一事实无疑让它们更具有社会性。如果没有言语和语言,社会影响所受到的限制将难以想象;而没有沟通,社会影响就根本不可能存在,我们就会和莱布尼茨(Leibniz)的"无窗单子"一样,成为完全独立的存在物,既不承受影响,也不给予影响。

社会影响处于社会心理学学科领域的核心(参见第八章),语言、言语和沟通也同样如此。在本章,我们将会讨论在对这些现象的研究中社会心理学所做出的独特贡献。我们重点关注社会认同路径的成就，在过去十年中，社会认同路径使社会心理学领域的研究发生了根本性的变革，并且开辟了"语言社会心理学"这个独特的分支领域。鉴于我们集中探讨作为实验科学的社会心理学（参见第二章），因此我们几乎不会讨论到非实验取向的社会心理学对语言的研究，例如 Harre 的人种学方法（1979，1983；也可参见 Potter, Stringer, and Wetherell, 1984）。但是，几乎所有关乎人类行为的解释都与语言、言语和沟通有不同程度的关联，因此在这一部分我们会比在本书的其他章节更加兼收并蓄。

社会心理学中的语言、言语和沟通

冯特因为 1879 年在莱比锡建立了第一个实验心理学实验室而为人所知，但实际上冯特对于社会心理学也有许多重要言论。他认为社会心理学应该主要关注对集体心智现象的研究。集体心智现象产生于互动，而不是孤立的个体。文化、关于世界的直觉性日常工作假设，尤其是语言，它们都是产生于社会中的现象。因而，冯特的社会心理学，以及他的民众心理学（Völkerpsychologie）（1916）都认为对语言的研究是最重要的（参见 Farr, 1980）。社会心理学没有肩负起这个艰巨的任务，而是将它忽视了，因为当时的社会心理学越来越尊崇的是 F. 奥尔波特那条备受批评的名言：个体是心理学研究的终极单位，也是唯一单位（Allport, 1924；也可参见本书的第二章）。冯特在"民众"（百姓、文化）和"个体"之间作了区分，这一区分又进一步促进了语言在社会心理学中的消亡，因为它遮蔽了社会学和心理学之间的领域，没有为社会心理学的发展留有余地。语言属于民众的范围，因而属于社会学、社会人类学和其他与文化有关的学科的研究领域。不仅如此，冯特的民众心理学被 20 世纪 30 年代的纳粹社会心理学家所歪曲，他们的目的是建立一种具有法西斯主义特征的关于民族性格和种族的社会心理学，这当然会败坏冯特原初观点的价值（参见 Farr 1980 年的描述）。

冯特认为，在涂尔干社会事实或"集体表征"的意义上，语言是一种集体心智现象。在此，我们很容易得出这样的结论：语言是一种规范行为（normative behavior），所以至少在一定程度上对它可以采用关于社会规范的社会认同分析。在第八章，借助谢里夫（Sherif, 1936）有关规范产生和规范遵从的研究，我们将"社会事实"与规范行为联系起来。在本章的后半部分我们会讨论到这个问题。

乔治·赫伯特·米德和符号互动学派认为，语言在社会行为中扮演着举足轻重的角色（Mead, 1934, 1938；参见 Meltzer、Petras 和 Reynolds, 1975；Stryker, 1981）。社会互动极具符号性，因为行为总是具有共识性意义，它不是无意义的行为。人们之间的互动很大程度上是"肢体动作的对话"（conversion of gestures），语言行为是符号互动中形式最丰富的媒介。米德甚至认为，自我的出现依赖于语言的存在，因为作为言语的语言（language as speech）具有这样一种特性：言说者既是主动的主体"我"（I），同时又是观众，即被动的客体"我"（me）。通过言说，一个人成为他或她自己的客体，因而会有"自我"（self）这样一个有关自身的概念。即使到现在，符号互动主义对主流实验社会心理学也几乎没有产生任何影响（参见第六章和第七章）。相反，它的影响主要是在社会学领域（例如，Goffman, 1968），也体现在关于儿童语言习得研究的最新发展之中（例如，Lock, 1978, 1980）。

社会心理学通常并不直接触及语言问题，也没有给语言以特殊的地位，相反，它将沟通仅仅视为信息的传递。例如，关于谣言与流言的研究考察的只是特定的消息或信息在人与人之间传递的过程中以怎样的方式被歪曲和改变（Allport 和 Postman, 1947；Rosnow, 1980）。群体动力学研究认为，"沟通处于群体互动过程的核心"（Shaw, 1964：111），但它主要关注的是，让群体更富有生产力或者能更好地达成目标的沟通结构（参见 Shaw, 1964），并且它热衷于研究谁对谁讲了多少，讲了什么，因为这些和群体凝聚力、群体规模和群体目标有关（参见第五章关于这个研究工作的正式讨论）。信息传递和加工（而不是语言）是下述研究的重点：群体极化（参见第八章，也可参见 Wetherell, 1987）、群体盲思（参见第五章，或者参见 Janis，1971，1972）、劝说沟通（Eagly 和 Himmelfarb，1978）、态度改变等。这个列举实际上可以无限长。最终，语言明显地被排除在大量重要的社会心理学研究之外，尤其是那些关于非言辞（non-verbal）行为的研究（Argyle，1975；Birdwhistle，1974；Mehrabian，1971；Scherer 和 Ekman，1982；Wieman 和 Harrison，1983）。

虽然有一些人或者提供了有关语言的社会心理学思考，或者倡导这方面的思考，但是，直到现在，只有少数研究产生了些许影响（例如，Brown，1965；Carswell 和 Rommetveit，1972；Ervin-Tripp，1969；Moscovici，1967，1972；Robinson，1972）。

20世纪40年代和50年代早期的社会心理学研究并没有将语言纳入视野之内，但是它们对于群体动力学的研究至少涉足了沟通问题。从那时开始，社会心理学经历了频繁的"范式"转换，所以沟通研究也就逐渐被边缘化。在20世纪60年代，学者们主要关注的是认知一致性（cognitive consistency），即对在非一致性认知（inconsistent cognitions）驱动下引发的态度和行为改变的研究（Abelson等，1968）。此后，在20世纪70年代，归因理论处于研究的核心，它的特征是将人看做直觉科学家（intuitive scientists），为了让我们生活的这个世界看起来是有序的，人们总是在寻求对事件的因果解释（例如，Harvey和Smith，1977；也可参见本书前面的第四章）。在20世纪70年代晚期，归因理论失去了它的优势地位，被社会认知所取代，社会认知具有超认知（ultra-cognitive）、超个体（ultra-individualistic）的关注点，它聚焦认知过程、判断启发式、社会记忆等（Fiske和Taylor，1984；Landman和Manis，1983；Nisbett和Ross，1980；参见前面的第四章）。

但是，社会认知从产生之初就不乏批评者，这些人认为，社会认知过于还原主义，因此，它总体上只是转瞬即逝的社会心理学（例如，Forgas，1981；Markus和Zajonc，1985；Moscovici，1982；Tajfel，1981b；Turner和Oakes，1986；参见本书第四章与之相关的详细讨论）。早期的批评意见主要产生于欧洲，我们在本书第二章所讨论的对个体主义还原论的批评就是这方面的证据,这些批评是社会认同视角产生的决定性背景。最近,社会认知阵营中持不同意见者大大增加,其中包括一些早期社会认知的元老人物(参见 Wyer 和 Srull,1984)。为了弥补社会认知的缺陷,有人建议将关于语言和沟通的研究纳入社会认知中来(Higgins,1981;Higgins、Fondacaro 和 McCann,1981;Kraut 和 Higgins,1984)。

Kraut 与 Higgins 认为:"社会认知研究只具有边缘社会性(marginally social),因为它强调的是对社会现象认知的非社会(asocial)决定因素。"(Kraut 和 Higgins,1984:87)同时两位学者也认为,如果将重点转移到沟通那里,那么,无论是社会认知还是语言和沟通方面的研究都会从中受益。沟通和语言之所以被认为是社会的,是因为:(1)它们发生在人和人之间;(2)它们主要是关于人的(如谣言与流言);(3)它们是管理语言社会产品的极具共识性的规则。语言和沟通是认知的,因为信息的产生和接收涉及认知活动和社会知识。Higgins 认为,传统社会心理学在处理言辞沟通时的主要局限是,它没有充分考虑言辞沟通的规范性特征和受规则支配的特性(Higgins,1981)。

Higgins 和他的同事提出一种"沟通博弈"(communication game)的方法,该方法强调,语言和沟通要遵循一定的"博弈规则"(参见 Burke,1962;Garfinkel,1967;Goffman,1959;Lyman 和 Scott,1970;Wittgenstein,1953)。下面这些被认为是在对话中通常会用到的规则:表达事实,优化信息数量,根据听者和背景调整信息,对话清楚确切,关注言说者,做出反馈,等等(Clark 和 Clark,1977;Higgins,1981;Rommetveit,1974)。对话遵循一定的脚本(script)(Schank 和 Abelson,1977),脚本提供基本结构——一个由背景、主题、互动者、目标、意图等决定的结构。

Higgins 阐述了社会认知规则和个人感知规则所产生的影响(Higgins,1981)。例如,有证据表明,依据听众需求调整信息,长此以往,就会导致言说者赞同改造过的信息而不是原初的信念(Higgins McCann 和 Fondacaro,1982;Higgins 和 Rholes,1978)。在这里,我们将会在经验上证实 Newcomb、Turner 和 Converse 三位学者之警示的正确性。他们警告说，虽然人们很容易将公开场合下的表达视为肤浅的或者仅仅是"权宜之计"，但是它们的确会对态度产生真实的影响（Newcomb、Turner 和 Converse，1965：108 - 9）。这也与我们在第八章讨论的服从与认知改变有关：对内群规范信念的公开性言辞表述会对态度产生真实的影响。

　　Higgins 与其同事的分析主要关注的是，通过言辞行为进行的人际沟通所遵循的句法规则，以及这些规则的存在对于个人感知（person perception）和一般意义上的社会认知（social cognition）所产生的影响。虽然他们简要提及了语言和言说风格传递群体资格信息的方式，但是没有探讨这种方式对沟通过程可能具有的影响。关注沟通的一般规范（generic norms），这种努力相对于沟通的传统社会心理学无疑是一个进步，但是这种进步还是局限于人际社会心理学的范畴之内，而人际社会心理学并没有在理论上将社会群体看做是一个独特的实体。因此，大部分语言现象仍旧是有待研究的处女地。正如之前冯特所认识到的，语言是文化的媒介（a vehicle of culture），是认同或身份的象征符号（a symbol of identity）。例如，对于一名黑人和一名南非白人之间的言辞沟通所具有的丰富性而言，如果不考虑他们所归属的不同社会范畴之间的关系的本质，我们怎么可能充分理解这种丰富性呢？

　　社会心理学家所面临的问题是，语言已经超出了个体主义社会心理学的概念工具所具有的解释力。语言是一种源自互动的突生特质（emergent property），它超越个体性，具有类似于主体间性（inter-subjectivity）和规范性（normativeness）等集体心智现象的性质。在处理这些人类行为的特质时，传统个体主义社会心理学遭遇到许多难以解释的问题［参见第八章关于规范的讨论，第五章关于群体是"有名无实的谬误"（nominal fallacy）的讨论，第七章关于聚众与集体行为的讨论，当然也包括第二章对个体主义的概括性批评］。对语言社会心理学进一步发展的迫切需求以及发展过程中所遭遇的失败，在 Miller（1951）那里有相关的记述和讨论，在对个体主义的更晚近的批评那里也有这方面的论述，如莫斯科维奇（1967，1972）和 Rommetveit（1967，1974）（参见 Markova，1978）。

语言成为社会心理学"盲点"的深层次原因并不是社会心理学领域独有的，这个原因对我们所有人来说都是普遍存在的。当我们身处被视为理所当然的日常生活世界时，我们通常认为这个世界就应该是它看起来的这个样子，而忽视了它强大的象征特质（或者说是符号特质）（symbolic nature）。我们太过沉醉于我们的生活，以至于将环境具体化或实在化（reified）了，而实际上，环境是作为符号的社会建构系统而存在的。用加芬克尔（Garfinkel）的术语来说，日常世界成为我们生活不受质疑的背景，我们几乎不会对它投以任何关注的目光（Garfinkel，1967）。语言是这个背景中的主导因素，因为正是通过语言，这种符号向度才得以呈现和传递。但是，这却进一步导致语言从个体主义社会心理学的视野中隐去。

语言被社会心理学放逐，与之形成对照，它出现在心理学的其他领域或其他学科之中。下面我们会讨论这些领域或学科，目的是为下一步讨论语言社会心理学的最新发展做铺垫。

社会心理学之外的语言、言语和沟通

传统心理学路径对语言和沟通的研究是烦琐和复杂的，它们将这种复杂性归因于乔姆斯基（Noam Chomsky）和他的结构语言学视角（Chomsky，1957；参见 Greene，1972）。乔姆斯基将研究的重点放在语言的层级结构（hierarchical structure）和生发规则（generative rules）上，这些结构和规则决定能够表达意思的、可接受的语法链（grammatical strings）是什么，也正是这些规则管理着具体的语言群落、音素、语素、单词、从句和更大的话语单位如何结合，以及怎样运用它们来表达意思［参见 Bolinger（1975）对语言学的相关讨论］。这种心理学方法也对解释语法和语义规则与下列因素的结合方式感兴趣，即为了传递信息而运用的语调特征（升调、重音等）、超语言因素（"嗯"、"啊"、停顿等）和动态因素（肢体语言）。但是这种视角完全是个体主义的，原因正如莫斯科维奇所指出的，"几个声音构成的自言自语代替了真实的对话"（Moscovici, 1967: 227）。它没有严肃认真地考虑角色扮演、主体间性和社会背景的心理影响等问题。相反，这些因素被视为不受质疑、理所当然的。乔姆斯基认为，语言的普遍特征是，天然拥有所有语言共有的基本语法规则。在世界各地，言说语言（或者说口头语言）（spoken language）的绮丽多姿仅仅被视为语言蛋糕上的一层文化糖衣，只是一种点缀物而已（参见 Rommetveit, 1967）。

与上文论及的内容相比，更深入的探讨体现在乔姆斯基在语言能力（competence）和语言表现（performance）之间所作的区分，以及索绪尔（Saussure）在语言（language）和言语（speech）之间的区分（de Saussure, 1955; 参见 Moscovici, 1967）。语言和语言能力两者与语言结构以及语言使用的规则有关，因而属于语言学的研究范畴；而言语和语言表现指涉的是互动中实际发生的事情，它相对来说不太遵循严格的语法要求，也没有言语群落（speech community）中的成员在日常使用语言时的那种流畅，这是社会心理学的研究范畴。如果事情真的如 F. 奥尔波特所认为的那样，个体是而且必定总是分析的最终单位，那么社会心理学如何处理特定背景下主体间的言语？正如我们在前面的讨论中所看到的那样，传统社会心理学已经发现了自身在这方面的局限。

发展心理学系统地呈现了乔姆斯基的非社会性路径在语言研究上的不足。该路径在解释儿童怎样学说话时，只关注语法和语言能力的获得[例如，单字复义语①和电报式的简短言语以及"中枢开放式"的语法（参见 Bloom, 1970; Brown, 1965）]，这种做法无法解释这一事实：意义（meanings）不能从真空中被推论出来。语法上相同的表达在不同背景下意义可能会迥然不同（参见 Bloom, 1970）。意义不能完全由语言的深层结构所限定，尽管乔姆斯基试图让我们相信这一点（参见 Rommetveit,

---

① 单字复义语，即以单词表示全句或短语，如祈使句："去！"。——译者注

1974）。认为语言天生具有深层次的结构语言普适性（structural linguistic universals），这种假定是没有根据的。晚近有关语言习得的研究的进步之处在于，它关注语言作为沟通手段的作用及其在管理社会互动时所发挥的功能（参见前面对符号互动主义的讨论，也可参见本书的第二章）。这种视角具有明显的社会性，之所以说它是成功的，是因为它展示了通过协调的社会行为得以满足的、普遍的社会互动需求，如何在处于前语言阶段的儿童身上产生了认知协调（cognitive coordination）以及行动的句法规则（a syntax of action）。行动的句法规则包含了儿童所需要的所有基本的语法结构，儿童需要这些语法结构，是因为他们要在成年看护人的指导之下主动习得语言（参见 Dunn，1984；Lock，1978，1980；Robinson，1984；Romaine，1984）。这种方法使得在解释语言习得时不再需要引入天赋性概念（innatist concepts）或优先概念（a priori concepts），而是建议考察社会互动和社会背景。

在语言发生的社会背景中研究语言，这一点在社会语言学那里表现得最为典型［Hudson（1980）有关社会语言学的最新评述；也可参见 Fishman，1972］。社会语言学作为一个独立的研究领域出现在 20 世纪 60 年代中期，它是对语言学和心理语言学的去社会性特征做出的积极回应。它在语言行为发生的社会背景下考察语言行为如何在社会中组织起来，正因为如此，它主要关注下述问题：语言的使用、对语言的态度，以及针对语言和语言使用者的公开行为。这种路径在处理语言多样性以及多语言社会中可调用的语言库（linguistic repertoires）等问题的时候，主要采用的是描述性方法（语言多样性指的是不同语言共存，或不同音位、词汇和语法在不同社会、职业、地区或风格类别上共存）。社会语言学所处理的问题主要是有关双语言主义（bilingualism）的出现、维持和消失的社会条件，或者是那些决定谁在何时、何地、为了何种目的而使用何种语言的因素。

虽然社会语言学在方法上具有明显的多学科性，但是它主要的理智资源来自社会学和社会人类学，而社会心理学则显著缺席（可以参见 Fishman，1968），当然也有一些例外值得关注（例如，Argyle，1975；

Brown，1965；Gardner 和 Lambert，1972；Lambert，1967）。20 世纪 70 年代中期，对社会语言学的不满与日俱增（参见 Scotton 和 Ury，1977），正是这些不满为社会心理学做出独有贡献提供了丰厚的土壤。

总体上我们可以有这样一些感受：（1）传统的社会语言学是分类和描述有余，解释和预测不足；（2）社会语言学主要关注便利合宜的（convenient）背景变量（如形式、礼节）和社会人口学变量（如阶级、性别、种族）之间的语言学关联，而没有考虑这些变量对个体的主观重要性或者它的现象学意义（它忽略了语言使用者和参与者的动机、主观感知、自我定义等）；（3）在强调社会结构对语言使用的决定性时，社会语言学太过于依赖社会决定论，它没有认真思考语言使用在再定义语言和创造社会现实的过程中所扮演的潜在角色（这方面的详细讨论可参见 Giles、Robinson 和 Smith，1980a，Smith、Giles 和 Hewstone，1980）。

简言之，社会语言学的特征是，它致力于描述客观的社会人口因素和社会背景因素与语言使用的关联。它是描述性的、静态的、无确定方向的。Giles 和他的合作者认为，这些缺点只有通过下述方式才能得以弥补，即关注个体语言使用者的态度、动机、意图和认同等，而态度、动机、意图和认同等关键因素又是下述双方关系的中介：一方面是客观的、社会的和背景的变量，另一方面是个体语言行为。我们寻找的是一种能够捕捉到语言和社会之间动态张力的解释。理想一点说，社会心理学能够承担起这项任务。一个与之有关的经验例子可以参考豪格、Joyce 和阿布拉姆斯（1984）对瑞士讲德语地区的语言情境的考察。这一地区的人都讲两种语言：在非正式场合讲瑞士德语，在正式场合讲高雅德语（High German）[这两种语言之间有功能性区分，这一点类似于"双语制"（diglossia）]。

虽然许多社会语言学家都朝着这个方向发展（例如，Labov，1970；Sankoff，1972；Scotton，1980），但是协同努力的荣誉应该归于 Giles 及其人数不断增加的合作团队。自 20 世纪 70 年代中期开始，这方面的研究活动如雨后春笋般涌现，这表明一个新的语言社会心理学领域产生了。该领域已经出现了大量著作（例如，Giles、Robinson 和 Smith，

1980b；St Clair 和 Giles，1980；Scherer 和 Giles，1979；Giles 和 St Clair，1979；Giles 和 Powesland，1975；Giles，1977；Giles 和 Saint-Jacques，1979；也可参见 Smith，1983；Robinson，1983）。

本章余下的部分将要讨论的就是语言社会心理学中的这种"新视角"（new look）。虽然这一领域的研究活动尚未在主流社会心理学中激起大的涟漪（Smith，1983），但是它对社会语言学做出了独特贡献，这一贡献应该归功于社会心理学的理论化向度，尤其是社会认同视角。进一步说，孕育这一视角的批判性框架有意识地回避个体主义，这与社会认同视角的框架相似。豪格和阿布拉姆斯（1985）以及其他人的一些著作记述了这种对待语言行为的新社会性视角所涵盖的广阔领域。

语言社会心理学

言语和语言中的社会标识

到目前为止，在我们的讨论中经常出现的一个主题是，言语和语言至少以两种方式来沟通信息。第一种方式是传统社会心理学关注的核心，它通过观点的内容来传递参照信息（referential information）。在第二种方式中，言语和语言体现社会标识（social markers）（Scherer 和 Giles，1979），也就是说，语言变化和言语风格蕴含着有关言说者的人格、社会地位、年龄、情绪、社会群体资格等方面的信息。正是语言和言语的第二种功能吸引了"新"语言社会心理学家的注意力。

一个基本的前提是，我们所有人都有一个言语风格库，我们依据不同情境（正式辩论还是非正式研讨）、不同听众（儿童还是成年人）、不同情绪状态（激动还是平静）来决定从库中调用哪种言语风格样式。在大部分时间里，言语风格的调整和改变完全是自动的和非反思性的，即使我们意识到了这种调整，我们也很难对其进行控制（例如，当我们实际上很气愤的时候要让自己听起来很平静）。也有些时候，我们会根据特定的情景或听众有意识地采取某种言语风格。个体的语言库中包含着同一语言的多样变化，也包含着一系列不同的语言。这种语言库的一个重要特征是，它包含了丰富多彩的言语和语言，言语和语言的多样性实现了传递关于谁说、谁听以及言语背景信息的社会功能。言语和语言的社会标识功能存在的一个必要条件是有一个共享的意义框架。既然我们的言说方式（即我们怎样说）能传递这么多的信息，那么我们并不奇怪于在可能的场合人们会有意识地调整言语风格，以实现自我表现和印象管理的目标。

现在我们对言语（speech）领域的社会标识研究进行一般性的描述。在发展心理学那里，大量的证据表明，世界各地的成年人在和小孩子说话时，都会使用一种独特的言语方式（被称做"妈妈语"）（参见 Elliot，1981），在与外国人或智障人士交谈时也会采用同样的言语风格（前者被称做"对老外的话"，参见 Clyne，1981；Corder，1981：107-14），甚至很小的孩子就已经知道依据听者的年龄来调整他们的言语（Helfrich，1979）。通常来说，小孩子已经有了言语方式库，其数量比我们之前预想的更丰富〔参见 Shatz（1983）的述评〕。与言语的内容和语法相比，他们的沟通能力更加进步和超前。

虽然已经有研究开始考察言语以怎样的方式来表达人格、情绪、精神病态，以及人们以怎样的方式通过言语来推测人格、情绪、精神病态（Scherer，1980），但是大量研究关注的还是言语和语言是如何标识出社会范畴资格的。社会范畴资格（social category membership）主要指社会阶级、种族和性别（Smith，1983）。从人们使用语言的复杂性和精巧性能推测出他们的社会阶级。伯恩斯坦（Bernstein）认为，中产阶级言语的特征是采用"精巧"符码，而工人阶级言语采用的是"限制性"符码；进而，伯恩斯坦指出，正是工人阶级的言语方式导致了他们在教育上的不利地位（Bernstein，1971）。这种理论主张与传统视角相吻合，传统观点认为，工人阶级在某种程度上是缺乏技巧的沟通者（例如，Alvy，1973）。

之后的研究视角批判了这种认为工人阶级言语"技巧不足"的观点。新视角强调，言语风格的差异反映的不是沟通技能的差异，而是它们所满足的不同功能（可参见 Edwards，1979，1985；Higgins，1976；Labov，1970；Rosen，1972；Trudgill，1975）。工人阶级的言语风格非常适合于它需要满足的沟通功能。但是，学校是中产阶级的组织，它采用的是中产阶级的言语方式，因而，在这种背景下采用工人阶级的言语风格就会有一种疏离感，由此产生的教育上的不利地位，本质上不是因为言语，而是因为中产阶级对这种言语的反应（Edwards，1979）：处于支配地位的中产阶级社会群体（如教师）给予工人阶级言语方式以负面的评价，对采用这种言语风格的人有贬抑的刻板印象，并且低估他们的表现，或者说对他们将会有的表现有很低的预期。这样就使出身于工人阶级家庭的孩子要想在教育上取得成就变得极端困难，这自然会导致教育上的不利地位。要想知晓言语风格对教育的影响，我们需要一种关注社会阶级之间地位和权力差异的群际视角。学校是一种典型环境，正是在学校里，儿童首先暴露于并且是强有力地暴露于这样的群际背景之下。

语言与族群性

现在我们将详细讨论言语和语言中的族群标识（ethnicity markers）。在这方面，研究者们已经明确采用了社会认同视角（参见 Giles，1978；Giles、Bourhis 和 Taylor，1977；尤其是 Giles 和 Johnson，1981）。无需过多思索，我们就可以得出这样的结论：所有当代民族国家都是多元文化的。也就是说，这些国家包含着两个甚至更多个社会群体，这些群体之间可以在不同程度上通过文化加以区分，而文化包含着一个完整系列的规范性实践（normative practice），这些实践构成了群体的表现，也可以用来区分群体。语言是这种文化差异的显著表现，是最有效力的族群认同符号（虽然如此，不是所有的族群成员都需要讲这种语言，而只是说这种语言已经存在于那里，它发挥族群认同符号的作用）。这里可以给出一些国家内部族群语言多样性的例子：在加拿大有法语和英语，在秘鲁有克丘亚语和西班牙语，在威尔士有威尔士语和英语，在斯里兰卡有泰米尔语和僧伽罗语。

大部分多元文化社会的一个基本特征是，支配群体的语言会成为这个国家的通用语（例如，在威尔士的英语），如果处于附属地位的语言族群能够讲支配群体的语言将会对他们有利。相反，如果附属群体做不到这一点，那么他们将会在社会和经济方面处于非常不利的地位。不仅如此，附属群体的语言经常被认为是低声望的象征，因此会受到来自支配群体的奚落、粗鲁的嘲笑和族群蔑视（ethnophaulisms）（贬抑的族群标签）。在研究对语言的评价性回应时，普遍应用的一种有效方法是"匹配伪装"技术（matched-guise technique），该技术是由 Lambert、Hodgson、Gardner 和 Fillenbaum 引入的（Lambert 等，1960；参见 Edwards，1985；Ryan、Hewstone 和 Giles，1984）。这种技术的操作方式如下：被试听一段录音，录音里的人物以两种或多种语言朗读同一段文字。被试听完之后，要在一系列维度上对阅读者的人格做出评价，他们的判断代表了对既定语言的刻板化反应（stereotypical reactions）。朗读者虽然以各种"伪装"出现，但实际上是同一个人，被试并没有意识到这一点。一般来说，人们会有这样的发现：内群语言在"团结"维度（如信任、可爱）上会被给予较高的评价。而外群语言，如果它属于标准的支配语言类别，则在"地位"维度上（如能力、智慧）会被高估；相反，如果外群语言是地区性的、某一族群的或低阶级类别的，则会在地位维度上被给予较低的评价。

考虑到语言附有评价性意涵，因此这里我们关注的核心问题是，附属族群在什么样的情况下会失去其语言、维持其语言、提升或恢复其语言，对于附属群体的这些行为，支配群体又会做出怎样的反应。为了处理这些问题，Giles、Bourhis 和 Taylor 创造了"族群语言生命力"（ethnolinguistic vitality）这个术语（Giles、Bourhis 和 Taylor，1977；参见 Giles，1978）。它是指一个语言族群在多大程度上是作为一个集体实体（collective entity）而运作，作为一个独特的社会群体而茁壮成长，以及这个族群对于群际背景下具体的社会结构特性的依赖程度。三种能够对族群语言生命力产生影响的主要的社会结构因素是地位、人口学变量和组织支持。首先看地位的影响。如果一个语言族群能在经济上掌控自身的命运，有较高的自尊、光荣的历史，以及有良好国际声誉的语言，那么人们就会认为这是一个有较高地位的族群。这样一来，该族群就具有蓬勃生机，这种生命力确保它在未来能够作为一个独特实体而持续存在。再来看人口学变量的影响。人口学是指群体成员的数量和分布。大部分人口集中居住在祖先的土地上，有适宜的内外群数量比、低外迁率、高生育率、低内外群通婚率，所有这些都是有利于提升语言生命力的人口学变量。最后是组织支持的程度。它是指语言在组织（如政府、教堂、学校和媒体）中再现的程度。组织支持有利于提高语言生命力。

Giles 认为，对于不同的语言族群来说，生命力有不同的构型（configurations）（Giles，1978）。例如，英式美语（Anglo-American）享有高地位、有利的人口学因素和组织支持，因此它在各方面都有高生命力（或称全面高生命力），而阿尔巴尼亚—希腊语（Albanian-Greek）在各方面都处于较低位置。威尔士语言族群有中等地位和中等的人口学因素、中到低等的组织支持，因此有相对中等的总体生命力，而对于法裔加拿大族群来说，其语言生命力处于中等偏上的位置，因为它虽然地位低，但是它享有有利的人口学因素和中等程度的组织支持。

地位
- 经济上对命运的掌控
- 成员共有的高自尊
- 为群体的过去而骄傲
- 语言在国际范围内受到尊敬

人口学变量
- 多数人口集中居住在祖先的故土上
- 适宜的内外群数量比
- 低外迁率
- 高生育率
- 低内外群通婚率

组织支持
- 语言在国家组织（如政府、媒体、学校、大学、教堂等）中有良好的再现

Giles 与合作者（可以参看 Giles 和 Jonhson，1981）采用社会认同视角，将客观社会结构因素与实际语言使用之间的关联方式概念化。他们采用了泰弗尔和特纳的宏观社会分析方法分析了社会信念结构、自尊和社会认同在社会结构与个体行为之间的中介作用（Tajfel 和 Turner，1979；参见本书的第二章和第三章在这方面的详细讨论）。Ball、Giles 和 Hewstone 将这种语言分析方法称为"族群语言认同论"（ethnolinguistic identity theory）（Ball、Giles 和 Hewstone，1984）。

语言族群，与其他大规模的社会范畴一样，会力争获得受到积极评价的社会认同，这种认同能够提升范畴成员的自尊。但是群体成员获得积极认同的行为有赖于他们的社会信念结构，即关于群际关系本质的信念。这些信念可能是对群际关系真实本质的正确表征，也可能是错误表征。

（1）社会流动信念。社会流动信念来源于这样的假设：群际界限是可渗透的、能够轻松跨越的。不利的社会认同可以通过向上的社会流动而得以改善：进入支配群体，成为他们中的一员。这是一种个体策略，反映在语言上就是采用支配群体的语言，而本身族群语言的言语标识（speech markers）被弱化，因为个体已经使用支配群体的语言。例如，在萧伯纳（Shaw）的《皮格马利翁》中，伊莱扎努力讲超级地道的牛津英语。这是一种语言的同化。它让语言受到侵蚀，导致语言的死亡，或者更确切地说是"语言自杀"（language suicide）。"词汇转化"（lexical transference）会加速语言消亡的过程。所谓的词汇转化是指对于一些概念，原初语言越来越多地采用处于支配地位的外群体的术语，而这些概念或者与原初的族群语言文化没有任何关系，或者在原初的族群语言文化中根本没有。这样一来，内群语言逐渐成为多余的，进而萎缩、消亡。

如果族群性是个体认同的一个重要锚定点（anchoring point），那么，语言作为一种显著的族群标识，它的消失会导致异常感和低自尊，同时，在使用支配群体语言的时候会有叛离的（betrayal）感觉（Lambert，1979）。同化的这种不良影响会因内群的反应而被进一步加强，内群反应包括给那些已经准备接受外群同化的内群成员扣上污名的帽子。

同时，支配群体也有顾虑，他们担心太过成功的同化会威胁自身的支配地位，因而他们也许会采用一种向上分离（upward divergence）的策略。这会使他们不断重新定义构成他们语言的核心要素，使语言的同化变得异常艰难。支配群体的语言成为一个持续变动的目标，因而居于附属地位的族群必须不断重新找寻自己的位置。

（2）社会变迁信念。社会变迁信念结构不会带来上述问题。个体意识到群际界限是不可渗透的，向上流动事实上是不可能的。不利的社会认同只能通过群体策略才能解决。群体策略的目的在于：或者是改变对语言族群的评价（社会创造策略），或者是改变导致内群有较低声望的现状本身（社会竞争策略）。

社会创造策略并不改变客观的地位等级或地位差异，而是提升积极的社会认同。社会创造策略包括：第一，转移社会比较的方向，由原来的与处于支配地位的外群体比较，转到与其他的附属群体比较（如，英国的印度人选择与西印度群岛人比较，而不是与盎格鲁—撒克逊人比较），或直接与内群成员比较（即内群比较）；第二，改变对内群特征（包括语言）的共识性评价；第三，改变群际比较的维度，例如一个在内外群都享有声望的族群语言——如在以色列的希伯来语（Fellman, 1974），在巴基斯坦的旁遮普语（Pandit, 1978）——的复兴。

社会竞争策略发生在人们认为现状是不合法、不稳定，因而是可以改变的时候。认知替代物出现（认知替代物，即代替既存社会安排的其他可能的社会安排），群际比较被激活。此时，族群语言的复苏是作为一种政治现象或者说革命现象出现的。这方面的例子不胜枚举：魁北克、威尔士、比利时、西班牙的巴斯克地区。一个地方族群的复苏可以使另一个处于不同群际背景下的族群觉醒，因为附属族群可以从与之相似的其他族群那里获取经验。在社会竞争的背景下，语言上的增强效应与分离趋势有助于语言特异性在心理上的形成（Giles、Bourhis和Taylor, 1977），因此这种增强与分离会伴随族群自豪感而出现。上述因素为冲突、可能的族群语言变迁及社会变迁埋下了种子。支配群体的反应一般会是贬低、嘲弄族群语言，采取压制性政策或其他意在维持支配群体地位的措施。

地位、人口学变量和组织支持会影响客观的族群语言生命力,但是 Giles 和 Johnson 审慎地承认,这种生命力实际上是被感知到的生命力(perceived vitality)(或者称为主观生命力;参见 Bourhis、Giles 和 Rosenthal,1981),在决定是否需要强调族群语言的特征时,这种感知到的生命力起着举足轻重的作用(Giles 和 Johnson,1981)。由此可见,生命力和其他社会结构因素以相同的方式影响语言的使用,它们都是通过对事物本质的主观感知或信念发挥作用的,而不是通过事物的客观现实来产生影响。支配群体为了避免社会变迁,会强化一种社会流动信念结构(因为社会流动是个体策略,不会导致群际结构的整体改变),与之相似,支配群体也希望为附属群体建构一种低生命力的表象。现实的情况当然是生命力越高,社会流动越不可能。支配群体会依据此规则在意识形态上混淆(obfuscation)社会现实,这方面的一个典型例子是,男人维护"女人的"言语实际上是为了自身的既得利益(例如,Kramarae,1981)。

要想进一步预测社会条件是否有利于族群语言的复苏,就关涉到个体社会认同的库存(repertoire)。确切地说,如果库存是有限的,或者在库存中族群性是异常显著的(无论由于什么原因),那么这样的认同库存更有可能与族群的复苏相关联,并且会强化族群言语的使用。

Giles 和 Johnson 认为,在解释语言和族群性时,族群语言认同论相对于其他路径是一种进步。它将社会结构与个体的语言行为联系在一起,所以称得上是一种整合的理论,正因为如此,它能够解释世界各地族群之间关系的多样性(Giles 和 Johnson,1981;或者参见 Giles 1978 年的分类学)。此外,它也能够阐明为什么不同群体采取不同的语言策略,以及语言使用上的内群异质性。该理论之所以受到支持,就在于它有能力解释上述现象(例如,Giles 和 Saint-Jacques,1979)。

但是,Edwards 认为,虽然对于一门真正的语言社会心理学来说,"生命力"(vitality)的概念以及泰弗尔和特纳的宏观社会分析的拓展性应用起到了不可或缺的作用(Edwards,1985;参见 Tajfel 和 Turner,

1979），但是语言社会心理学能够从发展更加完善的有关族群语言生命力的社会历史视角那里获益更多（参见 Clyne，1985；Husband 和 Saifullah Khan，1982）。Edwards 承认，就语言和认同的呈现（presentation）与调控（manipulation）来说，群际关系理论与社会认同论（泰弗尔）以及言语调整理论（Giles）也许代表了社会心理学领域现阶段最完善的理论路径；但是，他也提出质疑："这些理论是否真的加深了我们对所讨论的社会心理过程的理解，还是仅仅将来自特定视角的既有知识换一种方式表达，或将其形式化而已？"他认为，"在社会心理学领域，答案通常是后者"（Edwards，1985：155）。

言语调整

到目前为止，我们对语言社会心理学的讨论主要集中于语言的认同功能，以及语言族群之间大规模群际关系的动态变化。但是言说的主体是人而不是范畴，是人们之间在彼此对话。与沟通相似，大量的言说发生在面对面互动的个体之间。这种互动的一个众所周知的特征是，互动的一方或双方会调整各自的语言或言语风格（参见我们本章前面关于"妈妈语"的讨论；也可以参考 Bourhis，1979；Giles 和 Powesland，1975）。对这种现象的传统社会语言学解释倾向于关注静态的情境规范和语言使用规则（参见 Bourhis 和 Genesee，1980），而晚近的路径开始考虑个体动机因素。这种更加动态的社会心理学路径被称为言语调整理论（speech accommodation theory）（Giles，1984；Thakerar、Giles 和 Cheshire，1982；Beebe 和 Giles，1984；参见 Giles，1978）（见表 9—1）。

表 9—1　受地位、人际社会取向和社会信念结构影响的言语风格变换的类型划分

互动双方的相对地位	具有主观显著性的人际向度		
	个体之间	群体之间	
		社会流动（无认知替代物）	社会变迁（有认知替代物）
高	向下聚合	向上分离	向上分离
低	向上聚合	向上聚合	向下分离

社会互动中语言和言语风格的改变是以横向的或两极的分离（divergence）与聚合（convergence）为特征的，分离和聚合的目的是为了满足相似性吸引的动机（Byrne，1969）以及获取积极社会认同的动机。虽然调整仅仅是为了促进沟通（如"妈妈语"，或者对只会讲法语的人说法语），但它同时也反映了认同的动态变化，或者说对社会认可（social approval）的需求，无论是动态变化还是需求都是在互动发生的具体背景所施加的规范性限制之下运作的［Ball 等（1984）讨论了具体情景下对语言和言语调整的规范性限制］。

一般来说，聚合会在信息接受者那里唤起积极的反应（Bourhis、Giles 和 Lambert，1975；Giles 和 Smith，1979），尤其当聚合是聚合者有意为之而不是迫于情景压力的时候（Simard、Taylor 和 Giles，1976），它因而满足了对肯定或喜欢的需求。确切地说，个体获得社会认可的需求越强烈，聚合的倾向越明显［Natalé（1975）提供了这方面的证据］。但是，这种需求的程度并不一定是稳定的个体特质，更多的时候，它受互动者的相对地位和声望的影响，低声望言说者向上的聚合多于高声望言说者向下的聚合。而分离（divergence）则表明缺乏对认可的需求，或者是希望在人与人之间制造断裂（dissociation）。

如果互动发生在群体与群体之间，那么语言和言语的调整满足的就是认同功能。在这样的情境下，只有考虑卷入互动的群体之间的社会关系，才能够预测出将会发生什么。分离会促进语言特异性在心理上的形成，这通常发生在社会变迁信念结构的背景之下，此时存在认知替代物；而聚合是一种社会流动策略，它表明社会流动信念结构的存在以及认知替代物的缺乏。

实验证据与上述推理相吻合。Bourhis 和 Giles 预测，在当代威尔士语在威尔士地区复苏的背景下，威尔士成年人应该拥有一种社会变迁信念结构（这是一种与群际地位关系有关的看法，它是群体策略而不是个体策略），因此在面对地位高的、英语发音标准的言说者时，他们应该表现出"向下的分离"（downward divergence）（即强调他们的威尔士口音）（Bourhis 和 Giles，1977）。这一假设得到了证实。与实验之前个体的基线水平相比，威尔士成年人在听了发音标准的言说者说话之后，他们会强调他们的威尔士口音（这是由独立的、对实验不了解的人给出的评价）。Bourhis、Giles、Leyens与泰弗尔采用了相同的实验范式，取得了一致的研究发现，他们的研究对象是比利时讲佛兰芒语的人，这里也出现了语言的复苏（在比利时讲佛兰芒语的人是与讲法语的人相对的）（Bourhis等，1979）。与之相反，豪格在实验中发现了英国女学生有"向上聚合"的倾向，她们在与男同学辩论时会以更加男性（而不那么女性）的方式讲话（Hogg，1985a）。这也许意味着，在这样的群际背景下，女性有一种社会流动的信念结构（这是与个体地位改变有关的看法，是个体策略而不是群体策略）。

与群际背景下言语调整有关的另一个有趣发现是，无论是聚合还是分离，它们的对象都不是语言本身，而是一种关于内外群语言的刻板印象（Hogg，1985a；Thakerar、Giles和Cheshire，1982）。这表明，在群体背景下，存在于言语调整背后的过程是，遵从语言或言语风格的相关规范，这些规范由自我范畴化过程而产生（参见第八章）。

第二语言习得

言语调整和族群语言认同论对第二语言习得研究的影响令人惊异。确切地说，族群语言的高主观感知生命力（high perceived vitality）和（包含明显认知替代物的）社会变迁信念结构会导致族群竞争，在族群竞争的背景下，如果附属群体对支配群体的语言如母语般熟练（而不是像在教室一般中规中矩）会怎样？高生命力和社会变迁信念结构等这些条件明显有利于族群语言特异性在心理上的形成以及向下的分离，这就意味着对支配群体的语言如母语般熟练地掌握也许是一种会受到严重责难的行为。

第二语言习得研究将学习的动机而不是"才能"（aptitude）视为至关重要的变量（Clément，1980；Gardner，1979，1981，1982）。学习第二语言时的社会背景和社会环境特征会产生学习的动机。这种视角明确承认，对第二语言达到母语般熟练的程度与其他的学习任务是完全不同的，因为学习第二语言意味着接受一种异域的文化视角，因此它牵涉到认同（Gardner，1979），但是这种视角并没有探测第二语言习得的群际背景（Ball、Giles 和 Hewstone，1984；Giles 和 Byrne，1982）。第二语言习得通常发生在一个族群学习另一个族群语言的那些地域（di Pietro，1978）。积极的内群感知有可能阻碍如母语般熟练地习得某一外群体的语言（Lambert，1974；Taylor、Meynard 和 Rheault，1977）。

Giles 和 Byrne 将族群语言认同论和言语调整原则整合起来，发展出一种关于第二语言习得的群际模型（Giles 和 Byrne，1982；也可以参见 Ball、Giles 和 Hewstone，1984）（见图 9—1）。它具体关注的就是对支配地位的族群语言如母语般熟练地掌握这一现象。他们假设，在下述情况下，如母语般熟练地掌握支配群体的语言是不可能的：如果语言是内群的核心特征，并且成员对内群有强烈的认同；如果很少有其他群体认同支配群体，或者只有地位更低的群体认同支配群体；如果本族群语言的主观感知生命力高；如果支持社会竞争的社会变迁信念结构盛行。在上述情况下，对支配群体的语言如母语般熟练将会"削减"（subtractive）族群认同感，引发内群敌意，指责族群背叛者（即学习支配群体语言的内群成员），导致对同化的惧怕（Clément，1980）。此时，对支配群体语言习得的熟练程度只可能如在教室一般中规中矩，个体间的差异只代表才智、能力和教学法（即教学技术优度）上的不同。

如果族群语言生命力不高、内群认同不强、没有社会变迁信念结构等，那么对支配群体语言的掌握就会如母语般熟练。此时它是一种"添加剂"（additive），因为它加深了整合，促进了获得社会和物质回报的可能（Gardner，1979）。个体间的差异不再反映智力等因素，而是反映焦虑水平（anxiety levels），焦虑取决于使用第二语言的具体情境。"削减"和"添加"是从 Lambert 那里借用来的词汇，但是它们在这里的含义不同于 Lambert 原初赋予它们的意思。

这里我们描述了群际背景的两种极端形式，并且将它们与第二语言

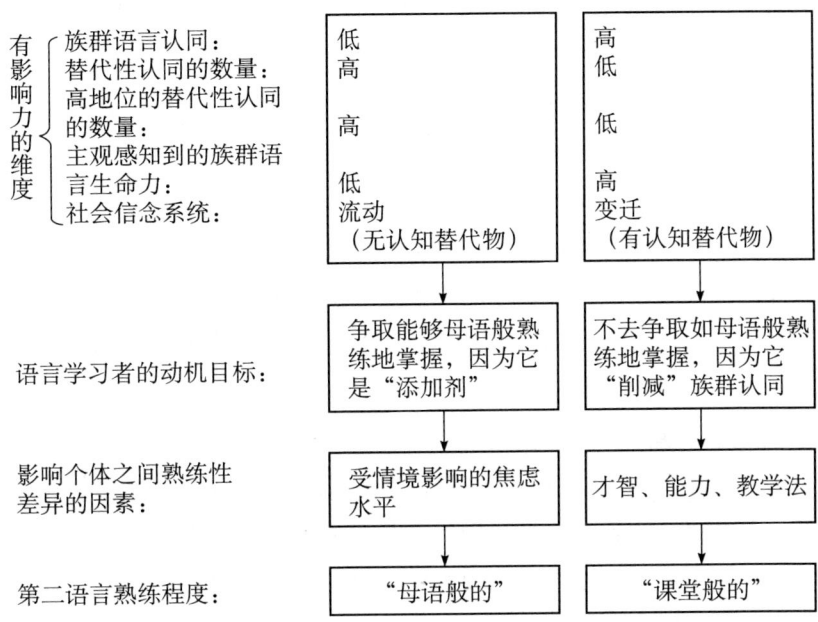

图 9—1　第二语言习得的群际模型

习得相关联。大部分社会都处于这两种理想类型之间，所以 Ball、Giles 和 Hewstone 将这一模型应用于这些"中间"条件下，目的是使它成为一种更精致、更有预测力的模型，这样的模型对于教育政策的制定者也许有某种参考价值（Balls、Giles 和 Hewstone，1984；比较 Hogg 和 Abrams，1985）。但是，对于我们的目的来说，重要的是，第二语言习得作为一种群际现象完全可以采用社会认同方法进行分析。

性别与语言

之前我们提到，语言社会心理学主要关注的是语言和言语中体现范畴资格的社会标识（social markers），而且大部分研究是关于族群和语言的。前面我们讨论的都是族群，为了向读者展示社会认同视角与性别研究的相关性，现在我们简要阐述一下性别。

虽然言语风格上的性别差异远没有关于男性言语和女性言语的刻板印象试图让我们相信的那么严重，但是言语风格的差异确实是有效力的社会性别标识（Kramer，1977；Mulac、Incontro 和 James，1985；Smith，1985）。它们不是关于生物性别的绝对稳定的标识（static markers），相反，言语风格的差异会因为言语者的性别角色取向而被夸大或弱化（Giles、Smith、Browne、Whiteman 和 Williams，1980；Giles、Smith、Ford、Condor 和 Thakerar，1980；Smith，1979，1980，1985）。男人言语和女人言语体现出男性气质或女性气质的程度，至少在一定程度上与个体自认为他或她自身有多么符合传统上的男人或女人有关。换句话说，言语风格是性别认同的产物，正如语言是族群认同的特征。性别对于言语者的主观情景显著性（subjective situational salience）会影响言语风格，因此，言语风格是性别的规范性特质（normative property），这里的性别又源于自我范畴化过程（Hogg，1985a）。依据言语调整理论，我们可以做出这样的预测：如果两位异性相遇，此时性别是具有显著性的，那么女性将会表现出向上聚合的言语风格，而男性则维持原有的言语风格。这种预测揭示了男性和女性之间社会关系的本质，我们前面描述的豪格的研究支持这一预测（Hogg，1985a；参见 Kramarae，1981；Williams 和 Giles，1978）。

结　语

通过前面对沟通、言语和语言的基本社会特质的讨论，我们试图向读者表明，虽然这些现象是社会心理学的基本研究主题，但是传统视角将语言排除在外，在信息传递方式中，只考虑与沟通有关的问题。这种缺失可以追溯到传统社会心理学中的元理论趋向（meta-theoretical trends）。

与之形成对比，语言在其他学科和亚学科中成为关注的重点。我们讨论了研究语言的心理学路径存在的局限，它们聚焦个体，而没有充分重视下述事实，即语言和言语是沟通的手段，它们与个体间的沟通背景和双方的关系是分不开的。关于语言习得，新近发展出的心理学路径已经注意到了语言的沟通功能，它在一定程度上超越了先前研究的局限。在社会背景下研究语言行为，社会语言学是这方面的一个缩影。但是，社会语言学也受到了批判，因为它在处理存在于社会结构和个体语言行为之间的动机、信念和认同的辩证性中介作用时，没有纳入社会心理变量。

此后，关于语言的"新"社会心理学的出现弥补了这方面的缺陷。"新"社会心理学继承了对个体主义进行元理论批判的传统，同时明确采纳了社会认同视角。言语和语言能够传递范畴资格方面的信息，这一事实成为新视角关注的重点。因而，它将群际关系以及对这种关系的主观感知与语言行为关联在一起，而双方的中介则是社会认同机制。族群语言认同论（Giles 和 Johnson，1981）在处理语言和族群关系问题时采用了社会认同视角，而言语调整理论（Giles，1984）则更加关注社会相遇（social encounters）中言语和语言的调整，以及这种调整怎样受个体动机的影响，即那些与社会认同和群际关系有关的动机。最后我们讨论的主题是，语言社会心理学中的社会认同路径为发展"第二语言习得的群际模型"，以及探求语言与性别之间的关系提供了丰厚的土壤（Giles 和 Byrne，1982）。

言语和语言是本章讨论的主要议题，这看起来像是将语言和言语与其他章节关注的现象明显地区分开来。我们试图说明的是，这种分离不过是独立话语世界（independent universes of discourse）的一种表现，而且，从应用于该领域的社会认同视角来看，我们能够发现语言和言语与其他现象之间存在着密切的关联。具体地说，言语风格和语言是社会认同的特质（attributes），因为它们可能是有关社会群体的一种刻板印象，或者是区分社会群体的标准，因此语言行为在很大程度上是一种规范行为（normative behavior），这一点在第八章已经有过讨论。在由区分并界定群体的诸多变量所构成的列表中，应该在特质、行为、信念、外貌、情感等的后面加上言语风格和语言，因为它们共同构成了群体规范或社会刻板印象。

推荐阅读

　　莫斯科维奇（1967）、Kraut 和 Higgins（1984）对关于语言、言语和沟通的传统社会心理学路径提出了与我们略有不同的批判性评论。Hudson（1980）有关于社会语言学的清晰介绍。在 Scherer 和 Giles（1979）的书中，你们可以看到对语言的社会标识这个主题的全面讨论。对语言的"新"社会心理学的全面探讨可以参考 Giles 和 Street（1965）、Robinson（1983）以及 Giles 和 St Clair（1979）。如果要具体了解族群语言认同论和言语调整理论，可以分别参看 Giles 和 Johnson（1981）以及 Giles（1984）。Smith（1985）提供了有关性别和语言之间关系的专业性讨论。

第十章 结 语

女孩子接受教育是件好事，但也不要受过多教育。结婚以后，她可以将修习课程当做业余爱好。如果她的家庭非常开明，她可能会有自己的工作，也许是在一所小学校工作一两年，或者是在一所女子医院。当然，她也可以在别处工作，但是无论在哪里，她都要确保在日常行程中或处理公务的过程中不会遇到男人。在计划部，有一大块隔开的区域，在这里女经济学家们坐在她们的桌子旁边，通过电话与男同事沟通……这就是隔离政策：严厉且绝对。咖啡厅和公共汽车也都实施隔离。虽然真主赋予男人和女人寻求知识的责任，但是……教育只是一种点缀，它会让女人成为一名更称职的母亲，仅此而已。女孩子中流行一条令人寒心的口号：我们会把我们的证书挂在厨房里。

沙特的妇女认为，那些生活在西方国家的姐妹们已经成为一场骗局的牺牲品。男人们以自由作为承诺，诱惑这些姐妹远离安定的家庭，成为办公室和工厂的奴隶。她们失去了适合自身的活动领域，随之失去的还有只有女性才享有的尊敬和保护。她们的声誉被出卖了，她们的身体成为共享财产。按照沙特妇女的说法，自由是蠢人才有的信条。

报纸上说，在沙特阿拉伯，没有犯罪，没有腐化堕落，所有女人都忠贞不渝,所有家庭都幸福美满……巡逻队在购物中心视察,治安员佩带着棍棒,他们是"传播美德、消除邪恶委员会"的代表……没有犯罪,但有惩罚。妇女会被沉石而死。星期五祷告之后,会对一些人实施切除肢体的刑罚。

(《悉尼先驱晨报·好周末》,1987-03-20)

这段引文来自于 H. 曼蒂娥（Hilary Mantel）的一篇短文（在颁发席瓦·奈波尔奖的典礼上宣读的），题目是《阿尔·罕姆拉的昨日清晨》。文章描述了曼蒂娥在沙特阿拉伯的一些亲身经历。这段引文包含了我们在本书曾经讨论过的与性别间的群际关系有关的一些主题。例如,群体之间的分化和歧视走到了隔离这样的极端;男性拥有全部权力,在社会中处于绝对的支配地位,他们可以对女性施行野蛮的非人性的处罚,而这些在他们的国家是完全合法的;在这里,意识形态的控制是通过审查制度以及对谎言的宣扬而实现的;而妇女们则完全顺从于男人对她们的统治,她们应用社会中的主导意识形态将自身的地位合法化（而社会中的主导意识形态是由男性构造的）,她们谴责那些生活在西方的获得解放的"姐妹"。在本章,我们将简要概述社会认同路径,然后就怎样应用该路径（或者已经如何应用该路径）对性别间的群际关系进行分析,给出一些建议。

导　言

本书主要讨论了群际关系和群体过程,以及群体归属的致因、结果和它的生发过程。我们主张的是社会认同路径,所以大部分时间我们是在解释这条路径。在最后一章,我们总结一下能够代表该路径特征的主题、论点和理论进展。我们首先概述社会认同视角寄寓其中的元理论,强调在社会心理学领域发展非还原性质的理论和解释的重要性。在解释"个体心理功能"与"认同、行为和认知的社会性本质"之间的关系时,重要的是将认知过程和社会过程融合起来。社会认同路径的应用是非常广泛的：以群体成员的社会认同可以同时解释群体内部和群体之间的行为。从之前将群体视为外部因素，到现在将群体看做是自我概念的一部分，这种转化使我们能够重新解释社会心理学家所熟悉的许多现象，先前人们认为这些现象只是发生于个体内部或个体之间。歧视、偏见、刻板印象、吸引、群体盲思、社会促进、群体内的服从、集体行为、语言和沟通，所有这些之前没有被整合起来的一系列主题之间的相互关系，都可以在社会认同的框架之内得以理解。

在这一章，我们的目的是，简要总结社会认同路径对社会中个体的分析，并发掘和提出由这种分析生发出的更深入的议题，我们的讨论是在性别间关系这个具体的群际背景下展开的。在这方面已经有大量精细而详尽的讨论（在本章最后的"推荐阅读"中列举了相关研究），我们的论述就是建立在这些已有研究基础之上的。但是，我们采用的是叙述（narrative）的方式，我们只是意图实现给出例证（illustration）的功能，以此向读者展示本书每章的主题怎样交织、整合在一起，从而构成了一幅整体图画。虽然我们展示的是性别间的群际关系，但是读者可以将它应用于对其他群际背景的解释。从这个例证出发，能够提出许多议题和问题，它们为社会认同路径指明了重要的发展方向。在本章的结尾，我们总结了社会认同路径在实现它的元理论目标方面所取得的成就，也表示出我们对该路径的未来发展所抱有的信心和热情。

理 论

社会认同路径是基于这样的假设：范畴化是人们令生存其中的这个世界的信息变得有序和可预测的过程。范畴化过程可以针对物品、他人和自身，其结果是，他人或者被视为与自身属于同一范畴，或者被看做是属于不同范畴。范畴化过程涉及感知的简化和明晰化，此外我们有将积极价值赋予自身的动机，正因为这两方面的原因，内群成员与外群成员之间的差异经常被夸大到极端,并且使这种差异更有利于内群。这些因素可以解释社会竞争,以及我们对外群所持有的僵化和贬抑的刻板印象。

"自我"卷入范畴化过程会产生至关重要的影响。"自我"因范畴化而被刻板性地认为相似于其他内群成员,这会导致社会吸引的产生。自身与其他内群成员的相互吸引是因为大家同属内群,尽管大家在个体特征上存在着差异。一旦将自身定义为某一群体的成员,个体就会以某种特定的方式与他人互动。例如,个体呈现自身的方式取决于观众是由内群成员组成,还是由外群成员组成,并且不要求内群或外群成员真的在场。群体是心理实体,在集体社会行为中我们可以发现群体的形式,集体行为是共享同一社会认同的行动者之间的合作。自我范畴化可以让群体成员发现意义和秩序,因为自我范畴化之后,我们归属的群体就会向我们指明应该遵循怎样的规范,应该拥有什么样的刻板性"理想"特质。在参照信息影响的过程中,人们会应用他们对群体资格的了解,来决定在无数可能的规范当中,他们应该遵循哪一条规范。与群体资格有关的信息是通过行为(更多的时候是通过语言)来传播和改变的,因为正是通过行为和语言,个体与他们所归属的群体(或力图归属的群体)进行沟通,也是通过行为和语言,个体将自身与一些群体保持距离。

在群体之间相对"客观的"权力和地位关系的限制之下,个体也许在主观上以这种或那种方式(即或者是社会流动信念,或者是社会变迁信念)来感知这种特定关系,而每一种感知方式对于积极社会认同的维持都具有不同的意义。有关社会流动的主观社会信念系统将群体界限视为是可渗透的,个体在群体之间的流动是可能的;有关社会变迁的主观社会信念系统认为群体界限是不可渗透的,群际关系的改变超出个人的能力范围,只有诉诸群体的能力才可能完成这种改变。一方面,这也许牵涉到双方之间直接的社会竞争,竞争的目标是那些大家都认为有价值的资源;另一方面,它可能包括社会创造,即发现改善群体位置的新途径(比如,在其他维度上进行群际比较)。对于附属群体来说,社会竞争也许涉及与支配群体展开危险的较量,而社会创造性则对现状(即群体之间的既有位置关系）不构成挑战。

应用社会认同路径解释性别间关系

在西方文明化的进程中，两性关系的历史就是一个压迫的历史（例如，Millett，1969）。几个世纪以来，男人手中一直握有对女人的经济权力；现在，男人享有更高的职业地位，对于组织决策和政治决策承担更多的责任，在大众传媒中，他们被赋予良好的声望，在他们身上似乎可以找到社会中理想个体的特征。在传统性别角色中，男人是养家糊口的人，是竞争者，是资源提供者，是成就获得者；而女人则是依附男人的人，是提供支持的人，是消费者，是要对男人做出情感回应的人（例如，Archer 和 Floyd，1982；Deux，1985）。这种传统的性别角色关系以及它暗含的意义，已经受到了女性的挑战，例如，19世纪女性争取投票权的运动，20世纪的妇女解放运动和女权主义。尽管存在着这些有组织的社会运动，而且在历史上，社会也曾被迫让女性承担男性的角色（例如，在第二次世界大战期间，女性被雇佣去服兵役和参与武器制造），但是，社会的基本结构并没有发生彻底改变。

群际维度

在这种看似"客观"的社会结构背景下，在男人和女人仿佛是被"自然地"赋予男性角色和女性角色的观念中，仍旧存在体现个体能动性的社会认同过程。如果性别之间没有权力、地位和声望的差异，我们可以预期，男人和女人会为那些受重视的个体特质展开直接竞争。但事实上，女性处于附属地位，对她们来说，这意味着只有社会变迁信念结构、只有对群际差异并不必然如此的感知，才会允许社会竞争的发生。女性展开与男性的社会竞争是对激进性别角色意识形态的支持，是通向女权主义之路；相反，如果群际差异被认为是理当如此的，那么妇女就可能会采取社会创造策略，比如说，在体现女性价值的维度上夸大两性之间的既有差异，或者找到可以体现女性特质的新维度，抑或是将自身与其他群体（而不是与男性）进行比较（例如，美国女人、法国女人、穆斯林女人、犹太女人、女权主义者，等等）。因此社会变迁信念既可以促进现状的维持，也可能导致现状的改变，两者都取决于对群际关系的感知和自我范畴化以及对自身所属范畴的认同。我们可以因此将其称为"性别认同"（sex-identification），因为它是指个体以下述特征来定义自身，这些特征为自身性别范畴的成员所共有，并且区别于另一范畴成员所具有的特征。

与社会变迁信念不同的另一个极端是，一些个体拥有社会流动信念结构。此时，妇女认为她们个人要为自身在社会中的位置负责，因此她们可以在男性占主导的领域中取得成功。她们不从性别竞争的角度来看待社会（所有都是个体的事情，与性别无关），她们将性别间的差异解释为是取向或偏好（preference）的问题，认为性别间的界线仅仅是象征性的（symbolic）。可以通过与其他个体的平等竞争来提升自我，这无关乎性别，自我提升也就是在心理上"进入"男性世界。当然，这种个体主义意识形态对现状不构成挑战，两性世界的关系不会因此而发生丝毫改变。不仅如此，它使得支配群体的成员可以将他们的优势位置归于自身的个人特征（"我之所以成为老板，她之所以成为秘书，是因为我是周围所有人当中唯一有能力作决定的"等）。

支配群体也会对附属群体的许多社会创造性策略做出积极的回应，尤其是当这种策略有助于强化将附属群体置于现有弱势地位的那些特征的时候。男人也许表现出非常羡慕女人的身体美，或者是她们体贴、会烹饪、能生育孩子的性别特征〔"棕色的长发的确可以吸引我，但是没有完美的女人。我喜欢既漂亮又优雅的女孩。"——派特·卡斯（Pat Cash），摘自《大都会》（*Cosmopolitan*），1986，2：59〕。对于那些挑战现状的女人（如女同性恋者），或者那些偏离女性规范的女人（如"野丫头"、健美运动员），男人会表现出对她们的蔑视，因而他们会为那些符合传统规范的女性推荐其他可比较的外群。如果社会创造性策略让各群体感觉他们之间虽然平等但不同（equal but different），只要这种不同在声望和权力上是有利于支配群体的，这样的社会创造性策略就会被整合进既有的社会安排当中。

如果群际关系的安全性（security）受到了威胁，现状也受到了来自附属群体的挑战，那么支配群体就会以两种方式做出回应：接受或拒绝（acceptance or resistance）。"拒绝"通常发生在女性"太过于"流动的时候。拒绝的表现是合法性（legislation）被引入进来，这种合法性强调男人对家庭收入的责任（例如，英国的实践是将丈夫和妻子视为一个整体，两人共同承担税收和社会保障支出），或者降低对有孩子的职业女性的支持（例如，限制托儿设施的数量，并且在男性假日和女性假日之间制造不平衡，目的是为了以一种貌似合法的方式给有孩子的职业女性带来不便和麻烦）。当女性"太过于"有竞争力的时候，人们就会再次强调传统价值（例如重归家庭的价值），或者是建议采用创造性策略（"女性应该利用她们在关心他人方面所具有的优势"）。支配群体的"接受"也可以有不同的形式。一方面，如果在某些传统的男性职业中（如办公室文员）女性越来越成功，那么这类职业的大门就索性向女性开放，并且积极雇用女性；但另一方面，这通常伴随着这类职业声望的下降（称其为办公助手或打字员），男性不屑于再从事这样的职业，转而追求那些社会地位更高的工作（如会计、商场经理、文字加工程序员）。即使有时对于那些从事男性工作的女性有公开的支持和接受，它也不过是那些感觉自身地位非常安全的支配群体成员所表现出的高人一等或看似宽宏大量的姿态。

现状得以维持的一个重要中介是语言和沟通。语言使刻板印象变得明晰而具体，而刻板印象的功能是强化男性和女性之间的范畴差异。沟通通过语言来传递刻板印象的内容，体现刻板印象的应用方式。正是通过沟通过程，刻板印象得以在群体中共享。以"美丽"、"支持性"和"依赖性"等词语来描述女性，强化了这样一种感知：女性在这些维度上区别于男性。既然现状建立在这种现在所谓现实基础之上或者说建立在"自然性"（naturalness）之上，那么现状的合法化则成为情理之中的事情（Huici, 1984）。人们也会以更动态的方式来使用语言或者言语，目的或者是强化范畴间的差异，或者是瓦解这种差异。为了降低男性与权力的关联，人们直接改变那些描述个体的语言（例如，用 chairperson、humanity、he 或 she 来代替"通用"的 chairman、mankind 和 he）。即使是言语在派生语言（paralinguistic）方面的细微变化也会强化既有的刻板印象。例如，同一个男人，当他对女秘书说话时，他会采取挑逗、勾引的语气，而当他面对一位男同事时，他会使用冷静、正式的语言；一位商界女性，当她参加董事会议的时候，她讲话的方式是镇静、正式的（这是向男性言语风格聚合），而当她面对自己孩子的时候，她表现出的是一种活泼快乐而又温情脉脉的言语风格。

自我刻板化的作用

每一性别的成员怎样才能知道他们（她们）应该遵从什么，又怎样知道如何按照刻板印象的预期行事？为什么个体之间对刻板化特征（stereotypical attributes）的解释不同，对它的赞美程度也因人而异？社会认同视角给出的解释是，是个体对范畴的认同（或者说个体被包容进范畴之中）才导致刻板化行为的产生，个体间差异反映的是个体在有关性别刻板印象的认知表征（cognitive representation）上的差异。因为社会认同存在多个层面，不同层面又相互交织，因此即使性别具有主观显著性（subjectively salient），这也不意味着我们可以直接预测个体将会做什么。例如，一个男人坐在酒吧里，和其他男人一起谈论与女人有关的话题，此时他感到自己作为男性的最标准的区分特质是男人的性欲。他的谈话也许充满了对性的暗示，以及对作为性欲对象的女人的描述。在另一种场合，当他与他的小儿子一起玩耍时，他也许感觉此时的"男性"（maleness）体现在"男子"（male）活动上，他的谈话也许是关于开卡车、踢足球、打架等。在两种情况下，这个男人都是在按照规范行为，但他这样做与其说是迫于社会压力，不如说是作为一个男人他正以不同的方式设想自己。这一点对女人来说也是如此，随着年龄的增长，她所遵循的规范也会发生根本性的变化。对于一位年轻女子来说，表现得性感是符合规范的；年龄稍大些以后，她应该展示的是母性美；

而对于上了年纪的女人来说,她可能就会去性别化,此时性别对她来说并不重要了。

男性和女性对群际情境做出的典型反应可以揭示出性别之间在行为规范上的差异。传统上,一般认为,女性强调人们之间(尤其是女人之间)的共享性(communality),而男人则强调能动性(agency)(对这种区分的详细讨论可以参见 Bakan,1966)。这一点可以用于解释为什么在实验研究中女性被试经常表现出更少的歧视行为。但是,共享性和能动性通常被看做是一枚硬币的两面。社会认同意味着要在心理上将我群和他群区分开来,这可以通过下面的过程实现:能动地(agentically)关注群体之间的竞争性比较,和/或共享性地(communally)关注自己群体内部的凝聚力。能动性和共享性并不是可以用来区分性别的特征,这一点在集体抗议中有清晰的呈现。例如,女性之间在格里纳姆康芒空军基地①所进行的情感交流(这体现的是共享性),与她们在面对支配群体(男性)的代表时表现出的能动性,两者达成了平衡;在1984—1985年间英国煤炭行业的罢工中,男性矿工在与警察的对抗中表现出的能动性,与罢工的矿工之间体现出的兄弟情谊和情感交流两者构成了互补。女性内部在性别角色取向上存在着巨大差异,在对自身群体的认同强度上也迥然有别(Condor,1986)。那些对自身的女性角色有强烈认同,并且持有激进性别角色意识形态的女性,最有可能与男性展开社会竞争;而那些虽然也认同自身的女性角色,但是持有传统性别角色意识形态的妇女,最不可能与男性竞争。

性别认同不会直接影响所有行为,认同在内容或程度上也不是固定的。在不同时间和不同情境下,性别可能更显著,也可能更不显著。当然,某些个体对性别显著性的感知总是强于其他人,问题的关键仍在于,是什么导致了这种差异。那些持有社会变迁信念结构的人,以及那些认为男人的社会位置不具有合法性的人,会更经常性地感知到更显著

---

① 格里纳姆康芒空军基地(Greenham Common),位于英格兰伯克郡。20世纪80年代,一批批妇女在基地附近露营,以抗议美军在此存放巡航导弹,这些导弹最终于1991年被运走。——译者注

的性别间差异，因为他们有更强的动机在性别之间做出积极的区分，这种说法看起来是有一定道理的。除了这种一般性的影响，情境间的差异也很重要。物理因素（physical factors），比如在场的男女数量以及某个范畴在数量上的特异性，也会提升性别的显著性（Taylor等，1978），但重要的过程还是心理上的，即那些在场的人被感知的方式。自我也被包含进这一过程当中，它有助于解释为什么同一个人在不同背景下会表现出不一致的自我形象。例如，在一个单身男女的酒吧聚会上，人们都是根据性别来感知彼此；同是这群人，如果他们听到了关于战争的消息，那么他们会根据民族国家来感知自己。下面的一些话摘自女性杂志《佳丽》（Cleo）上的某篇文章，它告诉我们，女人在面对男人时会接受并表现出一个"性感"的自我形象（"一位机智、自信、衣着华丽的新女性面孔会吸引更多的男人"），但是女性在面对其他女性时会表现出一个"关心照顾他人"的自我形象（"我要让她们知道，我和她们面对相似的问题——要做的事情太多而时间又太少……而且要接孩子放学"）。同样，男人在不同场合也会表现出不同的自我（"在女人中间，我可以就是我自己，但是，当我和哥们儿一起出去的时候，我要展示出坚强的姿态"）（Cleo，1986，9：68）。最后，正如我们前面所提到的，"性别"（sex）并不必然指称自身性别的所有成员，它可能仅仅指某一个具体的亚群体。

通过上面的阐述我们可以明白，为什么在自尊与真实世界的群际差异之间没有紧密的对应关系。理论上，在获得积极自我形象的需求或愿望的驱动下，人们会以偏好内群的方式进行群际区分。但是群体之间的客观差异通常不能满足这种需求，而只有在受重视的具体维度（即对决定社会地位有关键作用的维度）上偏向内群的区分才能使群体成员获得积极的自我形象。如果群体规范被界定为"合作"、"公正"或者甚至是"慷慨大方"，那么显著的社会认同将会以这种方式表现出来。此外，在某一情境下，不是一个人所有的社会认同都会被提升，而仅仅是那些显著的认同，以及与所调用的评价性维度具体相关的认同会被提升。

人际维度

性别间关系的一个有趣的地方在于，它在人际层次和群际层次同时存在（Abrams 和 Condor，1984）。虽然性别之间在权力和地位上存在巨大差异，而且与具体种族群体之间的差异相比，两性之间的差异覆盖面更广，但是婚姻关系和异性伴侣仍旧是社会组织的基本形式。在对比社会认同与个人认同、群体行为与人际行为时，社会认同论对于异性关系中明显共存的人际特征和群际特征没有给出确切的阐释。

对于这个问题，一个解决办法是，在对显著性（高或低）进行概念化的时候让它和认同（个人的或社会的）的方向垂直，或者说让它们两者不相关，这样一来，认同的两方面就可以同时显著。Stephenson 就是采用这种方法来描述工业谈判中双方的立场的（Stephenson，1984；参见前面的第六章）。另一个解决途径是，将夫妻看做是一个群体，这个统一体是不同范畴（即男—女）成员之间一种特殊的互惠形式。对于一些夫妻来说，这种互惠形式也许是传统性别角色的相互增强；对于另一些夫妻来说，双方的互惠形式也许独立于性别间的群际区分。还有一些夫妻，他们有意识地超越传统角色，试图弥补在群际层次上存在的一些不平衡。有趣的一点是，无论是哪一性别的成员都共享同一个传统特征，那就是要对吸引异性成员感兴趣，这一特征是为社会（一个更高层次的"群体"）所强烈认可的。偏离这一规范的成员都被冠以污名，或者被认为是没有生育能力的，或者被看做是没有性能力的，还可能被当做是无性别的人。而那些偏好于在性别内部发展关系的人，经常被刻板性地认为是一些拥有异性特征的人（例如，举止女人气的男人被认为是男同性恋者，而男人气的女人则被认为是女同性恋者）。

在两性关系中，在群际层面和在人际层面看待伴侣有时会得出不一致的看法，不同层面的预期会发生冲突。此外，在每一层次内部，双方对彼此的感知如何被解释和评价也存在很大不同。例如，如果一位女性伴侣持有激进的性别角色意识形态，同时她将其所处的情景看做是一个女人正处于不公正的压制之下，那么她就极有可能刻板性地感知男性伴侣——认为她的男性伴侣拥有所有男人共有的剥削特性。群际层次的主观感知越是显著，这个男人越可能被认为是一个"竞争性"外群体的代表。与之相反，如果一个女性持有传统性别角色意识形态，那么她就会非常看重伴侣的那些展示男性气概的行为,同时自身也尽力保持传统的女性气质,其目的是为了维护双方积极的群际差异。她也许同意Raquel Welch的说法:"大部分女人都和我一样。她们希望男人以传统的方式行事,希望自身受他们的支配。"(*Cleo*, 1986, 1: 17)同样地,一个持有传统性别角色意识形态的男人,通常会以非常男子气的方式对待他的伴侣,强调她的女性特征。如果在群际层面,一个男人比女人有更激进的性别角色取向,那么会有什么事情发生呢?这是一个有趣的问题。它表明,在这个领域,无论是实证研究还是理论探索,都有广阔的发展空间。

这些群际感知很可能会有重要影响,因为它为人际层面的关系提供了结构和社会背景。如果双方的群际感知是平衡的、彼此兼容的(例如,夫妻双方持有相同的性别角色意识形态),那么就不会产生直接的冲突。但是,双方在一个层面(如群际层面)上的一致性并不必然导致在另一层面(如人际层面)上的一致性(例如,双方持有相同的性别角色意识形态并不意味着他们在人格上也兼容)。对双方来说,层面显著性(salience of levels)上的差异(群际层面和人际层面在双方那里具有不同的显著性)也许是误解和冲突的源泉(例如,如果女方的个人认同是显著的,即她将自己看做是一个独立的个人,性别对她来说并不重要,但是她的伴侣要求她按照典型的女性方式去行为,即女方强调人际层面,而男方强调群际层面;或者一个男性不愿从事在他看来是"女性"的工作)。由此我们可以看出,两个层面是相互影响的,一个人感知到的内容和对感知的解释是这个持续不断的影响过程的一部分,感知既不在过程之前,也不是过程的结果。

夫妻双方的例子也向我们证实了这一点:群际接触并不足以导致群体之间差异的改善。在性别的例子中,人们通常认为,传统的性别关系只是强化和具体化了群体之间的差异。而且,即使这种关系包含了角色之间的合作性互依,性别间的好感也没有从面对面的层次推广到群体间的层次。这种观点让我们认识到,主观信念和意识形态是这种关系的中介。持有不同的信念就要求有不同的解释。性别范畴上的自我定义与其他范畴（如年龄）上的自我定义交织在一起，它们都构成信念发挥作用的中介（如年龄和性别的交织：10岁的时候，我们可能更关注性别间的本质差异；16岁的时候，我们主要关心的是在与性有关的维度上的不同。参见Abrams和Condor，1984）。

理论进展

我们以性别间的关系为例，展示了在综合分析群际行为时，社会认同路径的不同部分以怎样的方式交织在一起。下面我们将社会认同路径作为一个整体，提出一些总结性的观点——关于它的成功之处以及它的发展前景。

社会认同路径深化了我们对一系列现象的理解，它对人们之间的关系进行了独到的分析，这一分析与社会心理学领域已有的大部分理论主张有明显的不同。首先，群际关系不能寄希望于通过下列因素而得以解释：人格特征、心理动力机制，或群体成员的个人态度。群际关系也不能以群体之间的客观利益冲突来界定。伴随着群际行为而产生的刻板印象也不仅仅反映对经验事实错误的认知理解。相反，只有诉诸集体对群体资格的主观感知，群际关系才能被理解，群际关系可以被解释为心理上的冲突、差异等。刻板印象是群际关系在不同程度上被维持和合法化所依凭的一般性过程的一部分。刻板印象的功能主要是服务于群体，同时，与大部分群际行为一样，它并不总是直接有利于单个的群体成员。

其次，群体凝聚力、群体内的行为、对群体规范的遵从和集体性的群体行为，所有这些现象都不能以个体之间因满足需要或寻求信息而产生的互依来解释。群体被认为是一个心理实体，对于那些被吸引进入群体的人，群体会告诉他或她什么是应该优先考虑的，应当遵循哪种规范，集体行为的恰切目标是什么。将自我范畴化为某一群体成员的过程会引导信息的寻求、与他人情感纽带的建立以及自我在规范中的融入。

最后，不能认为语言和沟通的本质是稳定的和限制性的，相反，语言和沟通是一个过程，正是通过这一过程，认同才能成为他人的象征（is symbolized to others）；同时，语言和沟通过程也界定了群体间的关系。社会不能被当做是一个仅仅提供背景的外生变量，这种主张贯穿我们分析的始终。社会认同路径明确地将社会包含进其对不同形式群际关系的分析当中，通过个体的群体资格，社会在心理上被再次呈现。正是因为个体与社会（进而与社会中的群体）的不可分割性，分析才能够从群体内部扩展到群际关系，而群际关系是用任何其他的推断形式都无法解释的（相关评论见 Billig，1976），这些其他的推断形式关注的是个体内的心理过程（例如，挫折与本能），它们没有将社会融入解释中来。

社会认同路径正充满着勃勃生机，它不断为诸多社会心理学家的理论和研究注入令人振奋的原动力，越来越多的现象可以应用社会认同路径来进行解释（如群际接触、少数人影响、领导研究、个体间吸引、第二语言习得、权力、多元群体背景、服从和显著性等）。但是我们在这里只列举一小部分研究领域，当下和未来的理论原创性就产生于这些领域。

第一个研究领域致力于深入探讨作为社会认同基础的自我范畴化过程（例如，Turner 等，1987）。第二个研究领域关注的是社会信念系统的宏观社会建构和意识形态建构，以及具体群际背景的内容与意义（例如，Condor 和 Henwood，1986）。第三个研究领域是进一步探讨和明确在社会认同中自尊确切的动机地位，其目的是找出自尊与更具体的目标、意图和社会实践之间的关系（例如，Abrams 和 Hogg，1986）。第四个研究领域关注的是个人将自我概念化为个体还是群体成员，不同的概念化方式会导致自我维持（self-preservation）上的差异。第五个研究领域是对人际关系与群际关系之间关系的讨论。传统上，这两个层面被看做是分离的，但是事实已经证明，它们是密切关联在一起的，前面提到的性别例子已经阐明了这一点，在关于文化的民族学研究中，我们也可以看到，在敌对的部落群体之间不仅存在着人际层面的关系，而且这种关系还受到鼓励。

结　语

社会认同路径产生于对心理还原主义的元理论批判。社会认同路径有意避免出现在很多社会心理学研究中的个体主义倾向，它采取的方式是将群体置于个体内部（placing the group in the individual），同时它也展示了怎样在理论和经验上进行分析单位的转变（从关注个体到关注群体成员）。与人际吸引、反应（reactance）、挫折、表现焦虑（performance anxiety）或任何其他心理现象一样，对群体的社会认同在心理上是真实的、可测量的。因为社会认同路径在关注焦点上的转移（从对个体的关注转移到对群体成员的关注），该路径为我们开辟了一条全新的道路，使我们可以对社会中个体的社会心理运转进行更加综合而全面的分析。因为我们没有将群体还原为个体，所以可以对个人与社会之间的关系进行概念化，可以在理论上将群体置于个体内部。

推荐阅读

要想全面了解本章讨论的内容，当然是阅读本书的前九章。对于性别间关系的理论和经验研究，我们推荐 Archer 和 Lloyd（1982）以及 Deaux（1985）。对性别的社会认同分析可以参阅 Breakwell（1979）、Condor（1986）、Huici（1984）、Smith（1985）、Williams（1986）以及 Williams 和 Giles（1978）。尤其值得一提的是 Smith 的书，他从学术的角度对这个主题给出了极好的概述。

参考文献

Abèles, R.D. (1976) 'Relative deprivation, rising expectations, and black militancy', *Journal of Social Issues* 32: 119–37.
Abelson, R.P., Aronson, E., McGuire, W.J., Newcomb, T., Rosenberg, M.J., and Tannenbaum, P.H. (eds) (1968) *Theories of Cognitive Consistency: A Sourcebook*, Chicago: Rand-McNally.
Abrams, D. (1983) 'The impact of evaluative context on intergroup behaviour', paper presented at the Annual Conference of the Social Psychology Section of the British Psychology Society, Sheffield, September 1983.
Abrams, D. (1984) 'Social identity, self-awareness, and intergroup behaviour', University of Kent, unpublished doctoral dissertation.
Abrams, D. (1985) 'Focus of attention in minimal intergroup discrimination', *British Journal of Social Psychology* 24: 65–74.
Abrams, D. and Brown, R.J. (1986) 'Self-consciousness and social identity: a challenge to deindividuation theories of group process', University of Dundee, unpublished paper.
Abrams, D. and Condor, S. (1984) 'A social identity approach to the development of sex identification during adolescence', paper presented at the International Conference on Self and Identity, Cardiff, July.
Abrams, D. and Hogg, M.A. (1986) 'Social identity, self-esteem, and intergroup discrimination: a critical re-examination', Universities of Dundee and Melbourne, unpublished paper.
Abrams, D. and Manstead, A.S.R. (1981) 'A test of theories of social facilitation using a musical task', *British Journal of Social Psychology* 20: 271–8.
Abrams, D., Sparkes, K., and Hogg, M.A. (1985) 'Gender salience and social identity: the impact of sex of siblings on educational and occupational aspirations', *British Journal of Educational Psychology* 55: 224–32.
Abrams, D., Wetherell, M., Cochrane, S., Hogg, M.A., and Turner, J.C. (1986) 'Knowing what you think by knowing who you are: a social identity approach to norm formation, conformity, and group polarization', University of Dundee, unpublished paper.
Abramson, L.Y. and Alloy, L.B. (1981) 'Depression, non-depression, and cognitive illusions: a reply to Schwartz', *Journal of Experimental Psychology* 110: 436–47.
Adorno, T.W., Frenkel-Brunswik, E., Levinson, D.J., and Sanford, R.M. (1950) *The Authoritarian Personality*, New York: Harper.
Ajzen, I. (1974) 'Effects of information on interpersonal attraction: similarity vs affective value', *Journal of Personality and Social Psychology* 29: 374–80.
Alain, M. (1985) 'An empirical validation of relative deprivation', *Human Relations* 38: 739–49.

Albert, R.S. (1953) 'Comments on the scientific function of the concept of cohesiveness', *American Journal of Sociology* 59: 231–4.
Alexander, C.N., Zucker, L.G., and Brody, C.L. (1970) 'Experimental expectations and autokinetic experiences: consistency theories and judgemental convergence', *Sociometry* 33: 108–22.
Allen, V.L. (1965) 'Situational factors in conformity', *Advances in Experimental Social Psychology* 2: 133–75.
Allen, V.L. (1975) 'Social support for non-conformity', *Advances in Experimental Social Psychology* 8: 1–43.
Allen, V.L. and Wilder, D.A. (1980) 'Impact of group consensus and social support on stimulus meaning: mediation of conformity by cognitive restructuring', *Journal of Personality and Social Psychology* 39: 1116–25.
Allport, F.H. (1920) 'The influence of the group upon association and thought', *Journal of Experimental Psychology* 3: 159–82.
Allport, F.H. (1924) *Social Psychology*, Boston: Houghton-Mifflin.
Allport, G.W. (1954) *The Nature of Prejudice*, London: Addison-Wesley.
Allport, G.W. (1968) 'The historical background of modern social psychology', in G. Lindzey and E. Aronson (eds) *Handbook of Social Psychology*, vol. 1, 2nd edn, Reading, Mass.: Addison-Wesley.
Allport, G.W. and Postman, L.J. (1947) *The Psychology of Rumor*, New York: Holt, Rinehart, & Winston.
Alvy, K.T. (1973) 'The development of listener adapted communications in grade-school children from different social-class backgrounds', *Genetic Psychology Monographs* 87: 33–104.
Amir, Y., Sharan, S., Rivner, M., and Ben-Amir, R. (1979) 'Group status and attitude change in desegregated classrooms', *International Journal of Intercultural Relations* 3: 137–52.
Anderson, E. and Anderson, D. (1984) 'Ambient temperature and violent crime: tests of the linear and curvilinear hypotheses', *Journal of Personality and Social Psychology* 46: 91–7.
Andreski, S. (1971) *Herbert Spencer*, London: Nelson.
Andreyeva, G.M. and Gozman, L.J. (1981) 'Interpersonal relationships and social context', in S. Duck and R. Gilmour (eds) *Personal Relationships*, vol. 1, *Studying Personal Relationships*, London: Academic Press.
Apfelbaum, E. (1979) 'Relations of domination and movements for liberation: an analysis of power between groups', in W.G. Austin and S. Worchel (eds) *The Social Psychology of Intergroup Relations*, Monterey, Calif.: Brooks-Cole.
Archer, J. and Lloyd, B. (1982) *Sex and Gender*, Harmondsworth: Penguin.
Argyle, M. (1973) *Social Interaction*, London: Tavistock.
Argyle, M. (1975) *Bodily Communications*, London: Methuen.
Arkin, R.M. (1981) 'Self-presentation styles', in J.T. Tedeschi (ed.) *Impression Management Theory and Social Psychological Theory*, London: Academic Press.
Asch, S.E. (1951) 'Effects of group pressure upon the modification and distortion of judgements', in H. Guetzkow (ed.) *Groups, Leadership and Men*, Pittsburgh: Carnegie Press.
Asch, S.E. (1952) *Social Psychology*, Englewood-Cliffs, NJ: Prentice-Hall.
Asch, S.E. (1956) 'Studies of independence and conformity: 1. A minority of one against a unanimous majority', *Psychological Monographs* 70 (416): whole issue.
Aschenbrenner, K.M. and Schaefer, R.E. (1980) 'Minimal group situations: comments on a mathematical model and on the research paradigm', *European Journal of Social Psychology* 10: 389–98.
Ashmore, R.D. and Del Boca, F.K. (1981) 'Conceptual approaches to stereotypes and stereotyping', in D.L. Hamilton (ed.) *Cognitive Processes in Stereotyping and*

Intergroup Behaviour, Hillsdale, NJ: Erlbaum.
Back, K.W. (1951) 'Influence through social communication', *Journal of Abnormal and Social Psychology* 46: 9–23.
Backman, C. and Secord, P. (1962) 'Liking, selective interaction, and misperception in congruent interpersonal relation', *Sociometry* 25: 321–55.
Bakan, D. (1966) *The Duality of Human Existence*, Chicago: Rand McNally.
Bales, R.F. (1950) *Interaction Process Analysis: A Method for the Study of Small Groups*, Reading, Mass.: Addison-Wesley.
Ball, P., Giles, H., Byrne, J.L., and Berechree, P. (1984) 'Situational constraints on the evaluative significance of speech accommodation: some Australian data', *International Journal of the Sociology of Language* 46: 115–29.
Ball, P., Giles, H., and Hewstone, M. (1984) 'Second language acquisition: the intergroup theory with catastrophic dimensions', in H. Tajfel (ed.) *The Social Dimension: European Developments in Social Psychology*, vol. 2, Cambridge: Cambridge University Press.
Bandura, A. (1977) *Social Learning Theory*, Englewood-Cliffs, NJ: Prentice-Hall.
Banuazizi, A. and Movahedi, S. (1975) 'Interpersonal dynamics in a simulated prison: a methodological analysis', *American Psychologist* 30: 152–60.
Barber, T.X. (1973) 'Experimental hypnosis', in B.B. Wolman (ed.), *Handbook of General Psychology*, Englewood-Cliffs, NJ: Prentice-Hall.
Barlow, J.A. (1981) 'Mass line leadership and thought reform in China', *American Psychologist* 36: 300–9.
Barocas, R. and Gorlow, L. (1967) 'Self-report personality measurement and conformity behaviour', *Journal of Social Psychology* 71: 227–34.
Baron, R.A. and Ransberger, V.M. (1978) 'Ambient temperature and the occurrence of collective violence: the "long hot summer" revisited', *Journal of Personality and Social Psychology* 36: 351–60.
Barron, F. (1953) 'Some personality correlates of independence of judgment', *Journal of Personality* 21: 287–97.
Bartlett, F.C. (1932) *Remembering*, Cambridge: Cambridge University Press.
Bass, B.M. (1981) *Stogdill's Handbook of Leadership*, New York: Free Press.
Bauman, Z. (1978) *Hermeneutics and Social Science: Approaches to Understanding*, London: Hutchinson.
Baumeister, R.F. (1982) 'A self-presentational view of social phenomena', *Psychological Bulletin* 91: 3–26.
Baumeister, R.F. (1986) *Identity: Cultural Change and the Struggle for Self*, New York and Oxford: Oxford University Press.
Baumeister, R.F., Cooper, J., and Skib, B.A. (1979) 'Inferior performance as a selective response to expectancy: taking a dive to make a point', *Journal of Personality and Social Psychology* 37: 424–32.
Becker, H.S. (1963) *Outsiders*, New York: Free Press.
Beebe, L.M. and Giles, H. (1984) 'Speech accommodation theories: a discussion in terms of second language acquisition', *International Journal of the Sociology of Language* 46: 5–32.
Bem, S.L. (1981) 'Gender schema theory: a cognitive account of sex-typing', *Psychological Review* 88: 354–64.
Benedict, R. (1935) *Patterns of Culture*, London: Routledge & Kegan Paul.
Berger, P.L. and Luckmann, T. (1971) *The Social Construction of Reality*, Harmondsworth: Penguin.
Bergum, B.O. and Lehr, D.J. (1963) 'Effects of authoritarianism on vigilance performance', *Journal of Applied Psychology* 47: 75–7.
Berkowitz, L. (1954) 'Group standards, cohesiveness, and productivity', *Human Relations* 7: 509–19.

Berkowitz, L. (1962) *Aggression: A Social Psychological Analysis*, New York: McGraw-Hill.
Berkowitz, L. (1965) 'The concept of aggressive drive', *Advances in Experimental Social Psychology* 2: 301–29.
Berkowitz, L. (1972) 'Frustrations, comparisons, and other sources of emotion arousal as contributors to social unrest', *Journal of Social Issues* 28: 77–91.
Berkowitz, L. (1974) 'Some determinants of impulsive aggression: role of mediated associations with reinforcements for aggression', *Psychological Review* 81: 165–76.
Berkowitz, L. (1982) 'Aversive conditions as stimuli to aggression', *Advances in Experimental Social Psychology* 15: 249–88.
Berkowitz, L. and Le Page, A. (1967) 'Weapons as aggression-eliciting stimuli', *Journal of Personality and Social Psychology* 7: 202–7.
Berkowitz, L. and Walster, E. (eds) (1976) *Equity Theory: Toward a General Theory of Social Interaction*, vol. 9 of *Advances in Experimental Social Psychology*, New York: Academic Press.
Berlyne, D.E. (1979) 'Arousal: drive as an energizing factor', *Motivation and Emotion* 1(2): whole issue.
Bernstein, B. (1971) *Class, Codes and Control (Vol. 1): Theoretical Studies Towards a Sociology of Language*, London: Routledge & Kegan Paul.
Bernstein, M. and Crosby, F. (1980) 'An empirical examination of relative deprivation theory', *Journal of Experimental Social Psychology* 16: 442–56.
Berscheid, E. and Walster, E.H. (1978) *Interpersonal Attraction*, second edition, Reading, Mass.: Addison-Wesley.
Beynon, H. (1975) *Working for Ford*, London: English Universities Press.
Bierly, M.M. (1985) 'Prejudice toward contemporary outgroups as a generalized attitude', *Journal of Applied Social Psychology* 15: 189–99.
Billig, M. (1973) 'Normative communication in a minimal intergroup situation', *European Journal of Social Psychology* 3: 339–43.
Billig, M. (1976) *Social Psychology and Intergroup Relations*, London: Academic Press.
Billig, M. (1982) *Ideology and Social Psychology: Extremism, Moderation and Contradiction*, Oxford: Blackwell.
Billig, M. (1984) 'Political ideology: social psychological aspects', in H. Tajfel (ed.) *The Social Dimension: European Developments in Social Psychology*, vol. 2, Cambridge: Cambridge University Press.
Billig, M. (1985) 'Prejudice, categorization and particularization: from a perceptual to a rhetorical approach', *European Journal of Social Psychology* 15: 79–103.
Billig, M. and Tajfel, H. (1973) 'Social categorization and similarity in intergroup behaviour', *European Journal of Social Psychology* 3: 27–52.
Birdwhistle, R.L. (1974) 'The language of the body: the natural environment of words', in A. Silverstern (ed.) *Human Communications: Theoretical Explanations*, New York: Wiley.
Blake, R.R., Helson, H., and Mouton, J.S. (1956) 'The generality of conformity behaviour as a function of factual anchorage, difficulty of task and amount of social pressure', *Journal of Personality* 25: 294–305.
Blake, R.R. and Mouton, J.S. (1961) 'Reactions to intergroup competition under win/lose conditions', *Management Science* 7: 420–35.
Blake, R.R. and Mouton, J.S. (1962) 'The intergroup dynamics of win/lose conflict and problem solving collaboration in union–management relations', in M. Sherif (ed.) *Intergroup Relations and Leadership*, New York: Wiley.
Blakey, D. (1979) 'Affadavit re: the threat and possibility of mass suicide by members of the People's Temple', in report of a staff investigative group to the committee on Foreign Affairs, US House of Representatives, 15 May 1979, *The Assassination of Representative Leo J. Ryan and the Jonestown Guyana Tragedy*, Washington, DC:

Government Printing Office.
Blau, P.M. (1962) 'Patterns of choice in interpersonal relations', *American Sociological Review* 27: 41–55.
Bloom, L. (1970) *Language Development: Form and Function in Emerging Grammars*, Cambridge, Mass.: MIT Press.
Blumberg, H., Hare, P., Kent, V., and Davies, M. (eds) (1983) *Small Groups and Social Interaction*, New York: Wiley.
Bobo, L. (1983) 'Whites' opposition to busing: symbolic racism or realistic group conflict', *Journal of Personality and Social Psychology* 45: 1196–210.
Bolinger, D. (1975) *Aspects of Language*, 2nd edn, New York: Harcourt Brace Jovanovich.
Bond, C.F. (1982) 'Social facilitation: a self-presentational view', *Journal of Personality and Social Psychology* 42: 1042–50.
Bond, C.F. and Titus, L.J. (1983) 'Social facilitation: a meta-analysis of 241 studies', *Psychological Bulletin* 94: 265–92.
Bonner, H. (1959) *Group Dynamics: Principles and Applications*, New York: Ronald Press.
Borden, R.J. (1975) 'Witnessed aggregation: influence of an observer's sex and values on aggressive responding', *Journal of Personality and Social Psychology* 31: 567–73.
Borden, R.J. (1980) 'Audience influence', in P.B. Paulus (ed.) *Psychology of Group Influence*, Hillsdale, NJ: Erlbaum.
Borgida, E., Locksley, A., and Brekke, N. (1981) 'Social stereotypes and social judgment', in N. Cantor and J.F. Kihlstrom (eds) *Personality, Cognition and Social Interaction*, Hillsdale, NJ: Erlbaum.
Bornstein, G., Crum, L., Wittenbraker, J., Harring, K., Insko, C.A., and Thibaut, J. (1983) 'On the measurement of social orientations in the minimal group paradigm', *European Journal of Social Psychology* 13: 321–50.
Bourhis, R.Y. (1979) 'Language in ethnic interaction: a social psychological approach', in H. Giles and B. Saint-Jacques (eds) *Language and Ethnic Relations*, Oxford: Pergamon Press.
Bourhis, R.Y. and Genesee, F. (1980) 'Evaluation reactions to code switching strategies in Montreal', in H. Giles, W.P. Robinson, and P.M. Smith (eds) *Language: Social Psychological Perspectives*, Oxford: Pergamon Press.
Bourhis, R.Y., Giles, H., and Lambert, W.E. (1975) 'Social consequences of accommodating one's style of speech: a cross-national investigation', *International Journal of the Sociology of Language* 6: 53–71.
Bourhis, R.Y., Giles, H., Leyens, J.-P., and Tajfel, H. (1979) 'Psycholinguistic distinctiveness: language divergence in Belgium', in H. Giles and R.N. St Clair (eds) *Language and Social Psychology*, Oxford: Blackwell.
Bourhis, R.Y., Giles, H., and Rosenthal, D. (1981) 'Notes on the construction of a "Subjective Vitality Questionnaire" for ethnolinguistic groups', *Journal of Multilingual and Multicultural Development* 2: 144–55.
Bourhis, R.Y. and Hill, P. (1982) 'Intergroup perceptions in British higher education: a field study', in H. Tajfel (ed.) *Social Identity and Intergroup Relations*, Cambridge: Cambridge University Press.
Bovard, E.W. (1951) 'Group structure and perception', *Journal of Abnormal and Social Psychology* 46: 398–405.
Brandstätter, H. (1978) 'Social emotions in discussion groups', in H. Brandstätter, J.H. Davis, and H. Schuler (eds) *Dynamics of Group Decisions*, Beverly Hills, Calif.: Sage.
Branthwaite, A., Doyle, S., and Lightbown, N. (1979) 'The balance between fairness and discrimination', *European Journal of Social Psychology* 9: 149–63.
Breakwell, G. (1979) 'Woman: Group and identity?', *Women's Studies International*

Quarterly 2: 9–17.
Brehm, J.W. (1966) *A Theory of Psychological Reactance*, New York: Academic Press.
Brewer, M.B. and Kramer, R.M. (1985) 'The psychology of intergroup attitudes and behaviour', *Annual Review of Psychology* 36: 219–43.
Brewer, M.B. and Silver, M. (1978) 'Ingroup bias as a function of task characteristics', *European Journal of Social Psychology* 8: 393–400.
Brigham, J.C. (1971) 'Ethnic stereotypes', *Psychological Bulletin* 76: 15–38.
Brogan, H. (1973) *Tocqueville*, London: Fontana.
Brown, R. (1965) *Social Psychology*, New York: Free Press.
Brown, R. (1986) *Social Psychology*, 2nd edn, New York: Free Press.
Brown, R.J. (1978) 'Divided we fall: an analysis of relations between a factory workforce', in H. Tajfel (ed.) *Differentiation Between Social Groups*, London: Academic Press.
Brown, R.J. (1984a) 'The effects of intergroup similarity and cooperative *vs* competitive orientation on intergroup discrimination', *British Journal of Social Psychology* 23: 21–33.
Brown, R.J. (1984b) 'The role of similarity in intergroup relations', in H. Tajfel (ed.) *The Social Dimension: European Developments in Social Psychology*, Cambridge: Cambridge University Press.
Brown, R.J. and Abrams, D. (1986) 'The effects of intergroup similarity and goal interdependence on intergroup attitudes and task performance', *Journal of Experimental Social Psychology* 22: 78–92.
Brown, R.J. and Ross, G.F. (1982) 'The battle for acceptance: an investigation into the dynamics of intergroup behaviour', in H. Tajfel (ed.) *Social Identity and Intergroup Relations*, Cambridge: Cambridge University Press.
Brown, R.J. and Turner, J.C. (1981) 'Interpersonal and intergroup behaviour', in J.C. Turner and H. Giles (eds) *Intergroup Behaviour*, Oxford: Blackwell.
Brown, R.J. and Williams, J.A. (1984) 'Group identification: the same thing to all people?', *Human Relations* 37: 547–64.
Bruner, J.S. (1951) 'Personality dynamics and the process of perceiving', in R.R. Blake and G.V. Ramsay (eds) *Perception: An Approach to Personality*, New York: Ronald.
Bruner, J.S. (1957) 'On perceptual readiness', *Psychological Review* 64: 123–52.
Bruner, J.S. (1958) 'Social psychology and perception', in E.E. Maccoby, T.M. Newcomb, and E.L. Hartley (eds) *Readings in Social Psychology*, New York: Holt, Rinhart & Winston.
Bruner, J.S. and Goodman, C.C. (1947) 'Value and need as organizing factors in perception', *Journal of Abnormal and Social Psychology* 42: 33–44.
Bruner, J.S., Goodnow, J.L., and Austin, G.A. (1956) *A Study of Thinking*, New York: Wiley.
Burke, K. (1962) *A Grammar of Motives and a Rhetoric of Motives*, Cleveland, Ohio: World.
Burns, R. (1979) *The Self-Concept*, London: Longman.
Burnstein, E. and Vinokur, A. (1977) 'Persuasive argumentation and social comparison as determinants of attitude polarization', *Journal of Experimental Social Psychology* 13: 315–32.
Buss, A.H. (1980) *Self-Consciousness and Social Anxiety*, San Francisco: Freeman.
Buss, A.R. (1978) 'Causes and reasons in attribution theory: a conceptual critique', *Journal of Personality and Social Psychology* 36: 1311–321.
Byrne, D. (1969) 'Attitudes and attraction', *Advances in Experimental Social Psychology* 4: 35–89.
Byrne, D. (1971) *The Attraction Paradigm*, New York: Academic Press.
Byrne, D. and Wong, T.J. (1962) Racial prejudice, interpersonal attraction, and

assumed dissimilarity of attitudes', *Journal of Abnormal and Social Psychology* 65: 246–52.
Caddick, B. (1981) 'Equity theory, social identity and intergroup relations', in L. Wheeler (ed.) *Review of Personality and Social Psychology*, vol. 2, London: Sage.
Caddick, B. (1982) 'Perceived illegitimacy and intergroup relations', in H. Tajfel (ed.) *Social Identity and Intergroup Relations*, Cambridge: Cambridge University Press.
Cairns, E. (1982) 'Intergroup conflict in Northern Ireland', in H. Tajfel (ed.) *Social Identity and Intergroup Relations*, Cambridge: Cambridge University Press.
Cairns, E. and Mercer, G.W. (1984) 'Social identity in Northern Ireland', *Human Relations* 37: 1095–102.
Campbell, A. (1971) *White Attitudes Toward Black People*, Ann Arbor, Mich.: Institute for Social Research.
Campbell, D.T. (1957) 'Factors relevant to the validity of experiments in social settings', *Psychological Bulletin* 54: 297–312.
Cannavale, F.J., Scarr, H.A., and Pepitone, A. (1970) 'Deindividuation in the small group: further evidence', *Journal of Personality and Social Psychology* 16: 141–7.
Cantor, N. (1981) 'A cognitive-social approach to personality', in N. Cantor and J.F. Kihlstrom (eds) *Personality, Cognition, and Social Interaction*, Hillsdale, NJ: Erlbaum.
Cantor, N. and Mischel, W. (1979) 'Prototypes in person perception', *Advances in Experimental Social Psychology* 12: 3–51.
Cantor, N., Mischel, W., and Schwartz, J. (1982) 'Social knowledge: structure, content, use and abuse', in A.H. Hastorf and A.M. Isen (eds) *Cognitive Social Psychology*, New York: Elsevier.
Cantril, H. (1941) *The Psychology of Social Movements*, New York: Wiley.
Caplan, N. (1970) 'The new ghetto man: a review of recent empirical studies', *Journal of Social Issues* 26: 59–73.
Caprara, G.V., Renzi, P., Amolini, P., d'Imperio, G., and Travaglia, G. (1984) 'The eliciting cue value of aggressive slides reconsidered in a personological perspective: the weapons effect and irritability', *European Journal of Social Psychology* 14: 313–22.
Carswell, E.A. and Rommetveit, R. (eds) (1972) *Social Contexts of Messages*, London: Academic Press.
Cartwright, D. (1968) 'The nature of group cohesiveness', in D. Cartwright and A. Zander (eds) *Group Dynamics: Research and Theory*, 3rd edn, London: Tavistock.
Cartwright, D. (1979) 'Contemporary social psychology in historical perspective', *Social Psychology Quarterly* 42: 82–93.
Cartwright, D. and Zander, A. (eds) (1968) *Group Dynamics: Research and Theory*, 3rd edn, London: Tavistock.
Carver, C.S. (1974) 'Facilitation of physical aggression through objective self-awareness', *Journal of Experimental Social Psychology* 10: 365–70.
Carver, C.S. (1979) 'A cybernetic model of self-attention processes', *Journal of Personality and Social Psychology* 37: 1251–81.
Carver, C.S. and Humphries, C. (1981) 'Havana daydream: a study of self-consciousness and the negative reference group among Cuban Americans', *Journal of Personality and Social Psychology* 40: 545–52.
Carver, C.S. and Scheier, M.F. (1978) 'The self-focusing effects of dispositional self-consciousness, mirror presence and audience presence', *Journal of Personality and Social Psychology* 36: 324–32.
Carver, C.S. and Scheier, M.F. (1981a) *Attention and Self-Regulation: A Control-Theory Approach to Human Behaviour*, New York: Springer-Verlag.
Carver, C.S. and Scheier, M.F. (1981b) 'A control systems approach to behavioural

self-regulation', in L. Wheeler (ed.) *Review of Personality and Social Psychology*, vol. 2, London: Sage.

Charters, W.W.Jnr and Newcomb, T.M. (1952) 'Some attitudinal effects of experimentally increased salience of a membership group', in G.E. Swanson, T.M. Newcomb, and E.L. Hartley (eds) *Readings in Social Psychology*, New York: Holt.

Chomsky, N. (1957) *Syntactic Structures*, The Hague: Mouton.

Cialdini, R.B., Borden, R.J., Thorne, A., Walker, M.R., Freeman, S., and Sloan, L.R. (1976) 'Basking in reflected glory: three (football) field studies', *Journal of Personality and Social Psychology* 34: 366–75.

Cialdini, R.B., Cacioppo, J.T., Bassett, R., and Miller, J.A. (1978) 'The low-ball procedure for producing compliance: commitment then costs', *Journal of Personality and Social Psychology* 36: 463–76.

Cialdini, R.B., Petty, R.E. and Cacioppo, J.T. (1981) 'Attitude and attitude change', *Annual Review of Psychology* 32: 357–404.

Clark, H.H. and Clark, E.V. (1977) *Psychology and Language: An Introduction to Psycholinguistics*, New York: Harcourt Brace Jovanovich.

Clément, R. (1980) 'Ethnicity, contact and communicative competence in second language', in H. Giles, W.P. Robinson, and P.M. Smith (eds) *Language: Social Psychological Perspectives*, Oxford: Pergamon Press.

Clyne, M.G. (1981) '"Second generation" foreigner talk in Australia', *International Journal of the Sociology of Language* 28: 69–80.

Clyne, M.G. (1985) *Multilingual Australia*, 2nd edn, Melbourne: River Seine.

Coch, L. and French, J.R.P.Jnr (1948) 'Overcoming resistance to change', *Human Relations* 1: 512–32.

Codol, J.-P. (1975) 'On the so-called "superior conformity of the self" behaviour: twenty experimental investigations', *European Journal of Social Psychology* 5: 457–501.

Cohen, A.I. (1981) 'Group cohesion and communal living', in H. Kellerman (ed.) *Group Cohesion: Theoretical and Clinical Perspectives*, New York: Grune & Stratton.

Cohn, T.S. (1953) 'The relation of the F-scale to a response to answer positively', *American Psychologist* 8: 335.

Comte, A. (1877) *A General View of Positivism*, trans. J.H. Bridges, London: Routledge.

Condor, S.G. (1984) 'Womanhood as an aspect of social identity', University of Bristol, unpublished doctoral dissertation.

Condor, S.G. (1986) 'Sex role beliefs and "traditional" women: feminist and intergroup perspectives' in S. Wilkinson (ed.) *Feminist Social Psychology: Developing Theory and Practice*, Milton Keynes: Open University Press.

Condor, S.G. and Brown, R.J. (1986) 'Psychological processes in intergroup conflict', in W. Stroebe, A. Kruglanski, D. Bar-Tal, and M. Hewstone (eds) *The Social Psychology of Intergroup and International Conflict: Theory, Research and Application*, New York: Springer.

Condor, S.G. and Henwood, K.L. (1986) 'Stereotypes and social context', manuscript submitted for publication, University of Lancaster.

Cook, T.D., Crosby, F., and Hennigan, K.M. (1977) 'The construct validity of relative deprivation', in J.M. Suls and R.L. Miller (eds) *Social Comparison Processes*, Washington, DC: Hemisphere.

Cooley, C.H. (1902) *Human Nature and the Social Order*, New York: Schocken Books.

Cooper, J. and Croyle, R.T. (1984) 'Attitudes and attitude change', *Annual Review of Psychology* 35: 395–426.

Corder, S.P. (1981) *Error Analysis and Interlanguage*, Oxford: Oxford University Press.

Costanzo, P.R. (1970) 'Conformity development as a function of self-blame', *Journal of Personality and Social Psychology* 14: 366–74.
Cottrell, N.B. (1972) 'Social facilitation', in C.G. McClintock (ed.) *Experimental Social Psychology*, New York: Holt, Rinehart & Winston.
Cottrell, N.B., Wack, D.L., Sekerak, G.J., and Rittle, R.H. (1968) 'Social facilitation of dominant responses by the presence of others', *Journal of Personality and Social Psychology* 9: 245–50.
Couch, A. and Keniston, K. (1960) 'Yeasayers and naysayers: agreeing response set as a personality variable', *Journal of Abnormal and Social Psychology* 60: 151–74.
Crocker, J., Thompson, L.J., McGraw, K.M., and Ingerman, C. (1987) 'Downward comparison, prejudice, and evaluations of others: effects of self-esteem and threat', *Journal of Personality and Social Psychology* 52: 907–17.
Crook, J.H. (1980) *The Evolution of Human Consciousness*, Oxford: Clarendon Press.
Crosbie, P.V. (ed.) (1975) *Interaction in Small Groups*, New York: Macmillan.
Crosby, F. (1976) 'A model of egoistic relative deprivation', *Psychological Review* 83: 85–113.
Crosby, F. (1982) *Relative Deprivation and Working Women*, New York: Oxford University Press.
Crosby, F. (1984) 'Relative deprivation in organizational settings', *Research in Organizational Behaviour* 6: 51–93.
Crowne, D.P. and Liverant, S. (1963) 'Conformity under varying conditions of personal commitment', *Journal of Abnormal and Social Psychology* 66: 547–55.
Crutchfield, R.S. (1955) 'Conformity and character', *American Psychologist* 10: 191–8.
Cuff, E.C. and Payne, G.C.F. (eds) (1984) *Perspectives in Sociology*, 2nd edn, London: Allen & Unwin.
Davies, J.C. (1980) 'Biological perspectives on human conflict', in T.R. Gurr (ed.) *Handbook of Political Conflict*, New York: Free Press.
Davis, J.A. (1959) 'A formal interpretation of the theory of relative deprivation', *Sociometry* 22: 280–96.
Deaux, K. (1976) 'Sex: a perspective on the attribution process', in J.H. Harvey, W.J. Ickes, and R.F. Kidd (eds) *New Directions in Attribution Research*, vol. 1, Hillsdale, NJ: Erlbaum.
Deaux, K. (1985) 'Sex and gender', *Annual Review of Psychology* 36: 49–81.
Deaux, K. and Wrightsman, L.S. (1984) *Social Psychology in the 80s*, 4th edn, Monterey, Calif.: Brooks-Cole.
DeCharms, R. and Rosenbaum, M.E. (1957) 'The problem of vicarious experience', in D. Willner (ed.) *Decisions, Values, and Groups*, Elmsford, NY: Pergamon.
Deconchy, J.-P. (1984) 'Rationality and social control in orthodox systems', in H. Tajfel (ed.) *The Social Dimension: European Developments in Social Psychology*, vol. 2, Cambridge: Cambridge University Press.
de Saussure, F. (1955) *Cours de linguistique générale*, Paris: Payot.
Deschamps, J.-C. (1973–4) 'L'attribution, la catégorisation sociale et les représentations intergroupes', *Bulletin de Psychologie* 27: 710–21.
Deschamps, J.-C. (1977) 'Effect of crossing category membership on quantitative judgement', *European Journal of Social Psychology* 7: 122–6.
Deschamps, J.-C. (1982) 'Social identity and relations of power between groups', in H. Tajfel (ed.) *Social Identity and Intergroup Relations*, Cambridge: Cambridge University Press.
Deschamps, J.-C. (1983) 'Social attribution', in J. Jaspars, F.D. Fincham, and M. Hewstone (eds) *Attribution Theory and Research: Conceptual, Developmental and Social Dimensions*, London: Academic Press.
Deschamps, J.-C. (1984) 'Intergroup relations and categorical identification', in H.

Tajfel (ed.) *The Social Dimension: European Developments in Social Psychology*, vol. 2, Cambridge: Cambridge University Press.

Deschamps, J.-C. and Doise, W. (1978) 'Crossed category memberships in intergroup relations', in H. Tajfel (ed.) *Differentiation Between Social Groups*, London: Academic Press.

Deutsch, M. (1949) 'A theory of co-operation and competition', *Human Relations* 2: 129–52.

Deutsch, M. (1973) *The Resolution of Conflict*, New Haven, Conn.: Yale University Press.

Deutsch, M. and Gerard, H.B. (1955) 'A study of normative and informational influences upon individual judgment', *Journal of Abnormal and Social Psychology* 51: 629–36.

Diener, E. (1976) 'Effects of prior destructive behaviour, anonymity and group presence on deindividuation and aggression', *Journal of Personality and Social Psychology* 33: 497–507.

Diener, E. (1979) 'Deindividuation, self-awareness and disinhibition', *Journal of Personality and Social Psychology* 37: 1160–71.

Diener, E. (1980) 'Deindividuation: the absence of self-awareness and self-regulation in group members', in P.B. Paulus (ed.) *Psychology of Group Influence*, Hillsdale, NJ: Erlbaum.

Diener, E., Fraser, S.C., Beaman, A.L., and Kelem, R.T. (1976) 'Effects of deindividuation variables on stealing by Halloween trick-or-treaters', *Journal of Personality and Social Psychology* 33: 178–83.

Diener, E., Lusk, R., DeFour, D., and Flax, R. (1980) 'Deindividuation: effects of group size, density, number of observers, and group member similarity on self-consciousness and disinhibited behaviour', *Journal of Personality and Social Psychology* 39: 449–59.

Diener, E. and Srull, T.K. (1979) 'Self-awareness, psychological perspective and self-reinforcement in relation to personal and social standards', *Journal of Personality and Social Psychology* 37: 413–23.

Diener, E. and Wallbom, M. (1976) 'Effects of self-awareness on antinormative behaviour', *Journal of Research in Personality* 10: 107–11.

Dion, K.L., Miller, N., and Magnan, M.A. (1971) 'Cohesiveness and social responsibility as determinants of group risk taking', *Journal of Personality and Social Psychology* 20: 400–6.

Dipboye, R.L. (1977) 'Alternative approaches to deindividuation', *Psychological Bulletin* 84: 1057–75.

di Pietro, R.J. (1978) 'Culture and ethnicity in the bilingual classroom' in J.E. Alatis (ed.) *International Dimensions of Bilingual Education*, Washington, DC: Georgetown University Press.

Doise, W. (1969) 'Intergroup relations and the polarization of individual and collective judgements', *Journal of Personality and Social Psychology* 12: 136–43.

Doise, W. (1978) *Groups and Individuals: Explanations in Social Psychology*, Cambridge: Cambridge University Press.

Doise, W. (1982) 'Report on the European Association of Experimental Social Psychology', *European Journal of Social Psychology* 12: 105–11.

Doise, W. (1986) *Levels of Explanation in Social Psychology*, Cambridge: Cambridge University Press.

Doise, W., Csepeli, G., Dann, H.D., Gouge, C., Larsen, K., and Ostell, A. (1972) 'An experimental investigation into the formation of intergroup representations', *European Journal of Social Psychology* 2: 202–4.

Doise, W. and Dann, H.D. (1976) 'New theoretical perspectives in the experimental study of intergroup relations', *Italian Journal of Psychology* 3: 285–303.

Doise, W., Deschamps, J.-C., and Meyer, G. (1978) 'The accentuation of intra-category similarities', in H. Tajfel (ed.) *Differentiation Between Social Groups*, London: Academic Press.
Doise, W. and Sinclair, A. (1973) 'The categorization process in intergroup relations', *European Journal of Social Psychology* 3: 145–57.
Doise, W. and Weinberger, M. (1973) 'Représentations masculines dans différentes situations de rencontre mixtes', *Bulletin de Psychologie* 26: 649–57.
Dollard, J., Doob, L.W., Miller, N.E., Mowrer, O.H., and Sears, R.R. (1939) *Frustration and Aggression*, New Haven, Conn.: Yale University Press.
Donnerstein, E., Donnerstein, M., Simon, S., and Ditrichs, R. (1972) 'Variables in inter-racial aggression: anonymity, expected retaliation and a riot', *Journal of Personality and Social Psychology* 22: 236–45.
Douglas, A. (1957) 'The peaceful settlement of industrial and intergroup disputes', *Journal of Conflict Resolution* 1: 69–81.
Douglas, A. (1962) *Industrial Peacemaking*, New York: Columbia University.
Downing, J. (1958) 'Cohesiveness, perception and values', *Human Relations* 11: 157–66.
Druckman, D. (1978) 'Boundary role conflict: negotiation as dual responsiveness' in I.W. Zartman (ed.) *The Negotiation Process: Theories and Applications*, London: Sage.
Duck, S.W. (1973a) 'Similarity and perceived similarity of personal constructs as influences on friendship choice', *British Journal of Social and Clinical Psychology* 12: 1–6.
Duck, S.W. (1973b) *Personal Relationships and Personal Constructs: A Study of Friendship Formation*, London: Wiley.
Duck, S.W. (1977a) *The Study of Acquaintance*, Farnborough, Hants.: Saxon House.
Duck, S.W. (1977b) *Theory and Practice in Inter-personal Attraction*, London: Academic Press.
Duck, S.W. (1977c) 'Inquiry, hypothesis, and the quest for validation: personal construct systems in the development of acquaintance', in S.W. Duck (ed.) *Theory and Practice in Interpersonal Attraction*, London: Academic Press.
Duck, S. and Gilmour, R. (eds) (1981) *Personal Relationships (Vol 1): Studying Personal Relationships*, London: Academic Press.
Duckitt, J. (1983) 'Culture, class, personality, and authoritarianism among white South Africans', *Journal of Social Psychology* 121: 191–9.
Dunn, J. (1984) 'Early social interaction and the development of emotional understanding' in H. Tajfel (ed.) *The Social Dimension: European Developments in Social Psychology*, vol. 1, Cambridge: Cambridge University Press.
Durkheim, E. (1933) *The Division of Labour in Society*, trans. G. Simpson, New York: Macmillan (first published in 1893).
Duval, S. (1976) 'Conformity on a visual task as a function of personal novelty on attitudinal dimensions and being reminded of the object status of self', *Journal of Experimental Social Psychology* 12: 87–98.
Duval, S. and Hensley, V. (1976) 'Extensions of objective self-awareness theory: the focus of attention-causal attribution hypothesis', in J.H. Harvey, W.J. Ickes, and R.F. Kidd (eds) *New Directions in Attribution Research*, vol. 1, Hillsdale, NJ: Erlbaum.
Duval, S. and Wicklund, R.A. (1972) *A Theory of Objective Self-Awareness*, New York: Academic Press.
Eagly, A.H. (1978) 'Sex differences in influenceability', *Psychological Bulletin* 85: 86–116.
Eagly, A.H. and Himelfarb, S. (1978) 'Attitudes and opinions', *Annual Review of Psychology* 29: 517–54.

Eckstein, H. (1980) 'Theoretical approaches to explaining collective political violence', in T.R. Gurr (ed.) *Handbook of Political Conflict*, New York: Free Press.
Edmonds, V. (1964) 'Logical error as a function of group consensus: an experimental study of the effect of erroneous group consensus upon the logical judgments of graduate students', *Social Forces* 43: 33–8.
Edwards, J. (1979) *Language and Disadvantage*, London: Edward Arnold.
Edwards, J. (1985) *Language, Society and Identity*, Oxford: Blackwell.
Eiser, J.R. (1980) *Cognitive Social Psychology*, London: McGraw-Hill.
Eiser, J.R. (1983) 'Attribution theory and social cognition', in J. Jaspars, F.D. Fincham, and M. Hewstone (eds) *Attribution Theory and Research: Conceptual, Developmental and Social Dimensions*, London: Academic Press.
Eiser, J.R. (1986) *Social Psychology: Attitudes, Cognition and Social Behaviour*, Cambridge: Cambridge University Press.
Eiser, J.R. and Stroebe, W. (1972) *Categorization and Social Judgement*, London: Academic Press.
Eiser, J.R. and van der Pligt, J. (1984) 'Attitudes in a social context', in H. Tajfel (ed.) *The Social Dimension: European Developments in Social Psychology*, vol. 2, Cambridge: Cambridge University Press.
Eisman, B. (1959) 'Some operational measures of cohesiveness and their interrelations', *Human Relations* 12: 183–9.
Elliot, A.J. (1981) *Child Language*, Cambridge: Cambridge University Press.
Elms, A.C. (1975) 'The crisis of confidence in social psychology', *American Psychologist* 30: 967–76.
Elms, A.C. and Milgram, S. (1966) 'Personality characteristics associated with obedience and defiance toward authoritative command', *Journal of Experimental Research in Personality* 1: 282–9.
Emler, N.P. (1984) 'Differential involvement in delinquency: toward an interpretation in terms of reputation management', in B.A. Maher and W.B. Maher (eds) *Progress in Experimental Personality Research*, vol. 13, New York: Academic Press.
Erikson, E. (1959) *Identity and the Life Cycle*, New York: International Universities Press.
Ervin-Tripp, S.M. (1969) 'Sociolinguistics', *Advances in Experimental Social Psychology* 4: 91–165.
Espinoza, J.A. and Garza, R.T. (1985) 'Social group salience and interethnic cooperation', *Journal of Experimental Social Psychology* 21: 380–92.
Exline, R.V. (1957) 'Group climate as a factor in the relevance and accuracy of social perception', *Journal of Abnormal and Social Psychology* 55: 382–8.
Exner, J.E. (1973) 'The self-focus sentence completion: a study of egocentricity', *Journal of Personality Assessment* 37: 437–55.
Eysenck, H.J. (1954) *The Psychology of Politics*, London: Routledge & Kegan Paul.
Farr, R.M. (1980) 'Homo loquens in social psychology', in H. Giles, W.P. Robinson and P.M. Smith (eds) *Language: Social Psychological Perspectives*, Oxford: Pergamon Press.
Farr, R.M. and Moscovici, S. (eds) (1984) *Social Representations*, Cambridge: Cambridge University Press.
Fellman, J. (1974) 'The academy of the Hebrew language', *International Journal of the Sociology of Language* 1: 95–103.
Fenigstein, A., Scheier, M.F., and Buss, A.H. (1975) 'Public and private self-consciousness: assessment and theory', *Journal of Consulting and Clinical Psychology* 43: 522–7.
Ferguson, C.K. and Kelley, H.H. (1964) 'Significant factors in over-evaluation of own groups' products', *Journal of Abnormal and Social Psychology* 69: 223–8.
Festinger, L. (1950) 'Informal social communication', *Psychological Review* 57:

271–82.
Festinger, L. (1954) 'A theory of social comparison processes', *Human Relations* 7: 117–40.
Festinger, L. (1957) *The Theory of Cognitive Dissonance*, Stanford, Calif.: Stanford University Press.
Festinger, L. (1980) 'Looking backwards', in L. Festinger (ed.) *Retrospections on Social Psychology*, New York: Oxford University Press.
Festinger, L., Pepitone, A., and Newcomb, T. (1952) 'Some consequences of deindividuation in a group', *Journal of Abnormal and Social Psychology* 47: 382–9.
Festinger, L., Schachter, S., and Back, K. (1950) *Social Pressures in Informal Groups*, New York: Harper & Row.
Fiedler, F.E. (1971) *Leadership*, New York: General Learning Press.
Fiedler, F.E., Chemers, M.M., and Mahar, L. (1976) *Improving Leadership Effectiveness: The Leader Match Concept*, New York: Wiley.
Fiedler, F.E., Warrington, W.G., and Blaisdell, F.J. (1952) 'Unconscious attitudes as correlates of sociometric choice in a social group', *Journal of Abnormal and Social Psychology* 47: 790–6.
Fine, M. and Bowers, C. (1984) 'Racial self-identification: the effects of social history and gender', *Journal of Applied Social Psychology* 14: 136–46.
Firestone, S. (1970) *The Dialectic of Sex: The Case for Feminist Revolution*, London: The Women's Press.
Fishman, J.A. (1968) *Language Loyalty in the United States*, The Hague: Mouton.
Fishman, J.A. (1972) *The Sociology of Language*, Rowley, Mass.: Newbury House.
Fiske, S.T. and Taylor, S.E. (1984) *Social Cognition*, Reading, Mass.: Addison-Wesley.
Flowers, M.L. (1977) 'A laboratory test of some implications of Janis' group-think hypothesis', *Journal of Personality and Social Psychology* 35: 888–96.
Folger, R., Rosenfield, D., Rheaume, K., and Martin, C. (1983) 'Relative deprivation and referent cognitions', *Journal of Experimental Social Psychology* 19: 172–84.
Forgas, J.P. (ed.) (1981) *Social Cognition: Perspectives on Everyday Understanding*, London: Academic Press.
Forward, J. and Williams, J. (1970) 'Internal–external control and black militancy', *Journal of Social Issues* 26: 75–92.
French, J.R.P. (1941) 'The disruption and cohesion of groups', *Journal of Abnormal and Social Psychology* 36: 361–77.
French, J.R.P. and Raven, B.H. (1959) 'The bases of social power', in D. Cartwright (ed.) *Studies in Social Power*, Ann Arbor, Mich.: University of Michigan.
Freud, S. (1922) *Group Psychology and the Analysis of the Ego*, London: Hogarth Press.
Froming, W.J. and Carver, C.S. (1981) 'Divergent influences of private and public self-consciousness in a compliance paradigm', *Journal of Research in Personality* 15: 159–71.
Froming, W.J., Walker, G.R., and Lopyan, K.J. (1982) 'Private and public self-awareness: when personal attitudes conflict with societal expectations', *Journal of Experimental and Social Psychology* 18: 476–87.
Fromkin, H.L. (1972) 'Feelings of interpersonal undistinctiveness: an unpleasant affective state', *Journal of Experimental Research in Personality* 15: 159–71.
Fromm, E. (1941) *Escape from Freedom*, New York: Farrar & Rinehart.
Gardner, R.C. (1979) Social psychological aspects of second language acquisition', in H. Giles and R.N. St Clair (eds) *Language and Social Psychology*, Oxford: Blackwell.
Gardner, R.C. (1981) 'Second language learning', in R.C. Gardner and R. Kalin (eds) *A Canadian Social Psychology of Ethnic Relations*, Toronto: Methuen.

Gardner, R.C. (1982) 'Language attitudes and language learning', in E.B. Ryan and H. Giles (eds) *Attitudes Towards Language Variation: Social and Applied Contexts*, London: Edward Arnold.
Gardner, R.C. and Lambert, W.E. (1972) *Attitudes and Motivation in Second Language Learning*, Rowley, Mass.: Newbury House.
Garfinkel, H. (1967) *Studies in Ethnomethodology*, Englewood Cliffs, NJ: Prentice-Hall.
Geen, R.G. and Gange, J.J. (1977) 'Drive theory of social facilitation: twelve years of theory and research', *Psychological Bulletin* 84: 1267–88.
Gerard, H.B. and Hoyt, M.F. (1974) 'Distinctiveness of social categorization and attitude toward ingroup members', *Journal of Personality and Social Psychology* 29: 836–42.
Gergen, K.J. (1971) *The Concept of Self*, New York: Holt, Rinehart & Winston.
Gergen, K.J. (1973) 'Social psychology as history', *Journal of Personality and Social Psychology* 26: 309–20.
Gergen, K.J. (1982a) *Toward Transformation in Social Knowledge*, New York: Springer-Verlag.
Gergen, K.J. (1982b) 'From self to science: what is there to know?', in J. Suls (ed.) *Psychological Perspectives on the Self*, Hillsdale, NJ: Erlbaum.
Gergen, K.J. and Gergen, M.M. (1981) *Social Psychology*, New York: Harcourt Brace Jovanovich.
Gibbons, F.X. (1978) 'Sexual standards and reactions to pornography: enhancing behavioural consistency through self-focused attention', *Journal of Personality and Social Psychology* 36: 976–87.
Gibbons, F.X., Carver, C.S., Scheier, M.F., and Hormuth, S.E. (1979) 'Self-focussed attention and the placebo effect: fooling some of the people some of the time', *Journal of Experimental Social Psychology* 15: 263–74.
Giles, H. (ed.) (1977) *Language, Ethnicity and Intergroup Relations*, London: Academic Press.
Giles, H. (1978) 'Linguistic differentiation in ethnic groups', in H. Tajfel (ed.) *Differentiation Between Social Groups*, London: Academic Press.
Giles, H. (ed.) (1984) 'The dynamics of speech accommodation', *International Journal of the Sociology of Language* 46, whole issue.
Giles, H., Bourhis, R.Y., and Taylor, D.M. (1977) 'Towards a theory of language in ethnic group relations', in H. Giles (ed.) *Language, Ethnicity and Inter-group Relations*, London: Academic Press.
Giles, H. and Byrne, J.L. (1982) 'The intergroup model of second language acquisition', *Journal of Multilingual and Multicultural Development* 3: 17–40.
Giles, H. and Johnson, P. (1981) 'The role of language in ethnic group relations', in J.C. Turner and H. Giles (eds) *Intergroup Behaviour*, Oxford: Basil Blackwell.
Giles, H. and Powesland, P.F. (1975) *Speech Style and Social Evaluation*, London: Academic Press.
Giles, H., Robinson, W.P., and Smith, P.M. (1980a) 'Social psychological perspectives on language: prologue', in H. Giles, W.P. Robinson, and P.M. Smith (eds) *Language: Social Psychological Perspectives*, Oxford: Pergamon Press.
Giles, H., Robinson, W.P., and Smith, P.M. (eds) (1980b) *Language: Social Psychological Perspectives*, Oxford: Pergamon Press.
Giles, H. and Saint-Jacques, B. (eds) (1979) *Language and Ethnic Relations*, Oxford: Pergamon Press.
Giles, H. and Smith, P.M. (1979) 'Accommodation theory: optimal levels of convergence', in H. Giles and R.M. St Clair (eds) *Language and Social Psychology*, Oxford: Blackwell.
Giles, H., Smith, P.M., Browne, C., Whiteman, S., and Williams, J.A. (1980)

'Women speaking: the voice of feminism', in S. McConnell-Ginet, R. Borker, and N. Furman (eds) *Women and Language in Literature and Society*, New York: Praeger.

Giles, H., Smith, P.M., Ford, B., Condor, S., and Thakerar, J.N. (1980) 'Speech style and the fluctuating salience of sex', *Language Sciences* 2: 260–82.

Giles, H. and St Clair, R.N. (eds) (1979) *Language and Social Psychology*, Oxford: Blackwell.

Giles, H. and Street, R.L. (1985) 'Communicator characteristics and behaviour', in M.L. Knapp and G.R. Miller (eds) *Handbook of Interpersonal Communication*, London: Sage.

Glaser, A.N. (1982) 'Drive theory of social facilitation: a critical reappraisal', *British Journal of Social Psychology* 21: 265–82.

Goffman, E. (1959) *The Presentation of Self in Everyday Life*, Garden City, NY: Doubleday-Anchor.

Goffman, E. (1968) *Asylums*, London: Pelican.

Golembiewski, R.T. (1962) *The Small Group: An Analysis of Research Concepts and Operations*, Chicago: University of Chicago Press.

Goodacre, D.M. (1951) 'The use of a sociometric test as a predictor of combat unit effectiveness', *Sociometry* 14: 148–52.

Gramsci, A. (1971) *Selections from the Prison Notebooks*, trans. and ed. G. Nowell Smith and Q. Hoare, London: Lawrence & Wishart.

Greenberg, J. (1983a) 'Overcoming egocentric bias in perceived fairness through self-awareness', *Social Psychology Quarterly* 46: 152–6.

Greenberg, J. (1983b) 'Self-image *vs* impression management in adherence to distributive justice standards: the influence of self-awareness and self-consciousness', *Journal of Personality and Social Psychology* 44: 5–19.

Greene, J. (1972) *Psycholinguistics: Chomsky and Psychology*, Harmondsworth: Penguin.

Greenwald, A.G. (1982) 'Is anyone in charge? Personalysis *vs* the principle of personal unity', in J. Suls (ed.) *Psychological Perspectives on the Self*, vol. 1, Hillsdale, NJ: Erlbaum.

Griffitt, W. (1974) 'Attitude similarity and attraction', in T.L. Huston (ed.) *Foundations of Interpersonal Attraction*, New York: Academic Books.

Gross, E. (1954) 'Primary functions of the small group', *American Journal of Sociology* 60: 24–30.

Gross, N. and Martin, W.E. (1952) 'On group cohesiveness', *American Journal of Sociology* 57: 546–64.

Guerin, B. (1983) 'Social facilitation and social monitoring: a test of three models', *British Journal of Social Psychology* 22: 203–14.

Guerin, B. (1986) 'Mere presence effects in humans: a review', *Journal of Experimental Social Psychology* 22: 38–77.

Guerin, B. and Innes, J.M. (1982) 'Social facilitation and social monitoring: a new look at Zajonc's mere presence hypothesis', *British Journal of Social Psychology* 21: 7–18.

Guimond, S. and Dubé-Simard, L. (1983) 'Relative deprivation theory and the Quebec Nationalist Movement: the cognitive–emotion distinction and the personal-group deprivation issue', *Journal of Personality and Social Psychology* 44: 526–35.

Gundlach, R.H. (1956) 'Effects of on-the-job experiences with negroes upon racial attitudes of white workers in union shops', *Psychological Reports* 2: 67–77.

Gurney, J.N. and Tierney, K.J. (1982) 'Relative deprivation and social movements: a critical look at twenty years of theory and research', *The Sociological Quarterly* 23: 33–49.

Gurr, T.R. (1970) *Why Men Rebel*, Princeton, NJ: Princeton University Press.

Hagstrom, W.O. and Selvin, H.C. (1965) 'The dimension of cohesiveness in small groups', *Sociometry* 28: 30–43.
Hamilton, D.L. (ed.) (1981) *Cognitive Processes in Stereotyping and Intergroup Behaviour*, Hillsdale, NJ: Erlbaum.
Haney, C., Banks, C., and Zimbardo, P. (1973) 'Interpersonal dynamics in a simulated prison', *International Journal of Criminology and Penology* 1: 69–97.
Hansell, S. (1984) 'Cooperative groups, weak ties, and the integration of peer friendships', *Social Psychology Quarterly* 47: 316–28.
Hardy, K.R. (1957) 'Determinants of conformity and attitude change', *Journal of Abnormal and Social Psychology* 54: 289–94.
Hare, A.P. (1962) *Handbook of Small Group Research*, New York: Free Press.
Hargreaves, D.H. (1967) *Social Relations in a Secondary School*, London: Routledge & Kegan Paul.
Harré, R. (1977) 'The ethogenic approach: theory and practice', *Advances in Experimental Social Psychology* 10: 283–314.
Harré, R. (1979) *Social Being: A Theory for Social Psychology*, Oxford: Blackwell.
Harré, R. (1983) *Personal Being*, Oxford: Blackwell.
Harvey, J.H. and Smith, W.P. (1977) *Social Psychology: An Attribution Approach*, St Louis, Louisianna: Mosby.
Harvey, J.H. and Weary, G. (1984) 'Current issues in attribution theory and research', *Annual Review of Psychology* 35: 427–59.
Haugen, E. (1977) 'Linguistic relativity: myths and methods', in W.C. McCormack and S.A. Wurm (eds) *Language and Thought: Anthropological Issues*, The Hague: Mouton.
Heaven, P.C.L. (ed.) (1980) *Authoritarianism: South African Studies*, Bloemfontein: DeVilliers.
Heaven, P.C.L. (1983) 'Individual *vs* intergroup explanations of prejudice among Afrikaners', *Journal of Social Psychology* 121: 201–10.
Heider, F. (1958) *The Psychology of Interpersonal Relations*, New York: Wiley.
Heider, F. and Simmel, M. (1944) 'An experimental study of apparent behaviour', *American Journal of Psychology* 57: 243–9.
Heine, P. (1971) *Personality in Social Theory*, Chicago: Aldine.
Helfrich, H. (1979) 'Age markers in speech', in K.R. Scherer and H. Giles (eds) *Social Markers in Speech*, Cambridge: Cambridge University Press.
Henchy, T. and Glass, D.C. (1968) 'Evaluation apprehension and the social facilitation of dominant subordinate responses', *Journal of Personality and Social Psychology* 10: 446–54.
Henriques, J., Holloway, W., Urwin, C., Venn, C., and Walkerdine, V. (1984) *Changing the Subject: Psychology, Social Regulation, and Subjectivity*, London: Methuen.
Henry, A. and Short, J. (1954) *Suicide and Homicide*, Glencoe, Ill.: Free Press.
Herzlich, C. (1973) *Health and Illness: A Social Psychological Analysis*, London: Academic Press.
Hewstone, M. (ed.) (1983) *Attribution Theory: Social and Functional Extensions*, Oxford: Blackwell.
Hewstone, M. and Brown, R.J. (eds) (1986) *Contact and Conflict in Intergroup Encounters*, Oxford: Blackwell.
Higgins, E.T. (1976) 'Social class differences in verbal communicative accuracy: a question of "which question?"', *Psychological Bulletin* 83: 695–714.
Higgins, E.T. (1981) 'The "communication game": implications for social cognition and persuasion', in E.T. Higgins, C.P. Herman, and M.P. Zanna (eds) *Social Cognition: The Ontario Symposium*, vol. 1, Hillsdale, NJ: Erlbaum.
Higgins, E.T., Fondacaro, R., and McCann, C.D. (1981) 'Rules and roles: the

"communication game" and speaker–listener processes', in W.P. Dickson (ed.) *Children's Oral Communication Skills*, New York: Academic Press.

Higgins, E.T., Klein, R., and Strauman, T. (1984) 'Self-concept discrepancy theory: domain of self and standpoint of self as cognitive dimensions of the self-concept', paper presented at the International Conference on Self and Identity, Cardiff, July.

Higgins, E.T., McCann, C.D., and Fondacaro, R. (1982) 'The "communication game": goal-directed encoding and cognitive consequences', *Social Cognition* 1: 21–37.

Higgins, E.T. and Rholes, W.S. (1978) '"Saying is believing": effects of message modification on memory and liking for the person described', *Journal of Experimental Social Psychology* 14: 363–78.

Hilgard, E.R. (1973) 'The domain of hypnosis: with some comments on alternative paradigms', *American Psychologist* 28: 972–82.

Hinde, R.A. (1979) *Towards Understanding Relationships*, London: Academic Press.

Hinde, R.A. (1982) *Ethology: Its Nature and Relations with Other Sciences*, London: Fontana.

Hogg, M.A. (1985a) 'Masculine and feminine speech in dyads and groups: a study of speech style and gender salience', *Journal of Language and Social Psychology* 4: 99–112.

Hogg, M.A. (1985b) 'Cohesión de grupo', in C. Huici (ed.) *Estructura y Procesos de Grupo*, vol 1, Madrid: Universidad Nacional de Educación a Distancia; English MS entitled 'Group cohesiveness'.

Hogg, M.A. (1987) 'Social identity and group cohesiveness' in J.C. Turner, M.A. Hogg, P.J. Oakes, S.D. Reicher, and M. Wetherell, *Rediscovering the Social Group: A Self-Categorization Theory*, Oxford and New York: Blackwell.

Hogg, M.A. and Abrams, D. (1985) 'Review of, H. Tajfel (Ed.), "The Social Dimension: European Developments in Social Psychology (Vols. 1 and 2). (1984)"', *Journal of Language and Social Psychology* 4: 51–60.

Hogg, M.A., Abrams, D., and Patel, Y. (1987) 'Ethnic identity, self-esteem and occupational aspirations of Indian and Anglo-Saxon British adolescents', *Genetic, Social, and General Psychology Monographs*, in press.

Hogg, M.A., Joyce, N., and Abrams, D. (1984) 'Diglossia in Switzerland? A social identity analysis of speaker evaluations', *Journal of Language and Social Psychology* 3: 185–96.

Hogg, M.A. and Turner, J.C. (1985a) 'Interpersonal attraction, social identification and psychological group formation', *European Journal of Social Psychology* 15: 51–66.

Hogg, M.A. and Turner, J.C. (1985b) 'When liking begets solidarity: an experiment on the role of interpersonal attraction in psychological group formation', *British Journal of Social Psychology* 24: 267–81.

Hogg, M.A. and Turner, J.C. (1987a) 'Social identity and conformity: a theory of referent informational influence', in W. Doise and S. Moscovici (eds) *Current Issues in European Social Psychology*, vol. 2, Cambridge: Cambridge University Press.

Hogg, M.A. and Turner, J.C. (1987b) 'Intergroup behaviour, self-stereotyping and the salience of social categories', *British Journal of Social Psychology*, 26: 325–40.

Hogg, M.A. and Turner, J.C. (1987c) 'Polarized norms and subjective frames of reference: investigations of self-categorization theory of group polarization', University of Melbourne, unpublished paper.

Hogg, M.A., Turner, J.C., Nascimento-Schulze, C., and Spriggs, D. (1986) 'Social categorization, intergroup behaviour and self-esteem: two experiments', *Revista de Psicología Social* 1: 23–37.

Hollander, E.P. (1958) 'Conformity, status, and idiosyncracy credit', *Psychological Review* 65: 117–27.
Hollander, E.P. (1985) 'Leadership and power', in G. Lindzey and E. Aronson (eds) *Handbook of Social Psychology*, vol. 2, 3rd edn, New York: Random House.
Hollander, E.P. and Willis, R.H. (1967) 'Some current issues in the psychology of conformity and nonconformity', *Psychological Bulletin* 68: 62–76.
Hollingsworth, H.L. (1935) *The Psychology of the Audience*, New York: American Books.
Homans, G.C. (1961) *Social Behaviour: Its Elementary Forms*, New York: Harcourt Brace and World.
Horkheimer, M. and Flowerman, S.H. (1950) 'Foreword', in T.W. Adorno, E. Frenkel-Brunswik, D.J. Levinson and R.M. Sanford, *The Authoritarian Personality*, New York: Wiley.
Hormuth, S.E. (1982) 'Self-awareness and drive theory: comparing internal standards and dominant responses', *European Journal of Social Psychology* 12: 31–45.
Hornstein, H.A. (1972) 'Promotive tension: the basis of prosocial behaviour from a Lewinian perspective', *Journal of Social Issues* 28: 191–218.
Hornstein, H.A. (1976) *Cruelty and Kindness: A New Look at Aggression and Altruism*, Englewood Cliffs, NJ: Prentice-Hall.
Horwitz, M. (1953) 'The recall of interrupted group tasks: an experimental study of individual motivation in relation to group goals', *Human Relations* 7: 3–38.
Hovland, C. and Sears, R. (1940) 'Minor studies in aggression VI: correlation of lynchings with economic indices', *Journal of Psychology* 9: 301–10.
Hudson, R.A. (1980) *Sociolinguistics*, Cambridge: Cambridge University Press.
Huici, C. (1984) 'The individual and social functions of sex role stereotypes', in H. Tajfel (ed.) *The Social Dimension: European Developments in Social Psychology*, vol. 2, Cambridge: Cambridge University Press.
Husband, C. and Saifullah Khan, V. (1982) 'The viability of ethnolinguistic vitality: some creative doubts', *Journal of Multilingual and Multicultural Development* 3: 193–205.
Huston, T.L. (ed.) (1974) *Foundations of Interpersonal Attraction*, New York: Academic Press.
Huston, T.L. and Levinger, G. (1978) 'Interpersonal attraction and relationships', *Annual Review of Psychology* 29: 115–56.
Hyman, H.H. and Sheatsley, P.B. (1954) '"The Authoritarian Personality" – a methodological critique', in R. Christie and M. Jahoda (eds) *Studies in the Scope and Method of 'The Authoritarian Personality'*, New York: Free Press.
Hyman, H.H. and Singer, E. (eds) (1968) *Readings in Reference Group Theory and Research*, New York: Free Press.
Hymes, D. (1967) 'Models of the interaction of language and social setting', *Journal of Social Issues* 23: 8–28.
Israel, J. and Tajfel, H. (eds) (1972) *The Context of Social Psychology: A Critical Assessment*, London: Academic Press.
Itzin, C. (1986) 'Media images of women: the social construction of ageism and sexism', in S. Wilkinson (ed.) *Feminist Social Psychology: Developing Theory and Practice*, Milton Keynes: Open University Press.
Jaccard, J. (1981) 'Towards theories of persuasion and belief change', *Journal of Personality and Social Psychology* 40: 260–9.
Jackson, J.M. (1959) 'Reference group processes in a formal organization', *Sociometry* 22: 307–27.
Jackson, J.M. and Latané, B. (1981) 'All alone in front of all those people: stage fright as a function of number and type of co-performers and audience', *Journal of Personality and Social Psychology* 40: 73–85.

Jackson, J.M. and Padgett, V.R. (1982) 'With a little help from a friend: social loafing and the Lennon-McCartney songs', *Personality and Social Psychology Bulletin* 8: 672–7.
Jackson, J.M. and Williams, K.D. (1985) 'Social loafing on difficult tasks: working collectively can improve performance', *Journal of Personality and Social Psychology* 49: 937–42.
Jacobs, R.C. and Campbell, D.T. (1961) 'The perpetuation of an arbitrary tradition through several generations of a laboratory microculture', *Journal of Abnormal and Social Psychology* 62: 649–58.
Jahoda, G. (1961) *White Man*, London: Oxford University Press.
Jahoda, M. (1959) 'Conformity and independence: a psychological analysis', *Human Relations* 12: 99–120.
James, J. (1953) 'The distribution of free-forming small group size', *American Sociological Review* 18: 569–70.
James, W. (1890) *The Principles of Psychology*, New York: Holt, Rinehart, & Winston.
James, W. (1892) *Psychology*, London: Macmillan.
Janis, I.L. (1971) 'Groupthink', *Psychology Today* 5: 43–6.
Janis, I.L. (1972) *Victims of Groupthink: A Psychological Study of Foreign Policy Decisions and Fiascoes*, Boston: Houghton-Mifflin.
Jaspars, J.M.F. (1980) 'The coming of age of social psychology in Europe', *European Journal of Social Psychology* 10: 421–9.
Jaspars, J.M.F. (1986) 'Forum and focus: a personal view of European social psychology', *European Journal of Social Psychology* 16: 3–15.
Jaspars, J.M.F., Fincham, F.D., and Hewstone, M. (eds) (1983) *Attribution Theory and Research: Conceptual, Developmental and Social Dimensions*, London: Academic Press.
Jellison, J. and Arkin, R. (1977) 'Social comparison of abilities: a self-presentation approach to decision making in groups', in J.M. Suls and R.L. Miller (eds) *Social Comparison Processes: Theoretical and Empirical Perspectives*, Washington: Hemisphere.
Jennings, H.H. (1947) 'Sociometric differentiation of the psychegroup and the sociogroup', *Sociometry* 10: 71–9.
Johnson, D.W. and Johnson, R.T. (1982) 'The effects of cooperative and individualistic instruction on handicapped and non-handicapped students', *Journal of Social Psychology* 118: 257–68.
Johnson, D.W. and Johnson, R.T. (1984) 'The effects of intergroup cooperation and intergroup competition on ingroup and outgroup cross-handicap relationships', *Journal of Social Psychology* 124: 85–94.
Johnson, D.W., Maruyama, G., Johnson, R.T., Nelson, D., and Skon, L. (1981) 'Effects of cooperative, competitive, and individualistic goal structures on achievement', *Psychological Bulletin* 89: 47–62.
Johnson, R.D. and Downing, L.L. (1979) 'Deindividuation and valence of cues: effects in prosocial and antisocial behaviour', *Journal of Personality and Social Psychology* 37: 1532–8.
Jones, E.E. (1964) *Ingratiation*, New York: Appleton-Century-Crofts.
Jones, E.E. and Berglas, S. (1978) 'Control of attributions about the self through self-handicapping strategies: the appeal of alcohol and the role of underachievement', *Personality and Social Psychology Bulletin* 4: 200–6.
Jones, E.E. and Davis, K.E. (1965) 'From acts to dispositions: the attribution process in person perception', *Advances in Experimental Social Psychology* 2: 219–66.
Jones, E.E. and Gerard, H.B. (1967) *Foundations of Social Psychology*, New York: Wiley.

Jones, E.E., Gergen, K.J., and Davis, K. (1962) 'Some reactions to being approved or disapproved as a person', *Psychological Monographs* 76(521): whole issue.

Jones, E.E. and Nisbett, R.E. (1972) 'The actor and the observer: divergent perceptions of the causes of behaviour', in E.E. Jones, D.E. Kanouse, H.H. Kelley, R.E. Nisbett, S. Valins, and B. Weiner, *Attribution: Perceiving the Causes of Behaviour*, Morristown, NJ: General Learning Press.

Jones, E.E. and Pittman, T.S. (1982) 'Toward a general theory of strategic self-presentation', in J. Suls (ed.) *Psychological Perspectives on the Self*, Hillsdale, NJ: Erlbaum.

Jones, E.E., Rhodewalt, F., Berglas, S., and Skelton, J.A. (1981) 'Effects of strategic self-presentation on subsequent self-esteem', *Journal of Personality and Social Psychology* 41: 407–21.

Jones, E.E. and Sigall, H. (1971) 'The bogus pipeline: a new paradigm for measuring affect and attitudes', *Psychological Bulletin* 76: 349–64.

Jung, C.G. (1946) *Psychological Types, or the Psychology of Individuation*, New York: Harcourt Brace.

Jung, C.G. (1972; *Four Archetypes: Mother, Rebirth, Spirit, Trickster*, trans. R.F.C. Hull, London: Routlege & Kegan Paul.

Kandel, D.B. (1978) 'Similarity in real-life adolescent friendship pairs', *Journal of Personality and Social Psychology* 36: 306–12.

Katz, D. and Braly, K. (1933) 'Racial stereotypes in one hundred college students', *Journal of Abnormal and Social Psychology* 28: 280–90.

Kellerman, H. (ed.) (1981) *Group Cohesion*, New York: Grune & Stratton.

Kelley, H.H. (1952) 'Two functions of reference groups', in G.E. Swanson, T.M. Newcomb, and E.L. Hartley (eds) *Readings in Social Psychology*, 2nd edn, New York: Holt, Rinehart, & Winston.

Kelley, H.H. (1967) 'Attribution theory in social psychology', in D. Levine (ed.) *Nebraska Symposium on Motivation*, Lincoln, Nebraska: University of Nebraska Press.

Kelley, H.H. and Michela, J.L. (1980) 'Attribution theory and research', *Annual Review of Psychology* 31: 457–501.

Kelley, H.H. and Thibaut, J. (1978) *Interpersonal Relations: A Theory of Interdependence*, New York: Wiley.

Kelly, G.A. (1955) *The Psychology of Personal Constructs*, New York: Norton.

Kelly, G.A. (1970) 'A brief introduction to personal construct theory', in D. Bannister (ed.) *Perspectives in Personal Construct Theory*, London: Academic Press.

Kelman, H.C. (1958) 'Compliance, identification and internalization: three processes of opinion change', *Journal of Conflict Resolution* 2: 51–60.

Kelman, H.C. (1961) 'Processes of opinion change', *Public Opinion Quarterly* 25: 57–78.

Kelvin, P. (1984) 'The historical dimension of social psychology: the case of unemployment', in H. Tajfel (ed.) *The Social Dimension: European Developments in Social Psychology*, vol 1, Cambridge: Cambridge University Press.

Kiesler, C.A. and Kiesler, S.B. (1969) *Conformity*, Reading, Mass.: Addison-Wesley.

Kihlstrom, J.S. (1985) 'Hypnosis', *Annual Review of Psychology* 36: 385–418.

Kinder, D.R. and Sears, D.O. (1981) 'Symbolic racism vs threats to the good life', *Journal of Personality and Social Psychology* 40: 414–31.

Kinney, E.E. (1953) 'Study of peer group social acceptability at the fifth-grade level at a public school', *Journal of Educational Research* 47: 57–64.

Kipnis, D.M. (1961) 'Changes in self concepts in relation to perceptions of others', *Journal of Personality* 29: 449–65.

Klimoski, R.J. (1978) 'Simulation methodologies in experimental research on negotiation by representatives', *Journal of Conflict Resolution* 22: 61–77.

Knowles, E.S. (1982) 'From individuals to group members: a dialectic for the social sciences', in W. Ickes and E. Knowles (eds) *Personality, Rules and Social Behaviour*, New York: Springer-Verlag.

Knowles, E.S. and Brickner, M.A. (1981) 'Social cohesion effects on spatial cohesion', *Personality and Social Psychology Bulletin* 7: 309–13.

Kormorita, S.S. and Lapworth, C.W. (1982) 'Cooperative choice among individuals vs groups in an n-person dilemma situation', *Journal of Personality and Social Psychology* 46: 1044–57.

Kramarae, C. (1981) *Women and Men Speaking: Frameworks for Analysis*, Rowley, Mass.: Newbury House.

Kramer, C. (1977) 'Perceptions of female and male speech', *Language and Speech* 20: 151–61.

Kraut, R.E. and Higgins, E.T. (1984) 'Communication and social cognition', in R.S. Wyer Jnr and T.K. Srull (eds) *Handbook of Social Cognition*, vol. 3, Hillsdale, NJ: Erlbaum.

Krech, D., Crutchfield, R.S., and Ballachey, E.L. (1962) *Individual in Society*, New York: McGraw-Hill.

Kruglanski, A.W. (1975) 'The human subject in the psychology experiment: fact and artifact', *Advances in Experimental Social Psychology* 8: 101–47.

Kushner, T. (1981) 'The status of arousal in recent social facilitation literature', *Social Behaviour and Personality* 9: 185–90.

Labov, W. (1970) 'Language in social context', *Stadium Generale* 23: 30–87.

Lakoff, R. (1975) *Language and Woman's Place*, New York: Harper & Row.

Lambert, W.E. (1967) 'The social psychology of bilingualism', *Journal of Social Issues* 23: 91–109.

Lambert, W.E. (1974) 'Culture and language as factors in learning and education', in F. Aboud and R.D. Meade (eds) *Cultural Factors in Learning*, Bellingham, Washington: Western Washington State College Press.

Lambert, W.E. (1979) 'Language as a factor in intergroup relations', in H. Giles and R.N. St Clair (eds), *Language and Social Psychology*, Oxford: Blackwell.

Lambert, W.E., Hodgson, R.C., Gardner, R.C., and Fillenbaum, S. (1960) 'Evaluation reactions to spoken language', *Journal of Abnormal and Social Psychology* 60: 44–51.

Landman, J. and Manis, M. (1983) 'Social cognition: some historical and theoretical perspectives', *Advances in Experimental Social Psychology* 16: 49–123.

Lange, A. (1971) 'Frustration–aggression: a reconsideration', *European Journal of Social Psychology* 1: 59–84.

LaPiere, R.T. (1934) 'Attitudes vs actions', *Social Forces* 13: 230–7.

Larrain, J. (1979) *The Concept of Ideology*, London: Hutchinson.

Latané, B. (1981) 'The psychology of social impact', *American Psychologist* 36: 343–56.

Latané, B. and Nida, S. (1980) 'Social impact theory and group influence: a social engineering perspective', in P.B. Paulus (ed.) *Psychology of Group Influence*, Hillsdale, NJ: Erlbaum.

Latané, B., Williams, K., and Harkins, S. (1979) 'Many hands make light the work: causes and consequences of social loafing', *Journal of Personality and Social Psychology* 37: 822–32.

Latané, B. and Wolf, S. (1981) 'The social impact of majorities and minorities', *Psychological Review* 88: 438–53.

Leach, E. (1982) *Social Anthropology*, London: Fontana.

Le Bon, G. (1908) *The Crowd: A Study of the Popular Mind*, London: Unwin (first published in French in 1896).

Le Bon, G. (1913) *The Psychology of Revolution*, New York: Putnam.

Lefebvre, H. (1968) *The Sociology of Marx*, New York: Columbia University Press.
Lemaine, G. (1966) 'Inégalité, comparison et incomparabilité: Ésquisse d'une théorie de l'originalité social', *Bulletin de Psychologie* 20: 24–32.
Lemert, E.M. (1951) *Social Pathology*, New York: McGraw-Hill.
Lemyre, L. and Smith, P.M. (1985) 'Intergroup discrimination and self-esteem in the minimal group paradigm', *Journal of Personality and Social Psychology* 49: 660–70.
Lerner, M.J. (1970) 'The desire for justice and reactions to victims', in J. Maccoby and L. Berkowitz (eds) *Altruism and Helping Behaviour*, New York: Academic Press.
Lewin, K. (1943) 'Psychology and the process of group living', *Journal of Social Psychology* 17: 119–29.
Lewin, K. (1948) *Resolving Social Conflicts*, New York: Harper & Bros.
Lewin, K. (1952) *Field Theory in Social Science*, London: Tavistock.
Lifton, R.J. (1961) *Thought Reform and the Psychology of Totalism: A Study of 'Brainwashing' in China*, New York: Norton.
Linneweber, V., Mummenday, A., Bornewasser, M., and Loschper, G. (1984) 'Classification of situations specific to field and behaviour: the context of aggressive interactions in schools', *European Journal of Social Psychology* 14: 281–96.
Lippmann, W. (1922) *Public Opinion*, New York: Harcourt Brace.
Lock, A. (ed.) (1978) *Action, Gesture and Symbol: The Emergence of Language*, London: Academic Press.
Lock, A. (1980) *The Guided Reinvention of Language*, London: Academic Press.
Lord, C., Ross, L.D., and Lepper, M.R. (1979) 'Biased assimilation and attitude polarization: the effects of prior theories on subsequently considered evidence', *Journal of Personality and Social Psychology* 37: 2098–109.
Lord, R.G. (1977) 'Functional leadership behaviour: measurement and relation to social power and leadership perceptions', *Administrative Science Quarterly* 22: 114–33.
Lott, A.J. and Lott, B.E. (1961) 'Group cohesiveness, communication level and conformity', *Journal of Abnormal and Social Psychology* 62: 408–12.
Lott, A.J. and Lott, B.E. (1965) 'Group cohesiveness as interpersonal attraction', *Psychological Bulletin* 64: 259–309.
Lott, B.E. (1961) 'Group cohesiveness: a learning phenomenon', *Journal of Social Psychology* 55: 275–86.
Lyman, S.M. and Scott, M.B. (1970) *A Sociology of the Absurd*, New York: Appleton-Century-Crofts.
McCarthy, B. (1976) 'Agreement and friendship: affective and cognitive responses to attitudinal similarity–dissimilarity among same-sex friends', University of Lancaster, unpublished doctoral dissertation.
McCarthy, B. (1981) 'Studying personal relationships', in S. Duck and R. Gilmour (eds) *Personal Relationships (Vol. 1). Studying Personal Relationships*, London: Academic Press.
McDougall, W. (1921) *The Group Mind*, London: Cambridge University Press.
McGarty, C. and Penny, R.E.C. (1986) 'Categorization, accentuation and social judgement', Macquarie University, unpublished paper.
McGhee, P.E. and Teevan, R.C. (1967) 'Conformity behaviour and need for affiliation', *Journal of Social Psychology* 72: 117–21.
McGrath, J.E. (1966) 'A social psychological approach to the study of negotiation', in R. Bowers (ed.) *Studies on Behaviour in Organizations: A Research Symposium*, Athens, Georgia: University of Georgia Press.
McGrath, J.E. and Kravitz, D.A. (1982) 'Group research', *Annual Review of Psychology* 33: 195–230.
McGuire, W.J. (1968) 'Personality and susceptibility to social influence', in E.F.

Borgatta and W.W. Lambert (eds) *Handbook of Personality Theory and Research*, Chicago: Rand-McNally.

MacKenzie, W.J.M. (1978) *Biological Ideas in Politics*, Harmondsworth: Penguin.

Mackie, D.M. (1986) 'Social identification effects in group polarization', *Journal of Personality and Social Psychology* 50: 720–8.

MacKinnon, W.J. and Centers, R. (1956) 'Authoritarianism and urban stratification', *American Journal of Sociology* 61: 610–20.

MacNeil, M.K. and Sherif, M. (1976) 'Norm change of subject generations as a function of arbitrariness of prescribed norms', *Journal of Personality and Social Psychology* 34: 762–73.

Mair, L. (1972) *An Introduction to Social Anthropology*, 2nd edn, Oxford: Clarendon Press.

Malinowski, B. (1926) *Myth in Primitive Psychology*, London: Kegan Paul.

Mann, L., Newton, J.W., and Innes, J.M. (1982) 'A test between deindividuation and emergent norm theories of crowd aggression', *Journal of Personality and Social Psychology* 42: 260–72.

Mann, S.H. (1977) 'The use of social indicators in environmental planning', in I. Altman and J.F. Wohlwill (eds) *Human Behaviour and Environment*, vol. 2, New York: Plenum.

Marchand, B. (1970) 'Answirkung einer emotional wertvollen und einer emotional neutralen Klassifikation auf die Schatzung einer Stimulusserie', *Zeitschrift Für Sozialpsychologie* 1: 264–74.

Markova, I. (ed.) (1978) *The Social Context of Language*, New York: Wiley.

Markus, H. (1977) 'Self-schemata and processing information about the self', *Journal of Personality and Social Psychology* 35: 63–78.

Markus, H. (1979) 'The effect of mere presence on social facilitation: an unobtrusive test', *Journal of Experimental Social Psychology* 14: 389–97.

Markus, H. and Nurius, P. (1984) 'Possible selves', paper presented at the International Conference on Self and Identity, Cardiff, July.

Markus, H. and Zajonc, R.B. (1985) 'The cognitive perspective in social psychology', in G. Lindzey and E. Aronson (eds) *The Handbook of Social Psychology*, 3rd edn, vol. 1, Reading, Mass.: Addison-Wesley.

Marlowe, D. and Gergen, K. (1969) 'Personality and social interaction', in G. Lindzey and E. Aronson (eds) *The Handbook of Social Psychology*, 2nd edn, vol. 3, Reading, Mass.: Addison-Wesley.

Marrow, A.J. (1969) *The Practical Theorist: The Life and Work of Kurt Lewin*, New York: Basic Books.

Martin, D.J., Abramson, L.Y., and Alloy, L.B. (1984) 'Illusion of control for self and others in depressed and non-depressed college students', *Journal of Personality and Social Psychology* 46: 125–36.

Martin, J. (1981) 'Relative deprivation: a theory of distributive injustice for an era of shrinking resources', in L.L. Cummings and B.M. Straw (eds) *Research in Organizational Behaviour*, vol 3, Greenwich, Conn.: JAI Press.

Martin, J. and Murray, A. (1983) 'Distributive injustice and unfair exchange', in K.S. Cook and D.M. Messick (eds) *Theories of Equity: Psychological and Sociological Perspectives*, New York: Praeger.

Marx, K. (1963) *Early Writings*, trans. and ed. T.B. Bottomore, New York: McGraw Hill (first published in German in 1844).

Maslach, C. (1974) 'Social and personal bases of individuation', *Journal of Personality and Social Psychology* 29: 411–25.

Maslach, C., Stapp, J., and Santee, R.T. (1985) 'Individuation: analysis and assessment, *Journal of Personality and Social Psychology* 49: 729–38.

Maslow, A.H. (1954) *Motivation and Personality*, New York: Harper.

Mead, G.H. (1934) *Mind, Self and Society*, Chicago: University of Chicago Press.
Mead, G.H. (1938) *The Philosophy of the Act*, Chicago: University of Chicago Press.
Mehrabian, A. (1971) 'Nonverbal communication', in J.K. Cole (ed.) *Nebraska Symposium on Motivation*, vol. 19, Lincoln, Nebraska: University of Nebraska Press.
Meltzer, M., Petras, J.W., and Reynolds, L.T. (1975) *Symbolic Interactionism: Genesis, Varieties and Criticisms*, London: Routledge & Kegan Paul.
Merton, R.K. (1957) *Social Theory and Social Structure*, New York: Free Press.
Mervis, C.B. and Rosch, E. (1981) 'Categorization of natural objects', *Annual Review of Psychology* 32: 89–115.
Michotte, A. (1963) *The Perception of Causality*, New York: Basic Books.
Mikula, G. (1984) 'Personal relationships: remarks on the current state of research', *European Journal of Social Psychology* 14: 339–52.
Milgram, S. (1974) *Obedience to Authority: An Experimental View*, New York: Harper & Row.
Miller, G.A. (1951) *Language and Communication*, New York: McGraw Hill.
Miller, N.E. and Brewer, M.B. (1984) *Groups in Contact: The Psychology of Desegregation*, New York: Academic Press.
Miller, N.E. and Bugelski, R. (1948) 'Minor studies in aggression: the influence of frustrations imposed by the ingroup on attitudes toward outgroups', *Journal of Psychology* 25: 437–42.
Miller, R.S. and Schlenker, B.R. (1985) 'Egotism in group members: public and private attributions of responsibility for group performance', *Social Psychology Quarterly* 48: 85–9.
Millett, K. (1969) *Sexual Politics*, London: Virago.
Milner, D. (1981) 'Racial prejudice', in J.C. Turner and H. Giles (eds) *Intergroup Behaviour*, Oxford: Blackwell.
Minard, R.D. (1952) 'Race relationships in the Pocahontas coalfield', *Journal of Social Issues* 8: 29–44.
Mischel, W. (1968) *Personality and Assessment*, New York: Wiley.
Mischel, W. (1969) 'Continuity and change in personality', *American Psychologist* 24: 1012–18.
Mischel, W. and Peake, P.K. (1983) 'Some facets of consistency: replies to Epstein, Funder, and Bem', *Psychological Review* 90: 394–402.
Moreno, J.L. (1934) *Who Shall Survive?* Washington, DC: Nervous and Mental Diseases Publishing Co.
Morley, I.E. and Stephenson, G.M. (1970) 'Formality in experimental negotiations: a validation study', *British Journal of Psychology* 61: 383–4.
Morley, I.E. and Stephenson, G.M. (1977) *The Social Psychology of Bargaining*, London: Allen & Unwin
Morris, W. and Miller, R.S. (1975) 'The effects of consensus-breaking and consensus-preempting partners on reduction of conformity', *Journal of Experimental Social Psychology* 11: 215–23.
Moscovici, S. (1961) *La Psychanalyse, son Image et son Public*, Paris: Presses Universitaires de France.
Moscovici, S. (1967) 'Communication processes and the properties of language', *Advances in Experimental Social Psychology* 3: 225–70.
Moscovici, S. (1972) *The Psychosociology of Language*, Chicago: Markham Publishing.
Moscovici, S. (1976) *Social Influence and Social Change*, London: Academic Press.
Moscovici, S. (1981) 'On social representation', in J.P. Forgas (ed.) *Social Cognition: Perspectives on Everyday Understanding*, London: Academic Press.
Moscovici, S. (1982) 'The coming era of representations', in J.-P. Codol and J. P. Leyens (eds) *Cognitive Analysis of Social Behaviour*, The Hague: Martinus Nijhoff.

Moscovici, S. (1983) 'On some aspects of social representations', paper presented at the symposium on 'Representations' of the American Psychological Association, Anaheim, Calif., August.

Moscovici, S. and Faucheux, C. (1972) 'Social influence, conformity bias and the study of active minorities', *Advances in Experimental Social Psychology* 6: 149–202.

Moscovici, S. and Mugny, G. (1983) 'Minority influence', in P.B. Paulus (ed.) *Basic Group Processes*, New York: Springer-Verlag.

Moscovici, S. and Zavalloni, M. (1969) 'The group as a polarizer of attitudes', *Journal of Personality and Social Psychology* 12: 125–35.

Mugny, G. (1982) *The Power of Minorities*, London: Academic Press.

Mulac, A., Incontro, C.R., and James, M.R. (1985) 'Comparison of the gender-linked language effect and sex role stereotypes', *Journal of Personality and Social Psychology* 49: 1098–109.

Mullen, B. (1983) 'Operationalizing the effect of the group on the individual: a self-attention perspective', *Journal of Experimental Social Psychology* 19: 295–322.

Mullen, B. (1984) 'Participation in religious groups as a function of group composition: a self-attention perspective', *Journal of Applied Social Psychology* 14: 509–18.

Muller, E.N. (1980) 'The psychology of political protest and violence', in T.R. Gurr (ed.) *Handbook of Political Conflict*, New York: Free Press.

Mummenday, A. and Schreiber, H.J. (1983) 'Better or just different? Positive social identity by discrimination against or by differentiation from outgroups', *European Journal of Social Psychology* 13: 389–98.

Myers, D.G. and Lamm, H. (1976) 'The group polarization phenomenon', *Psychological Bulletin* 83: 602–27.

Myers, D.G., Wojcicki, S.G., and Aardema, B. (1977) 'Attitude comparison: is there ever a bandwagon effect?', *Journal of Applied Social Psychology* 7: 341–7.

Nadler, A., Goldberg, M., and Jaffe, Y. (1982) 'Effect of self-differentiation and anonymity in group on deindividuation', *Journal of Personality and Social Psychology* 42: 1127–36.

Natalé, M. (1975) 'Convergence of mean vocal intensity in dyadic communication as a function of social desirability', *Journal of Personality and Social Psychology* 40: 827–30.

Newcomb, T.M. (1943) *Personality and Social Change*, New York: Holt, Rinehart, & Winston.

Newcomb, T.M. (1947) 'Attitude development as a function of reference groups: the Bennington study', in E.E. Maccoby, T.M. Newcomb, and E.L. Hartley (eds) *Readings in Social Psychology*, New York: Holt, Rinehart, & Winston.

Newcomb, T.M. (1953) 'An approach to the study of communicative acts', *Psychological Review* 60: 393–404.

Newcomb, T.M. (1960) 'Varieties of interpersonal attraction', in D. Cartwright and A. Zander (eds) *Group Dynamics: Research and Theory*, 2nd edn, Evanston, Ill.: Row Peterson.

Newcomb, T.M. (1961) *The Acquaintance Process*, New York: Holt, Rinehart, & Winston.

Newcomb, T.M. (1968) 'Interpersonal balance', in R. Abelson, E. Aronson, W. McGuire, T. Newcomb, M. Rosenberg, and P. Tannenbaum (eds) *Theories of Cognitive Consistency: A Sourcebook*, Chicago: Rand McNally.

Newcomb, T.M., Koenig, L.E., Flacks, R., and Warwick, D.P. (1967) *Persistence and Change: Bennington College and Its Students after Twenty-five Years*, New York: Wiley.

Newcomb, T.M., Turner, R.H., and Converse, P.E. (1956) *Social Psychology: The Study of Human Interaction*, New York: Holt, Rinehart, & Winston.

Newtson, D. and Czerlinsky, T. (1974) 'Adjustment of attitude communications for contrasts by extreme audiences', *Journal of Personality and Social Psychology* 30: 829–37.

Ng, S.H. (1981) 'Equity theory and the allocation of rewards between groups', *European Journal of Social Psychology* 11: 439–43.

Ng, S.H. (1982) 'Power and intergroup discrimination', in H. Tajfel (ed.) *Social Identity and Intergroup Relations*, Cambridge: Cambridge University Press.

Ng, S.H. (1984a) 'Equity and social categorization effects on intergroup allocation of rewards', *British Journal of Social Psychology* 23: 165–72.

Ng, S.H. (1984b) 'Social psychology and political economy', in H. Tajfel (ed.) *The Social Dimension: European Developments in Social Psychology*, vol. 2, Cambridge: Cambridge University Press.

Nisbett, R. and Ross, L. (1980) *Human Inference: Strategies and Shortcomings of Social Judgment*, Englewood Cliffs, NJ: Prentice-Hall.

Nixon, H.L. (1976) 'Team orientations, interpersonal relations, and team success', *Research Quarterly* 47: 429–33.

Nye, R.A. (1975) *The Origins of Crowd Psychology: Gustav Le Bon and the Crisis of Mass Democracy in the Third Republic*, London: Sage.

Oakes, P.J. (1987) 'The salience of social categories', in J.C. Turner, M.A. Hogg, P.J. Oakes, S.D. Reicher, and M. Wetherell, *Rediscovering the Social Group: A Self-Categorization Theory*, Oxford and New York: Blackwell.

Oakes, P.J. and Turner, J.C. (1980) 'Social categorization and intergroup behaviour: does minimal intergroup discrimination make social identity more positive?', *European Journal of Social Psychology* 10: 295–301.

Orive, R. (1984) 'Group similarity, public self-awareness, and opinion extremity: a social projection explanation of deindividuation effects', *Journal of Personality and Social Psychology* 47: 727–37.

Orwell, G. (1949) *Nineteen Eighty Four*, London: Secker & Warburg.

Osgood, C.E., Suci, G.J., and Tannenbaum, P.H. (1957) *The Measurement of Meaning*, Urbana, Ill.: University of Illinois Press.

Paivio, A. (1965) 'Personality and audience influence', in B. Maher (ed.) *Progress in Experimental Personality Research*, New York: Academic Press.

Pandit, P.B. (1978) 'Language and identity: the Punjabi language in Delhi', *International Journal of the Sociology of Language* 16: 93–108.

Park, B. and Rothbart, M. (1982) 'Perception of out-group homogeneity and levels of social categorization: memory for the subordinate attributes of in-group and out-group members', *Journal of Personality and Social Psychology* 42: 1031–68.

Parkin, F. (1971) *Class Inequality and Political Order: Social Stratification in Capitalist and Communist Societies*, London: MacGibbon & Kee.

Parsons, T. (1951) *The Social System*, New York: Routledge & Kegan Paul.

Paulus, P.B. (1983) 'Group influence on individual task performance', in P.B. Paulus (ed.) *Basic Group Processes*, New York: Springer-Verlag.

Pennington, D.F., Harary, F., and Bass, B.M. (1958) 'Some effects of decision and discussion on coalescence change and effectiveness', *Journal of Applied Psychology* 42: 404–8.

Penrose, L.S. (1952) *On the Objective Study of Crowd Behaviour*, London: H.K. Lewis.

Pepitone, A. (1981) 'Lessons from the history of social psychology', *American Psychologist* 36: 972–85.

Pepitone, A. and Reichling, G. (1955) 'Group cohesiveness and the expression of hostility', *Human Relations* 8: 327–37.

Perkins, T.E. (1979) 'Rethinking stereotypes', in M. Barrett, P. Corrigan, A. Kuhn, and J. Wolff (eds) *Ideology and Cultural Production*, London: Croom Helm.

Pessin, J. (1933) 'The comparative effects of social and mechanical stimulation on

memorizing', *American Journal of Psychology* 45: 263–70.
Pettigrew, T.F. (1958) 'Personality and socio-cultural factors in intergroup attitudes: a cross-national comparison', *Journal of Conflict Resolution* 2: 29–42.
Pettigrew, T.F. (1967) 'Social evaluation theory', in D. Levine (ed.) *Nebraska Symposium on Motivation*, vol 15, Lincoln, Nebraska: University of Nebraska Press.
Popper, K. (1969) *Conjectures and Refutations*, 3rd edn, London: Routledge & Kegan Paul.
Porter, L.W. and Lawler, E.E. (1968) *Managerial Attitudes and Performance*, Homewood, Ill.: Richard D. Irwin.
Potter, J., Stringer, P., and Wetherell, M. (1984) *Social Texts and Context: Literature and Social Psychology*, London: Routledge & Kegan Paul.
Potter, J. and Litton, I. (1985) 'Some problems underlying the theory of social representations', *British Journal of Social Psychology* 24: 81–90
Prentice-Dunn, S. and Rogers, R.W. (1982) 'Effects of public and private self-awareness on deindividuation and aggression', *Journal of Personality and Social Psychology* 43: 503–13.
Prothro, E.T. (1952) 'Ethnocentrism and anti-negro attitudes in the deep south', *Journal of Abnormal and Social Psychology* 47: 105–8.
Pruitt, D.G. and Kimmel, M.J. (1977) 'Twenty years of experimental gaming: critique, synthesis and suggestions for the future', *Annual Review of Psychology* 28: 363–92.
Pryor, J.B., Gibbons, F.X., Wicklund, R.A., Fazio, R., and Hood, R. (1977) 'Self-focussed attention and self-report validity', *Journal of Personality* 45: 513–27.
Rabbie, J.M. and De Brey, J.H.C. (1971) 'The anticipation of intergroup cooperation and competition under private and public conditions', *International Journal of Group Tensions* 1: 230–51.
Rabbie, J.M. and Horwitz, M. (1969) 'Arousal of ingroup–outgroup bias by a chance win or loss' *Journal of Personality and Social Psychology* 13: 269–77.
Rabbie, J.M. and Wilkens, G. (1971) 'Ingroup competition and its effect on intragroup relations', *European Journal of Social Psychology* 1: 215–34.
Radcliffe-Brown, A.R. (1952) *Structure and Function in Primitive Society*, London: Cohen.
Radke, M. and Klisurich, D. (1947) 'Experiments in changing food habits', *Journal of American Dietetic Association* 24: 403–9.
Ramuz-Nienhuis, W. and van Bergen, A. (1960) 'Relations between some components of attraction-to-group: a replication', *Human Relations* 13: 271–7.
Raven, B.H. (1974) 'The comparative analysis of power and power preference', in J.T. Tedeschi (ed.) *Perspectives on Social Power*, Chicago: Aldine.
Raven, B.H. and French, J.R.P. (1958) 'Legitimate power, coercive power and observability in social influence', *Sociometry* 21: 83–97.
Raven, B.H. and Kruglanski, A. (1970) 'Conflict and power', in P. Swingle (ed.) *The Structure of Conflict*, New York: Academic Press.
Ray, J.J. (1980) 'Authoritarianism in California 30 years later – with some cross-cultural comparisons', *Journal of Social Psychology* 111: 9–17.
Ray, J.J. and Lovejoy, F.H. (1983) 'The behavioural validity of some recent measures of authoritarianism' *Journal of Social Psychology* 120: 91–9.
Razran, G. (1950) 'Ethnic dislikes and stereotypes: a laboratory study', *Journal of Abnormal and Social Psychology* 45: 7–27.
Regan, D.T. (1976) 'Attributional aspects of interpersonal attraction', in J.W. Harvey, W.J. Ickes, and R.F. Kidd (eds) *New Directions in Attribution Research*, vol. 2, Hillsdale, NJ: Erlbaum.
Reicher, S.D. (1982) 'The determination of collective behaviour', in H. Tajfel (ed.) *Social Identity and Intergroup Relations*, Cambridge: Cambridge University Press.

Reicher, S.D. (1984a) 'Social influence in the crowd: attitudinal and behavioural effects of deindividuation in conditions of high and low group salience', *British Journal of Social Psychology* 23: 341–50.
Reicher, S.D. (1984b) 'The St Pauls' riot: an explanation of the limits of crowd action in terms of a social identity model', *European Journal of Social Psychology* 14: 1–21.
Reicher, S.D. (1987) 'Crowd behaviour as social action', in J.C. Turner, M.A. Hogg, P.J. Oakes, S.D. Reicher, and M. Wetherell, *Rediscovering the Social Group: A Self-Categorization Theory*, Oxford and New York: Blackwell.
Reicher, S.D. and Potter, J. (1985) 'Psychological theory as intergroup perspective: a comparative analysis of "scientific" and "lay" accounts of crowd events', *Human Relations* 38: 167–89.
Rejai, M. (1980) 'Theory and research in the study of revolutionary personnel', in T.R. Gurr (ed.) *Handbook of Political Conflict*, New York: Free Press.
Rejai, M. and Phillips, K. (1979) *Leaders of Revolution*, Beverley Hills: Sage.
Roberts, D.F. and Bachen, C.M. (1981) 'Mass communication effects', *Annual Review of Psychology* 32: 307–56.
Robinson, J.P., Converse, P.E., and Szalai, A. (1972) 'Everyday life in twelve countries', in A. Szalai (ed.) *The Use of Time*, The Hague: Morton.
Robinson, W.P. (1972) *Language and Social Behaviour*, Harmondsworth: Penguin.
Robinson, W.P. (ed.) (1983) 'Plenary papers and symposium reviews: Second International Conference on Social Psychology and Language, Bristol, 18–22 July, *Journal of Language and Social Psychology* 2, whole nos. 2, 3, and 4.
Robinson, W.P. (1984) 'The development of communicative competence with language in young children: a social psychological perspective', in H. Tajfel (ed.) *The Social Dimension: European Developments in Social Psychology*, vol. 1, Cambridge: Cambridge University Press.
Rogers, C.R. (1951) *Client-Centered Therapy*, Boston: Houghton-Mifflin.
Rogers, C.R. (1969) *Encounter Groups*, London: Penguin.
Rohrer, J.H., Baron, S.H., Hoffman, E.L., and Swander, D.V. (1954) 'The stability of autokinetic judgements', *Journal of Abnormal and Social Psychology* 49: 595–7.
Rokeach, M. (ed.) (1960) *The Open and Closed Mind*, New York: Basic Books.
Rokeach, M. (1973) *The Nature of Human Values*, New York: Free Press.
Rokeach, M., Smith, P.W., and Evans, R.I. (1960) 'Two kinds of prejudice or one?', in M. Rokeach (ed.) *The Open and Closed Mind*, New York: Basic Books.
Roloff, M.E. and Miller, G.R. (eds) (1980) *Persuasion: New Directions in Theory and Research*, London: Sage.
Romaine, S. (1984) *The Language of Children and Adults*, Oxford: Blackwell.
Rommetveit, R. (1967) *Words, Meanings and Messages*, New York: Academic Press.
Rommetveit, R. (1969) *Social Norms and Roles*, 2nd ed, Oslo: Oslo University Press.
Rommetveit, R. (1974) *On Message Structure: A Framework for the Study of Language and Communication*, New York: Wiley.
Rosch, E. (1975) 'Cognitive reference points', *Cognitive Psychology* 7: 532–47.
Rosch, E. (1978) 'Principles of categorization', in E. Rosch and B.B. Lloyd (eds) *Cognition and Categorization*, Hillsdale, NJ: Erlbaum.
Rosen, H. (1972) *Language and Class: A Critical Look at the Theories of Basil Bernstein*, Bristol: Falling Wall Press.
Rosenberg, M.J. and Abelson, R.P. (1960) 'An analysis of cognitive balancing', in M.J. Rosenberg, C.I. Hovland, W.J. McGuire, R.P. Abelson, and J.W. Brehm, *Attitude Organization and Change*, New Haven, Conn.: Yale University Press.
Rosenhan, D.L. (1973) 'On being sane in insane places', *Science*, 179: 250–8.
Rosnow, R.L. (1980) 'Psychology of rumor reconsidered', *Psychological Bulletin* 87: 578–91.
Rosnow, R.L. (1981) *Paradigms in Transition: The Methodology of Social Enquiry*,

Oxford: Oxford University Press.
Ross, L. (1977) 'The intuitive psychologist and his shortcomings', *Advances in Experimental Social Psychology* 10: 174–220.
Rousseau, J.-J. (1968) *The Social Contract* trans. M. Cranston, Harmondsworth: Penguin (first published in 1762).
Rubin, Z. (1973) *Liking and Loving: An Invitation to Social Psychology*, New York: Holt, Rinehart, & Winston.
Rudé, G. (1964) *The Crowd in History: A Study of Popular Disturbances in France and England 1730–1848*, New York: Wiley.
Runciman, W.G. (1966) *Relative Deprivation and Social Justice*, Berkeley, Calif: University of California Press.
Rutter, D.R. (1985) *Looking and Seeing*, London: Wiley.
Rutter, D.R. and Robinson, B. (1981) 'An experimental analysis of teaching by telephone: theoretical and practical implications for social psychology', in G.M. Stephenson and J.H. Davis *Progress in Applied Social Psychology*, vol. 1, Chichester: Wiley.
Ryan, E.B., Hewstone, M.R.C., and Giles H. (1984) 'Language and intergroup attitudes', in J.R. Eiser (ed.) *Attitudinal Judgements*, New York: Springer-Verlag.
Sachdev, I. and Bourhis, R.Y. (1985) 'Social categorization and power differentials in group relations', *European Journal of Social Psychology* 15: 415–34.
St Claire, L. and Turner, J.C. (1982) 'The role of demand characteristics in the social categorization paradigm', *European Journal of Social Psychology* 12: 307–14.
St Clair, R.N. and Giles, H. (eds) (1980) *The Social and Psychological Contexts of Language*, Hillsdale, NJ: Erlbaum.
Sampson, E.E. (1977) 'Psychology and the American ideal', *Journal of Personality and Social Psychology* 35: 767–82.
Sampson, E.E. (1981) 'Cognitive psychology as ideology' *American Psychologist* 36: 730–43.
Sanders G.S. (1981) 'Driven by distraction: an integrative review of social facilitation theory and research', *Journal of Experimental Social Psychology* 17: 227–51.
Sanders G.S. and Baron, R.S. (1977) 'Is social comparison irrelevant for producing choice shifts?' *Journal of Experimental Social Psychology* 13: 303–14.
Sankoff, G. (1972) 'Language use in multilingual societies: some alternative approaches', in J.B. Pride and J. Holmes (eds) *Sociolinguistics*, Harmondsworth: Penguin.
Sarbin, T.R. and Scheibe, K.E. (eds) (1983) *Studies in Social Identity*, New York: Praeger.
Schachter, S. (1951) 'Deviation, rejection, and communication', *Journal of Abnormal and Social Psychology* 46: 190–207.
Schachter, S. (1959) *The Psychology of Affiliation*, Stanford: Stanford University Press.
Schachter, S., Ellertson, N., McBride, D., and Gregory, D. (1951) 'An experimental study of cohesiveness and productivity', *Human Relations* 4: 229–38.
Schank, R.C. and Abelson, N.P. (1977) *Scripts, Plans, Goals and Understanding: An Inquiry into Human Knowledge Structures*, Hillsdale, NJ: Erlbaum.
Scheff, T.J. (ed.) (1975) *Labelling Madness*, Englewood Cliffs, NJ: Prentice-Hall.
Scheidlinger, S. (1952) *Psychoanalysis and Group Behaviour: A Study in Freudian Group Psychology*, New York: Norton.
Scheier, M.F. (1976) 'Self-awareness, self-consciousness and angry aggression', *Journal of Personality* 44: 627–44.
Scheier, M.F. (1980) 'Effects of private and public self-consciousness on the public expression of personal beliefs', *Journal of Personality and Social Psychology* 39: 514–21.

Scheier, M.F. and Carver, C.S. (1977) 'Self-focused attention and the experience of emotion: attraction, repulsion, elation, and depression', *Journal of Personality and Social Psychology* 35: 625–36.

Scheier, M.F. and Carver, C.S. (1980) 'Private and public self-attention, resistance to change and dissonance reduction', *Journal of Personality and Social Psychology* 39: 390–405.

Scheier, M.F. and Carver, C.S. (1981) 'Private and public aspects of self', in L. Wheeler (ed.) *Review of Personality and Social Psychology*, vol. 2, London: Sage.

Schein, E.H., Schneier, T., and Barker, C.H. (1961) *Coercive Persuasion*, New York: Norton.

Scherer, K.R. (1980) 'Personality, emotion, psychopathology and speech', in H. Giles, W.P. Robinson, and P.M. Smith (eds) *Language: Social Psychological Perspectives*, Oxford: Pergamon Press.

Scherer, K.R. and Ekman, P. (eds) (1982) *Handbook of Methods in Nonverbal Behaviour Research*, Cambridge: Cambridge University Press.

Scherer, K.R. and Giles, H. (eds) (1979) *Social Markers in Speech*, Cambridge: Cambridge University Press.

Schlenker, B.R. (1984) 'Identities, identifications, and relationships', in V.J. Derlega (ed.) *Communication, Intimacy and Close Relationships*, New York: Academic Press.

Schlenker, B.R. (1985) *The Self and Social Life*, New York: McGraw-Hill.

Schneider, D. (1969) 'Tactical self-presentation after success and failure', *Journal of Personality and Social Psychology* 13: 262–8.

Schönbach, P., Gollwitzer, P.M., Stiepel, G., and Wagner, U. (1981) *Education and Intergroup Attitudes*, New York: Academic Press.

Schuler, H. and Peltzer, U. (1978) 'Friendly vs unfriendly non-verbal behaviour: the effects on partners' decision-making preferences', in H. Brandstätter, J.H. Davis, and H. Schuler (eds) *Dynamics of Group Decisions*, Beverly Hills, Calif.: Sage.

Scott, W.A. (1965) *Values and Organizations*, Chicago: Rand-McNally.

Scotton, C.M. (1980) 'Explaining linguistic choices as identity negotiations', in H. Giles, W.P. Robinson, and P.M. Smith (eds) *Language: Social Psychological Perspectives*, Oxford: Pergamon Press.

Scotton, C.M. and Ury, W. (1977) 'Bilingual strategies: the social functions of code switching', *International Journal of the Sociology of Language* 13: 5–20.

Secord, P.F. (1959) 'Stereotyping and favourableness in the perception of negro faces', *Journal of Abnormal and Social Psychology* 59: 309–15.

Secord, P.F. and Backman, C.W. (1964) *Social Psychology*, New York: McGraw-Hill.

Secord, P.F., Bevan, W., and Katz, B. (1956) 'The negro stereotype and perceptual accentuation', *Journal of Abnormal and Social Psychology* 53: 78–83.

Seeman, M. (1981) 'Intergroup relations', in M. Rosenberg and R.H. Turner (eds) *Social Psychology: Sociological Perspectives*, New York: Basic Books.

Segal, M.W. (1979) 'Varieties of interpersonal attraction and their interrelationships in natural groups', *Social Psychology Quarterly* 42: 253–61.

Semin, G.R. (1980) 'A gloss on attribution theory', *British Journal of Social and Clinical Psychology* 19: 291–300.

Semin, G.R. and Manstead, A.S.R. (1979) 'Social psychology: social or psychological?' *British Journal of Social and Clinical Psychology* 18: 191–202.

Shatz, M. (1983) 'Communication', in P.H. Mussen (ed.) *Handbook of Child Psychology (vol. 3): Cognitive Development*, New York: Wiley.

Shaw, M.E. (1964) 'Communication networks', *Advances in Experimental Social Psychology* 1: 111–47.

Shaw, M.E. (1981) *Group Dynamics: The Psychology of Small Group Behaviour*, second edition New York: McGraw-Hill.

Shaw, M.E., Rothschild, G., and Strickland, J. (1957) 'Decision process in

communication networks', *Journal of Abnormal and Social Psychology* 54: 323–30.
Sherif, M. (1935) 'A study of some social factors in perception', *Archives of Psychology* 27(187): 1–60.
Sherif, M. (1936) *The Psychology of Social Norms*, New York: Harper & Bros.
Sherif, M. (1951) 'A preliminary experimental study of intergroup relations', in J.H. Rohrer and M. Sherif (eds) *Social Psychology at the Crossroads*, New York: Harper.
Sherif, M. (ed.) (1962) *Intergroup Relations and Leadership*, New York: Wiley.
Sherif, M. (1966) *In Common Predicament: Social Psychology of Intergroup Conflict and Cooperation*, Boston: Houghton-Mifflin.
Sherif, M. (1967) *Group Conflict and Cooperation*, London: Routledge & Kegan Paul.
Sherif, M., Harvey, O.J., White, B.J., Hood, W., and Sherif, C. (1961) *Intergroup Conflict and Co-operation: The Robbers Cave Experiment*, Norman, Oklahoma: University of Oklahoma Institute of Intergroup Relations.
Sherif, M. and Sherif, C.W. (1969) *Social Psychology*, New York: Harper & Row.
Sherif, M., White, B.J., and Harvey, O.J. (1955) 'Status in experimentally produced groups', *American Journal of Sociology* 60: 370–9.
Shomer, R.W. and Centers, R. (1970) 'Differences in attitudinal responses under conditions of implicitly manipulated group salience', *Journal of Personality and Social Psychology* 15: 125–32.
Shotter, J. (1984) *Social Accountability and Selfhood*, Oxford: Blackwell.
Siegel, A.E. and Siegel, S. (1957) 'Reference groups, membership groups, and attitude change', *Journal of Abnormal and Social Psychology* 55: 360–4.
Simard, L., Taylor, D.M., and Giles H. (1976) 'Attribution processes and interpersonal accommodation in a bilingual setting', *Language and Speech* 19: 374–87.
Simmel, G. (1955) *Conflict and the Web of Group-Affiliations*, New York: Free Press.
Singer, E. (1981) 'Reference groups and social evaluations', in M. Rosenberg and R.H. Turner (eds) *Social Psychology: Sociological Perspectives*, New York: Basic Books.
Singer, J., Brush, C., and Lublin, S. (1965) 'Some aspects of deindividuation: identification and conformity', *Journal of Experimental Social Psychology* 1: 356–78.
Sistrunk, F. and McDavid, J.W. (1971) 'Sex variables in conforming behaviour', *Journal of Personality and Social Psychology* 17: 200–7.
Skinner, M. and Stephenson, G.M. (1981) 'The effects of intergroup comparison on the polarization of opinions', *Current Psychological Research* 1: 49–61.
Smith, K.K. and White, G.L. (1983) 'Some alternatives to traditional social psychology of groups', *Personality and Social Psychology Bulletin* 9: 65–73.
Smith, M.J., Colligan, M.J., and Hurrell, J.J.Jnr (1978) 'Three incidents of industrial mass psychogenic illness', *Journal of Occupational Medicine* 20: 399–402.
Smith, P.M. (1979) 'Sex markers in speech', in K.R. Scherer and H. Giles (eds) *Social Markers in Speech*, Cambridge: Cambridge University Press.
Smith, P.M. (1980) 'Judging masculine and feminine social identities from content-controlled speech', in H. Giles, W.P. Robinson, and P.M. Smith (eds) *Language: Social Psychological Perspectives*, Oxford: Pergamon Press.
Smith. P.M. (1983) 'Social psychology and language: a taxonomy and overview', *Journal of Language and Social Psychology* 2: 163–82.
Smith, P.M. (1985) *Language, the Sexes and Society*, Oxford: Blackwell.
Smith, P.M. Giles, H., and Hewstone, M. (1980) 'Sociolinguistics: a social psychological perspective', in R.M. St Clair and H. Giles (eds) *The Social and Psychological Contexts of Language*, Hillsdale, NJ: Erlbaum.
Smith, T.W., Snyder, C.R., and Perkins, S.C. (1983) 'The self-serving function of hypochondriacal complaints: physical symptoms as self-handicapping strategies', *Journal of Personality and Social Psychology* 44: 787–97.

Snyder, C.R. and Fromkin, H.L. (1980) *Uniqueness: The Human Pursuit of Difference*, New York: Plenum Press.
Snyder, M. (1974) 'The self-monitoring of expressive behaviour', *Journal of Personality and Social Psychology* 30: 526–53.
Snyder, M. (1979) 'Self-monitoring processes', *Advances in Experimental Social Psychology* 12: 85–128.
Snyder, M. (1981) 'On the self-perpetuating nature of social stereotypes', D.L. Hamilton (ed.) *Cognitive Processes in Stereotyping and Intergroup Behaviour*, Hillsdale, NJ: Erlbaum.
Snyder, M. (1984) 'When belief creates reality', *Advances in Experimental Social Psychology* 18: 247–305.
Snyder, M. and Cantor, N. (1979) 'Testing hypotheses about other people: the use of historical knowledge', *Journal of Experimental Social Psychology* 15: 330–42.
Snyder, M. and Monson, T.C. (1975) 'Persons, situations and the control of social behaviour', *Journal of Personality and Social Psychology* 32: 637–44.
Snyder, M. and Swann, W.B. (1978) 'Behavioural confirmation in social interaction: from social perception to social reality', *Journal of Experimental Social Psychology* 14: 148–62.
Snyder, M., Tanke, E.D., and Berscheid, E. (1977) 'Social perception and interpersonal behaviour: on the self-fulfilling nature of social stereotypes', *Journal of Personality and Social Psychology* 35: 656–66.
Sole, K., Marton, J., and Hornstein, H.A. (1975) 'Opinion similarity and helping: three field experiments investigating the bases of promotive behaviour', *Journal of Experimental Social Psychology* 11: 1–13.
Spencer, H. (1896) *The Principles of Psychology*, New York: Appleton-Century-Crofts.
Sperling, H.G. (1946) 'An experimental study of some psychological factors in judgement', MA thesis, New School for Social Research, New York; summarized in S.E. Asch (ed.) (1952) *Social Psychology*, Englewood Cliffs, NJ: Prentice-Hall.
Stang, D.J. (1972) 'Conformity, ability, and self-esteem', *Representative Research in Social Psychology* 3: 97–103.
Stang, D.J. (1976) 'Group size effects on conformity', *Journal of Social Psychology* 98: 175–81.
Steiner, I.D. (1974) 'Whatever happened to the group in social psychology?', *Journal of Experimental Social Psychology* 10: 94–108.
Steiner, I.D. (1983) 'Whatever happened to the touted revival of the group?', in H. Blumberg, P. Hare, V. Kent, and M. Davies (eds) *Small Groups and Social Interaction*, vol 2, New York: Wiley.
Steiner, I.D. (1986) 'Paradigms and groups', *Advances in Experimental Social Psychology* 19: 251–89.
Stephenson, G.M. (1981) 'Intergroup bargaining and negotiation', in J.C. Turner and H. Giles (eds) *Intergroup Behaviour*, Oxford: Blackwell.
Stephenson, G.M. (1984) 'Interpersonal and intergroup dimensions of bargaining and negotiation', in H. Tajfel (ed.) *The Social Dimension: European Developments in Social Psychology*, vol. 2, Cambridge: Cambridge University Press.
Stephenson, G.M., Abrams, D., Wagner, U., and Wade, G. (1986) 'Partners in recall: collaborative order in the recall of a police interrogation', *British Journal of Social Psychology* 25: 341–3.
Stephenson, G.M., Brandstätter, H., and Wagner, U. (1983) 'An experimental study of social performance and delay on the testimonial validity of story recall', *European Journal of Social Psychology* 13: 175–91.
Stephenson, G.M. and Tysoe, M. (1982) 'Intergroup and interpersonal dimensions of social behaviour: the case of industrial bargaining', in G.M. Breakwell, H. Foot, and R. Gilmour (eds) *Social Psychology: A Practical Manual*, London: Macmillan/BPS.

Stouffer, S.A., Suchman, E.A., DeVinney, L.C., Star, S.A., and Williams, R.M. Jnr (1949) *The American Soldier: Adjustment During Army Life*, vol. 1, Princeton, NJ: Princeton University Press.

Strauss, A.L. (1977) *Mirrors and Masks: The Search for Identity*, London: Martin Robinson & Co.

Stricker, L.J., Messick, S., and Jackson, D.N. (1970) 'Conformity, anticonformity, and independence: their dimensionality and generality', *Journal of Personality and Social Psychology* 16: 494–507.

Strickland, B.R. and Crowne, D.P. (1962) 'Conformity under conditions of simulated group pressure as a function of the need for social approval', *Journal of Social Psychology* 58: 171–81.

Strickland, L.H., Aboud, F.E., and Gergen K.J. (eds) (1976) *Social Psychology in Transition*, New York: Plenum Press.

Strozier, C.B. (1982) *Lincoln's Quest for Union: Public and Private Meanings*, New York: Basic Books.

Struhl, K.J. (1981) 'Ideology and social cohesion', in H. Kellerman (ed.) *Group Cohesion: Theoretical and Clinical Perspectives*, New York: Grune & Stratton.

Stryker, S. (1981) 'Symbolic interactionism', in M. Rosenberg and R.H. Turner (eds) *Social Psychology: Sociological Perspectives*, New York: Basic Books.

Suls, J.M. and Miller, R.L. (eds) (1977) *Social Comparison Processes: Theoretical and Empirical Perspectives*, Washington: Hemisphere.

Sumner, W.G. (1906) *Folkways*, Boston: Ginn.

Szasz, T. (1961) *The Myth of Mental Illness*, New York: Hoeber.

Tajfel, H. (1957) 'Value and the perceptual judgement of magnitude', *Psychological Review* 64: 192–204.

Tajfel, H. (1959) 'Quantitative judgement in social perception', *British Journal of Psychology* 50: 16–29.

Tajfel, H. (1963) 'Stereotypes', *Race* 5: 3–14.

Tajfel, H. (1969a) 'Social and cultural factors in perception', in G. Lindzey and E. Aronson (eds) *Handbook of Social Psychology*, vol. 3, Reading, Mass.: Addison-Wesley.

Tajfel, H. (1969b) 'Cognitive aspects of prejudice', *Journal of Social Issues* 25: 79–97.

Tajfel, H. (1970) 'Experiments in intergroup discrimination', *Scientific American* 223: 96–102.

Tajfel, H. (1972a) 'Social categorization', English manuscript of 'La catégorisation sociale', in S. Moscovici (ed.) *Introduction à la psychologie sociale*, vol. 1, Paris: Larousse.

Tajfel, H. (1972b) 'Some developments in European social psychology', *European Journal of Social Psychology* 2: 307–22.

Tajfel, H. (1972c) 'Experiments in a vacuum', in J. Israel and H. Tajfel (eds) *The Context of Social Psychology: A Critical Assessment*, London: Academic Press.

Tajfel, H. (1973) 'The roots of prejudice: cognitive aspects', in P. Watson (ed.) *Psychology and Race*, Harmondsworth: Penguin.

Tajfel, H. (1974) 'Intergroup behaviour, social comparison and social change', unpublished Katz-Newcomb lectures at the University of Michigan, Ann Arbor.

Tajfel, H. (ed.) (1978a) *Differentiation Between Social Groups*, London: Academic Press.

Tajfel, H. (1978b) 'Intergroup behaviour: I. Individualistic perspectives', in H. Tajfel and C. Fraser (eds) *Introducing Social Psychology*, Harmondsworth: Penguin.

Tajfel, H. (1978c) 'Intergroup behaviour: II. Group perspectives', in H. Tajfel and C. Fraser (eds) *Introducing Social Psychology*, Harmondsworth: Penguin.

Tajfel, H. (1981a) *Human Groups and Social Categories: Studies in Social Psychology*, Cambridge: Cambridge University Press.

Tajfel, H. (1981b) 'Social stereotypes and social groups', in J.C. Turner and H. Giles (eds) *Intergroup Behaviour*, Oxford: Blackwell, and in H. Tajfel, *Human Groups and Social Categories: Studies in Social Psychology*, Cambridge: Cambridge University Press.

Tajfel, H. (ed.) (1982a) *Social Identity and Intergroup Relations*, Cambridge: Cambridge University Press.

Tajfel, H. (1982b) 'Social psyschology of intergroup relations', *Annual Review of Psychology* 33: 1–39.

Tajfel, H. (ed.) (1984) *The Social Dimension: European Developments in Social Psychology*, Cambridge: Cambridge University Press and Paris: Editions de la Maison des Sciences de l'Homme, vols 1 and 2.

Tajfel, H. and Billig, M. (1974) 'Familiarity and categorization in intergroup behaviour', *Journal of Experimental Social Psychology* 10: 159–70.

Tajfel, H., Billig, M., Bundy, R.P., and Flament, C. (1971) 'Social categorization and intergroup behaviour', *European Journal of Social Psychology* 1: 149–77.

Tajfel, H., Sheikh, A.A., and Gardner, A.A., (1964) 'Content of stereotypes and the inference of similarity between members of stereotyped groups', *Acta Psychologica* 22: 191–201.

Tajfel, H. and Turner, J.C. (1979) 'An integrative theory of intergroup conflict', in W.G. Austin and S. Worchel (eds) *The Social Psychology of Intergroup Relations*, Monterey, Calif.: Brooks-Cole.

Tajfel, H. and Turner, J.C. (1986) 'The social identity theory of intergroup behaviour', in S. Worchel and W.G. Austin (eds) *Psychology of Intergroup Relations*, Chicago: Nelson-Hall.

Tajfel, H. and Wilkes, A.L. (1963) 'Classification and quantitative judgement', *British Journal of Psychology* 54: 101–14.

Tarde, G. (1901) *L'Opinion et la foule*, Paris: Libraire Felix Alcan.

Taylor, D.M. and Brown, R.J. (1979) 'Towards a more social social psychology?', *British Journal of Social and Clinical Psychology* 18: 173–9.

Taylor, D.M. and Jaggi, V. (1974) 'Ethnocentrism and causal attribution in a S. Indian context', *Journal of Cross-Cultural Psychology* 5: 162–71.

Taylor, D.M. and McKirnan, D.J. (1984) 'A five-stage model of intergroup relations', *British Journal of Social Psychology* 23, Special Issue on Intergroup Processes: 291–300.

Taylor, D.M., Meynard, R., and Rheault, E. (1977) 'Threat to ethnic identity and second language learning', in H. Giles (ed.) *Language, Ethnicity and Intergroup Relations*, London: Academic Press.

Taylor, S.E. (1981) 'A categorization approach to stereotyping', in D.L. Hamilton (ed.) *Cognitive Processes in Stereotyping and Intergroup Behaviour*, Hillsdale, NJ: Erlbaum.

Taylor, S.E., Fiske, S.T., Etcoff, N.L., and Ruderman, A.J. (1978) 'Categorical and contextual bases of person memory and stereotyping', *Journal of Personality and Social Psychology* 36: 778–93.

Tedeschi, J.T. and Norman, J. (1984) 'Social power, self-presentation and the self', in B. Schlenker (ed.) *Self and Identity*, New York: McGraw-Hill.

Tedeschi, J.T. and Reiss, M. (1981) 'Predicaments and verbal tactics of impression management', in C. Antaki (ed.) *Ordinary Language Explanations of Social Behaviour*, London: Academic Press.

Thakerar, J.N., Giles, H. and Cheshire, J. (1982) 'Psychological and linguistic parameters of speech accommodation theory', in C. Fraser and K.R. Scherer (eds) *Advances in the Social Psychology of Language*, Cambridge: Cambridge University Press.

Thibaut, J.W. and Kelley, H.H. (1959) *The Social Psychology of Groups*, New York: Wiley.

Thorne, B., Kramarae, C., and Henley, N. (eds) (1983) *Language, Gender and*

Society, Rowley, Mass.: Newbury House.
Tilly, C. (1978) *From Mobilization to Revolution*, Reading: Mass.: Addison-Wesley.
Tilly, C., Tilly, L., and Tilly, R. (1975) *The Rebellious Century 1830–1930*. Cambridge, Mass.: Harvard University Press.
Triandis, H.C. (1971) *Attitude and Attitude Change*, New York: Wiley.
Triandis, H.C. (1977) *Interpersonal Behaviour*, Monterey, Calif.: Brooks-Cole.
Tripathi, R.C. and Srivastava, R. (1981) 'Relative deprivation and intergroup attitudes', *European Journal of Social Psychology* 11: 313–18.
Triplett, N. (1898) 'The dynamogenic factors in pacemaking and competition', *American Journal of Psychology* 9: 507–33.
Trotter, W. (1919) *Instincts of the Herd in Peace and War*, London: Oxford University Press.
Trudgill, P. (1975) *Accent, Dialect and the School*, London: Edward Arnold.
Tucker, R.C. (1970) 'The theory of charismatic leadership', in D.A. Rustow (ed.) *Philosophers and Kings: Studies in Leadership*, New York: George Brazilier.
Turner, C.W., Simons, L.S., Berkowitz, L., and Frodi, A. (1977) 'The stimulating and inhibiting effects of weapons on aggressive behaviour', *Aggressive Behaviour* 3: 355–78.
Turner, J.C. (1975) 'Social comparison and social identity: some prospects for intergroup behaviour', *European Journal of Social Psychology* 5: 5–34.
Turner, J.C. (1978a) 'Social categorization and social discrimination in the minimal group paradigm', in H. Tajfel (ed.) *Differentiation Between Social Groups*, London: Academic Press.
Turner, J.C. (1978b) 'Social comparison, similarity and ingroup favouritism', in H. Tajfel (ed.) *Differentiation Between Social Groups*, London: Academic Press.
Turner, J.C. (1980) 'Fairness or discrimination in intergroup behaviour? A reply to Branthwaite, Doyle and Lightbown', *European Journal of Social Psychology* 10: 131–47.
Turner, J.C. (1981a) 'Some considerations in generalizing experimental social psychology', in G.M. Stephenson and J.M. Davis (eds) *Progress in Applied Social Psychology*, vol. 1, London: Wiley.
Turner, J.C. (1981b) 'The experimental social psychology of intergroup behaviour', in J.C. Turner and H. Giles (eds) *Intergroup Behaviour*, Oxford: Blackwell.
Turner, J.C. (1982) 'Towards a cognitive redefinition of the social group', in H. Tajfel (ed.) *Social Identity and Intergroup Relations*, Cambridge: Cambridge University Press and Paris: Editions de la Maison des Sciences de l'Homme.
Turner, J.C. (1983) 'Some comments on "the measurement of social orientations in the minimal group paradigm" ', *European Journal of Social Psychology* 13: 351–68.
Turner, J.C. (1984) 'Social identification and psychological group formation', in H. Tajfel (ed.) *The Social Dimension: European Developments in Social Psychology*, vol. 2, Cambridge: Cambridge University Press.
Turner, J.C. (1985) 'Social categorization and the self-concept: a social cognitive theory of group behaviour', in E.J. Lawler (ed.) *Advances in Group Processes: Theory and Research*, vol. 2, Greenwich, Conn.: JAI Press.
Turner, J.C. and Brown, R.J. (1978) 'Social status, cognitive alternatives and intergroup relations', in H. Tajfel (ed.) *Differentiation Between Social Groups*, London: Academic Press.
Turner, J.C. Brown, R.J., and Tajfel, H. (1979) 'Social comparison and group interest in ingroup favouritism', *European Journal of Social Psychology* 9: 187–204.
Turner, J.C. and Giles, H. (eds) (1981) *Intergroup Behaviour*, Oxford: Blackwell.
Turner, J.C., Hogg, M.A., Oakes, P.J., Reicher, S.D., and Wetherell, M. (1987) *Rediscovering the Social Group: A Self-Categorization Theory*, Oxford and New York: Blackwell.
Turner, J.C., Hogg, M.A., Turner, P.J., and Smith, P.M. (1984) 'Failure and defeat

as determinants of group cohesiveness', *British Journal of Social Psychology* 23: 97–111.
Turner, J.C. and Oakes, P.J. (1986) 'The significance of the social identity concept for social psychology with reference to individualism, interactionism and social influence', *British Journal of Social Psychology* 25, Special Issue on the Individual-Society Interface: 237–9.
Turner, J.C., Sachdev, I., and Hogg, M.A. (1983) 'Social categorization, interpersonal attraction and group formation', *British Journal of Social Psychology* 22: 227–39.
Turner, R.H. (1974) 'Collective behaviour', in R.E.L. Faris (ed.) *Handbook of Modern Sociology*, Chicago: Rand-McNally.
Turner, R.H. and Killian, L. (1957) *Collective Behaviour*, Englewood Cliffs: NJ: Prentice-Hall.
Tyerman, A. and Spencer, C. (1983) 'A critical test of the Sherifs' robbers cave experiments: intergroup competition and cooperation between groups of well-acquainted individuals', *Small Group Behaviour* 14: 515–31.
Ulman, R.B. and Abse, D.W. (1983) 'The group psychology of mass madness: Jonestown', *Political Psychology* 4: 637–61.
van Knippenberg, A.F.M. (1978) 'Status differences, comparative relevance and intergroup differentiation', in H. Tajfel (ed.) *Differentiation Between Social Groups*, London: Academic Press.
van Knippenberg, A.F.M. (1984) 'Intergroup differences in group perceptions', in H. Tajfel (ed.) *The Social Dimension: European Developments in Social Psychology*, vol. 2, Cambridge: Cambridge University Press.
van Knippenberg, A.F.M. and Oers, H. (1984) 'Social identity and equity concerns in intergroup perceptions', *British Journal of Social Psychology* 23: 351–62.
Vanneman, R.D. and Pettigrew, T.F. (1972) 'Race and relative deprivation in the urban United States', *Race* 13: 461–86.
Vaughan, G.M. (1964) 'The transsituational aspect of conformity behaviour', *Journal of Personality* 32: 335–54.
Vaughan, G.M. (1978) 'Social change and intergroup preferences in New Zealand', *European Journal of Social Psychology* 8: 297–314.
Vickers, E., Abrams, D., and Hogg, M.A. (1987) 'The influence of social norms on discrimination in the minimal group paradigm', University of Dundee, unpublished paper.
Vinokur, A. and Burnstein, E. (1974) 'The effects of partially shared persuasive arguments on group-induced shifts: a problem-solving approach', *Journal of Personality and Social Psychology* 29: 305–15.
Vleeming, R.G. (1983) 'Intergroup relations in a simulated society', *Journal of Psychology* 113: 81–7.
Waddell, N. and Cairns, E. (1986) 'Situational perspectives on social identity in Northern Ireland', *British Journal of Social Psychology* 25: 25–32.
Wagner, U. and Schönbach, P. (1984) 'Links between educational status and prejudice: ethnic attitudes in West Germany', in N. Miller and M.B. Brewer (eds) *Groups in Contact: The Psychology of Desegregation*, New York: Academic Press.
Walker, I. and Pettigrew, T.F. (1984) 'Relative deprivation theory: an overview and conceptual critique', *British Journal of Social Psychology* 23: 301–10.
Watson, G. and Johnson, D. (1972) *Social Psychology: Issues and Insights*, Philadelphia: J.B. Lippincott.
Webb, J. (1982) 'Social psychological aspects of third party intervention in industrial disputes', University of Nottingham, unpublished doctoral dissertation.
Weber, M. (1930) *The Protestant Ethic and the Spirit of Capitalism*, London: Allen & Unwin.

Weber, M. (1958) *From Max Weber: Essays in Sociology*, ed. with an introduction by H.H. Gerth and C.W. Mills, New York: Oxford University Press.

Weigert, A.J. (1983) *Social Psychology: A Sociological Approach Through Interpretive Understanding*, Notre Dame, Indiana: University of Notre Dame Press.

Wetherell, M. (1987) 'Social identity and group polarization', in J.C. Turner, M.A. Hogg, P.J. Oakes, S.D. Reicher, and M. Wetherell, *Rediscovering the Social Group: A Self-Categorization Theory*, Oxford and New York: Blackwell.

Wetherell, M., Turner, J.C., and Hogg, M.A. (1986) 'A referent informational influence explanation of group polarization', University of St Andrews and Macquarie University, unpublished paper.

Wheeler, L., Deci, E.L., Reis, H.Y., and Zuckerman, M. (1978) *Interpersonal Influence*, 2nd edn, Boston: Allyn & Bacon.

White, M.J. (1977) 'Counternormative behaviour as influenced by deindividuating conditions and reference group salience', *Journal of Social Psychology* 103: 75–90.

Wicklund, R.A. (1980) 'Group contact and self-focused attention', in P.B. Paulus (ed.) *Pschology of Group Influence*, Hillsdale, NJ: Erlbaum.

Wicklund, R.A. (1982) 'How society uses self-awareness', in J. Suls (ed.) *Psychological Perspectives on the Self*, vol. 1, Hillsdale, NJ: Erlbaum.

Wicklund, R.A. and Duval, S. (1971) 'Opinion change and performance facilitation as a result of objective self-awareness', *Journal of Experimental Psychology*, 7: 319–42.

Wieman, J.M. and Harrison, R.P. (1983) *Non-Verbal Interaction*, London: Sage.

Wilder, D. (1977) 'Perception of groups, size of opposition and social influence', *Journal of Experimental Social Psychology* 13: 253–68.

Wilder, D.A. (1984) 'Intergroup contact: the typical member and the exception to the rule', *Journal of Experimental Social Psychology* 20: 177–94.

Wilder, D. (1986) 'Social categorization: implications for creation and reduction of intergroup bias', *Advances in Experimental Social Psychology* 19: 291–355.

Williams, J.A. (1984) 'Gender and intergroup behaviour: towards an integration', *British Journal of Social Psychology* 23: 311–16.

Williams, J.A. and Giles, H. (1978) 'The changing status of women in society: an intergroup perspective', in H. Tajfel (ed.) *Differentiation Between Social Groups*, London: Academic Press.

Williams, K., Harkins, S., and Latané, B. (1981) 'Identifiability as a deterrent to social loafing: two cheering experiments', *Journal of Personality and Social Psychology* 40: 303–11.

Williams, R.M. Jnr (1947) *The Reduction of Intergroup Tensions*, New York: Social Science Research Council.

Wilson, P. (1982) *Black Death, White Hands*, Sydney: Allen & Unwin.

Wine, D. (1971) 'Test anxiety and direction of attention', *Psychological Bulletin* 76: 92–104.

Wine, D. (1980) 'Cognitive-attentional theory of test anxiety', in I.G. Sarason (ed.) *Test Anxiety: Theory Research and Application*, Hillsdale, NJ: Erlbaum.

Wittgenstein, L. (1953) *Philosophical Investigations*, Oxford: Blackwell.

Wolf, S. (1979) 'Behavioural style and group cohesiveness as sources of minority influence', *European Journal of Social Psychology* 9: 381–95.

Worchel, S. and Cooper, J. (1979) *Understanding Social Psychology*, 2nd edn, Homewood, Ill.: The Dorsey Press.

Wrightsman, L.S. (1977) *Social Psychology*, 2nd edn, Monterey, Calif.: Brooks-Cole.

Wundt, W. (1916) *Elements of Folk Psychology: Outlines of a Psychological History of the Development of Mankind*, London: Allen & Unwin.

Wyer, R.S. Jnr (1966) 'Effects of incentive to perform well, group attraction and group acceptance on conformity in a judgemental task', *Journal of Personality and*

Social Psychology 4: 21–7.
Wyer, R.S. Jnr and Srull, T.K. (eds) (1984) *Handbook of Social Cognition*, vol 3, Hillsdale, NJ: Erlbaum.
Yager, S., Johnson, R.T., Johnson, D.W., and Snider, B. (1985) 'The effect of cooperative and individualistic learning on positive and negative cross-handicap relationships', *Contemporary Educational Psychology* 10: 127–38.
Yinger, J.M. and Simpson, G.E. (1973) 'Techniques for reducing prejudice: changing the prejudiced person', in P. Watson (ed.) *Psychology and Race*, Harmondsworth: Penguin.
Zajonc, R.B. (1965) 'Social facilitation', *Science* 149: 269–74.
Zajonc, R.B. (1980) 'Compresence', in P.B. Paulus (ed.) *Psychology of Group Influence*, Hillsdale, NJ: Erlbaum.
Zander, A. (1979) 'The psychology of group processes', *Annual Review of Psychology* 30: 417–51.
Zimbardo, P.G. (1970) 'The human choice: individuation, reason and order *vs* deindividuation, impulse and chaos', in W.J. Arnold and D. Levine (eds) *Nebraska Symposium on Motivation 1969*, Lincoln, Nebraska: University of Nebraska Press.
Zimbardo, P.G. (1975) 'Transforming experimental research into advocacy for social change', in M. Deutsch and H.A. Hornstein (eds) *Applying Social Psychology*, Hillsdale, NJ: Erlbaum.

关键词索引

（所注页码为英文原书页码，即本书边码）

accentuation 增强 20~23，68~74，171，187
    effect 效应 20~21，23，70~72，171，187
    peripheral and focal dimensions 边缘与核心维度 70，7
    principle 原则 68，74
    value 价值 20
aggression 攻击 145
ambiguity, and conformity 模糊与从众 164，170，175
asch studies 阿希研究 162~163，169，1
attitude 态度 10~11，20
attribution theory 归因理论 78~79，108，173
    conformity 从众 173
    intragroup behaviour 内群行为 108
    stereotyping 刻板化 78~79
authoritarian personality 权威主义人格 32~35
    anti-semitism (A-S) scale 反犹主义量表 33
    ethnocentrism (E) scale 我群中心主义量表 33
    extremism 极端主义/过激论 34
    political and economic conservatism (PEC) scale 政治与经济保守主义量

315 关键词索引

表 33
    prejudice　偏见 33
    psychodynamic approach　心理动力学路径 33
    socio-economic status　社会经济地位 34
    see also psychodynamic approaches　也可参见心理动力学路径
autokinetic-effect studies　游动效应研究 161~162，170~171

balance theory　平衡理论 99
bargaining and negotiation　讨价与谈判 129~131
    individualism　个体主义 130
    intergroup perspective　群际视角 130~131
    interpersonal/intergroup distinction　人际/群际区分 130~131
    social presence　社会在场 129~131

categorization　范畴化 19~21，23，68~75，209
  as a cognitive process　作为一种认知过程 73
  dichotomous peripheral dimension　两极化的边缘维度 70
  social comparison　社会比较 23
  stereotyping　刻板化 68~75
categorization, Self　范畴化，自我 25~26，73~74，105~109，114，126，128，171~175，216
  as a cognitive process　作为一种认知过程 74
  conformity　从众 171~175
  gender　性别 106，216
  intragroup behaviour　内群行为 105~109
  relationship to social identity　与社会认同的关系 73~74
  self-stereotyping　自我刻板化 74
  social attraction　社会吸引 107
  social performance　社会表现 126，128
  categorization, social　范畴化，社会 53
  minimal group studies　最简群体研究 53

process of ……的过程 53

cognitive processes 认知过程 40，51～53，73～74，88，90，148，173

 categorization 范畴化 73，90

 of collective action 集体行为 148

 egoistic relative deprivation 个人相对剥夺 40

 self-categorization 自我范畴化 74，173

 social categorization 社会范畴化 51～53

 stereotyping 刻板化 88

collective action 集体行为 5，11，135～156

 aggression 侵犯 145

 anonymity 匿名 142，151

 conformity 从众 146

 contagion vs convergence theories 传染 vs 聚合论 148

 crowd behaviour 聚众行为 136～140

 definition of 对……的界定 136

 de-individuation 去个体化 140～147

 emergent norm theory 突现规范论 147

 individuation 个体化 145

 Jonestown massacre 琼斯敦惨案 138～140

 loss of identity 认同丧失 145～146

 self-awareness 自我觉知 141～147

 social identity approach 社会认同路径 150～156

 St Pauls riots 圣保罗暴乱 154～155

communication 沟通 186～187，189，216

 and language 与语言 216

 non-verbal 非言辞的 189

 see also language 也可参见语言

compliance 顺从 165～167

 public compliance/ private acceptance 公开顺从与私下接受 165～167

conformity 从众 5，146，158～185

 ambiguous tasks 目的模糊任务 164

 anti-conformity 反从众 175

317 关键词索引

  Asch paradigm　阿希范式 162~163，169，171
  autokinetic-effect　游动效应 161~162，170~171
  coercion　强制 175
  definition of　对……的界定 160
  dependency bias　依存偏差 168
  gender　性别 163~164
  group influences　群体影响 174~175
  group polarization　群体极化 177~180
  internalization　内化 166
  minority influence　少数人影响 168~169，180~182
  as a normative behavior　作为规范行为 158~171
  normative and informational influence　规范与信息影响 165~170，175
  norms　规范 158~162
  public compliance/ private acceptance　公开顺从与私下接受 165~167
  reference group approaches　参照群体路径 168
  referent informational influence　参照信息影响 172~182
  self-categorization　自我范畴化 171~175
  social identity approaches to　对于……的社会认同路径 171~185
  social reality testing　社会现实检测 170~171
  traditional approaches to　对于……的传统路径 160~167
crowd　聚众 136~140
  anonymity　匿名 137
  contagion　蔓延 137~138
  and de-individuation　与去个体化 136
  Freudian analysis of　对……的弗洛伊德分析 138~140
  Le Bon　勒邦 136~138，140
  as a social group　作为一个社会群体 150~155
  suggestibility　受暗示性 137~138

de-individuation　与去个体化 140~147，152~155
  anonymity　匿名 142
  collective individuation　集体个体化 145

  conformity　从众 146

  definition of　对……的界定 140

  loss of identity　认同丧失 145～146

  self-awareness　自我觉知 141～147

developmental psychology　发展心理学 192，195，205

diglossia　双语分用/双语制 194

dominant vs subordinate groups　支配群体 vs 附属群体 27，83，85，211

drive theory　驱力理论 119～121

  social facilitation　社会促进/社会助长 119～121

egoistic relative deprivation　自我相对剥夺 39～41

  comparison with fraternal RD　与集体性相对剥夺的比较 41

  criticism of　对……的批评 39

  Crosby's model　克劳士比模型 39～40

  definition of　对……的界定 39

  social comparison　社会比较 39

  subjective experience　主观体验 39

emergent norm theory　突生规范理论 147，149～151

  criticisms of　对……的批评 149～150

equity theory　平等论 98

ethnic identity　族群认同 196～204

  and language　与语言 196～204

ethnocentrism　我群中心主义 17，25，33～34，37，53

  definition of　对……的界定 33～34

  Fascism scale　法西斯主义量表 34

  scales of　……的量表 33～34

ethnolinguistic identity theory　族群语言认同论 198～205

  social change　社会变迁 199

  social competition　社会竞争 199

  social creativity　社会创造性 199

  social mobility　社会流动 198

ethnolinguistic vitality　族群语言生命力 197～200

  demography 人口学 197~198

  institutional support 制度支持 197~198

  status 地位 197~198

  subjective 主观的 199, 203, 205

european approach to social psychology 社会心理学的欧洲路径 13

extremism 极端主义/过激论 34

feminism 女性主义 210

field theory 场理论 95~96

fraternal relative deprivation 集体性相对剥夺 39~42

  comparison with egoistic 与自我的比较 41

  definition 界定 39~40

  social identity 社会认同 41

frustration and aggression hypothesis 挫折—侵犯假说 36~37, 42, 61

  criticisms of 对……的批评 37

  intergroup prejudice 群际偏见 36

gender 性别 26, 52, 77~78, 106, 163~164, 177, 204, 212, 210~217

  and categorization 与范畴化 52

  and conformity 与从众 163~164, 177

  intra-group behaviour 内群行为 106

  and language 与语言 204, 212

  and sex identification 与性别认同 213~214

  social identity approach 社会认同路径 210~217

  stereotyping 刻板化 77~78

group behavior 群体行为 3, 25

  traditional approach to 对……的传统路径 3

group cohesiveness 群体凝聚力 92~109

  balance theory 平衡理论 99

  criticisms of 对……的批评 99~105

  definition of 对……的界定 95

  equity theory 平等论 98

failure　失败 104
field theory approach　场域理论路径 95~96
interindividual interdependence　人际依存 96~99
interindividual similarity　人际相似性 96~99
interpersonal attraction　人际吸引 95~99
minimal group studies　最简群体研究 105~106, 109
reinforcement approaches　强化路径 98
self-categorization　自我范畴化 105~107
social cohesion model　社会凝聚力模型 96
social comparison theory　社会比较论 98
social exchange　社会交换 98
social impact theory　社会影响论 99
theories of　关于……的理论 94~105

group dynamics　群体动力学 93~94, 112~114
groupthink　群体盲思 112
leadership　领导 112~114
small group behavior　小群体行为 94
group polarization　群体极化 177~180
subjective frame of reference　主观参考框架 178
groupthink　群体盲思 112~113, 183

identification　认同过程
personal　个人的 25
identifications, self　认同过程，自我 25, 128
and social performance　与社会表现 128
identifications, social　认同过程，社会 25
identity　认同 2, 145~146
definition of　对……的界定 2
loss of　……的丧失 145~146
ideology　意识形态 82~84
definition of　对……的界定 82~83

and social representations 与社会表征 82~84

individualism 个体主义 13，35，130，211

 bargaining and negotiation 讨价还价 130

 critique of 对……的批评 35

 in social psychology 在社会心理学中 13

informational influence 信息影响 165~170，175

intergroup behaviour 群际行为 4，31~63

 definition of 对……的界定 32

 frustration-aggression 挫折—侵犯 36~37，42，61

 iIntergroup differentiation 群际分化 47

 macro-social model 宏观社会模型 55

 minimal group paradigm 最简群体范式 49~51

 psychodynamic approaches 心理动力学方法 33~37，66，68

 realistic conflict theory 现实利益冲突理论 42~48

 relative deprivation 相对剥夺 37~42，61

 Sherif's boys camp experiments 谢里夫男孩夏令营实验 43~46

 social context 社会语境 54~59

 social identity approaches 社会认同路径 51~63

intergroup differentiation 群际分化 47，51

 crossed category membership 交叉范畴成员资格 51

 salience 显著性 51

 social categorization 社会范畴化 51

intergroup/interpersonal distinction 群际/人际区分 25，47

 continua 连续统 25

 distinction 区分 47

intergroup relations 群际关系 42~48，54~59，66，217

 competitiveness 竞争性 47~48

 co-operation 合作 47~48

 interpersonal relations 人际关系 217

 realistic conflict theory 现实冲突理论 42~48

 social context 社会语境 54~59

 social identity model 社会认同模型 55

    stereotyping 刻板化 66
  interpersonal attraction 人际吸引 44，95～105，107～109
      and group cohesiveness 与群体凝聚力 95～105，107
      and intergroup behavior 与群际行为 44
      and interpersonal relations 与人际关系 110，112
  interpersonal behavior 人际行为 25
  interpersonal relations 人际关系 214～217
      heterosexual 异性恋的 214～216
      and intergroup relations 与群际关系 217
  inter-racial contact 族际接触 85
  intra-group attraction 内群吸引 106～112
  intragroup behavior 内群行为 4，93～114
      definition of 对……的界定 93
      "failed" groups 失败的群体 104
      group cohesiveness 群体凝聚力 93～105
      "groupthink" 群体盲思 112～113
      interindividual interdependence 人际依存 96～99
      interindividual similarity 人际相似性 96～99
      interpersonal attraction 人际吸引 95～105，107～112
      leadership 领导 112～114
      minimal groups 最简群体 105～106，109
      norms 规范 110
      self-categorization 自我范畴化 105～108，114
      small vs large groups 小群体对大群体 102～103
      social attraction 社会吸引 107～109
      social cohesion model 社会团结模型 95，105～107
      social identity approach to 关于……的社会认同路径 105～114
ingroup/outgroup 内群/外群 2，43
    distinction 区分 2

Jonestown massacre 琼斯敦惨案 138～140

关键词索引

language 语言　5，186～206，211，216
 and communication　与沟通 216
 ethnicity　种族地位/种族特点/种族渊源 196～204
 ethnolinguistic identity theory　族群语言认同论 198～205
 ethnolinguistic vitality　族群语言生命力 197～205
 gender　性别 204，211
 "linguistic franca"　"通用语" 196
 linguistic competence　语言能力 192
 second language acquisition　第二语言习得 202～204
 speech accommodation theory　语言顺应/适应论 200～202
 social cognition　社会认知 189～191
 social markers in　在……中的社会标识 194～196
 socio-linguistics　社会语言学 193～205
 symbolic interactionism　符号互动主义 188

macro-social model　宏观社会模型 54～59，61
 of intergroup behavior　关于群际行为的 54～59
 power　权力 61
 social change　社会变迁 56
 social competition　社会竞争 57
 social creativity　社会创造性 56
 social mobility　社会流动 54
mere presence　单纯在场 10
minimal group paradigm　最简群体范式 49～51，53，105～106，109
 competition　竞争 50～51
 intragroup behavior　内群行为 105～106，109
 model of　有关……的模型 49
 norms　规范 50～51
 social categorization　社会范畴化 51～53
minority influence　少数人影响 168～169，180～182
 and conformity　与从众 168～169，180～182
motivation　动机 74，202～203

and self-esteem 与自尊 74

and second language acquisition 第二语言习得 202～203

normative influence 规范影响 165～170，175
 and group locomotion 与群体变动力 166
 identification 认同过程 166～167
 referent power 参照力 166～167
norms 规范 110，158～163，172～182
 Asch studies 阿希研究 162～163
 autokinetic-effect 游动效应 161～162
 conformity 从众 158～162，182
 definition of 对……的界定 159，160
 group polarization 群体极化 178
 intragroup behavior 内群行为 110
 referent information influence 参照信息影响 172～182
 research shift to conformity 转向从众的研究 162
 sociology 社会学 159～160
 stereotypes 刻板印象 173

person-group continua 个人群体续谱 25
 model of 关于……的模型 25
positive social identity 积极社会认同 23
power 权力 61，183
 and conformity 与从众 183
 and social structure 与社会结构 61
prejudice 偏见 32～37，66，84～86，90
 elimination of ……的消除 84～86
 frustration-aggression hypothesis 挫折-侵犯假设 36～37
 personality 人格 33～37
 and stereotyping 与刻板化 66，90
 and authoritarian personality 与权威主义人格 32～35
primus inter pares（PIP）effect 同等者之首效应 184

关键词索引

private and public behaviour　私下与公开行为 122~128，143~145
　　and de-individuation　与去个体化 143~145
　　self-awareness　自我觉知 122~125
prototype　原型
　　参见 see schema　图式
　　stereotype　刻板印象
psychodynamic approach　心理动力学路径 33~37，66，68
　　authoritarian personality　权威主义人格 32~35，66，68
　　catharsis　情感宣泄 36
　　displacement　误置 33，36
　　frustration-aggression hypothesis　挫折-侵犯假设 36~37，42
　　projection　投射 33
　　repression　压抑 33
　　scapegoating　寻找替罪羊 36
　　status anxiety　地位焦虑 33
　　stimulus generalization　刺激泛化 36
reactance　抗拒力/反作用力 167~168
　　and conformity　与从众 167~168

realistic conflict theory　现实冲突理论 42~48，61
　　cooperation　合作 47~48
　　definition of　对……的界定 43
　　equal status conflict　平等地位冲突 45
　　functional interdependence model　功能互依模型 46，61
　　group formation　群体形成 44
　　intergroup competition　群际竞争 44
　　intergroup conflict　群际冲突 45
　　intergroup vs interpersonal　群际对比人际 47
　　Sherif's summer camp studies　谢里夫的夏令营研究 43~46
　　superordinate goals　超然目标 45
reductionism　还原论 12，118，121~122，184，189，217
　　and conformity　与从众 184

  and language 与语言 189

  social facilitation 社会促进 118，121～122

  in social psychology 在社会心理学中 12

referent informational influence 参照信息影响 172～182

  self-categorization 自我范畴化 172～175

relative deprivation 相对剥夺 37～42，61

  definition of 对……的界定 38

  egoistic relative deprivation 自我相对剥夺 39～41

  fraternal relative deprivation 集体性相对剥夺 39，40～42

  intergroup behavior 群际行为 42

  Intragroup frustration 内群体挫折 38，42

riot 暴乱

  St Pauls 圣保罗 154～155

salience 显著性 25，51

scapegoating 寻找替罪羊 36，77，79

schema 图式 21，87～88，174

prototypes 原型 21，88，174

second language acquisition 第二语言习得 202～204

  ethnolinguistic identity theory 族群语言认同论 203

  motivation 动机 202～203

  speech accommodation 言语适应 203

self 自我 24，132～133

  social performance 社会表现 132～133

self-awareness 自我觉知 122～126，141～147，151～153

  collective behavior 集体行为 141～147

  de-individuation 去个体化 141～147

  Exner Self Focus Completion Blank 爱克斯纳自我焦点完成填空 146

  other total (o-t) ratio O-T 比率 146

  public/private distinction 公开与私下的差异 124～126，143～145

  self-attention 自我注意 123

  self-presentation 自我呈现 126

关键词索引

self-regulation 自我管理 142
    variants of ……的诸种变体 123～124
self-esteem 自尊 23，53，74，163，214，217
    and conformity 与从众 163
    and intergroup discrimination 群际歧视 214
    motivational status of 动机地位 217
    and social categorization 53
    and social identity 与社会认同 23，74
self-monitoring 自我监控 128
self-presentation 自我呈现 125～127，195
Sherif's summer camp studies 谢里夫的夏令营研究 43～46，109
social attraction 社会吸引 107～109
social categories 社会范畴 14，16～19
social categorization 社会范畴化 51～53
    cognitive processes 认知过程 51～52
    crossed category membership 交叉范畴成员资格 51
    definition of 对……的界定 51
    intergroup differentiation 群际分化 51～53
    minimal group studies 最简群体研究 51
    salience 显著性 51
social change 社会变迁 27～29，54，56～57
    contrast with social mobility 与社会流动的对比 54
    and language 语言 199
    social competition 社会竞争 28～29
    social creativity 社会创造性 28～29，54
social class 社会阶级 195
    and language 与语言 195
social cognition 社会认知 86～90，189～191
    criticisms of 对……的批评 88～90
    definition of 对……的界定 87
    and language 与语言 189～191
    prototype 原型 88

and social identity　与社会认同 88～90

　　stereotyping　刻板化 86～90

social cohesion model　社会团结模型 96，105～107，114

　　comparison with social identity approach　与社会认同路径的比较 105～106

　　intragroup attraction　内群吸引 106～107

social comparison　社会比较 21～23，39，42，53

　　and categorization　与范畴化 23

　　minimal group studies　最简群体研究 53

　　and positive distinctiveness　与积极特异性 53

　　process of　……的过程 53

　　and relative deprivation　与相对剥夺 39～42

　　subjective frame of reference　主观参照框架 22

social comparison theory　社会比较论 98

social competition　社会竞争 57，59～60，62，199

　　cognitive alternatives　认知替代 57

　　intergroup behavior　群际行为 62

　　and language　与语言 199

　　legitimacy　合法性/正当性 59～60

　　security　安全性 60

　　stability　稳定性 60

social Darwinism　社会达尔文主义 18

social facilitation　社会促进 118～127

　　audience studies　对观众的研究 118～119

　　coaction studies　合作研究 118～119

　　drive theory　驱力理论 119

　　mere presence effect　最简在场效应 119～120

　　self-awareness　自我觉知 122～125

　　self-presentation　自我呈现 125～127

　　social impact　社会影响 121～122

social identity　社会认同 73～74，88～90

　　and prejudice　与偏见 74

　　and self-categorization　与自我范畴化 73～74

and self-esteem　与自尊 74
and social cognition　与社会认知 88~90
social identity approach　社会认同路径 2~30
　　and categorization　与范畴化 19~21，23
　　to collective behavior　对集体行为的研究 150~155
　　comparison with social cohesion　与社会团结的比较 104~105
　　conflict structuralism　冲突结构主义 15
　　to conformity　对从众的研究 171~185
　　consensus structuralism　共识结构主义 15
　　definition of　对……的界定 7
　　ethnocentrism　我群中心主义 17~25
　　to gender　对性别的研究 210~217
　　group behavior　群体行为 25
　　to group polarization　对群体极化的研究 178~180
　　to intergroup behavior　对群际行为的研究 51~63
　　intra-group behavior　内群行为 105~114
　　interpersonal behavior　人际行为 25
　　macro-social　宏观社会的 26~29，54~55，61
　　model of　……的模型 18
　　person-group continua　个人群体续谱 25
　　personal identifications　个人认同过程 25
　　positive social identity　积极社会认同 23
　　saliency　显著性 25
　　self-categorizations　自我范畴化 25~26
　　self-esteem　自尊 23
　　self-identifications　自我认同过程 25
　　social categories　社会范畴 14，16~19
　　social categorization　社会范畴化 51~53
　　social comparison　社会比较 21~23，53
　　"social Darwinsim"　"社会达尔文主义" 18
　　to social performance　对社会表现的研究 126，128~133
　　sociology　社会学 15~18

  stereotyping 刻板化 73~90

  subjective belief structure 主观信念结构 27~29

  symbolic interactionism 符号互动论 17

  the self（concept） 自我（概念）24

social impact 社会影响 99，121~122

  criticism of 对……的批评 122

  definition of 对……的界定 121

  Latané's model of 拉塔尼模型 121~122

  social loafing 社会懈怠 122

  theory 理论 99

social influence 社会影响 158~185

  and conformity 与从众 158~185

  definition of 对……的界定 158

  minority influence 少数人影响 168~169，180~182

  normative and informational influence 规范与信息影响 165~170，175

social learning theory 社会学习理论 57

social markers in speech and language 话语和语言中的社会标识 194~196

  social class 社会阶级 195~196

social mobility 社会流动 54~56，198

  and language 与语言 198

social performance 社会表现 5，116~134

  group identification 群体认同过程 128

  private and public behavior 私下与公开的行为 122~127

  self-awareness 自我觉知 122~125

  self-categorization 自我范畴化 128

  self-identification 自我认同过程 129~131

  self-monitoring 自我监控 128

  self-presentation 自我呈现 125~127

  social identity approach 社会认同路径 126，128~133

  the self 自我 132~133

social presence 社会在场 5，116~134

  "mere presence" "最简在场" 119~120

private and public behavior　私下与公开的行为 122～127
　　self-awareness　自我觉知 122～125
　　social facilitation　社会促进 118～121
　　social impact　社会影响 121～122
social psychology　社会心理学 8～14，16，194～206
　　and collective behavior　与集体行为 11
　　crisis in　在……中的危机 8～9，13
　　definition of　对……的界定 8～10
　　early non-experimental　早期非实验的 11，16
　　european approach to　……的路径 13
　　first experiment in　在……中的第一个实验 10
　　and individualism　与个体主义 13
　　of language　语言的…… 194～206
　　"mere presence" effect　最简在场效应 10
　　and reductionism　与还原论 12
　　as "social"　"作为社会的" 10～14
social representations　社会表征 78～82
　　definition of　对……的界定 80～81
　　limitations of　……的局限 81
　　and stereotyping　与刻板化 78～82
socio-linguistics　社会语言学 193～194，205
　　restricted and elaborated codes　限制符码与精巧符码 195～196
sociology　社会学 15～18，82～84，159～160
　　and norms　与规范 159～160
　　and stereotyping　与刻板化 82～84
　　and the social identity approach　与社会认同路径 15～18
speech　言语 186～187，194～196
　　social markers in　在……中的社会标识 194～196
　　see also language　参见语言
speech accommodation theory　言语适应理论 200～202
　　convergence　聚合 201～202
　　divergence　分散 201～202

"motherese" "妈妈语" 201

stereotypes 刻板印象 65~67, 74, 79~82
 and conformity 与从众 173, 183
 definition of 对……的界定 65~66
 ingroup/outgroup 内群/外群 74
 "kernel of truth" "真实性" 67
 social causality function 社会因果性功能 79
 social justification function 社会合理化功能 79
 as social presentations 作为社会表征 79~82

stereotyping 刻板化 4, 64~90
 attribution theory 归因理论 78~79
 categorization 范畴化 68~75
 contextual influence 背景的影响 75
 descriptive approaches to 描述性路径 66~68
 elimination of 对……的消除 84~86
 ethnocentrism 我群中心主义 74
 gender 性别 77~78
 individual functions 个人的功能 75~77
 intergroup relations 群际关系 66
 macro-social aspects 宏观社会面向 77~78
 prejudice 偏见 66
 referent information influence 参照信息影响 75
 "quasi-environmental" "准环境" 66, 68, 73
 scapegoating 寻找替罪羊 77
 self-categorization 自我范畴化 75
 social causality 社会因果性 77
 social cognition 社会认知 86~90
 social differentiation 社会分化 77
 social functions 社会功能 76~78
 social identity approach 社会认同路径 68, 73~90
 social justification 社会合理化 77
 sociological connection 社会学的相关性 82~84

see also accentuation　也可参见增强效应的讨论
stereotyping, self　刻板化，自我 74，212
　　gender　性别 212
　　self-categorization　自我范畴化 74
structuralism　结构主义 15
　　conflict　冲突 15
　　consensus　共识 15
subordinate vs dominant groups　附属群体对比支配群体 38，58～59
subjective belief structure　主观信念结构 27～29，210～211
　　social change　社会变迁 27～29
　　social mobility　社会流动 27～29，210～211
symbolic interactionism　符号互动论 17，188
symbolic racism　象征种族主义 86

value　价值 20，23，75～76
　　functions of stereotyping　刻板化的功能 75～76
　　and self　与自我 23
volkerpsychologie　民众心理学 188

译后记

翻译看起来只是译者一个人的事情,但是其背后凝聚了许多师长和学友内隐或外显的努力。没有他们的批评、教诲、帮助和理解,仅凭我个人的微薄之力断然不能完成这部译稿。

首先感谢本书的两位作者豪格和阿布拉姆斯,他们拨冗为中文版写了序言,使本书因此而增色。

感谢赵志裕和康萤仪老师。在中国社会科学院杨宜音老师主办的社会心理学暑期班上,我有幸听到两位老师的精彩授课。我在社会心理学领域的点滴进步都与两位老师的深沉教诲分不开。他们的学养,他们对人、对事、对待感情的态度,将会对我的学术之路产生持久的影响。

感谢导师方文教授。方老师学养深厚,对学生要求严格。尽管我在求学的过程中经常受到方老师的严厉批评,但正是这种批评给了我前进的动力。方老师是国内较早介绍社会认同论的学者,对于应用西方理论解释中国现实问题作出了有益的尝试。

感谢北京大学社会学系的赵德雷同学、清华大学社会学系的石长惠同学,他们对照原文认真通读了全稿,指出了其中不恰当甚至是错误的翻译,他们的努力使本书少了错误、多了亮点。

感谢这部译稿的编辑老师：龚洪训、赵建荣和李颜。本书能以现在的面貌呈现在读者面前，离不开他们的辛勤工作。

尽管努力想交上一份让读者满意的答卷，但因为个人学术积累不够，恐有诸多不妥之处，恳请各位师长学友不吝指正。

高明华

北京大学畅春新园

2010 年 10 月 28 日

Social Identifications: A Social Psychology of Intergroup Relations and Group Processes by Michael A. Hogg and Dominic Abrams

ISBN: 0 – 415 – 00695 – 3

Copyright © 1988 by Michael A. Hogg and Dominic Abrams

Authorized translation from English language edition published by Routledge Press, part of Taylor & Francis Group LLC; All rights reserved. 本书原版由 Taylor & Francis 出版集团旗下 Routledge 公司出版，并经其授权翻译出版，版权所有，侵权必究。

China Renmin University Press is authorized to publish and distribute exclusively the Chinese (Simplified Characters) language edition. This edition is authorized for sale throughout Mainland of China. No part of the publication may be reproduced or distributed by any means, or stored in a database or retrieval system, without the prior written permission of the publisher. 本书中文简体翻译版权授权由中国人民大学出版社独家出版并仅限在中国大陆地区销售，未经出版者书面许可，不得以任何方式复制或发行本书的任何部分。

Copies of this book sold without a Taylor & Francis sticker on the cover are unauthorized and illegal. 本书封面贴有 Taylor & Francis 公司防伪标签，无标签者不得销售。

北京市版权局著作权合同登记号：01 – 2007 – 3427

图书在版编目（CIP）数据

社会认同过程/（澳）豪格，（英）阿布拉姆斯著；高明华译.
北京：中国人民大学出版社，2010
（当代西方社会心理学名著译丛）
ISBN 978-7-300-13009-5

Ⅰ.①社…
Ⅱ.①豪…②阿…③高…
Ⅲ.①社会心理学
Ⅳ.①C912.6

中国版本图书馆 CIP 数据核字（2010）第 220356 号

当代西方社会心理学名著译丛
方　文　主编
社会认同过程
［澳］迈克尔·豪格
［英］多米尼克·阿布拉姆斯　著
高明华　译
Shehui Rentong Guocheng

出版发行	中国人民大学出版社		
社　　址	北京中关村大街 31 号	邮政编码	100080
电　　话	010-62511242（总编室）	010-62511770（质管部）	
	010-82501766（邮购部）	010-62514148（门市部）	
	010-62515195（发行公司）	010-62515275（盗版举报）	
网　　址	http://www.crup.com.cn		
经　　销	新华书店		
印　　刷	北京东君印刷有限公司		
规　　格	155 mm×235 mm　16 开本	版　次	2011 年 1 月第 1 版
印　　张	23.5 插页 1	印　次	2019 年 12 月第 4 次印刷
字　　数	319 000	定　价	59.00 元

版权所有　　侵权必究　　印装差错　　负责调换